역사로 보는
예수 그리스도의 지상생애

약어표

CCSL	Corpus Christianorum, Series Latina
CSEL	Corpus Scriptorum Ecclesiasticorum Latinorum
GCS	Griechischen Christlichen Schriftsteller der Ersten Jahrhunderte
MPG	*Patrologiae Cursus Completus, Series Graeca*, edited by J.-P. Migne, 161 vols. (Paris, 1857~1866)
MPL	*Patrologiae Cursus Completus, Series Latina*, edited by J.-P. Migne, 221 vols. (Paris, 1844~1855)

역사적 관점에서 본 그리스도의 생애와 사역

역사로 보는
예수 그리스도의 지상생애

야콥 판 브럭헌 지음 | 박호석 옮김 | 김병국 감수

차례

저자 서문 · 11
한국 독자들을 위한 저자 서문 · 15
감수자 추천의 글 · 18
역자 서문 · 20

제1장 | **예수 생애의 역사에 관한 자료**
자료와 이미지 24
성경 외적 자료들 42
복음서 기자들 89

제2장 | **네 복음서 – 하나의 역사인가?**
조화 121
복음서들의 특징 125
역사 제시 방법 143
결론 151

제3장	예수의 지상 생애 시기	
	시기 구분의 가치	154
	탄생에서부터 세례까지	156
	예수의 세례로부터 요한이 잡힐 때까지	161
	갈릴리 시기와 요한복음	164
	갈릴리에서 예루살렘으로의 여행	169
	예수의 죽음, 부활 그리고 승천	177
	시기 구분과 연대표	178

제4장	요셉 가(家)에서의 탄생과 유년기	
	준비와 탄생	185
	베들레헴에서 나사렛까지	189
	다윗의 가문	194

제5장	예수의 형제와 자매	
	형제와 자매	204
	그 전통은 얼마나 오래되었나?	207
	야고보와 요세의 어머니 마리아	210
	십자기와 무덤에 있었던 친척과 지인들	212
	예수와 그 형제자매들은 어머니가 같았는가?	217

제6장 | **세례 요한과 예수**

세례 요한	222
예수의 세례	223
예수의 첫 등장	224
성전을 깨끗하게 하심	227
세례 요한에 대한 요세푸스의 증언	230
요한이 체포되고, 예수가 그를 대신하다	233

제7장 | **복음서에 나타난 갈릴리 시기**

역사적 순서와 이야기의 관점	238
각 복음서 기자의 서사적 관점	242
복음서 비교	249
이야기의 순서와 공관 복음 문제	256

제8장 | **갈릴리(I) 열두 제자를 세우기까지**

갈릴리로 돌아옴	262
가버나움을 위해 멀리서 행한 기적	264
나사렛이 스스로 예수와의 관계를 끊다	265
네 명의 제자를 부르심	269
가버나움에서의 활동	271
사람을 낚는 일	273

세례 요한의 염려	276
안식일의 주인에 대한 음모	279
열두 제자—회복된 기초	283

제9장 | 갈릴리(II) 산상설교에서 열두 사도 파송까지

산상설교—이스라엘의 새로운 헌법	290
소외된 자에게 생명주심	293
예루살렘에서 율법사들이 예수를 매도함	295
비유—들을 귀 있는 자와 없는 자	297
데가볼리에서의 선교 사역	299
공개적으로 죄를 사한 첫 번째 경우	302
죄인들을 위한 새 시대	304
믿기만 하라!	307
열두 사도 파송	309

제10장 | 갈릴리(III) 고난 주간을 위한 준비

요한의 살해자가 예수를 위협함	312
물러나심	315
임박한 고난에 대해 가르치심	320
예수의 고난이 예루살렘에 선포됨	323

제11장 | **베레아와 유대 지방을 경유하여**

갈릴리를 떠남 328
예루살렘에서의 간주곡 331
베레아에서 가르치심 333
유대 지경에서 336

제12장 | **예루살렘으로 올라가심**

고난 주간―순종으로 높아지심 340
여리고에서의 안식일 342
일요일―기름 부음 347
월요일―승리의 입성 349
화요일―성전 정화 353
수요일―마지막 설교 354

제13장 | **마지막 유월절 만찬**

목요일―제자들의 발을 씻어 주심 360
요한과 유월절 식사의 시점 363

제14장	산헤드린은 사형 집행 권한이 있는가?	
	예민한 질문 한 가지	375
	요한복음 18장 31절	378
	유대 관할권 주장	380
	사형 제도와 로마법	384
	투석형에 의한 사형 집행	388
	반론	391
	결론	408

제15장	예수를 궤계로 잡아 죽이려고 의논함	
	명절에는 하지 말자!	411
	유대 절기와 랍비 규정에 의한 사형 제도	414

제16장	고난과 죽음의 성금요일	
	안나스 앞에 선 죄수	425
	밤중에 열린 예비 재판	426
	아랫사람들의 희롱	428
	베드로가 예수를 부인함	429
	예수가 유죄 선고를 받음	434
	빌라도 앞에서	438
	십자가와 무덤	445

제17장 | 장사됨, 부활 그리고 승천

이야기의 변형들	452
장사 지냄	460
무덤을 지킨 여인들	462
유대인 통제하의 로마 경비대	464
지진	465
여인들과 텅 빈 무덤	466
도망과 보고	472
텅 빈 세마포와 수건	474
예수의 나타나심	477
승천	485

부록 : 도표, 참고문헌   487

저자 서문

이 책은 예수 그리스도의 지상 생애에 관한 것이다. 예수의 사역 행적을 추적하기 위해 우리는 그분의 지상 생애에 관한 네 권의 가장 중요한 자료, 즉 마태, 마가, 누가, 요한복음을 면밀하게 조사해야 한다. 이 네 가지 자료들은 서로 어떤 관련이 있는가? 복음서가 네 권이나 존재한다는 사실이 예수의 생애에 관해 분명한 그림을 그리는 데 방해가 되는 것일까, 아니면 이 복음서들이 오히려 서로 보완 작용을 하여 우리의 지식을 심화시켜 주는가? 이는 중요한 질문이다.

기독교 신앙은 예수의 생애에 관한 완벽한 전기 없이도 존재할 수 있다. 하지만 우리가 네 복음서의 저자들이 제공해 준 이야기에 관해 영속적인 불확실성을 갖고 살아가야 한다면, 기독교 신앙의 견고한 뿌리는 심각하게 흔들릴 수밖에 없다. 이 책의 핵심은 다음과 같다. (1) 복음서 기자들은 어떤 방식으로 우리에게 예수의 지상 생애에 관한 정보를 제공하고 있는가? 그들의 서술 방식은 어떤 특성을 가지는가? (2) 네 복음서에 기초해서 우리가 (불완전하게나마) 정립해 낼 수 있는 예수의 지상 생애에 관한 그림은 어떤 종류인가?

독자들은 당연히 다음과 같은 질문을 던질 수 있을 것이다. "역사적 예수에 관해 아직도 더 쓸 것이 남아 있는가? 이미 나온 책들만 해도 충분하지 않은가?" 비록 이 분야에 관해 많은 책들이 저술된 것은 사실이다. 하지만 문제는 그들 중 다수가 그야말로 예수의 역사성은 소멸시켜버리고, 까맣게 탄 복음서들의 잔해만 남겨놓았다는 것이다. 그들의 말대로 하면 복음서들은 기독교 공동체의 비역사적인 신앙 고백에 불과하다.

하지만 만약 우리가 복음서들의 증거가 신뢰할 만하다는 전제를 가지고 접근한다면 어떻게 될까? 당신은 복음서들에 서로 상반되는 내용이 너무 많지 않느냐고 반문할 수도 있다. 그렇다면 사복음서를 사심과 편견 없이 객관적으로 읽고 역사적 예수에 관한 분명한 그림을 그려내는 일이 정말 가능할까? 대답은 "그렇다"이다. 이 책이 바로 그 사실을 증명해 낼 것이다.

이 책은 복음서 기자들의 증언을 평가절하하지 않으면서, 동시에 성경과 성경 외적 자료들의 차이점을 비교 분석하여 예수의 생애에 있었던 핵심적 사건들을 타당성 있게 재구성해 낼 것이다. 네 복음서의 본질적인 역사성은 자료에 대한 타당한 해석들(예를 들어 심리학적, 사회학적 타당성)을 축적해 가는 과정에서 확고하게 증명될 것이다. 사실 이러한 초기 증언들은 이미 혹독한 역사적 검증 과정을 거쳐왔다. 그 결과 우리는 보다 깊고 선명한 색채와 또한 더욱 분명하고 생동감 넘치는 세부사항들을 갖춘 예수의 초상화를 얻게 되었다.

이 책은 두 가지 기능을 할 것이다. 먼저 복음서에 관한 개론서로 사용될 수 있고, 또한 예수의 지상 사역에 관한 개관서로도 사용될 수 있다. 물론 이 책은 다른 책의 도움 없이 독립적으로 읽을 수 있도록 구성되었지만, 자매편을 이루는 다른 책과 함께 읽을 때 더욱 유용할 것이다(다른 책이란 「Jesus the Son of God」을 말한다. 한국어로는 「하나님의 아들 예수」라는 제목으로 출판되었다.-감수자). 그 책은 예수의 인격과 가르침에 대한 책으로 원래 1996년에 네덜란드어로 출판되었는데, 조만간 베이커 북 하우스(Baker Book House)에서 영어로 출판할 예정이다. 또한 이 두 책은 네덜란드에서 1988년부터 1997년 사이에 출판된 사복음서 주석들*에 관한 좋은 입문서가 되리라 믿는다(첫 세 권은 내가 썼고, 네 번째 책은 판 하우얼링언[P.H.R. van Houwelingen] 박사가 썼다). 나는 이 책 몇 곳에서 보다 광범위한 논의를 위해 독자들이 그 사복음서 주석들을 참조하도록 안내해 두었다. 하지만 이런 참조 내용은 그냥 넘어가도 좋은 것들이다. 단, 향후 그 사복음서 주석들이 영어로 출간될 경우, 이 책과의 연결점을 찾는 데 도움이 되기를 바란다.

요즘 이른바 '역사적 예수'에 관한 논의가 한창이다. 그런데 시간이 갈수록 이 논의는 하늘에 계신 살아 계신 주 예수 그리스도에 관한 신앙의 중요성을 희석시키고 있다. 이 책의 제목 「역사로 보는 예수 그리스도의 지상생애」에서 '그리스도'라는 명칭은, 예수의 지상 생애에 관한 우리

---

* Commentaar op het Nieuwe Testament, 3d series(Kampen: Kok).

의 그 어떤 연구도, 부활 승천 이후에도 계속되고 있는 하나님의 메시야로서의 그분의 삶과 사역에 대한 우리의 믿음과 단절될 수 없다는 사실을 표현하기 위해 의도적으로 선택되었다.

우리 구세주께서 이 땅에 계시는 동안 어떤 삶을 사셨는지 면밀히 연구함으로써 우리는 바로 이 시대에 하늘에 계신 왕에 대한 경외심을 고취할 수 있을 것이다.

야콥 판 브럭헌(Jakob van Bruggen)
네덜란드 캄펜에서
1998년 승천 기념일에

한국 독자들을 위한 저자 서문

이 책은 지상에서의 예수 그리스도의 생애를 다룬다. 그렇기 때문에 이 책은 자연히 예수님의 지상 생애에 대한 정보를 제공해 주고 있는 네 개의 복음서를 자세히 검토하고 있다. 복음서들은 서로 어떤 관계를 가지고 있는지, 그것들은 팔레스타인에서 사셨던 예수님의 삶의 모습을 명확하게 그리기에는 너무 복잡하거나 서로 충돌하는 자료들은 없는지, 아니면 서로 보완하여 우리의 통찰을 더 깊이 있게 해 주고 있는지 살펴 보려는 것이다.

이 질문들은 대단히 중요하다. 기독교 신앙은 그리스도에 대한 완전한 전기 없이도 존속할 수 있다. 그러나 우리에게 전승되어 온 지상의 예수 그리스도에 대한 역사가 계속 불확실성 속에 있어야 한다면, 우리는 발로 딛고 서 있어야 할 기반을 잃게 될 것이다. 조셉 랏징거(Joseph Ratzinger; Benedictus XIV)는 그의 책에서 만약 우리가 예수님에 대해 확실하게 알 수 있는 것이 별로 없고, 그의 신성에 대한 믿음이 그의 삶의 역사 이후에야 형성된 것이라면 그것은 '신앙의 극적인 위기'라고 말했다. 사람들이 예수님을 실패한 이상주의자로 보느냐 아니면 지상에 오신 하나님의 아들로 보느냐 하는 것은 큰 차이를 만들어 낸다!

본서의 핵심 주제들은 두 가지 질문으로 요약될 수 있다. 1. 복음서들은 예수의 생애를 어떤 방식으로 서술하고 있는가? 2. 우리는 그 서술에 기초하여 지상에서 그리스도의 머무심에 대해 어떤 그림을 (불완전하긴 하지만) 그릴 수 있는가? 이런 접근방식을 통해 본서는 한편으로는 복음서들에 대한 개론서로, 그리고 다른 한편으로는 팔레스타인에서의 예수의 삶의 역사에 대한 개관서로 사용될 수 있을 것이다. 본서와 짝을 이루는 두 번째 책(Het evangelie van Gods zoon, 영어로는 「Jesus the Son of God」)에서는 예수 설교의 주요 테마들과 그것들의 역사적 배경, 그리고 예수 그리스도의 명칭들과 그가 자신을 가리키셨던 호칭들을 다룬다.

사람들이 흔히 '지상의 예수'라고 부르는 주제에 관심을 쏟다 보면, 하늘 아버지의 우편에 앉아 계신 주님이신 그리스도에 대한 믿음은 쉽게 약화되거나 사라지게 되는 경향이 있다. 이 책의 제목에서 '그리스도'라는 명칭을 사용한 이유는, 예수의 지상 생애에 대한 우리의 연구는 부활과 승천 이후에도 계속되고 있는 그분의 사역과 결코 분리될 수 없다는 사실을 강조하기 위해서이다. 이 땅 위에서 우리의 구주께서 가신 길을 연구하는 것은 지금도 우리를 다스리시는 하늘의 왕에 대한 우리의 경외심을 높여줄 수 있다.

이제 이 책이 한국어로도 번역되었다. 한국의 모든 독자들에게 인사를 드린다. 나는 초대를 받아 한국에 가서 몇 차례 강의를 한 적이 있는데 아직도 그 때 한국과 한국의 기독교인들로부터 받았던 좋은 느낌들을 간직하고 있다. 또한 캄펜신학대학교에서 여러 한국 학생들을 길러낼 수 있었던 것에 대해 감사하게 생각한다. 본서의 번역 작업에서 감수로 수고해 준 나의 제자 김병국 박사에게도 감사의 마음을 전하며 우리 주 하나님께서 이 책을 통해 영광 받으시기를 바란다.

야콥 판 브럭헌
2011년 아펠도른에서

감수자 추천의 글

네덜란드 캄펜에서 처음 판 브럭헌 교수를 만났을 때 그는 내게 왜 신학자가 되려 하느냐고 물었다. 나는 한국에서 배웠던 대로 "올바른 신학을 배워서 이단 혹은 자유주의 신학과 싸워 이기기 위해서"라고 대답했다. 내 말을 들은 판 브럭헌 교수는 "바로 그게 사탄의 전략이다"라고 대답했다. 순간 나는 내 귀를 의심했다. 제대로 된 신학을 배워서 잘못된 이론과 맞서 싸우겠다는데 그게 사탄의 전략이라니…….

그의 설명은 이러했다. 우리는 적극적으로 하나님의 말씀 자체를 연구해야 한다. 그 속에 무한한 깊이와 높이와 넓이가 있다. 그런데 사탄은 왜곡된 신학으로 딴죽을 걸어 신학자들로 하여금 그것을 반박하는 데 많은 시간을 소모하도록 한다. 그래서 하나님을 섬기는 신학자들이 하나님의 말씀 자체를 깊이 있게 연구하는 것을 방해한다.

나는 그 말을 듣고 뒤통수를 한 대 맞은 것 같은 느낌을 받았다. 한국에 있을 때 신학교에서 외국의 각종 잘못된 신학과 그것들의 오류에 대해 배우느라 얼마나 많은 시간을 투자했던가? 하지만 일선 교회의 성도들은 그런 내용을 필요로 하지 않는다. 그들에게 필요한 것은 하나님의 말씀 자체에 대한 깊이 있고 영감 있는 해설이다. 물론 외부의 공격으로부터 교회를 방어하는 것도 중요한 일이지만 신학자들이 모든 힘을 거기에 쏟아서는 안 된다. 신학자의 일차적 책임은 말씀을 깊이 있게 연구하여 목회자들과 성도들에게 공급하는 일이다.

　본서의 저자는 말씀 연구에 능한 학자이다. 하나님의 말씀을 제대로 연구하기 위해 언어학, 사본학 등을 연구했고 다수의 주석을 썼다. 본서는 예수님의 말씀을 연구하기 위해 가장 기초가 되는, 예수님의 생애의 역사적 틀을 마련해주는 책이다. 이 책을 정성껏 읽는다면 예수님의 생애와 가르침을 이해하는 데 아주 큰 도움이 될 것이다. 많은 신학생들과 목회자들이 이 책을 읽고 유익을 얻었으면 하는 바람이다. 훌륭하게 이 책을 번역해 주신 박호석 목사님께 감사를 드린다.

김병국
2011년 1월

역자 서문

복음서는 믿어도 좋은 역사적 자료인가, 아니면 기독교가 각색해 낸 예수에 관한 이야기에 불과한가? 복음서의 역사성은 기독교 신앙의 핵심에 관련된 중요한 문제이다. 복음서의 역사성이 부인된다면, 이는 예수의 탄생과 사역과 죽음과 부활의 역사성이 부인되는 것이며, 곧 기독교 신앙에 진정성이 결여되어 있다는 것을 의미하기 때문이다. 브럭헌 교수가 「역사로 보는 예수 그리스도의 지상생애」를 통해 다루고 있는 것은 바로 복음서의 역사성에 관한 문제이다.

브럭헌 교수는 먼저 예수에 관한 역사적 자료로서 복음서가 차지하는 비중과 중요성을 논의한다. 그가 강조하는 단순한 사실은 복음서를 제외하면 예수에 관한 정보를 제공하는 역사적 자료가 거의 남아 있지 않다는 것이며, 그나마 얼마 안 되는 그 자료들 또한 일관되지 않다는 것이다. 그럼에도 불구하고 안타까운 현실은 예수에 관한 거의 모든 비평적 연구가 복음서에 대한 부당한 의심에 토대를 두고 있다는 것이다. 브럭헌 교수는 예수를 연구하는 데 있어 복음서로부터 등을 돌려야 할 결정적 이유가 없다는 것을 논증한다.

역사적 자료로서 복음서가 가지는 비중과 중요성의 토대 위에 브럭헌 교수가 이 책의 대부분을 할애하여 묘사하고 있는 것은 바로 복음서에 나타난 예수의 생애 그 자체이다. 그는 예수의 생애를 시기별로 나누어 설명하는데, 특별히 복음서의 역사성과 관련하여 문제가 되는 부분들을 중점적으로 다룬다. 이를 통해 그는 복음서들이 성육신하신 하나님의 아들 예수의 사역의 시작(지금도 성령을 통해 계속되고 있는)에 관하여 모든 사람들이 신뢰할 만한 역사적 보고임을 증명한다. 그리고 무엇보다도 복음서가 독자들에게 한 가지 선택을 강요하고 있음을 강조한다. 예수를 하나님의 아들 그리스도로 받아들일 것인지 아니면 거부할 것인지에 대해서 말이다.

진리의 말씀을 옳게 분별하며 부끄러울 것이 없는 일꾼으로 인정되기를 원하는(딤후 2:15) 모든 이들에게 이 책을 권하고 싶다. 복음서가 이 시대에 줄 수 있는 것은 예수라는 인물의 도덕적인 고결함에서 나오는 사랑과 희생과 섬김에 관한 감동적인 교훈 그 이상도 이하도 아니라는 의식이 팽배한 오늘날, 복음서의 역사성을 논증하고 설파하는 이 책이야말로 진정한 부흥을 향한 시대적 담론을 제시하고 있기 때문이다.

어떤 방식으로 이 책을 읽을 것인가는 독자들의 몫이지만, 만약 1~2장의 학문적 고찰이 어렵게 느껴진다면 건너뛰고, 3장부터 나오는 '예수님의 일대기' 부분을 먼저 보라고 권하고 싶다.

끝으로 귀한 책을 번역할 수 있는 기회를 주신 총회교육출판국 및 익투스 출판사의 직원 여러분, 감수자로 수고해 주시며 격려를 아끼지 않으신 김병국 교수님, 그리고 기도와 응원으로 함께 해준 사랑하는 아내 허윤정 사모와 딸 유은이에게 감사를 드린다.

박호석
2011년 1월

1장

예수 생애의 역사에 관한 자료

자료와 이미지
성경 외적 자료들
복음서 기자들

예수 생애의
역사에 관한 자료

본 장은 예수의 지상 생애의 여정을 추적하는 데 있어 우리가 사용할 수 있는 자료들을 다루고 있다. 먼저 자료들의 선택이 최종적인 그림에 어떤 영향을 끼치는지 살펴볼 것이다. 그리고 나서 성경 외적 자료들에 관해서 논의할 것이다. 어떤 자료들이 있는지, 그 자료들은 어떤 가치가 있는지에 대해서 말이다. 세 번째로 다룰 문제는 우리에게 낯익은 복음서 기사(記事 : accounts)들의 '배후에' 시기적으로 앞서는 자료들이 존재하는가 하는 것이다. 이 마지막 질문에 대한 대답은 우리가 복음서들을 있는 그대로 받아들일 수 있을 것인지, 아니면 복음서들을 마치 덧칠해진 유화로 간주하고 원래의 이미지를 복원하는 힘든 작업을 해야 할지를 결정한다.

자료와 이미지

논란의 여지가 거의 없는 한 가지 사실은 서력 기원이 시작될 무렵 팔레스타인에 여호수아(예수)라는 이름의 한 유대인이 살았고, 그가 로마인들에 의해 십자가에서 처형되었다는 것이다.[1] 그러나 이러한 별 도움이 되지 않는 최소한의 출발점에서부터 벗어나 예수의 생애와 가르침을 기술하는 지점에 이르면 금세 길들이 사방으로 나누어진다. 역사적 예수의 이미지들이 이토록 심하게 차이가 나는 직접적인 이유는 첫째, 이용 가능한 자료들을 주관적으로 선별하거나, 둘째, 역사적인 자료에 관한 평가에서 서로 큰 차이를 보이기 때문이다. 너무나 많은 자료들이 이미 정립된 이미지에 기초해서, 혹은 그 방향으로 선별되거나 재가공되는 듯하다. 이러한 편향성에도 불구하고 학자들은 종종 자신의 연구 결과를 제시할 때 자신이 찾아낸 예수의 특정한 이미지가 마치 필수불가결한 자료들에 관한 비평적 연구의 필연적 결과인 것처럼 힘주어 말한다. 오늘날 예수의 생애와 사역에 관한 다양한 인식들은 분명 기독교 내에서 더욱 심한 신학적 차이들을 초래할 것이다. 어쨌든 예수를 실패한 이상주의자로 보느냐, 혹은 이 땅에 오신 하나님의 아들로 보느냐에 따라 큰 차이가 있는 것은 사실이다.

이미지의 다양성

이미 주후 1세기부터 기독교 교회 안에는 예수의 생애에 관한 몇몇 세부사항들에 대해 이견이 존재하고 있었다. 예를 들면, 가롯 유다가 주

---

[1] Bruno Bauer는 그의 책 *Christus und die Cäsaren*(Berlin: Grosser, 1877)에서 예수의 역사성을 철저히 부정했다. 비록 그가 그런 주장을 한 최초의 학자는 아니었지만, 사회적 종교적 요인들을 근거로 그가 제시한 기독교 발생에 관한 설명은 오래도록 꽤 많은 추종자들을 두었다. 예를 들어, A. Kalthoff, *Das Christus-Problem: Grundlinien zu einer Sozialtheologie*(Leipzig: Diederichs, 1902)를 보라. 이 주제에 관한 Bauer와 Wilhelm Bousset의 논의에 대해서는 A. F. Verheule, Wilhelm Bousset, Leben und Werk: Ein theologiegeschichtlicher Versuch(Amsterdam: Ton Bolland, 1973), 172~173을 참조하라. 예수가 지상에 존재했다는 사실을 부정하는 저자들에 관한 개관은 A. Drews, Die Leugnung der Geschichtlichkeit Jesu in Vergangenheit und Gegenwart, Wissen und Wirken 33(Karlsruhe: Braun, 1926)에서 찾을 수 있다.

의 만찬이 있던 당시 그 자리에 있었는지, 또는 예수의 부활이 정확히 언제 있었는지(초저녁 혹은 동틀 녘)와 같은 문제들이다. 복음서들의 해석과 비교는 결과적으로 주요 사건들의 세부 사항에 관해 문제의 소지가 있는 질문들을 남겼는데, 그런 질문들은 종종 해답을 찾기 어려운 것들이었다.

그러나 이런 질문들이 예수의 지상 생애에 관해 본질적으로 일관된 이해를 하는 데 방해가 되지는 않았다. 그의 동시대인들과 함께 사셨던 그리스도의 삶에 대해 사람들이 수세기 동안 가지고 있던 이미지는 복음서 자체와 마찬가지로 조화로운 것이었다. 원래는 선명했을 예수님의 초상화가 모호하고 논란의 소지가 있는 것처럼 보이는 것은 오직 복음서들이 불분명하거나 상호 모순되는 것처럼 보이는 정도에 불과하다.

그러나 기독교 내의 이러한 본질적 일치는 최근 몇 세기 동안 현저한 변화를 겪었다. 우리는 현재 이미지의 홍수에 직면했다. 그 이미지 간의 차이는 막대한데, 심지어 어떤 경우에는 한 학파에서 인식한 예수의 이미지가 다른 학파에서 보는 예수의 이미지와 정반대를 이룰 정도다. 역사적 예수에 관한 연구는 그 자체로 하나의 주제가 될 만큼 방대하고 복잡해졌다. 19세기 후반에 알버트 슈바이처(Albert Schweitzer)가 그러한 연구를 했다.[2] 20세기 초에 잠시 동안 '예수의 생애'에 관한 연구가 최고조에 이르는 듯했으나, 변증법적 신학(dialectic theology)의 영향하에 역사적 예수에 관한 흥미는 선포된 그리스도(kerygmatic Christ)에 대한 관심으로 옮겨졌다. 그러나 얼마 못 되어 역사적 예수에 대한 관심이 없이는 (신화화된) 그리스도론은 허공에 머물 수밖에 없다는 사실이 자명해졌는데, 이는 예

---

2) A. Schweitzer, *The Quest of the Historical Jesus: A Critical Study of Its Progress from Reimarus to Wrede*, trans. W. Montgomery(London: Black, 1948); 원래는 1906년에 *Von Reimarus zu Wrede*라는 제목으로 출판되었음. 슈바이처 자신의 견해에 관해서는 H. B. Kossen, *Op zoek naar de historische Jezus: Een studie over Albert Schweitzers visie op Jezus' leven*(Assen: Van Gorcum, 1960)도 참조할 것.

수와 함께 모든 것이 시작되기 때문이다.[3] 그래서 시계추는 다시 원점으로 돌아오기 시작했고, 1950~1990년 사이에 수행된 예수 연구에 관한 큄멜(W. G. Kümmel)과 메르클라인(H. Merklein)의 개관서는 자그마치 700쪽에 달했다. 큄멜은 이 주제에 관한 출판물의 숫자가 너무 많아져 관리할 수 없을 지경에 이르렀을 뿐만 아니라, 그 모든 상충되는 인식들로 인해 역사적 예수에 관한 연구가 사실상 정체상태에 빠졌다는 인상을 받게 된다고 결론을 내렸다.[4]

이러한 사실은 예수의 지상 생애를 기술하는 데 많은 시간과 관심을 쏟은 몇몇 저명한 저자들을 간단히 살펴보면 쉽게 입증될 수 있다. 현대 유럽 개신교에서는 헤르베르트 브라운(Herbert Buraun)이 저술한 「예수 : 나사렛과 그 시대가 낳은 사람」이 잘 알려져 있다. 이 책은 1984년에 개정판이 발행되었는데, 수많은 장들이 새로 추가되어 원본의 두 배 분량이 되었다. 이 주제에 관해 수년간 몰두했던 브라운에 의하면, 예수 사역의 핵심은 바로 그가 타협 없는 주장을 내세운 급진주의자라는 사실에서 찾을 수 있다.

예수는 또한 다른 사람들을 무조건 받아들였다.[5] 그의 탄생과 부활에 관한 이야기들은 이러한 핵심적인 요소들을 전달하기 위해 후대에 부

---

3) 이 주제에 관한 고찰을 위해서는 *Der historische Jesus und der kerygmatische Christus: Beiträge zum Christusverständnis in Forschung und Verkündigung,* 3d ed., ed. H. Ristow and K. Matthiae(Berlin: Evangelische Verlagsanstalt, 1964)와 *Jesus Christus in Historie und Theologie: Festschrift für H. Conzelmann,* ed. G. Strecker(Tüingen: Mohr, 1975)의 논문 모음집을 보라.

4) W. G. Kümmel, *Vierzig Jahre Jesusforschung*(1950~1990), 2d ed., ed. H. Merklein, Bonner Biblische Beiträge 91(Weinheim: Beltz Athenäum, 1994). Cf. A. E. McGrath, *The Making of Modern German Christology: From the Enlightenment to Pannenberg*(Oxford: Blackwell, 1986). J. Pelikan, *Jesus through the Centuries: His Place in the History of Culture*(New Haven: Yale University Press, 1985).

5) H. Braun, *Jesus: Der Mann aus Nazareth und seine Zeit,* Um 12 Kapitel erweiterte Studienausgabe(Stuttgart: Kreuz, 1984), 246~247.

연된 것들이며, 그 핵심 요소는 처음 세 복음서의 가장 오래된 지층에서 발견된다. 교회가 성탄절이나 부활절에 기념하는 사건들은 복음서 기자들이 후대에 기술하는 것처럼 그렇게 발생하지는 않았다. 현대의 기독교인들은 이 절기들을 통해 타락한 인류가 용납되었다는 사실을 기념하며, 동시에 이를 통해 역사적 예수를 정당화한다.[6]

스킬레벡스(E. Schillebeeckx)는 현대 로마 가톨릭 배경에서 저술한다. 이 주제에 관한 그의 첫 번째 책인「예수 : 기독론적인 하나의 실험」에서 그는 역사적 예수에 관해 상당한 관심을 보이는데, 교회가 그리스도를 선포할 때 드러내는 경험적 의견과 심상으로부터 예수를 분리해 낼 수 있을 정도이다.[7] 브라운과 마찬가지로 스킬레벡스는 예수 안에서 하나님의 관심사와 인류의 관심사를 무조건적으로 연결시키는 설교자를 본다. 억압적인(율법주의적인) 하나님의 이미지는 해체되었고 죄인들은 용납을 경험했다.

그러나 스킬레벡스는 예수의 생애에서 '아바 체험'(Abba Experience)이라는 독특한 역사적 요소가 없었다면, 이 모든 것이 아무런 의미도 없었을 것이라고 생각한다. 아바 체험은 믿음으로 받아들여지는 것이며, 교회는 바로 이 역사적인 아바 체험과의 관련성 속에서 기독론을 발전시킨다. 스킬레벡스는 이 주제에 관한 두 번째 책,「그리스도 : 주님으로서 예수의 경험」을 저술했고, 그 두 권의 책에 대한 반성을 담은 또 다른 책에서도 이 주제를 다루었다.[8]

---

6) Ibid., 239~253.
7) E. Sclillebeeckx, *Jesus: An Experiment in Christology,* trans. H. Hoskins(London: Collins, 1979).
8) E. Schillebeeckx, *Christ: The Experience of Jesus as Lord,* trans. J. Bowden(New York: Seabury, 1980). Idem, *Interim Report on the Books Jesus and* Christ, trans. J. Bowden(New York: Crossroad, 1981).

또 다른 예수의 이미지가 유대인 신약 학자 플루서(David Flusser)에 의해 발전되었다. 예수의 인격과 가르침에 대한 그의 관심은 기독교인들과 유대인들 간의 대화를 위한 그의 작업과 밀접하게 관련되어 있다. 그의 연구는 예수에 관한 20세기 유대적 저작들의 전통의 범주 안에 있는데, 이 전통은 유대인들이 수용할 만한 예수에 관한 역사적인 그림을 제시하려는 시도이다.[9]

마틴 부버(Martin Buber)의 뒤를 이어받은 샬롬 벤-코린(Schalom Ben-Chorin)은 심지어 예수를 '형제'라고 부르는 데까지 나아갔고, 팔크(H. Falk)는 힐렐 학파의 지지자였던 예수가 샴마이 학파의 추종자들에게 희생되었다는 주장을 했다.[10] 플루서는 수년 동안 기독교의 발생에 관해 중점적으로 연구했다. 그는 예수에 관한 그의 책에서 예수를 사랑의 메시지를 선포하고 율법을 준수한 한 명의 유대인으로 묘사한다. 예수의 사역을 이해하는 데 중요한 요소 중 하나는 엣세네 공동체인데, 세례 요한과 마찬가지로 예수 또한 그 공동체로부터 많은 사상을 빌려왔다. 예수 사역의 배후 동기는 요한에게 세례를 받을 때 발생했던 성령의 은사에 대한 그의 독특한 해석에서 찾을 수 있다. 바로 이 사건 때문에 예수는 자신을 이스라엘의 부름받은 자라고 여겼던 것이다.[11]

---

9) 이에 관한 개관을 보려면 G. Lindeskog, *Die Jesusfrage im neuzeitlichen Judentum: Ein Beitrag zur Geschichte der Leben-Jesu-Forschung,* Mit einem Nachwort(Darmstadt: Wissenschaftliche Buchgesellschaft, 1973; original edition: Uppsala, 1938)을 참조할 것.

10) S. Ben-Chorin, *BroederJezus: De Nazarener door een Jood gezien*(Baarn: Ten Have, 1971)를 참조할 것. 이는 1967년 독일판의 번역본임. 팔크(H. Falk)는 *Jesus the Pharisee: A New Look at the Jewishness of Jesus*(New York: Paulist Press, 1985)에서 예수와 바리새인들 간의 충돌을 축소하여, 그것이 힐렐의 한 추종자로서의 예수와 당시 주류를 이루었던 샴마이의 추종자들 사이의 충돌이라고 주장하는 데까지 나아갔다.

11) D. Flusser, Jesus, trans. R. Walls(New York: Herder & Herder, 1969). 아울러 그가 저술한 *De Joodse oorsprong van het Christendom: Twee essays*(Amsterdam: Moussault, 1964)도 참조할 것.

마지막으로 라틴 아메리카의 해방 신학에 나타난 역사적 예수의 이미지, 특별히 혼 소브리노(Jon Sobrino)의 연구를 살펴 보자.[12] 고전적인 칼케돈적(Chalcedonian) 기독론과는 대조적으로 소브리노는 전적으로 사람이 되어 역사 속으로 들어온 예수로부터 시작되는 기독론을 주장한다. 우리는 예수의 믿음을 닮도록 부르심을 받았는데, 예수의 믿음은 역사적인 믿음이었다. 그 믿음은 예수가 하나님 나라를 선포하는 설교자로서 자신에게 익숙한 종교적 관념들의 범주에 머물러 있던 초기 단계로부터 발전하여 그 다음 단계, 즉 열심당원들의 거친 사회 비판에 대해 일종의 대안을 제시했던 두 번째 단계에 이르렀다. 예수로 하여금 환상에서 깨어나 도저히 깨뜨릴 수 없는 불의하고 무정한 사회 구조들에 대해 정면으로 맞서게 한 것은 바로 갈릴리의 위기였다. 예수는 하나님을 향한 타협하지 않는 충성심 때문에 기존의 종교적, 사회적 권력자들로부터 배척을 당할 수밖에 없었다.

1990년 이후의 상황을 고려해볼 때, 예수 연구의 답보 상태는 당분간 해소될 기미가 보이지 않는다. 예수가 진정 누구였는가 하는 문제를 다룬 꽤 방대한 책들이 독일에서 종종 출판되었지만, 그럼에도 불구하고 그

---

12) J. Sobrino, *Christology at the Crossroads: A Latin American Approach* (Maryknoll, N.Y.: Orbis, 1978; 스페인어 원본은 1976년에 출판됨). 소브리노가 예수회의 회원이라는 사실을 주목할 것. 그의 책 부록에서 소브리노는 예수회의 창시자인 이그나티우스 로욜라의 영성 훈련들을 오늘날의 문제들과 관련하여 고찰한다. 소브리노의 작업은 아스만(Assman), 구티에레즈(Gutiérez), 엘라쿠리아(Ellacuría)와 같은 남미의 다른 신학자들의 작업과 맥락을 같이한다. 이에 견줄 만한 아프리카의 신학적 발전에 관해서는 T. A. Mokofeng, *The Crucified among the Crossbearers: Towards a Black Christology*(Kampen: Kok, 1983)을 보라. 아시아에서는 한국의 민중신학을 꼽을 수 있는데, 예를 들어 안병무와 같은 학자는 예수를 민중의 소외 계층, 즉 민중의 문제를 다룬 사람으로 본다. 또한 그는 예수에 관한 전승들은 가난한 자들 사이에 회자되며 희망을 주었던 '억압된 소문'들이 표출된 것이라고 여긴다.(Byung-Mu Ahn, *Draussen vor dem Tor: Kirche und Minjung in Korea*[Göttingen: Vandenhoek & Ruprecht, 1986]).

들 사이에 의견의 일치가 전혀 없다는 것도 분명한 사실이다.[13] 영어권에서도 1990년 이후에 예수에 관한 책들이 상당히 많이 출판되고 있다. 이런 저술들은 이른바 '역사적 예수에 관한 제3의 탐구'의 일부를 형성한다. 그 중 가장 방대한 작품은 마이어(J. P. Meier)가 쓴 세 권의 책인데, 그는 예수를 '주변적 유대인'(a marginal Jew)으로 보았다(첫 두 권만 해도 1,500쪽에 달한다).[14] 미국에서 예수 세미나(Jesus Seminar)는 제3의 탐구(the Third Quest)에 대한 도전들 중 하나였다.[15] 「포화 속의 예수」라는 책은 복음서들에 나타난 예수를 확고히 옹호하고 예수 세미나를 강하게 반박해 왔다.[16] (이런 책들과 또 다른 최근 출판물들은 위더링턴[B. Witherington]이 저술한 「예수 탐구」에 실려 있다.)[17] 그러는 동안에 이 탐구는 그 이전의 것들과 마찬가지로 탐구 그 자체가 논의와 평가의 주제가 되어 버렸는데,[18] 이제 그 초점은 더 이상 예수라고 하는 갈수록 초라해지는 인물이 아니라, 오히려 논쟁에 참가한 사람들 혹은 논쟁 그 자체에 있다. 결과적으로 우리는 답보 상태에 빠졌고, 아무 데도 갈 수 없게 되었다.

심지어 이렇게 간단하고 지극히 선별적인 개관만으로도 우리는 현존

---

13) G. Theissen and A. Merz, *Der historische Jesus: Ein Lehrbuch*(Göttingen: Vandenhoeck & Ruprecht, 1996); J. Becker, Jesus von Nazareth, De Gruyter Lehrbuch(Berlin: De Gruyter, 1996); K. Berger, *Wer war Jesus wirklich?*(Stuttgart: Quell Verlag, 1995).

14) J. P. Meier, *A Marginal Jew: Rethinking the Historical Jesus, vol. 1, The Roots of the Problem and the Person*(New York: Doubleday, 1991); vol. 2, *Mentor, Message, and Miracles*(New York: Doubleday, 1994).

15) R. W. Funk and R. W. Hoover, eds., *The Five Gospels: The Search for the Authentic Words of Jesus*(New York: Macmillan, 1993)

16) M. J. Wilkins and J. P. Moreland, *Jesus under Fire: Modern Scholarship Reinvents the Historical Jesus*(Grand Rapids: Zondervan, 1995).

17) B. Witherington III, *The Jesus Quest: The Third Search for the Jew of Nazareth* (Downers Grove, Ill.: InterVarsity, 1995).

18) C. Marsh, "Quests of the Historical Jesus in New Historicist Perspective", *Biblical Interpretation* 5(1997): 403~437.

하는 다양성을 어렴풋이 알아챌 수 있다. 예수는 단지 타협할 줄 모르는 설교자였는가(Braun), 아니면 독특한 신적 체험들로써 구별되는 존재인가? 만약 후자라면 도대체 그 체험들이란 무엇인가? 그의 세례 인가(Flusser), 그의 아바 체험인가(Schillebeeckx), 아니면 갈릴리에서의 각성(disillusionment)인가(Sobrino)? 모두가 이런 문제 혹은 다른 문제에 대한 답을 제시하는데, 각자의 신념에 따라 예수 생애에 관해 알 수 있는 것들에 호소한다. 문제는 그 역사적 자료들이 정말 그렇게 많은 이견을 초래할 정도로 불분명한가 하는 것이다.

복음서로부터의 이탈

비록 역사적 예수에 관한 현대의 이미지들 중 대부분이 네 복음서에 나타난 선명한 묘사와 정반대를 이루지만, 사람들은 이를 조금도 문제 삼지 않는다. 사실인즉 만약 우리가 진정 예수를 알기 원한다면 네 복음서와 거리를 두어야 한다는 것이 오늘날 학자들 사이에 실제적으로 존재하는 일치된 의견이다. 네 복음서는 결코 완전히 도외시될 수 없다. 예수의 생애를 기술하고 있는 자료가 거의 남아 있지 않기 때문이다. 그럼에도 불구하고 네 복음서는 비평적 이탈 가운데 사용되고 있다. 복음서들은 현대의 역사 비평이나 문학 비평의 견지에서 '여전히 인정할 수 있는 한도 내에서만' 타당한 역사적 자료로 간주된다. 역사가들은 복음서를 있는 그대로 받아들이지 않고 '원래 이랬을지도 모른다, 혹은 저랬을 수밖에 없다'는 식의 전제를 가지고 검토한다. 오늘날 예수의 생애에 관한 그 어떤 묘사도 네 복음서를 먼저 추방하지 않고서는 이루어지지 않는다고 하는 것이다.

이는 심지어 역사 비평이 주류를 이루었던 18세기에도 있었던 일이다. 비록 18세기 초 영국의 자연신론주의자들이 복음서들에 대한 비평적 태도를 발전시키긴 했지만, 이런 태도는 18세기 후반에서야 라이마루스(Hermann Samuel Reimarus)의 저술을 통해 영향력을 끼치게 되었다.[19] 1774~1778년 사이에 레싱(G. E. Lessing)이 라이마루스의 사후에 그의 저작을 익명으로 출판했을 때 홍수처럼 비판이 쏟아졌지만, 그럼에도 불구하고 라이마루스의 견해는 독일의 성서 신학 발전에 영향을 끼치기 시작했다. 라이마루스는 예수가 정치적 해방자(메시야)가 되기 원했지만, 종교적 색채를 띤 그의 해방 메시지는 아무런 결실을 맺지 못했다고 주장한다. 영적인 나라와 천상의 메시야라는 개념은 이후에 예수의 제자들이 발전시킨 것이므로 복음서는 제자들이 나중에 예수에게 거꾸로 투영시킨 개념들의 관점에서 써진 이야기에 불과하다는 것이다. 때때로 실제 사건들에 관한 기억들을 복음서 속에서 희미하게나마 관찰할 수 있다. 예를 들어, 엠마오로 가던 제자들이 예수가 이스라엘을 해방시키기를 원했다고 말하는 장면이나, 또는 제자들이 성토요일에도 예수가 삼일 만에 부활할 것이라는 사실에 대해 아무것도 모르는 듯한 인상을 보이는 장면이다.[20] 라이마루스가 그려낸 열심당원과 같은 예수의 이미지에 관해서는 이후에 몇 차례 더 문제를 제기할 것이다.[21]

흔히 라이마루스는 현대의 예수에 관한 묘사들의 아버지로 여겨지는데, 그의 모든 연구가 네 복음서에 대한 역사 비평적 접근에 기초하고 있다는 것은 눈여겨 보아야 할 중요한 사실이다. 역사가에게 출발점은 복

---

19) G. W. Buchanan's introduction in H. S. Reimarus, *The Goal of Jesus and His Disciples,* trans. G. W. Buchanan(Leiden: Brill, 1970), 1~32.

20) Ibid., 81~84.

21) R. Eisler, *Iēsous Basileus ou basileusas: Die messianische Unabhängigkeitsbewegung vom Auftreten Johannes des Täufers bis zum Untergang Jakobs des Gerechten usw.*(Heidelberg: Winter, 1929~1930)를 보라. 또한 S. G. F. Brandon, *Jesus and the Zealots: A Study of the Political Factor in Primitive Christianity*(Manchester: Manchester University Press, 1967)를 참조하되, 이 책에 관한 비판적 반응에 관해서는 O. Cullmann, *Jesus and the Revolutionaries,* trans. G. Putnam(New York: Harper & Row, 1970)를 보라. G. W. Buchanan, *The Consequences of the Covenant*(Leiden: Brill, 1970)와 *Jesus: The King and His Kingdom*(Macon, Ga.: Mercer University Press, 1984)도 참조할 것.

음서들이 기술하고 있는 바가 아니라, 오히려 복음서 안에 꾸밈없이 기록된 제자들의 짧은 식견이나 혹은 믿음의 결여이다. 이러한 믿음의 결여는 오늘날 '역사적 예수'를 결정하는 척도가 되는데, 여기서 역사적 예수란 복음서가 제시하는 예수가 아니라, 사람들이 때때로 오인했던 예수를 말한다. 하지만 군중이나 제자들의 근시안적인 생각들이 우리에게 '진짜' 예수의 초상화를 제공한다고 단정하는 객관적인 이유는 무엇인가?(그러한 단정은 복음서의 기술 방향과 상충되지 않는가?)

데이비드 프리드리히 스트라우스(David Friedrich Strauss)는 그의 책 「예수 생애의 비평적 고찰」(1835~1836)에서 이렇게 예수 생애의 이야기를 비평적으로 재기술하는 일에 기초를 놓고자 했다.[22] 그는 신약과 구약은 모두 신화들을 포함하고 있다는 가정하에 읽어야 한다는 기존의 생각에 관해 상세히 설명했다. 모든 민족들의 가장 오래된 역사는 신화의 형태로 기록되어 있는데, 후대의 신화들이 역사적으로 영향력이 있었던 인물들을 중심으로 각색되는 경향이 있다는 것은 잘 알려진 사실이다. 신약성경이 쓰인 시기에는 이미 사람들이 객관적이고 성문화된 역사적 기록물들에 완전히 익숙해져 있었다고 치더라도, 제자들이 직접적인 목격자가 아니었다는 사실을 감안할 때, 그들이 교육 받지 못한 제자들의 집단 내에서 점진적으로 형성된 신화들을 자신의 글에 쉽사리 포함시켰을 가능성이 있다는 것이다.

따라서 스트라우스는 복음서를 읽을 때 그 저자들이 의도한 바와는 상당히 다른 방식으로 읽는다. 이러한 사실은 그가 누가복음의 서론 부분을 다룰 때 특히 분명해진다. 누가는 신화들을 기록하지 않았고, 단지 데오빌로에게 선포되었던 복음의 확실성을 뒷받침하기 위해 그가 사용하

---

22) D. F. Strauss, *The Life of Jesus Critically Examined*, trans. G. Eliot(Philadelphia: Fortress, 1973). 스트라우스에 관해서는 또한 E. G. Lawler, *David Friedrich Strauss and His Critics: The Life of Jesus Debate in Early Nineteenth-Century Geman Journals*(New York: Lang, 1986)를 참조할 것.

기 원했고 또한 사용할 수 있었던 역사적 보고들을 주의 깊게 편집했을 뿐이라는 명제에 대해 스트라우스는 의미심장한 반응을 보인다. 그는 누가가 자신이 신화를 기록하고 있다는 것을 알지도 못한 채 그렇게 했다고 주장한다. 바꾸어 말하면 누가는 자신이 역사를 기록하고 있다는 생각을 가지고 있었고, 또 그러한 의도로 책을 저술했다는 것이다. 그렇다면 저자인 누가의 의도와는 달리 누가복음에 신화가 포함되어 있을 수 있다는 전제에 대한 객관적인 이유는 무엇인가? 사실 스트라우스는 하나님이 이 세상에서 그 어떤 초자연적 개입도 하실 수 없다는 확신에 근거하여 모든 것을 판단한다. 그래서 자연신론적이고 기계론적인 하나님의 이미지가 복음서를 읽는 과정을 지배하게 되고, 결과적으로는 본문의 근거도 없고 역사적 사실과도 무관한 전제들을 바탕으로 복음서들로부터 이탈하게 되는 것이다.

19세기의 신약 학자들이 복음서들의 명료성에 반하여 이런 종류의 비평을 견지하는 데 어려움이 있었으리라는 것은 이해할 만하다. 그래서 우리는 19세기 동안에 역사 비평이 '문학' 비평이라는 미명하에 통용되었다는 것을 알 수 있다. 복음서의 본문 자체에서 도출된 문학적 기준들은 이제 복음서들을 역사적인 자료로 사용하고자 하는 모든 시도들을 뒷받침해주는 객관적이고 실용적인 근거가 되어야 한다. 이 점에 관해 점진적으로 제기된 여러 가지 복잡하고 다양한 견해들을 완벽하게 개관한다는 것은 이 책의 범위와 분량상 불가능한 일이다.[23] 하지만 그 전제는 간단하다. 처음 세 복음서는 유사성과 차이점에서 놀랄 만한 결합을 보인다는 것이다. 이러한 사실은 곧 복음서이 가지 들이 하나 혹은 그 이상의 자료들을 가지고 작업을 했고, 우리는 그 자료들을 조사함으로써 보다

---

[23] 웬만한 신약 입문 교과서는 공관복음 문제와 이에 대해 제기된 해결책에 관한 개관을 포함하고 있다. 대부분의 다른 책들보다 이를 더 자세히 다루는 책으로는 W. Schmithals, *Einleitung in die drei ersten Evangelen*(Berlin: De Gruyter, 1985)가 있다.

오래되고 신뢰할 만한 역사적 지층에 도달하게 되리라는 것을 암시하는 것이 아닐까?

기록된 혹은 구전된 하나의 원시 복음서나 또는 그 일부를 가정해 볼 수도 있다. 예를 들어, 여러 가지 기적이나 말씀의 수집물 말이다. 또는 한 명의 복음서 기자가 다른 한 명, 혹은 두 명의 복음서 기자들의 작품을 사용했으리라고 상상해 볼 수 있다. 이 두 가지 가능성의 조합은 이문서설(two-source hypothesis)로 다듬어졌는데, 이 가설은 수많은 학자들의 지지를 얻었고, 심지어 거의 백 년 동안 현대 복음서 비평의 주된 성과로 인정되어 왔다. 한편으로는 원시 복음서 혹은 예수가 한 말들의 원시 수집물(L이나 Q로 불린다)이 존재하며, 또 다른 한편으로는 마태와 누가가 Q뿐만 아니라 마가의 작품(혹은 마가복음 배후의 역사적 자료)을 사용했다는 것이다. 이 가설은 적어도 하나 혹은 두 개의 알려지지 않은 요소들(즉 Q와 아마도 원시 마가복음)을 포함하며, 다양한 변형의 여지가 있다. 그러나 그 모든 변형의 공통점은 적어도 마태와 누가는 이차적 자료로 읽혀져야만 한다는 것이다.[24]

이제 문제는 이 복음서들의 기저에 놓인 더 오래된 지층(Q 안에 있는 예수님의 말들)을 꿰뚫어 보는 일을 시도하는 것이다. 역사적 관점에서 볼 때 마가복음은 일차적 중요성을 가지기는 하지만, 마가복음 역시 역사적인 최종 발언권을 가질 수는 없다. 마가복음 또한 보다 더 오래된 전승들(아마도 원시 마가복음)에 근거하고 있기 때문이다. 현대의 예수의 이미지는 Q와 또 다른 미지의 마가복음 초기 판본과 같은 완전히 '미지의 역사적인' 기초 위에 정립되었다. 사실 이 자료들은 그 특성상 역사적이라

---

24) 영국에서 (특별히 스트리터[B. H. Streeter]의 저작과 관련하여) 발전된 사문서설 (four-source hypothesis)은 이문서설과 충돌하는 것이 아니라, 오히려 그것의 좀 더 세부적인 변형으로 볼 수 있다. 사문서설은 원시 마가복음의 존재를 추정하지 않을 수 없도록 만든 문제점을 해결하기 위해, 마태와 누가가 마가와 Q 외에도 별도의 자료들을 각자 사용했다고 가정했다.

기보다는 오히려 더 신화적이어서 그것들은 결정적이고 확고하고 역사적인 내용을 가지고 있지 않다. 그 결과로 지난 한 세기 반 동안 예수의 이미지가 지나치게 다양할 수밖에 없었던 것이다.

이러한 현상의 사실성은 역사 비평이 문학적 분석을 통해 발견된 전승의 이른바 '더 오래된' 지층들에서 멈추지 않는다는 점을 감안할 때 더욱 자명해진다. 세 복음서 중 마가복음이 가장 오래된 것이라고 거의 대부분의 학자들이 인정하고 난 후에, 윌리엄 브레데(William Wrede)는 라이마루스가 사용한 것과 똑같은 역사 비평을 마가복음에 적용했다.[25] 브레데에 의하면 예수 자신은 메시야로서 설교한 것이 아니었고, 예수를 메시야 대망 사상의 틀 속에 넣은 것은 그의 제자들이었다. 그러고 나서 제자들은 후대의 기독교 공동체가 예수를 그리스도로 선포했다는 사실에 대해 그럴 듯한 설명을 만들어 내야 했다는 것이다. 예수 자신은 메시야적 호칭들을 전혀 사용한 적이 없음에도 불구하고 말이다. 브레데는 또 마가의 해결책은 전반적으로 허구적인 복음서를 기록하거나, 혹은 후대의 관념의 견지에서 역사를 '다시 쓰는' 것이었다고 한다. 마가는 그의 책에서 예수가 사람들과 악한 귀신들에게 '메시야'라는 호칭을 사용하지 못하도록 하는 여러 장면들을 기술하고 있다. 그런데 이는 정작 예수 스스로는 자신의 메시야 됨에 관해 이야기하지 않았고 또한 비밀에 붙이기를 원했지만, 그의 제자들은 그를 메시야라고 부를 수 있는 모든 (허구적) 권리를 가지고 있다는 사실을 '설명'하는 것이라고 주장한다.

복음서 기자들이 사용한 보다 큰 단락(pericopes)들의 배후에서 인지될 수 있는 복음서 전승이 보다 작은 단위들, 즉 예수가 한 말이나 행동들 역시 역사 비평을 피해갈 수 없기는 마찬가지이다. 20세기에 들어와서, 양식 비평은 이러한 어록과 이야기들의 역사적 기원에 관한 질문을 제

---

25) W. Wrede, *The Messianic Secret*, trans. J. C. G. Greig(Cambridge: Clarke, 1971).

기했다. 기원들은 대부분 예수의 주변에서 원래 발생했던 사건들 안에서가 아니라, 후대의 기독교 공동체 안에서 발견된다. 이야기들이나 계명들은 선교, 교리문답, 교회법, 그리고 공동체 구성과 같은 영역에서 나타난 필요에 의해서 만들어졌다. 그리고 그 이야기나 계명들은 예수의 생애와 가르침의 핵심적 내용의 일부를 차지하게 되었다. 비록 그 정당성에 있어서 정도의 차이는 있지만 말이다. 따라서 그 두 개의 알려지지 않은 자료(Q와 원시적 마가복음) 역시 우리로 하여금 예수 생애의 역사에 이르도록 직접적으로 인도해 주지 않으며, 고작해야 후대에 발전한 공동체 전승을 통해서 알려진 역사를 반영할 뿐이라는 것이 드러난다.[26] 이 모든 사실은 왜 20세기에 들어와서 예수의 이미지가 거의 무한정으로 다양해졌는지를 설명해 준다. 복음서들로부터의 이탈이 이토록 심각한 지경에 이르렀기 때문에 예수에 관한 현대의 다양한 이미지들의 방법론적, 역사적 기반은 더 이상 복음서 자체에 있지 않고, 오히려 복음서 배후의 자료들에 대한 다양한 가상적 재구성에 있다.

이에 대한 예들은 앞에서 언급된 네 명의 저자들의 경우를 살펴보면 쉽게 찾을 수 있다. 헤르베르트 브라운(Herbert Braun)의 예수에 관한 연구는 다음의 전제들에 그 토대를 두고 있다. (1) 요한복음은 역사적 중요성이 없다. (2) 양식 비평이 보여주는 것은 마태, 마가, 누가가 자신들이 그려내고자 하는 '예수의 생애'를 위해 가장 오래된 기독교 공동체들로부터 내려온 전승의 작은 단위들을 사용하여, 이들을 후대에 발전된 역사적인 틀에 끼워 맞추기 위해 재가공한 것이다. (3) 예수의 것이라고 여겨지는 짧은 선포들은 만약 그 형태가 팔레스타인적이고 유대적이라면 진짜라고 볼 수 있다. (4) 만약 이러한 예수의 담화가 일반적인 유대인의 사

---

26) R. Bullmann, *History of the Synoptic Tradition*, trans. J. Marsh, rev. ed.(Peabody, Mass.: Hendrickson, 1994); K. Berger, *Formgeschichte des Neuen Testaments*(Heidelberg: Quelle & Meye, 1984).

고방식에서 벗어난다면, 이는 전형적인 예수의 모습이라고 볼 수 있는데, 이 또한 우리가 확보한 예수의 전체적 그림에 일치해야 한다.[27] 브라운은 이 네 번째 전제에 스스로의 평가를 덧붙인다. "물론 주의 깊은 독자는 …… 우리가 서 있는 방법론적인 기초가 얼마나 불안정한지를 즉시 알아차릴 것이다. 이런 식으로 구성되었기 때문에, 전체적인 그림은 구체적인 (진술들에 관한) 결론들을 모두 합한 총계에 토대를 두지만, 이 전체적인 그림 또한 예수가 말한 개별적인 진술 하나하나에 대한 평가 기준으로 사용되어야 한다."[28]

스킬레벡스(Schillebeeckx)는 또한 '내용의 일관성'이라는 기준도 사용한다. 예수에 관한 전체적인 그림은 세부 사항에 관한 판단 기준인 반면, 세부 사항들은 전체적인 그림을 이루는 기본 단위들이다. 스킬레벡스가 상당히 효과적이라고 여기는 또 다른 두 가지 기준이 있다. 예수에 관한 어떤 전승이 특정한 복음서의 편집 경향에서 벗어나는 경우나 그 전승이 유대적 환경과 후대의 기독교 공동체에서 벗어나는 경우 이는 의심할 것 없이 확실한 진짜 전승이라고 볼 수 있다.[29] 요한복음이 오래된 전승들을 보존하고 있는지에 관한 문제를 논의하면서, 스킬레벡스는 브라운처럼 일언지하에 요한복음을 거부하지는 않는다. 하지만 그도 브라운과 같이, 공관복음 문제에 관한 일반적인 이해(Q와 마가복음은 기독교 공동체의 전승과 교회가 보유하고 있는 복음서들 간의 가교 역할을 한다)를 공유한다.[30]

반면 데이비드 플루서(David Flusser)는 이와 다른 자료 비평(source-critical)이 한 변형을 선택힌다. 그는 가장 오래된 기독교 공동체 안에서

---

27) Braun, *Jesus*, 25~31.
28) Ibid., 29.
29) Schillebeeckx, *Jesus*.
30) Schillebeeckx, *Interim Report*.

이루어진 전승의 형성에 관해서는 관심을 덜 쏟는다.[31] 진정한 예수 전승은 분명 그 전수 과정에서 온갖 종류의 왜곡을 거쳤다. 따라서 이는 복음서들에 대한 언어학적 분석을 통해 추적해야만 한다. 복음서들은 모두 Q와 일종의 원시 마가복음 같은 것을 떠올리게 한다. 하지만 복음서들 간의 상호 의존은 마가를 중심으로 일어나지 않는다. 사실 그 두 개의 더 오래된 자료들에 가장 직접적인 관련이 있는 사람은 누가이다. 마가가 누가를 사용했다고 결론지을 수 있을 만큼 말이다. 그러고 나서 마태가 마가를 사용했다. 그러므로 마태는 누가를 간접적으로 사용한 것이 된다. 이 모든 것들이 의미하는 바는 누가복음으로부터 얻을 수 있는 정보가 흔히 생각하는 것보다 더 큰 가치가 있다는 것이다.

비록 소브리노가 '역사적 예수'를 발견하기 위한 평가 기준들에 관해 노골적인 관심을 보이진 않았지만, 그의 저술을 살펴보면 그가 분명 (라너[Karl Rahner]와 팔리넨버그[Wolfhart Palinenberg]와 몰트만[Jürgen Moltmann]의 저술을 통해) 그러한 성과들, 즉 현대 성서신학의 학문적 성과들(비록 정확히 규정되지는 않았지만)에 의존하고 있다는 것이 확실해진다. 현대 성서신학은 낯익은 복음서들 배후에 있는 가설적인 자료들을 당연한 것으로 받아들인다. 소브리노의 작품과 같은 책들은 복음서로부터의 이탈이 어떻게 일종의 배타적 교의로 전락했는지를 보여준다. 어쩌면 그것은 현대 신학에서 유일하게 도전받지 않고 있는 교의인지도 모르겠다.

---

31) R. L. Lindsey, "A Modified Two-Document Theory of the Synoptic Dependence and Interdependence", Novum Testamentum 6(1963): 239~263. 원시 설화(PN; Proto-Narrative)와 Q는 최초로 누가에 의해 사용되었고, 그러고 나서야 마가에 의해 사용되었는데, 마가는 이미 누가를 알고 있었다. 그리고 마지막으로 마태가 그것들을 사용했는데, 마태 또한 마가를 알고 있었다. 참조, Flusser, Jesus. 플루서의 '언어학적(philological) 방법론'에 관해서는 D. Flusser, *Tussen oorsprong en schisma: Artikelen over Jezus, het Jodendom en het vroege Christendom,* 2d ed.(Hilversum: Folkertsma Stichting voor Talmudica, 1984), 142~167에 실린 "De consequente filologie en Jezus' eigen woorden"에 관한 그의 논문을 보라.

자료의 중요성

복음서를 외면하면서 사람들은 흔히 복음서에 포함되어 있다고 추정되는 상호 모순들에 호소한다. 그러나 복음서에 관한 연구들이 복음서로부터 이탈됨으로써 초래한 차이와 모순은, 오히려 복음서 간에 존재하는 차이나 모순보다 훨씬 더 심각하다. 역사적 예수에 관한 그림을 구성하는 일에서라면, 차라리 네 명의 복음서 기자들을 받아들이는 것이 무작위로 선택된 네 명의 현대 신학자들을 견디는 것보다 쉽다. '있는 그대로의 예수'를 향한 현대의 추적은 답보 상태에 이르렀다는 큄멜(Kümmel)의 주장은 옳다.

그러나 만약 이 답보 상태로부터 헤어나려 한다면 우리는 한 가지 결정을 내려야 한다. 기독교의 기원에 관한 분명한 그림을 구성할 수 없다고 인정을 하든지(이 결정은 "그렇다면 현대 세계에서 기독교가 어떻게 스스로를 정당화할 수 있을 것인가?" 하는 문제를 일으킨다), 아니면 문제가 시작된 그 곳, 즉 전통적 자료인 복음서들로부터 이탈한 지점으로 다시 돌아가야 한다. 그런데 주로 이 결정은 회피된다. 한편으로는 이미 폐기된 견해를 다시 고려하는 것만으로도 지나치게 보수적으로 보인다. 우리가 복음서들을 조화시키려고 한다고 누군가 비난이라도 하는 날에는 말이다. 누가 이런 오명을 쓰고 과거로 돌아가고자 하겠는가?

그럼에도 불구하고 또 다른 한편으로는 하나님께서 세우신 그리스도로서의 예수를 제거하고 기독교 신앙을 버리는 일은 지나치게 급진적으로 보인다. 후대의 평범한 교회 출석자들이 이런 모든 얘기를 듣는다면 틀림없이 두 번째 선택을 할 것이다. 그럼에도 불구하고 많은 신학자들은 여전히 불확실성 가운데서 비틀거리며, 브라운의 표현을 빌자면, '아마 그렇지 않았을까' 하는 역사적 예수'에 대해 책들을 쓰고 있다.

하지만 이러한 연구는 그 교회적(Schillebeeckx), 사회적(Sobrino), 종교적(Flusser) 중요성 때문에 그 창시자에게만 맡겨두어서는 안 된다. 비록 이

전에 머물렀던 땅에 문제가 없었던 것은 아니지만, 복음서로부터의 자발적인 이탈이 초래한 더 큰 혼돈의 상태로부터 돌아서서 우리가 무엇을 버려두고 왔는지 살펴보는 것이 현명한 처사이다.

현대 기독론의 학문적 분야에서는, 도대체 처음에 '왜' 그런 이탈이 발생했는지에 대해 어느 정도 열린 마음을 가지고 재고해 볼 필요가 있다. 예수를 탐구하는 데 있어서 복음서로부터 등을 돌려야 하는 결정적인 이유가 정말 존재하는 것인가? 하나님의 아들로서 우리의 죄를 대신해서 죽으셨고 장차 영광의 구름을 타고 다시 오실 그리스도에 대한 혐오 때문인가?

그것은 결코 이유가 될 수 없다. 만약 그 모든 일들이 사실이라면 어쩔 것인가? (그리고 왜 사실이면 안 되는가?) 현대적 세계관이 복음서를 통해 우리에게 전수된 것보다 더 신빙성이 있다고 확신할 수 있는가? 우리가 이 질문에 그렇다고 대답하면, 문이 잠긴 방에 스스로를 가두는 격이 된다.

그러나 만약 우리 자신의 외부에서나 혹은 우리가 기대하지 않았던 방식으로도 진리를 발견할 수 있다고 인정한다면, 적어도 복음서들이 믿을 수 있는 자료라는 '가능성'에 문을 열어둔 것이 된다. 그렇다면 예수가 어떻게 살았고 무엇을 말했는가를 조사하기 위해서는 다양한 자료들이 필요한데, 이 가능성은 이 자료들에 대한 편견 없는 역사적 검증을 견뎌낼 수 있을까? 이 질문에 대답하기 위해 이제 우리는 그리스도의 지상 생애에 관련된 성경적, 성경 외적 자료들을 살펴보아야 한다.

성경 외적 자료들

복음서들은 많은 이들에게서 믿을 만한 역사적 자료라는 평판을 잃어

버렸으며, 따라서 다른 종류의 자료에 대한 관심이 증가하고 있다.[32] 몰 톤 스미스(Morton Smith)는 그의 책 「마법사 예수」에서 자신이 그려낸 예수의 이미지를 뒷받침하기 위해 비기독교적 자료들을 조직적으로 사용하고 있다. 그렇게 함으로써 그는 외부인들에 의해 관찰된 진정한 역사적 예수를 추적해 낼 수 있다고 믿는다. 예수의 추종자들뿐만 아니라 외부인들 역시 예수를 기적을 일으키는 자로 여겼지만, 스미스에 의하면 그들의 복음 설화들은 한 마법사에 관해 자신들의 초상화를 다듬고 미화하는 데 집중했다. 따라서 성경 외적 자료가 복음서들을 평가하는 기준이 되는 것이다.[33]

그러나 심지어 스미스의 극단적인 방법론적 입장 채택을 거부하는 사람들에게도, 성경 외적 자료는 복음서의 타당성에 대해 의문들을 제기한다. 만약 예수가 진정 하나님의 아들로서 그렇게 인상 깊은 일들을 수행했다면, 왜 우리는 고대의 비기독교적 자료들에서 예수에 관해 그렇게 조금밖에 읽어볼 수 없는가?

사실 우리는 복음서 이외의 자료에서는 예수에 관한 정보를 아주 조금밖에 찾을 수 없을 뿐만 아니라, 그나마 존재하는 그 정보들 또한 그 특성상 고도의 다양성을 가지고 있다. 스미스가 한 마법사로서의 예수의 초상화를 그야말로 마술처럼 그려낼 수 있는 유일한 방법은 한 부분만 강조하고 나머지 부분은 무시하는 것이다. 만약 그렇게 하지 않았다면, 그는 복음서들의 도움 없이는 예수의 명확한 초상화를 그려낼 수 없다는

---

32) R. J. Hoffinann, *Jesus outside the Gospels*(Buffalo: Prometheus, 1984). 역사적 문헌으로서의 복음서들의 가치를 아주 낮게 보는 견해에 관해서는 R. Helms, *Gospel Fictions*(New York: Prometheus, 1988)를 참조할 것.

33) M. Smith, *Jesus the Magician*, 2d ed.(Wellingborough: Aquarian Press, 1985; 1st ed., New York: Harper & Row, 1978). 스미스 자신이 개정판의 후기에 쓴 바와 같이(*Jesus the Magician*, 153~154), 이 책은 논리적으로 볼 때 *The Secret Gospel: The Discovery and Interpretation of the Secret Gospel according to Mark*(New York: Harper & Row, 1973)의 속편이다.

것 외에는 다른 아무 결론도 내릴 수 없었을 것이다. 확정할 수 있는 사실들이라고는 기껏해야 예수가 살았다, 빌라도에게 십자가 처형을 당했다, 그리고 물의를 일으키는 인물이 되었다는 정도인 것이다.

상대도 되지 않을 정도로 적은 수임에도 불구하고 성경 외적 자료들이 복음서들의 타당성에 관해 의문을 제기할 수 있는 실정이므로, 우리는 먼저 그 성경 외적 자료들을 개관해 볼 것이다. 그리고 이 자료들의 이 같은 수적인 불균형에는 어떤 원인들이 있는지에 대해서도 함께 살펴보기로 한다.[34] 성경 외적 자료들은 서로 연관성이 없기 때문에 그 출처를 기준으로 (1)이방인 저자들 (2)유대 저자들 (3)기독교 저자들로 나누어 정리해 보도록 하자.

이방인 저자들

복음서들은 전 세계적으로 매우 중요한 의미를 지니는 한 사건인 예수의 이야기를 전달한다. 누가는 세례 요한에게 하나님의 말씀이 임한 시기를 '티베리우스 시저(Tiberius Caesar)의 통치 제15년'으로 잡고 있다(3:1). 이미 이야기의 시작 자체가 제국의 달력에 맞춰져 있는 것이다. 그리고 복음서들의 결말은 예수의 생애와 가르침을 모든 족속에게로, 또한 로마에 이르기까지 전파하는 것으로 막을 내린다(마 28:19; 막 16:15~20; 행 1:8; 28:28~31).

따라서 얼핏 보기에 1세기 혹은 그 직후의 이방인 저자들의 작품들에 이러한 일들이 전혀 언급되지 않았다는 것이 오히려 놀라운 일이다. 복음이 그들에게는 전달되지 않았던 것일까? 아니면 복음서들이 우리에

---

34) 이에 대해 브루스(F. F. Bruce)는 *Jesus and Christian Origins outside the New Testament* (London: Hodder & Stoughton, 1974)에서 다소 광범위하기는 하지만 훌륭한 논의를 제공한다. 또한 D. Wenham and C. L. Blomberg, eds., *The Jesus Tradition outside the Gospels*, Gospel Perspectives 5(Sheffield: JSOT Press, 1985)와 R. H. Stein, *Jesus the Messiah: A Survey of the Life of Christ*(Downers Grove, Ill.: InterVarsity, 1996)도 참조할 것.

게 과장된 인상을 주는 것인가? 이런 물음들 중 어떤 것들은 쉽게 답할 수 있다. 빌라도의 보고서와 같은 문서들이 포함되어 있던 제국의 기록물이 유실된 것이다. 우리가 가지고 있는 1세기의 문서 자료는 턱없이 부족하다.[35] 1세기에 대 플리니(Pliny the Elder)가 저술한 방대한 작품이 하나 있는데, 그것은 여러 나라들을 다루고 있다. 하지만 그의 「자연의 역사」(Natural History)는 고대 팔레스타인의 역사적 측면보다는 지리적, 자연적 상황에 더 초점을 두고 있다. 그런 책이 예수에 관한 정보를 제공할 것이라고 기대해서는 안 된다. 1세기에 관한 역사적 서술을 보기 위해 우리는 2세기 초의 두 저자의 도움을 받을 필요가 있다. 그러는 가운데 문제는 더욱 예리한 윤곽을 드러내게 될 것이다. 왜 그들은 우리에게 더 많은 것을 말해주지 않았는가?

수에토니우스(Suetonius)와 타키투스(Tacitus)는 로마의 역사에 관해 저술했다. 로마는 세계적 제국이 되었기 때문에 그들의 저작에는 거의 온 세계가 등장한다. 하지만 그것은 어디까지나 항상 제국의 정치나 혹은 로마 공화정의 관점에서이다. 이러한 사실은 저자들의 관심사의 폭이 제한되었음을 말해준다. 타키투스는 예수가 팔레스타인에서 본디오 빌라도에게 처형되었다는 것을 알고 있었다. 하지만 그는 티베리우스 황제 치

---

[35] 순교자 저스틴(Justin Martyr; *First Apology* 34.2)과 터툴리안(Tertullian; *Against Marcion* 4.7.7; 4.19.10)은 로마 제국의 기록들에서, 예를 들면, 퀴리니우스(Quirinius; 순교자 저스틴) 때나 혹은 센티우스 사투르니누스(Sentius Saturninus; 터툴리안) 때 있었던 인구조사에 관련된 문서들을 통해서, 예수 탄생의 기록들을 찾을 수 있다는 가능성에 호소한다. 또한 브루스(Bruce, *Jesus and Christian Origins*, 20)는 본디오 빌라도 치하에서 작성된 문서들을 거론하기 위해 순교자 저스틴(*First Apology* 48.3)을 참조한다. 하지만 나는 이것이 이 성경 구절에 대한 정확한 해석이라고 생각하지 않는다. 저스틴은 예수의 기적들이 이사야와 같은 선지자들에 의해 '예언되었다'는 사실을 논의한다. 따라서 오히려 황제 자신이 스스로 본디오 빌라도 치하에서 무슨 일이 일어났는지에 대한 보고들, 즉 복음서들을 조사해 봄으로써 이 예언된 사건들이 정말 발생했는지를 알아낼 수 있었다. 복음서는 성취된 예언들을 확증하는 문서들이며, 또한 복음서가(오래전에 이사야가 했던 말들과 일치를 이루며) 기술하고 있는 일들은 발생한 지 그리 오래되지 않기 때문이다. 결론적으로 본디오 빌라도의 이름은 팔레스타인의 역사에서 특정한 한 시기를 가리키기 위해 사용되었다.

하의 팔레스타인에 관해 저술하면서도 이 사실은 언급하지 않는다. 그는 제국에 속한 이 지역에 관해 아주 간결하게 딱 한 가지만 언급한다. '티베리우스 치하의 평화.' 이 말은 티베리우스 통치 기간 중 팔레스타인의 유대인들이 거의 문제를 일으키지 않았다는 것을 의미한다.[36] 흔히 유대인들은 상당히 성가신 존재였고, 특히 유대 전쟁(Jewish War; A.D. 66~70) 기간 동안에는 로마인들에게 엄청난 문제들을 안겨주었다. 이러한 사실을 생각해 볼 때, 우리는 타키투스의 짧은 기록에서 일종의 안도감을 감지하게 된다. 유대인들이 항상 문제거리가 된 것은 아니었다. 이런 관점에서 역사를 기술하는 사람이라면 그 누구라도 예수에 관한 이야기를 끼워넣을 하등의 이유가 없다. 왜냐하면 예수의 출현이 그 정치적 평정의 시기를 중단시키지 않았기 때문이다. 이 시기에 관한 타키투스의 묘사는 예수가 심지어 유대인들을 동요시킬 만한 원인조차 제공하지 않았다는 것을 암시한다. 타키투스는 그 간결한 문장을 통해 라이마루스와 그 후계자들이 가졌던 생각들, 즉 예수가 정치적 야망을 가지고 있었고, 열심당과 같은 정치세력의 주변에서 활약했다는 견해를 간접적으로 반박한다. '티베리우스 치하의 평화', 이는 바로 역사적인 그리스도의 사역에 관한 정치적 평가인 것이다. 이는 또한 예수 자신의 말씀으로 묘사되고 있는 바와 같다. "나는 마음이 온유하고 겸손하니······ 내게 배우라." 타키투스는 무의식적으로 그 말씀에 나타난 진리를 확증하고 있는 것이다.

로마의 역사가들은 예수의 생애에 관해 별다른 관심을 갖고 있지 않았다. 그리스도와 관련한 그들의 태도는 (그들은 그리스도라는 이름에 익숙했다.) 고린도에 있었던 세네카의 형제 갈리오(Gallio)의 태도와 같았다. 클

---

36) Histories 5.11: "Sub Tiberio quies." 정치적 불안정과 열심당원들의 시대는 헤롯 아그립바 1세의 사후(A.D. 44)이다. 예를 들어 H. Guevara, *La resistencia judia contra Roma en la epoca de Jesus*(Meitingen: Meitingen, 1981)를 보라. 또한 이 책의 자매편인 *Het evangelie van Gods zoon*(Kampen: Kok, 1996; English translation forthcoming), sec. 1.2.3 을 참조할 것.

라우디우스(Claudius) 황제 치하에서 아가야 지방의 총독으로 있었던 갈리오는 기독교인인 바울과 맞닥뜨리게 되었다. 갈리오는 바울로부터 예수에 관해 많은 것을 배울 수 있었다(행 18:14a). 하지만 그는 로마의 관할권 안에서 위법이나 범죄 행위가 발생한 것이 아니었기 때문에 그 일에 관심을 기울이지 않았다. 적어도 그에게 그런 일들은 "언어와 명칭과 너희 법에 관한 것", 즉 유대인들이 자기들끼리 싸워서 결론지어야 할 그런 문제들이었다(행 18:14~17).

바로 그러한 이유로 '그리스도'라는 이름은 정치사적 기록에 등장하지 않는 것이다. 하지만 언제든 기독교인들이 사회적 불안 요소가 되기만 하면 그런 일들은 반드시 언급된다. 어떤 자료들은 실제 그러한 사건들이 클라우디우스 치하의 로마에서(A.D. 41~45) 발생한 것으로 증거한다. 수에토니우스는 크레스투스(Chrestus)가 주동해서 일어났던 소란들 때문에 유대인들이 로마에서 추방된 사건을 언급하고 있는데, 때때로 이 언급은 그리스도가 선포됨으로 인해 로마의 유대인 구역에서 발생했던 사회적 불안을 시사하는 것으로 간주된다.[37] 그러나 수에토니우스가 언급한 문맥을 살펴보면, 그가 당시 '팔레스타인' 지역에서 늘어나고 있던 반란들을 거론했을 가능성이 더 크며, 크레스투스라고 하는 인물은 그 반란들과 관련해서 모종의 역할을 했던 것 같다. 그 후에 보복적 차원에서 로마로부터 유대인들이 일시적으로 추방당했던 것이다.[38]

비록 로마가 클라우디우스 시대에 기독교라는 신흥 종교와 갈등 관계에 있지는 않았지만, 네로 치하(A.D. 54~68)에서는 분명 그러했다. 네로는 A.D. 64년에 있었던 로마의 화재를 기독교인의 탓으로 돌렸다. 다기투스

---

[37] Claudius 25, p.4: "Judaeos impulsore Chresto assidue tumultuantes Roma expulit."
[38] 이에 대한 더 자세한 논의를 보려면 저자의 *De oorsprong van de kerk te Rome* (Groningen: De Vuurbaak, 1967)를 참조하라. 수에토니우스에 관한 이러한 문맥적 해석을 보려면 Thomas Levin, *Fasti Sacri or a Key to the Chronoonology of the New Testament*(London: Longmans, Green, & Co., 1865), lxii-lxiv를 참조할 것.

는 이 사건을 묘사하면서 기독교인들을 제거한 것에 대해 찬사를 보내는데, 그 이유는 그들이 반사회적 심리(인간에 대한 적개심)에 사로잡혀 있다고 느꼈기 때문이다. 하지만 그는 네로가 그들을 '화재 때문에' 박해한 것에 대해서는 개탄했다.[39] 그 박해의 결과로 많은 로마 시민들이 네로에 대해 불신을 갖게 되었고, 따라서 부당하게 고발 당한 기독교인들에 대해 동정심을 더 갖게 되었기 때문이다. 로마 사회에서 중요한 의미를 가졌던 이 사건에 대한 그의 기술에서, 타키투스는 '그리스도'를 지나가는 말로 잠깐 언급하는데, 크리스천들이 그의 이름을 따라 불린다는 것이다.

그러므로 네로는 (자신이 화재를 냈다는) 소문을 잠재우기 위해 한 부류의 사람들, 즉 부도덕함 때문에 혐오를 받고, 흔히 크리스천이라고 불리는 그자들을 범죄자들로 둔갑시켜 치밀하게 계획된 잔학함으로 처벌했다. 크리스투스(Christus)는 크리스천이라는 명칭의 창시자인데, 티베리우스 황제 때 총독 본디오 빌라도에 의해 선고를 받고 사형에 처해졌다. 그래서 그 간악한 미신은 잠시 저지되었지만, 또다시 급속히 만연하여 이제는 그 질병의 원산지인 유대 지방뿐만 아니라 제국의 수도, 즉 전 세계의 온갖 끔찍하고 수치스러운 것들이 모여들고 인기를 끄는 로마에까지 퍼지게 되었다.[40]

---

39) 네로 치하에서의 기독교인들에 대한 박해와 이에 관한 타키투스의 묘사를 보려면 저자의 "Na vele jaren: Stadhouder Felix en de jaren van Paulus", in *Almanak Fides Quadrat Intellectum*(Kampen: Kok, 1979), 119~154, 특히 145~148를 보라. 또한 다음도 참조할 것. D. Lührmann, "Superstitio-die Beurteilung des frühen Christentums durch die Römer", Theologische Zeitschrift 42(1986): 192~213; S. Benko, Pagan Rome and the Early Christians(Bloomington: Indiana University Press, 1984), 1~29.
40) Tacitus, *The Annals*, bks. 13~16, trans. John Jackson, Loeb Classical Library 322 (London: Heinemann, 1969), 15.44.

로마의 종교들 이외의 타 종교에 대한 지극히 부정적인 태도나 기독교인에 대한 혐오에도 불구하고, 타키투스는 분명 성경적 자료들을 확증해 주는 몇몇 외부적 사실들을 제공하고 있다.

1. 그리스도는 이미 그의 지상 생애 기간 동안 종교적 숭배의 대상이 되었다(타키투스는 이를 '미신'이라 부른다). 그러므로 후대의 숭배는, 흔히 주장되는 바와 같이 기독교 공동체 안에서 새롭게 발전된 것이 아니라, 오히려 팔레스타인에서 이미 시작되었던 일이 지속되는 것이었다. 타키투스는 이를 '미신의 재확산'이라고 부른다.
2. 기독교 복음은 A.D. 64년에 로마에서 있었던 화재 사건보다 훨씬 전에 이미 팔레스타인으로부터 로마에 이르는 문명 세계로 퍼져 있었다. 그 당시 기독교인들은 이미 유대인들과 구분되고 있었고, 그들의 생활 방식은 반향을 불러일으키고 있었다. 이러한 사실은 기독교가, 어떤 이들의 생각처럼, 오랜 시간 동안 단지 당시 유대교의 한 변형으로만 존재했던 것이 아님을 보여준다.
3. 예수는 분명히 존재했고, 본디오 빌라도에 의해 죽임을 당했다. 예수가 빌라도에게 죽임을 당했다는 사실은 기독교인들 자신에게서 유래하지 않은 것으로 보인다. 만약 타키투스가 기독교인들의 신경(creed)에서부터 정보를 얻었다면, "십자가에 못 박혀 죽었다"는 표현을 썼을 것이기 때문이다. 또한 기독교인들에 대한 그의 심한 적대감을 감안하면, 그가 그들의 주장을 무차별적으로 베꼈을 리는 만무하다. 마지막으로, 타키투스는 국가 기록문을 이용할 수 있는 역사가였다. 그에게 있어서 본디오 빌라도가 로마로 보냈던 보고들을 참조하는 것이 어려운 일은 아니었을 것이다. 만약 그 보고들이 예수에 관해 전혀 다른 비종교적인 그림을 제공했다면, 타키투스가 이를 사용하여 기독교인들을 공격하는 일에 결코 실패하지 않았

을 것이다. 그러나 신흥 종교의 추종자들을 격렬히 반대했던 이 역사가는 그들의 교주인 그리스도가 로마 총독 본디오 빌라도에 의해 죽임을 당했다는 것과, 또한 그 당시 예수가 이미 미신적인 숭배의 대상이 되어 있었다는 것을 기정 사실로 받아들였다.

트라얀 황제 치하(A.D. 98~117)의 기독교인들에 대한 박해는 비두니아(Bithynia; 터키 북서쪽 지방)에서 최고조에 이르렀던 것으로 보인다. 당시 그 지방의 총독이었던 소 플리니(Pliny the Younger)는 그 상황을 A.D. 111년에 서신을 통해 황제에게 보고했다. 그 서신이 제공하는 그리스도인들에 관한 정보도 흥미롭지만, 그것이 그리스도에 대해서는 전혀 아무런 정보도 제공하지 않는다는 것도 흥미롭다.[41] 더구나 비기독교적인 로마인들은 '크리스천들'이라고 하는 사회적 현상과 맞닥뜨린 후, 심지어 그들의 활동에 일종의 호기심마저 보였음에도 불구하고, 그들의 교주인 팔레스타인 사람, 그리스도의 생애에 관해서는 아무런 관심도 보이지 않았던 것으로 보인다. 이 사실을 고려해 보면 자료의 결핍을 이해할 만하다. 또한 이 사실은 타키투스가 언급한 그 한마디에 더욱 큰 가치를 부여하게 한다. 이런 비기독교적 자료들은 복음서가 제시한 역사를 보충하지도 않고, 그것과 충돌하지도 않는다. 오히려 그 자료들은 몇 가지 점에서 복음서들을 보강해 준다. 본디오 빌라도 치하에 있었던 예수의 죽음, 예수를 지상에서 추종했던 자들이 보였던 그에 대한 종교적 숭배, 그리고 세계 전역에 걸쳐 일어났던 기독교의 급속한 전파가 그것이다. 다른 한편으로 그 자료들은 몰톤 스미스(Morton Smith)의 견해('마법사 예수')를 보강해 주지도 않는다. 또한 예수가 정치적 야망이 있었다는 견해도 지지하지 않는다. 실제로 기독교인들의 행동은 마법이나 정치적 야망으로 유명했

---

41) R. L. Wilken, *The Christians as the Romans Saw Them*(New Haven and London: Yale University Press, 1984), 1~30을 참조할 것.

던 것이 아니라 전혀 다른 것들로 유명했다. 기독교인들은 자신들의 종교적 공동체를 독특한 생활 방식을 통해 형성했다. 그들은 우상 숭배나 퇴폐적 삶의 방식을 거부함으로써 많은 동시대인들의 마음을 혼란하게 했다. 이런 신흥 종교의 추종자들에 대한 부정적인 평가 때문에 이방인들은 그리스도에 관해 더 알고자 하는 욕구 자체를 억눌러 버렸다. 이 세상에 하나님의 말씀이 울려퍼지게 해야 할 음향 시설이 그토록 부실했으니, 예수의 지상 사역에 대한 반향이 거의 나타나지 않은 것은 당연한 일이었다.

유대 자료들

팔레스타인에서의 예수의 사역에 관한 정보는 이방인들이 아니라 유대인들의 자료에서 더 빠르게 찾을 수 있다. 예수는 이스라엘에서 태어났고, 갈릴리와 유대 지방에서 유대인들 가운데 사역했기 때문에, 그의 생애와 사역은 멀리 떨어져 있는 로마인들과는 달리 유대인들의 시선을 벗어날 수 없었음은 자명한 사실이다.

우리가 기대하는 자료는 특별히 두 가지, 즉 요세푸스와 랍비적 전승이다. 유대 역사가 플라비우스 요세푸스(Flavius Josephus)는 1세기 후반에 있었던 유대 전쟁에 관해 기록했고, 또한 헤롯 성전이 파괴될 때까지 유대 민족의 전 역사를 다룬 방대한 작품을 남겼다. 그의 책들은 A.D. 66~70년 사이에 있었던 반란 이후로 로마인 사이에 상당한 반감을 불러일으켰던, 바로 그 유대 민족에 대한 이해를 고취시키기 위해 저술되었다. 기독교와 그 기원은 요세푸스의 직접적인 인지의 범주 밖에 있었다. 반면 그는 1세기의 상황을 매우 자세하게, 특히 유대적 관점에서 다루고 있는데, 이로 인해 우리는 그가 선지자 요한과 '선생 예수'에 대해 어느 정도 주목했을 것이라고 기대할 수 있다. 과연 요세푸스는 우리의 기대를 저버리지 않는다. 그의 책들은 세례 요한과 예수에 관한 가장 오래된 성경 외적 증거이다.

랍비적 전승들에 관련해서는 랍비들이 기독교와 충돌한 결과로 예수에 관한 정보를 자신들의 책에 기록했을 것이라고 기대할 만하다. 그러나 이곳에서의 수확은 우리가 기대하는 것만큼 풍성하지 않다. 예수에 관한 전승들의 흔적을 분명 찾을 수 있기는 하지만 말이다.

요세푸스가 제공하는 정보와 탈무드가 제공하는 정보는 그 맥락이 완전히 다르기 때문에 우리는 이 유대 자료들을 두 부분으로 나누어 논의할 것이다.

● **요세푸스**

요세푸스를 논의함에 있어, 세례 요한이 지역 사람들에게 남겼던 강한 인상을 언급하는 부분은 우선 넘어가기로 하고,[42] 먼저 그가 예수의 이름을 언급하는 두 대목을 살펴보기로 하자.

첫 번째 대목에서는 예수를 지나가는 말로 우연히 언급하고, 두 번째 대목에서는 그에 관해 간략히 논의하고 있다. 그 우연한 언급은 야고보가 돌에 맞아 죽는 장면을 묘사하는 중에 나온다. "그는 그리스도라고 불리는 예수의 동생이었다"(유대 고대사 20.9.1, p.200). 이 본문은 복음서에서 얻을 수 있는 한 세부 사항을 확증해 주는 것이다. 예수의 형제들 중 한 명은 야고보라고 불렸다(막 6:3; 마 13:55). 이 사실은 요세푸스의 독자 집단에 속한 사람들이 야고보의 형제를 '예수'라는 이름이 아닌 '그리스도'라는 이름으로 알고 있었음을 나타내는 것으로 보인다.

그러나 이 유대 역사가는 예수와 야고보의 가족 관계를 고려하여 그의 유대 이름을 먼저 사용하고(여호수아/예수), 독자들에게 이를 명쾌하게 설명하기 위해 그리스와 로마 세계에서 알려진 대로의 이름을 추가했다.

---

[42] 이에 관한 자세한 논의를 위해서는 H. W. Hoehner, *Herod Antipas*(Cambridge: Cambridge University Press, 1972)를 참조하라. 또한 뒤에 오는 p.226 참조하라.

이 정보는 이제 우리가 살펴보고자 하는 좀 더 긴 다른 본문을 이해하는 데 적잖은 도움을 준다.

본디오 빌라도 시대에 발생했던 사건들을 기술하면서 요세푸스는 예수의 사역 또한 간략하게 언급하고 있다(유대 고대사 18.3.3, p.63~64). 그 본문은 다음과 같다.

이 때 예수, 만약 그를 그렇게 묘사할 수 있다면, 한 지혜자(a wise man)가 나타났다. 그는 경이로운 일들을 행한 어떤 사람인데 진리를 갈망하는 사람들의 스승이었다. 많은 유대인들뿐만 아니라 많은 헬라인들도 그에게로 몰려들었다. 그는 그리스도였다. 우리들 중 몇몇 저명한 회원들(유대인들)의 보고에 근거하여, 빌라도는 그에게 십자가 처형을 선고했다. 하지만 그를 사랑하게 된 자들은 그를 향한 애정을 포기하지 않았다. 왜냐하면 제3일에 그가 살아서 그들 앞에 나타났기 때문이다(하나님의 선지자들이 이 일과 또한 그에 관한 다른 수많은 경이로운 일들에 관해 언급했었다). 그의 이름을 따라 크리스천이라고 불리는 족속들이 여전히 존재하고 있다.

바로 예수에 관한 가장 오래된 이 비기독교적 증거(흔히 '플라비우스의 증언'이라고 불린다)는 일찍이 4세기에 유세비우스(Eusebius)에 의해 인용되었다.[43] 지난 두 세기 동안 이는 많은 연구의 주제가 되어 왔다.[44] 왜냐하면 아무런 이의도 없이 수용되던 요세푸스의 증언이 이제는 그 본문의

---

43) Eusebius, *Ecclesiastical History* 1.11.7~8; *Proof of the Gospel* 3.5.124.
44) H. Schreckenberg, *Bibliographie zu Flavius Josephus*(Leiden: Brill, 1968)의 참고 문헌 목록 17항을 참조하라. 또한 같은 저자의 *Supplementband mit Gesamtregister*(Leiden: Brill, 1979)와 L. H. Feldman, *Josephesus: A Supplementary Bibliography*(New York: Garland, 1986)도 참조할 것.

진정성을 의심받는 대상으로 전락했기 때문이다.[45] 우리는 지금 가장 '오래된' 성경 외적 증거를 다루고 있기 때문에, 이 문제에 관해서 좀 더 자세하게 다루어야만 한다.

기독교인들이 그 본문 전체를 (유세비우스 시대 이전에) 요세푸스의 글에 추가했다는 주장이 여러 차례 제기되었다. 하지만 지금은 대부분의 학자들이 요세푸스의 보고가 지나칠 정도로 중립적이라는 데 의견을 같이한다. 만약 그 자료가 나중에 삽입된 것이라면, 요세푸스의 진술은 예수에 관해 더욱 긍정적인 것으로 조작되었을 것이다. 게다가 그 본문은 요세푸스의 문체와 강한 유사성을 보인다. 물론 작은 차이들이 좀 있기는 하지만 말이다. 이러한 조합은 위조자가 있었다면 요세푸스의 문체를 모방하는 데 고도의 기술을 가졌으면서도, 그것을 완전히 따르지는 않는 절제력을 가진 사람임을 암시한다. 따라서 우리는 이 본문이 요세푸스 자신에 의해 기록되었고, 단지 한 저자의 문체가 정상적인 범위 내에서 변형된 것에 불과하다고 여기는 것이 더 타당하다.

요세푸스의 보고에서 무엇인가가 삭제되었다는 견해는 아이슬러(Eisler)가 주장했는데, 이는 좀 더 폭넓은 지지를 얻고 있다. 윈터(Winter)[46]뿐 아니라 브루스(Bruce)[47]도 이 견해를 지지한다. 그 가정은 이러하다. 요세푸스는 예수 시대에 있었던 소요들, 특히 예수와 어떤 식으로든 관련이 있는 소요들에 관해 이야기하기 원했다. 폭동들과 사회적 불안정에 관한 이 기록은 후대에 이르러 본문에서 삭제되었음이 분명하다. 그러나 이

---

45) J. N. Birdsall, "The Continuing Enigma of Josephus's Testimony about Jesus", *Bulletin of the John Rylands Library* 67(1984~1985): 609~622를 참조하라. 이 논문은 펠트만(Feldman)의 요세푸스에 관한 참고 문헌 목록에 아직 추가되지 않았다.

46) P. Winter, "Josephus on Jesus and James", in E. Schürer, *The History of the Jewish People in the Age of Jesus Christ: 175 B.C.-A.D. 135*, new English ed., rev. and ed. G. Vermes, F. Millar, M. Black, and M. Goodman(Edinburgh: Clark, 1973~1987), 1:428~441.

47) F. F. Bruce, *Jesus and Christian Origins*, 32~41.

가설은 요세푸스의 이야기 구성을 세밀하게 조사해 보면 유지할 수 없게 된다.

원터는 요세푸스가 한편으로는 빌라도 치하에 있었던 소요들의 역사를 설명하기 원했고, 또 다른 한편으로는 로마의 사건들에 관한 자료들이 포함된 어떤 자료를 그 이야기 안에 통합하고자 했다는 가정에서 출발한다. 그 원래의 축소되지 않은 이야기는 다음과 같이 흘러갔을 것이다.

1. 빌라도가 도착했을 때 예루살렘에서 발생했던 군대 깃발의 초상과 관련된 사건(18.3.1, pp.55~59).
2. 빌라도가 고의적으로 성전의 돈을 신성 모독적으로 사용함으로써 촉발된 예루살렘의 폭동(18.3.2, pp.60~62).
3. 사마리아에서 있었던 빌라도에 대한 반란(18.4.1, pp.85~87).

예수에 관한 보고는 두 번째와 세 번째 단락 사이에 나온다. 폭동과 반란에 관련된 이러한 문맥상의 순서 안에서는, 예수에 관한 보고 역시 소요에 관한 이야기라야 한다. 원터에 의하면 이는 예수에 관한 부분 바로 다음 줄을 보면 분명해진다고 한다. 그 내용은 다음과 같다. "그 같은 시기에 또 다른 잔학한 일이 발생했는데, 이 일로 유대인들 가운데 소동이 일어났다"(18.3.4, p.65). 만약 이 문장을 통해 요세푸스가 '또 다른' 잔학한 일을 보고하려 했다면, 이는 그가 바로 앞 부분에서 어떤 잔학한 일에 관해 이미 언급했었다는 얘기가 된다. 그러므로 그 앞에 나오는 예수에 관한 구절은 원래는 지금과 상당히 다른 어조를 가지고 있었음에 틀림없다.

하지만 원터의 논의는 몇 가지 점에서 반박할 수 있다. 그가 단락을 나누는 방식은 요세푸스 자신의 의도와 상충된다. 요세푸스의 이야기의 흐름은 다음과 같다.

1. 본디오 빌라도 치하의 '예루살렘'에서 유대인들 가운데 일어났던 참사들(먼저는 그 깃발의 초상화에 대한 반발로, 다음에는 성전의 돈에 대한 침탈 때문에 발생했음; 18.3.1~2, pp.55~62).
2. 같은 시기에 로마에 살았던 유대인들 가운데 일어났던 참사들 (18.3.5, pp.81~84).

이로 보건대 요세푸스가 예수에 관한 구절(18.3.4, p.65)에 이어 논의하고자 했던 그 '다른' 잔학한 일이란 바로 '로마'에 있던 유대인들에게 일어난 참사였던 것이다. 요세푸스가 빌라도 치하의 팔레스타인에서 발생했던 성전의 돈과 관련된 폭동과 로마의 유대인들이 겪었던 문제들을 마음속에서 관련지었던 것은 당연한 일이다. 로마에 살았던 네 명의 부정직한 유대인들이 성전을 위해 모금한 돈을 가지고 도망을 친 일이 있었다. 이 사건으로 인해 로마에서는 유대인들의 평판이 떨어졌고 마침내 유대인들이 로마에서 일시적으로 추방되기에 이르렀다. 그러므로 성전의 돈은 팔레스타인이나 로마에서 모두 문제의 중심에 있었다.

윈터의 관점에서 볼 때 유대인들이 맞닥뜨렸던 그 '다른' 잔학한 일이란, 예수 주변에서 발생했던 문제들과 마찬가지로 역시 팔레스타인에서 발생했던 어떤 문제들이었다. 윈터는 이러한 사실이 빌라도에 대해 다루고 있고, 또한 사마리아인들에 대한 빌라도의 태도를 다루고 있는 그 다음 부분에서 발견된다고 한다(18.4.1, pp.85~87). 하지만 어떻게 윈터와 같은 유대인 학자가 '사마리아인들'에게 영향을 끼쳤던 참사를 '유대인들'에게 닥쳤던 재앙으로 해석할 수 있단 말인가?

이야기의 패턴에 초점을 맞출 때, 우리는 또한 요세푸스가 종종 같은 시대에 발생했던 다른 이야기들이나 배경 자료가 되는 이야기들을 삽입

했다는 사실을 고려해야 한다. 그래서 우리는 18.3.1~4.1, pp.55~87에서 다루어진 사건들을 다음과 같이 요약할 수 있다.

1. 본디오 빌라도 치하의 유대인들이 예루살렘에서 겪었던 참사들
   1) 서론적 역사 : 황제의 초상이 그려진 군대의 깃발을 로마인들이 예루살렘으로 들여오겠다고 위협함으로 인해 촉발되었던 소요. 빌라도가 행동을 자제함(18.3.1, pp.55~59).
   2) 빌라도가 성전의 돈을 부당하게 사용함으로써 야기된 유대 폭동 당시 희생자들의 죽음. 이 때는 빌라도가 밀어붙임(18.3.2, pp.60~62).
   3) 부록 : 이 시기는 또한 그리스도가 등장했던 때였음(18.3.3, pp.63~64).
2. 같은 시기에 로마의 유대인들이 겪었던 참사들
   1) 서론적 역사 : 이시스(Isis)의 성전에서 있었던 횡령 사건이 비로마 종교들의 나쁜 점을 부각시켰고, 이는 왜 유대인들이 나중에 특별히 심하게 다뤄졌는지를 설명함(18.3.4, pp.65~80).
   2) 성전을 위해 돈을 모금한 뒤 그것을 훔쳐 달아난 네 명의 유대인들의 부정 행위로 인해 유대인들이 로마로부터 추방됨(18.3.5, pp.81~84).
3. 부록 : 이 시기에 본디오 빌라도 치하에서 사마리아인들 또한 학대를 견뎌야 했음(18.4.1, pp.85~87).

요세푸스의 이야기 구조는 명백하며, 이는 요세푸스가 세 개의 연속적인 참사, 혹은 소요들 사이에 예수에 관한 보고를 끼워넣고자 했다는 견해를 반박한다. 요세푸스가 성전의 돈 때문에 일어난 사건을 '또 다른 잔학한 일'(18.3.4, p.65)로 포함시켰다는 사실은 예수에 관한 부분이 하나

의 간주곡으로 해석되어야 한다는 것을 강하게 시사한다. 게다가 요세푸스의 지배적인 주제는 유대인들에 의해 '야기된' 소요들이 아니라 유대인들이 '겪었던' 참사들이다. 이러한 맥락에서 볼 때 '플라비우스의 증언'(*Testimonium Flavianum*)은 오히려 부차적인 것이었다. 원래 소요들을 다루려고 했던 본문이 아니었고, 아마도 요세푸스 자신이 부정적으로 보았던, 동시대의 막간에 일어났던 하나의 에피소드였을 것이다. 그의 절제된 어조에도 불구하고, 요세푸스 역시 한 사람의 유대인으로서 많은 유대인들이 그리스도의 추종자가 되었다고 기술하는 것은 그렇게 기쁜 일이 아니었을 것이다.

우리는 지금까지 '플라비우스의 증언'이 후대에 삽입된 것이라는 견해와 또한 그것의 진정성은 인정되지만 대폭적으로 축소되었기 때문에 더 이상 요세푸스 원본의 구조에는 맞아 들어가지 않는다는 이론을 다루었다. 하지만 이 본문에 접근하는 제3의 방식이 있다. 그것의 진정성은 인정하지만, 약간의 '기독교적 편집'을 거쳤다고 보는 것이다. 얼마간의 추가 사항을 도입하면서 원래는 중립적이던 본문이 결과적으로 기독교적 색채를 띠게 되었다는 것이다. 만약 그렇다면 이러한 기독교적 광택제를 벗겨내야만 진정한 '플라비우스의 증언', 즉 유대인 요세푸스의 증언을 찾을 수 있을 것이다. 이 이론이 유지될 수 있는지 알아보기 위해서는 진짜가 아니라고 여겨지는 다양한 세부 사항들을 논의해 보아야 한다.

1. "만약 그를 그렇게 묘사할 수 있다면, '한 인간'(a man)이……" 이러한 표현을 통해 요세푸스는 예수가 초인간적인 일들을 했기 때문에 그가 과연 한 평범한 사람, 혹은 한 평범한 남자였는지에 대해 의문을 불러일으켰다는 것을 암시한다. 하지만 이 문구는 반드시 기독교적인 추가 사항이라고 해야 할 이유가 없다. 기독교적 표현이었다면 그토록 주

저하거나 자신없이 말하지 않았을 것이다. 더구나 요세푸스는 반신반인(demigods)의 개념에 익숙한 독자들을 향해 글을 썼고, 그 역시 기독교인들이 예수를 인간 이상의 존재로 여긴다는 것을 알고 있었다. 그의 표현은 결코 예수가 하나님의 유일한 아들이라는 기독교적 고백을 언급한 것이라고 해석될 수 없다. 그의 진술은 문맥상으로 볼 때 "그가 기이한 일들을 행했다"는 언급에 의해 설명이 된다. 비정상적인 혹은 과학으로 설명이 되지 않는 일들을 행하는 어떤 사람을 평범한 사람이라고 말할 수 있는가? 요세푸스에게 그것은 문제가 되지 않았다. 그는 예수가 누구였든지 간에 이미 죽은 지 오래되었다는 것을 분명히 알고 있었다. 우리는 또한 유대교 지도자들 역시 예수를 평범한 사람으로 여기지 않았다는 것을 잊어서는 안 된다. 그들에게 그는 악한 영들의 지배자인 바알세불에 의해 능력을 부여받은 자로 여겨졌다. 요세푸스의 진술은 심지어 이런 부정적 해석도 용납하는 것이다.

2. "진리를 갈망하는 사람들의 선생." 여기서 '갈망하는'(hedone)이라는 표현은 다소 반어적으로 들린다. 그 이유 하나만 봐도 요세푸스가 여기에서 기독교를 진리라고 부르고 있는 것 같지는 않다. 그는 또한 예수의 가르침이 진리라고 말하고 있지도 않다. 다만 그는 예수가 '참된 것'을 찾기 위해 노력하는 진지한 청중을 거느린 선생이었다는 것을 말하고 있을 뿐이다. 그의 청중은 진리보다는 이익이나 유흥에 더 관심이 있었던 일반 대중과는 근본적으로 달랐다. '참된 것'을 추구하는 사람들로서 그들이 선택한 선생이 남들에게는 진리를 가르치는 자라고 인정받지 못할 수도 있다. 하지만 그럼에도 불구하고 그들은 진리에 대한 진지한 사랑을 가진 사람들로서 여전히 존경을 받을 수 있다. 바로 그런 식으로 요세푸스는 예수를 따랐던

사람들과 그들의 동기를 묘사하고 있다. 그들은 가르침을 받기 위해 왔지만, 그의 가르침의 내용이 어떻게 평가되어야 하는지는 결정되지 않은 채로 남아 있는 것이다. 그러므로 이 문구를 기독교적 삽입물이라고 해석해야 할 아무런 이유가 없다.

3. "왜냐하면 그가 제 삼 일에 그들 앞에 살아서 나타났기 때문이다 (하나님의 선지자들이 이 일과 또한 그에 대한 다른 수많은 경이로운 일들에 관해 언급했었다)." 많은 이들이 이를 전형적인 기독교적 구절로 간주한다. 도대체 어떻게 비기독교적 유대인인 요세푸스가 예수의 부활을 받아들이고, 또한 그를 가리켜 선지자들이 선포한 예언의 성취라고 말할 수 있겠는가? 대답은 그가 그렇게 하지 않았다는 것이다. 즉 요세푸스가 여기서 말한 바는 그런 내용이 아니라는 것이다. 그 문구 전체는 "그를 사랑하게 된 자들은 그에 대한 애정을 포기하지 않았다"는 사실에 대한 하나의 설명이다. 요세푸스에게 이 사실은 상당히 이상한 일이었다. 그들에게는 예수를 그만 사랑해도 될 이유가 충분했기 때문이다. 예를 들어 그는 빌라도에게 죽임을 당했다. 어떻게 그의 제자들은 그의 사후에도 그에 대한 애착을 견지할 수 있는가? 이에 대한 설명인즉, 예수가 그들에게 제 삼 일에 살아서 나타났고, 그들은 예수 안에서 선지자들이 선포한 예언의 성취를 보았다는 것이다. 요세푸스는 예수가 육체적으로 부활했다고 말하지 않는다. 단지 그는 예수가 제 삼 일에 "살아서 나타났다"고 말할 뿐이다. 요세푸스는 그 제 삼 일 '이후에' 일어났을 수 있는 그 어떤 일에 관해서도 침묵하고 있다. 그는 단지 기독교적 경험('나타남')과 기독교적 믿음('선지자들의 예언 성취')으로부터 예수에 대한 그들의 헌신이 왜 그의 죽음과 함께 끝나지 않았는가에 대하여 설명을

제공하는 요소들을 뽑아서 보여주고 있는 것이다. 요세푸스는 이러한 이유 때문에 바로 그 때까지도 '크리스천들'이 계속 존재하고 있다고 언급함으로 결론을 내린다. 이는 예수가 그 때까지 계속 존재했다는 고백이 아니라, 오히려 그의 추종자들이 계속 존재하고 있었다는 부인할 수 없는 사실에 대한 하나의 설명이다. 이 마지막 문장은 요세푸스의 관점을 드러낸다.

4. "그는 그리스도였다." 이 표현은 요세푸스의 본문에 하나 혹은 그 이상의 기독교적 내용이 추가되었다는 가설에 대한 가장 중요한 증거라고 여겨진다. 만약 그 표현을 "그는 메시야, 즉 그리스도였다"라고 번역한다면 의미가 분명해진다. 그런데 비기독교적 유대인이었던 요세푸스가 예수는 메시야였다고 기록한다는 것이 가능이나 한 일인가? 다시 말하지만, 그는 이런 의미로 말한 것이 아니다. 그리스어가 통용되던 세계에서 예수는 그리스도([ho] *Christos*)라고 알려졌는데, 그리스도는 호칭이라기보다는 이름으로 사용되었다는 것을 우리는 잊어서는 안 된다. 그리스도인들의 신흥 종교 창시자가 그리스도라고 불렸던 것이다. 사람들이 이 신흥 종교 추종자들을 가리켜 불렀던 바로 그 이름은 그 종교 창시자의 이름을 기억하기 쉽도록 해 주었다. 기독교 집단 밖인 팔레스타인에서는 그의 이름이 '예수'였다는 사실이 거의 알려져 있지 않았다. 요세푸스는 기독교 운동의 창시자에 관한 그의 간주곡을 시작하면서 그의 유대 이름인 여호수아, 혹은 예수를 사용한다. 그리고 나서 그는 이 예수에 관한 부록을 통해 자신의 독자들에게 어떤 중요성을 가지는지를 설명했다. 그는 몇 문장 다음에서 이를 설명하기 위해 이 예수가 바로 기독교인들이 항상 얘기하는 그리스도라는 사실을 알려 준다. 마찬가

지로 인도의 역사를 기술하는 어떤 사람이 싯다르타 가우타마(Siddhartha Gautama)의 출현에 대해 이야기할 적절한 순간을 선택하고, 명료한 설명을 위해 추가하기를, "이 사람은 붓다였다"라고 기록하는 장면을 상상해 볼 수 있다. 이는 저자가 싯다르타의 붓다 체험에 관한 자신의 믿음을 표현하려는 것이 아니다. 오히려 그는 단순히 싯다르타 가우타마에 관한 이야기와, 그의 호칭으로부터 불교의 이름이 기원하게 된 그 유명한 사람과의 관련성을 설명하고 있을 뿐이다. 요세푸스는 바로 이와 같은 일을 하고 있는 것이다. 현대의 독자들 가운데서 일어나는 오해는 당시의 유대인들이 '한 명'의 메시야를 기대했고, 그 메시야를 그리스어로는 '그 그리스도'(ho Christos)라고 불렀을 것이라고 생각하는 데서 기인한다. 그러나 실제 있었던 사실과 본문을 살펴보면 이러한 생각에는 근거가 없다.[48] 요세푸스는 예수를 단순히 '그리스도'(ho Christos)라고 부르는 관례를 따른 것이며(유대 고대사 20.9.1, p.200에서 그가 야고보를 "그리스도라고 불리는 예수의 형제"라고 부른 것과 비교해 볼 것) 그럼으로써 오히려 그 당시에는 획일적이고, 명확히 규정된 메시야적 기대나 혹은 메시야적 용어가 존재하지 않았다는 것을 증명하고 있다. 만약 그러했다면 '그리스도'(ho Christos)라는 용어는 정치적, 종교적 색채를 띠게 되었을 것이고, 따라서 요세푸스가 그것을 자신의 중립적인 보고에 사용하지 않았을 것이기 때문이다.

예수에 관한 요세푸스의 부록은 그가 쓴 유대 고대사 제18권의 구성상 필수불가결한 부분을 이루는 하나의 의미심장한 구절로 읽을 수 있다

---

48) 이 점에 관해서는 저자의 자매편, Het evangelie van Gods zoon, sec. 5.3을 참조할 것.

고 결론지을 수 있다. 왜냐하면 그것은 당시에 크리스천들로 불렸던 유명한 집단의 창시자의 역사적 배경에 관해 유대인의 관점에서 기술한 균형 잡힌 정보이기 때문이다.[49]

요세푸스의 증언은 복음서들과 상충되지 않으며, 오히려 몇 가지 점에서 그것들을 확증한다. 예수는 빌라도와 동시대에 사역하였고, 그에 의해 십자가에 처형되었는데, 그 사건에는 유대 지도자들이 적극적인 역할을 했다. 그의 사역은 기적들과 가르침으로 특징지어진다. 그의 추종자들은 진지한 사람들이었고, 돈을 추구하거나 혁명을 선동하지 않았으며, 단지 진리에 대한 사랑 때문에 예수를 선택한 사람들이었다. 그들에게는 열심당이나 폭동에 관련하여서 아무런 의심도 제기되지 않고 있다. 예수의 추종자들은 그가 죽은 뒤 삼 일 후에 그를 보았다고 말하여, 이것을 선지자들이 말한 바의 성취라고 여긴다는 사실은 외부인들에게 잘 알려져 있었다. 크리스천들로 알려진 예수의 추종자들은 전 세계로 흩어졌으며, 그리스어를 말하는 요세푸스의 독자들 가운데서 예수는 '그리스도'로 알려져 있었다.

---

49) 저자는 옛 러시아판 요세푸스의 「유대 전쟁사」(흔히 '슬라브역 요세푸스'라고 불린다)에 나오는 구절들에 관해서는 논의하지 않았다. 러시아판 요세푸스는 고대 전승들에 관한 흥미로운 통찰력을 제공하는 삽입 어구들을 포함하고 있는데, 일반적으로 이들은 진짜라고 여겨지지 않는다. Bruce, *Jesus and Christian Origins*, 42~53을 참조할 것. 버드살(Birdsall)은 러시아판 요세푸스는 예수와 초기 기독교에 관해서보다는 오히려 '옛 러시아나 아마도 비잔틴에 관해' 제공하는 정보가 더 많을 것이라고 주장한다 ("Continuing Enigma", 622). 좀 더 광범위한 원본 「플라비우스의 증언」을 찾으려는 시도가 최근에 아라비아판의 출판과 함께 재개되었다(S. Pines, *An Arabic Version of the Testimonium Flavianum and Its Implications*[Jerusalem. Israel Academy of Sciences and Humanities, 1971]). A. M. Dubarle, "Le témoignage de Josèphe sur Jésus d'après la tradition indirect", *Revue Biblique* 80(1973): 481-513을 참조할 것. 이들 저자들과는 대조적으로 노데(E. Noder)는 그리스어 본문의 원본성을 주장하며, 그것이 진짜라고 주장한다("Jésus et Jean Baptiste selon Josèphe", Revue Biblique 92 [1985]: 321~348; 497~524).

● **랍비 문헌**

고대 랍비 전승과 그 이후의 랍비적 전승들을 포함하고 있는 책들, 즉 미쉬나(Mishnah)와 게마라(Gemara; 미쉬나와 게마라는 함께 탈무드를 구성한다), 그리고 토세프타(Tosefta)는 A.D. 2세기 이후에 쓰였다. 그러므로 예수의 지상 생애와 이러한 작품들 중 가장 오래된 책과의 시간적 간격은 거의 두 세기가 넘는다. 따라서 그것들은 역사적 사건들로부터 요세푸스보다도 한참 더 동떨어져 있다. 그럼에도 불구하고 원론적으로 볼 때 지극히 오래된 기억들도 한참 후대에 기록된 문서들 속에 보존되어 있을 수 있다. 이는 오래된 전승들을 보존하기 위해 기록되었던 랍비 문헌들에 있어서는 분명한 사실이다. 유대 랍비들이 이스라엘에서의 예수의 사역을 알고 있었으므로, 지상에서의 예수 사역의 역사에 관하여 자료를 찾으려 한다면 랍비 문헌들은 너무나 당연히 살펴야 할 자료이다.

하지만 만약 많은 자료를 찾을 것이라고 기대한다면 실망하게 될 것이다. 이는 전혀 놀랄 만한 일이 아니다. 왜 랍비들 가운데서 예수의 역사에 관해 많은 것을 찾을 수 있을 것이라고 기대해야 하는가? 우선 랍비들의 의도는 유대인의 삶과 관련된 문제들에 대한 교리적 논쟁들을 보존하여 그것을 교육의 목적으로 사용하는 것이었다. 그 전승의 흐름 속에 역사적인 정보가 실려 있을 수도 있었다. 하지만 그러한 부차적인 역사적 진술들은 우선적인 교육적 목적에 종속되었다. 랍비적 전승들이 성문화될 시기에(A.D. 3세기에서 5세기 혹은 6세기까지), 기독교는 이미 회당으로부터 완전히 분리된 독자적인 존재가 된 지 오래였다. 그러한 분리 이후로 회당은 교회와 무관해졌으며, 교회의 가르침은 랍비들의 학교에 부적절한 것이 되었다. 비기독교적 유대인이 예수의 인격과 가르침을 언급해야 할 유일한 경우가 있다면, 이는 자신들이 아브라함에게 주어진 약속의 진정한 상속자라고 주장하는 기독교인들과 토론할 때였다. 이러한 토론은 3세기와 4세기 동안에 일어났다(동 시대에 저술된 기독교인들의 작품 속에 반영되고 있듯이). 하지만 그것들은 율법과 전통에 기초한 비기독교적인 유대인 생활 양식의 보존과 발전을 위해서는 아무런 가치가 없었다. 그러므로 이러한 논쟁의 자취는 랍비 문헌에서 거의 혹은 전혀 찾을 수 없다.

추가적인 요인으로는 이 시기에 기독교적 정부 당국이 비기독교적 유대인들에 대해 점점 더 많은 압박을 가하고 있었다는 것이다. 유대인들이 예수에 대해 부정적인 말을 한다는 것은 위험한 일이 되었다. 유대인인 라피데(Lapide)는 당시의 반유대적 기독교가 수많은 유대인 희생양을 잡아 '하나님의 어린 양'인 예수에게로 개종시켰고, 따라서 만오천 쪽에 달하는 탈무드 문헌에서 겨우 열다섯 쪽(또는 0.1퍼센트)만이 예수와 기독교적 유대인들에 관해 언급하고 있는 것은 당연한 일이라고 쓴소리를 한다. 이를 가리켜 그는 침략에 대항하는 '고귀한 침묵'이라고 부른다.

마지막으로 외부적 압력과 내부적 예방책의 결과였던 후대의 검열 또한 고려되어야 할 요인이다. 예수에 관한 구절들은 단순히 은폐되었던 것이다.[50]

그렇다면 이 조금밖에 남지 않은 자료들의 가치는 무엇인가? 우리가 찾을 수 있는 것은 우연적이고 산발적인 '예슈'(Jeshu; 예수?)에 대한 언급들과 '예슈'의 이름은 언급하지 않으나 그에 대해 말하고 있다고 여겨지는 본문들이다. 후자는 벤 스타다(Ben Stada)나 벤 판데라(Ben Pandera; Panthera)라고 하는 사람 혹은 이름이 언급되지 않은 어떤 한 사람을 가리키는 구절들이다. 유대 전승으로부터 나온 이 모든 본문들은 예수와 관련된 자료로서 모아졌다. 중세 초기의 반복음서적인 「예슈의 전기」(*Toledot Jeshu*)는 이 자료들을 요약했는데, 이는 구세주에 관해 감히 경멸

---

50) P. Lapide, *Israelis, Jews, and Jesus*, trans. P. Heinegg(Garden City, N.Y.: Doubleday, 1979).

적으로 글을 쓰고 가르쳤던 유대인들에 대한 박해를 정당화하기 위해 중세 기독교인들이 간혹 사용하기도 했다.[51]

하지만 「예수의 전기」에서 나타난 바와 같은 유대교 내의 이러한 예수 개념화는 어디까지가 훨씬 더 오래된 전승들에 대한 반영이고, 또 어디까지가 점점 더 공격적으로 변해가는 기독교 정부에 대한 반작용으로 나타난 후대의 발전인가? 요한 마이어(Johann Maier)는 이러한 랍비적 구절들에 대해 매우 세밀한 연구를 했다. 그의 결론은 기원 후 첫 두 세기 동안에 기원을 두는 예수에 관한 랍비적 진술들은 아예 존재하지 않는다는 것이다.[52] 또한 3세기에서 5세기 사이에 있었던 진술들은 이슬람 지배 시대까지는 상호 연관성이 있는 것으로 여겨지지 않았다. 그리고 유대인들이 반발적으로 그려냈던 예수의 초상화는 이슬람 지배 시대에 이르러서야 구체화되기 시작했다. 마이어는 자신의 연구 결과를 유대교와 기독교 간의 대화에서 어떤 역할을 할 수 있는 하나의 요인으로 간주한다.

'진짜 역사적 예수'를 찾는 과정에서 1차적 자료인 복음서들로부터 이탈하고, 비성경적 자료, 특별히 비기독교적인 유대적 자료들을 우선시하는 학자들은 정반대의 접근 방식을 택했다. 극단적인 한 예로 호프만(R. J. Hoffmann)을 들 수 있다.[53] 그는 랍비 문헌들에 기초해서 우리가 A.D. 100년에 학식 있는 유대인들이 예수를 어떻게 여겼는지를 자신 있게 입증해 낼 수 있다는 견해를 가지고 있다. 복음서들은 유대인들의 이러한 잘못된 이미지들을 반박하기 위해 기록된 것이며, 따라서 마태복음 1~2

---

51) Lindeskog, *Die Jesusfrage im neuzeitlichen Judentum*, 196-198과 Hoffmann, *Jesus outside the Gospels*, 50~53를 참조할 것.

52) J. Maier, *Jesus von Nazareth in der talmudischen Überlieferung*(Darmstadt: Wissenschaftliche Buchgesellschaft, 1978), 268~275.

53) Hoffmann, *Jesus outside the Gospels*, 36~53.

장(동정녀 탄생과 이집트로의 피난)은 유대인들 사이에 흔히 알려져 있던 사실적 묘사에 대한 하나의 반작용이었을 수도 있다(소문에 의하면 예수는 혼외 출생자, 즉 로마 군인이었던 판데라[Pandera]의 아들이었으며, 이집트에 머무는 동안 마술을 배웠다고 여겨졌다)는 것이다.

우리는 이러한 의견의 차이들에서 두 가지 초점을 발견하는데, 그것은 바로 랍비적 자료들의 '연령'과 '품질'이다. 마이어의 견해와는 대조적으로, 예수에 관한 랍비적 전승은 그가 인정하고 싶어 하는 것보다 더 오래되었다. 심지어 기독교 변증가였던 순교자 저스틴(A.D. 150년경)의 작품이나, 기독교에 대한 이방인 반대자였던 셀수스(Celsus; A.D. 180년경)의 작품에서도 우리는 예수의 생애에 대한 반향이나 심지어 이에 관한 유대인들의 묘사(그리고 왜곡)에 대한 답변을 찾을 수 있다. 이 사실은 심지어 가장 오래전 성문화된 랍비적 자료들보다 더 이전 시대로 우리를 인도한다. 저스틴에 의하면[54] 비기독교적 유대인들은 예수를 마법사 혹은 사람들을 미혹하던 자라고 주장했다.

그리고 그들은 말하기를 그의 시신을 무덤에서 도둑맞은 후에 그의 제자들이 그를 한 분파의 중심 인물로 만들었다고 한다. 그랬다손 치더라도, 저스틴은 이러한 견해를 복음서에 나오는 자료들을 바탕으로 스스로 만들어낼 수도 있었을 것이다. 그럴 경우 이는 3세기의 랍비적 전승이 그 이전 시대에도 존재했다는 사실을 지지하지 않는 것이 된다. 하지만 우리는 이러한 논거를 셀수스의 진술을 반박하기 위해 사용할 수는 없다. 셀수스의 진술은 오리겐(Origen)의 작품 속에 상당한 정도로 살아남아 있기 때문이다.[55] 셀수스는 자신이 비기독교적 유대인들로부터 예수가 혼외 출생자였다는 얘기를 들었다고 기록하고 있다.

---

54) *Dialogue with Trypho*, 69, 108.
55) Origen, *Against Celsus*, 1,28, 32~33, 69; 2,5, 8~9, etc.

그리고 그는 이와 관련해서 로마 군인 판데라의 이름을 언급한다. 예수가 이집트의 이주 노동자였으며, 거기에서 마술을 배웠다고 하는 셀수스의 보고 역시 유대적 자료로부터 기원했다. 마이어는 랍비적 전승의 몇몇 특징들이 셀수스의 작품 안에 결여되어 있으며, 따라서 셀수스의 정보 제공자는 후대의 랍비적 전승에 익숙하지 않았다는 점에 주목한다. 이 점에서 마이어의 생각은 옳다.[56] 하지만 그는 셀수스의 작품과 랍비 문헌들 안에서 발견되는 동일한 요소들 간에는 완전한 연속성이 있다는 사실은 변경하지 않는다. 더구나 여기에 관련되어 있는 것은 다른 곳 어디에서도 발견되지 않는 구체적 정보라는 것이다. 랍비들이 3세기에 있었던 벤 판데라 진술들에서 아직 예수를 언급하고 있지 않았다는 마이어의 가설은 불안한 기초 위에 서 있다. 오히려 예수에 관한 랍비적 진술들의 핵심은 2세기의 비기독교적 유대인의 예수에 관한 견해로 거슬러 올라간다고 보는 편이 훨씬 더 타당한 것 같다. 이 사실은 우리를 요세푸스의 시대와 가까운 시점으로 거슬러 올라가게 한다.

하지만 이러한 정보의 '품질'은 어떠한가? '역사적 예수'의 원래 초상화는 후대 기독교인들에 의해 헬라식으로 덧칠되었고, 온갖 종류의 신화들로 포장되어 있는가? 우리가 입수할 수 있는 정보는 분명 이 문제에 관한 답을 우리에게 제공한다.

우선 호프만의 모델은 유대 자료로부터 복음서 쪽으로 움직인다. 하지만 그 과정에서 극복할 수 없는 문제점들을 만들어 낸다. 예수가 이집트에서 마술을 배웠다는 이야기는 요셉과 마리아가 아기 예수와 함께 이집트로 도망갔다는 이야기를 통해 결코 '반박'되거나 '중화'될 수 없었을 것이기 때문이다. 그리고 만약 제자들이 저지른 무덤 도굴 사건이 기독교

---

56) Maier, *Jesus von Nazareth*, 253~255.

분파를 창시하게 된 기초가 되었다면, 어떻게 이 사건이 군사들이 무덤을 지켰다는 이야기에 의해 '중화'될 수 있었겠는가? 군사들이 무덤을 지켰다는 이야기는 그 당시에 쉽게 확인해 볼 수 있는 사항이었는데도 말이다. 1세기의 랍비 가말리엘이 부활과는 정반대인 무덤 도굴이라는 이야기를 가지고도 부활에 관한 설교를 부인할 수 없었던 데는 충분한 이유가 있었던 것이다(행 5:30~40). 그런 이야기는 그 사건에 관해 아무것도 모르는 사람들의 입을 다물게 하는 데 사용될 수 있었을 것이다. 또한 시간이 흐른 뒤에 얼마간의 효과가 있었을 수도 있다(마 28:11~15). 하지만 우리는 산헤드린과 사도들이 마주쳤을 때, 그 이야기는 명백히 역사적으로 아무런 소용이 없었다는 점을 무시할 수 없다. 복음서에 나오는 역사적 이야기들은 랍비적 전승 속에 아마도 보존되어 있었을 '원래'의 이야기를 고쳐 쓰려 했던 하나의 시도로는 설명될 수 없다.

하지만 반대 방향의 설명, 즉 복음서로부터 시작해서 유대적 자료로 진행되는 설명은 의미가 잘 통한다. 만약 어떤 사람이 예수의 탄생에 관련되어 있었다면, 그는 예수를 나중에라도 여전히 그 이름과 신분으로 알아볼 수 있었을 것이다. 따라서 복음서들에 나오는 예수 탄생의 이야기는 마태의 유대 독자들이 소화하기에 너무나 뻔한 거짓말이 되었을 것이다. 복음서들이 예수가 성령으로 잉태되었다고 진술했을 때, 그 이야기는 자연적인 원인이 훨씬 더 개연성이 있다고 넌지시 말하기만 해도 쉽게 반박할 수 있었을 것이다. 예수의 탄생과 관련하여 언급된 이름은 예수 탄생의 이야기를 비방하여 반대 선전히는 특징을 가지고 있다. 이 이름은 예수가 '동정녀' 마리아에게서 태어났다는 기독교 신앙 고백에 대한 하나의 훼손 행위였다. 그리스어로 처녀는 파르테노스(parthenos)였기 때문이다.

더 중요한 사실은 예수에 관한 비기독교적이고 유대적인 언급들은 복음서가 제시하는 견해와는 분명히 상충되지만, '예수에 대해 지도자들이 어떻게 반응했는지' 복음서들이 우리에게 말해주는 내용과는 완전히 일치한다는 것이다. 그들은 예수를 귀신 들린 자 혹은 사마리아인으로 불렀다. 그들은 예수의 기적들을 바알세불의 힘을 빌어 된 것이라고 여기며, 흑마법으로 비하했다. 예수는 사람들을 오도한다고 비난 받았다. 심지어 그의 범상치 않은 기원에 관해서는 아무것도 알려진 바가 없다는 풍자들도 만들어졌다. 그리고 무덤을 지키다가 도망간 군사들에 관한 표지 기사가 꾸며졌다.[57] 이러한 연속성은 예수에 대한 랍비적 초상화가 복음서들과는 조화되지 않는다는 것을 보여준다. 사실 그것은 예수에 대한 부정적 반응들을 표현하는 과정에서 오히려 복음서들의 역사적 정확성을 확증해 준다.

우리가 복음서와 랍비적 자료 사이에서 하나를 선택해야 할 필요는 없다. 랍비적 자료들은 복음서들을 보충하는데, 유대의 서기관과 바리새인들 중 예수의 반대자들이 만들어 낸 예수의 왜곡된 초상화에 대한 역사적 근거를 이미 복음서들이 포함하고 있다고 말할 수 있을 정도이다. 랍비적 전승에서 유래한 자료를 선호하여 복음서로부터 이탈하려고 결정한 사람들은 다른 역사적 '자료'를 선택하고 있는 것이 아니라, 단지 같은 나라에 속한 다른 '정당'에 가입할 것을 선택하는 사람들과 같다. 따라서 복음서에 기반을 둔 기독론으로부터 거리를 두는 학자들이 대부분이라는 사실과 함께, 지난 두 세기 동안 기독교 신학이 예수에 관한 유대적 견해들에 대해 불균형적으로 관심을 증가시켰다는 현상은 이해할 만하다.

---

57) 요 8:48; 막 3:22; 요 7:12 참조. 그리고 마 27:63~64; 요 7:27; 마 28:11~15도 참조할 것.

기독교적 전승

● 네 복음서

기독교 공동체 안에서 그리스도의 지상 생애에 관한 역사적 정보를 찾을 수 있다고 기대하는 것은 말할 나위도 없다. 처음부터 기독교 신앙은 예수 그리스도가 인간의 역사 속에 나타남을 통해 분명히 드러난 여호와의 행위에 기초를 두었다. 옛 언약하에서 여호와께서 행하신 일들에 대한 보고들이 가장 오래된 기독교 공동체들 안에서 낭독되었듯이, 바로 그 동일한 하나님께서 행하신 가장 최근의 일, 즉 그의 아들을 보내시고 그를 통해 큰 권능과 기사와 표적을 행하신 일들(행 2:22) 역시 관심의 초점이 되었다.[58]

따라서 우리는 전 세계에 걸쳐 기독교 교회 안에 보존되어 온 예수 그리스도의 전기를 '네' 권이나 발견하게 되는 것이다. 셀수스(Celsus)와 같은 이방인은 2세기 후반에 이미 여러 권의 복음서가 존재한다는 사실에 대해 놀랐다.[59] 그는 하나의 진리를 선포하는 종교는 그 진리를 담고 있는 문서가 단 하나여야만 한다는 의견을 가지고 있었다. 책들이 많아지면 순수한 진리는 언제나 흐려지기 때문이다. 하지만 기독교인들은 네 권의 복음서를 맨 처음부터 귀중한 자산으로 생각했다. 네 복음서는 풍부한 정보를 제공했을 뿐만 아니라, 서로가 그 정보에 대한 확증 관계에 있다. 네 권의 복음서가 보존되었다는 사실은 역사적 사건들에 대해 얼마나 많은 가치가 부여되었던가를 보여준다.

예수의 지상 생애를 묘사하는 이 네 권의 책은 오히려 외로운 입장에 있는데, 텅 빈 것과 다름 없는 평원에 덩그러니 솟은 네 개의 높은 사료

---

58) 순교자 저스틴은 복음서들이 '기념하는 책들'(*apomnêmoneumata*)로서 매주 첫 날에 기독교인들의 모임에서 읽혀졌음을 언급한다. First Apology 66.3; 67.3.
59) Origen, *Against Celsus* 2.26~27.

의 산으로 비유할 수 있다. 복음서들 밖에서 그리스도의 지상 생애에 관한 전통적인 자료를 찾기 시작하자마자 우리는 거의 아무것도 찾을 수 없다는 것을 알게 된다. 그럼에도 불구하고 원래는 전승의 작은 시냇물과 개천이 흐르는 완전한 삼각주 지역이 있었음이 분명하다. 첫째, 많은 일차적 증언들이 존재했다. 둘째, 예수를 보고 들은 적이 있는 사람들에게서 나온 자료에 대한 수요가 오랫동안 있었다. 2세기 시작 무렵에, 파피아스(Papias)는 최선을 다해 사도들과 그 제자들에게 물어봄으로써 예수의 가르침과 행한 일들에 대해 가능한 많은 것을 알아내고자 했다.[60] 셋째, 누가가 그의 복음서에 착수하기 전에(눅 1:1), 분명 많은 사람들이 이미 일관된 이야기들을 구성했었다. 그렇다면 그 많은 음성들은 사라지고, 우리에게 남은 것이라곤 오직 네 명의 독주자뿐이라는 것이 이상하지 않은가?

이런 사실이 복음서들을 모호한 위치에 놓이게 한다는 주장이 여러 차례 제기되었다. 복음서가 생존할 수 있었던 것은 그것들과는 조화되지 않는 다른 성격의 정보나 자료들이 은폐되었기 때문이라는 전제는 불가능한 것일까? 만약 그렇다면 이 네 개의 주요한 자료는 그 고결성이 의심스러워진다. 이러한 질문은 우리가 복음서 안에 보존된 전승을 기탄없이 사용할 수 있기 전에 어느 정도 상세하게 고려되어야만 한다.

---

[60] Eusebius, *Ecclesiastical History* 3.39.3~4: "누구든 장로들의 제자였던 사람이 오면 언제나 나는 장로들이 한 말들에 대해 질문을 했다. 안드레가 혹은 베드로가 무슨 말을 했는지, 빌립이나 도마, 야고보나 요한, 마태, 혹은 주님의 그 어떤 제자라 할지라도 그들이 무슨 말을 했는지 물었다. 또한 아리스티온(Aristion)이나 장로 요한, 그리고 주님의 제자들이 지금 무슨 말을 하고 있는지도 물어 보았다. 왜냐하면 책들(예수님의 말씀에 대한 주석들)로부터 얻을 수 있는 것들이, 살아 있고 내주하는 음성(주 예수님의 음성)으로 들려진 말씀들만큼 도움이 될 수 있다고는 상상해 보지 않았기 때문이다." 파피아스는 복음서들에 관한 그의 주석을 위해 이런 자료를 수집했다.

● 전승

'고대 전승'이라고 여겨질 수 있는 자료는 그리 많지 않다. 우리는 간혹 초기 기독교 저술들 안에서 복음서에는 포함되지 않은 예수의 말들이 인용된 것을 볼 수 있다. 최근 백년간 출판된 몇몇 파피루스 조각들의 경우도 마찬가지다. 그것들은 익숙한 네 복음서에서 나온 조각일 뿐만 아니라, 몇몇 알려지지 않은 예수의 어록을 포함하고 있다. 또한 그것들은 우리에게 알려져 있지 않거나 혹은 오직 성경 외적 자료들 안에서만 유사한 예를 찾을 수 있는 예수의 행적을 기록하고 있다.

이러한 자료의 결핍은 보기보다는 그다지 이상하지 않다.

1. 비록 많은 목격자들이 있었지만, 그들은 모두 한 세대에 속한 사람들이었다. 바울이 자신의 첫 서신을 고린도인들에게 보낼 즈음에 목격자들 중 일부는 이미 죽었다(고전 15:6). 예루살렘에서 있었던 가장 초기 기독교 공동체가 겪었던 핍박은 생존 목격자들의 수를 급격히 감소시켰다.
2. 기억을 통해 구전된 전승은 기록되고, 출판되고, 보존될 때만 살아남을 수 있다. 데오빌로는 그리스도의 가르침과 사역에 대해 배웠다. 하지만 그에게 구전된 것이 어떤 내용이었는지 우리가 아는 것은 누가가 그를 위해 종이에 기록한 것이 전부이다. 게다가 개인적인 메모들이나 일기들이 전부 출판되거나 유포되는 것은 아니었다.
3. 구두 전승은 급속히 훼손되고 손상되는 징후가 나타났다. 이미 요한복음에서 우리는 하나의 빗나간 전승이 정정되는 예를 볼 수 있다 (예수는 요한이 죽지 않을 것이라고 말한 것이 아니라, "내가 올 때까지 그를 머물게 '하고자' 할지라도"라고 말한 것이다. 요 21:22~23). 요한복음은 늦게 기록되었으며, 우리는 이 정정의 사례에서 제 삼자에 의한 진품 보증서와 같은 것을 발견하게 되는 것이다. "이 일들을 증언하고 이

일들을 기록한 제자가 이 사람이라. 우리는 그의 증언이 참된 줄 아노라"(요 21:24).

4. 이러한 훼손과 손상 때문에 가장 오래된 자료들 속에 정립되지 않았거나, 혹은 사도들이나 그 제자들에게까지 거슬러 올라갈 수 없는 것들은 모두 비평적인 시각으로 바라보게 되었다. 오리겐(Origen)은 고대의 '케리그마타 페트리'(Kerygmata Petri ; 베드로의 설교)에 역사적으로 신뢰할 수 있는 베드로의 선포들이 포함되어 있을 가능성이 있다고 믿었다. 하지만 그는 그것이 실제로 확실하게 정립될 수 있는 일인지에 대해서는 아무런 의견을 제시하지 않았다.[61] 그리고 유세비우스(Eusebius)는 파피아스(Papias)에 의해 전해진 몇몇 이야기들에 대해서 의구심을 가지고 있었다.[62]

5. 이러한 비평적인 태도는 2세기와 3세기에 전설들과 이단적 복음서들, 또는 예수에 관한 전승들을 담은 다른 종류의 글들이 난립하게 되면서 활기를 띠게 되었다. 외경들은 시간적으로 후대에 기록되었고, 일반적으로 익숙한 네 개의 복음서 속에 있는 자료를 보충한다. 예를 들어 예수의 어린 시절이나 그의 부활에 관한 추가적 세부 사항들이 그것이다. 이들 외경들이 실제로 정확한 요소들을 포함하고 있을 수도 있다. 하지만 서로 뒤섞여 있는 역사적 요소들과 전설적 이야기들을 분리한다는 것은 불가능하다. 이는 또한 종파적 문헌(sectarian literature)에도 적용되는 원칙인데, 종파적 문헌 중 가장 많이 알려진 것은 콥트어로 된 영지주의적 복음서인 도마복음이다(이

---

61) Origen, *Commentary on John* 13.17(Sources chriennes 222.84~88).
62) Eusebius, *Ecclesiastical History* 3.39.8~14. 여기에서 유세비우스는 몇 안 되는 이상한 비유들과 몇몇 어록들 그리고 특별히 평화의 천년왕국에 대한 가르침을 언급한다. 그는 3.39.17에서 파피아스가 또 다른 이야기를 히브리인 복음서(Gospel of the Hebrews)에서 빌려 왔다는 점에 주목하는데, 그것은 예수 앞에서 많은 죄로 고발당한 여자에 관한 이야기다.

는 예수의 개별적 선포들의 수집물이다). 도마복음은 분명 그 전체가 영지주의적이다. 하지만 그 진술 중 일부는 사실일 수도 있다. 사실일 가능성은 그 자료가 만약 파피루스 조각에서 발견되거나 초기 기독교 문헌에 인용되었을 경우 높아진다.

대체로 네 복음서 밖의 전승적 자료의 결핍은 다양한 이유로 이해할 만한 현상이라는 결론을 내려야 한다.[63]

적게나마 발견되는 것들은 대부분 예수의 '어록'들이다. 이러한 어록들은 '아그라파'(*agrapha*; 문자적으로 '기록되지 않은', 다시 말하면 복음서에 기록되지 않았다는 의미)라고 알려져 있다.[64] 심지어 신약 성경 안에서도 우리는 이와 같은 어록들과 마주친다. 예를 들어 "주는 것이 받는 것보다 복이 있다"(행 20:35)와 같은 것이다. 또 다른 잘 알려진 어록은 한 헬라어 사본, 즉 베자 사본(codex Bezae)에 있는 누가복음 6장 4절에서 볼 수 있다.

같은 날 그는 안식일에 일을 하고 있는 한 사람을 보았다. 말씀하시기를, "사람아, 네가 무엇을 하고 있는지 알고 있다면, 너는 행복하다. 네가 만약 무엇을 하고 있는지 모른다면, 너는 저주를 받았고, 율법의 위반자이다."

오리겐이 인용했고, 또한 도마복음에서도 발견되는 한 어록은 다음과 같다.[65]

---

63) 이러한 자료에 관한 개관을 위해서는 W. Schneemelcher, *New Testament Apocrypha*, rev. ed., trans. A. J. B. Higgins et al., Eng. trans. ed. R. McL. Wilson(Cambridge: Clarke, 1991~1992)을 보라. 바우어(J. B. Bauer)는 *Die neutestamentlichen Apokryphen*(Düsseldorf: Patmos, 1968)에서 간략한 서론을 제공하고 있다.

64) J. Jeremias, *Unknown Sayings of Jesus*, 2d English ed.(London: S.P.C.K., 1964).

65) Ibid, 66~73.

나와 가까이하는 자는 불과 가까이하는 자이다. 나와 멀리하는 자는 천국과 멀리하는 자이다.

알렉산드리아의 클레멘트(Clement of Alexandria)는 우리에게 익숙한 어록들과 흡사한 예수의 한 어록을 인용하고 있다.[66]

작은 것들을 구하여라, 그러면 하나님이 너희에게 큰 것들도 주시리라.

일반적으로 이러한 인용들과 고대의 것일 가능성이 있는 소수의 다른 인용들은 역사적 정황이 없이는 설명하기가 어렵다. '기록되지 않은 예수의 어록들', 즉 '아그라파'에서 빠진 것이 정확히 바로 이 역사적 정황이다. 성경 외적 전승에는 역사적 정황이 포함된 경우가 거의 없다. 낯선 역사적 정보를 우리에게 제공하고 있는 유일한 자료는, 예레미아스(Jeremias)가 그 역사적 신빙성(또는 적어도 정확성)을 그 기술의 세부 사항에 근거하여 증명한 한 파피루스 조각이다.[67] 그것은 예수가 성전에 갔을 때의 일이다.

그는 그들(제자들)을 데리고 성전의 정결한 구역으로 가서 그들과 함께 성전 광장을 가로질러 걸어갔다. 거기에서 그는 한 대제사장을 만났는데, 그는 바리새인으로 이름은 레위였다. 그가 주님께 말했다. "당신은 목욕도 하지 않았고 당신의 제자들은 심지어 발도 씻지 않았는데, 당신은 지금 성전의 이 정결한 구역에 들어와서 이런 거룩한 것들을 준수할 수 있습니까? 그 누구도 먼저 씻고 깨끗한 옷을 입지 않고는 이

---

66) Ibid, 98~100.
67) Ibid, 47~60.

곳에 오거나 이 거룩한 것들을 감히 준수하려 들지 않는데, 당신은 부정한 채로 성전 광장, 즉 이 정결한 장소에 들어왔습니다." 그러자 주님은 제자들과 함께 계셨던 바로 그 자리에 서신 채로 대답하셨다. "그렇다면 너 자신은 어떠하냐? 너 또한 이 곳 성전 광장에 있지 아니하냐? 너는 깨끗하냐?" "그렇습니다." 그가 대답했다. "나는 깨끗합니다. 다윗의 연못에서 이미 씻었기 때문입니다. 나는 한 계단을 내려갔고, 또 다른 계단을 올라가서 깨끗한 흰 옷을 입었습니다. 그리고 나서야 이 곳에 왔고 이 거룩한 것들을 준수했습니다." 그러자 주님께서 그에게 말씀하셨다. "화로다 너여, 보지 못하는 소경이여. 개들과 돼지들이 밤낮으로 뒹구는 하수에서 몸을 씻는구나. 겉 피부만 씻고 물기를 닦았으니, 이는 창녀들이나 피리 부는 자들도 사람들의 욕망을 불러일으키려고 기름을 바르고, 씻고, 문지르고, 화장을 하는 것이 아니냐? 그러나 그들의 속은 전갈들과 온갖 종류의 악으로 가득 찼다. 하지만 나와 나의 제자들은, ……생수(living water)에 몸을 담궜으며…… 그러나 화로다 그들이여……"

● 또 다른 헬라어 복음서들

바로 이 파피루스 조각으로 인해 예레미아스는 공관복음서들과 같은 형식으로 기록된 잃어버린 복음서, 즉 이 파피루스 조각이 그 일부를 이루었던 다른 복음서가 존재했음에 틀림 없다는 생각을 하게 되었다. 다른 조각들은 요한의 저술의 특징들을 보이는, 알려지지 않은 한 복음서의 존재를 암시할 수도 있을 것이나.[68]

사실은 헬라어로 기록된 이와 같은 복음서들의 존재에 관해 우리는 아무런 지식도 갖고 있지 않다. 우리는 지금 후대의 외경들이나 영지주의

---

68) Jeremias and Schneemelcher in Schneemelcher, *New Testament Apocrypha*, 1:92~109.

분파의 문헌들에 관해 얘기하고 있는 것이 아니다. 물론 그것들이 복음서와 유사한 문서들을 포함하고 있기는 하지만 말이다.

초기 기독교 저자들은 그러한 자료에 관해 우리에게 직접적인 혹은 간접적인 정보를 제공한다. 하지만 그들은 연대나 형식으로 보았을 때 네 개의 복음서와 직접적인 유사성을 보이는 헬라어 복음서들에 대해서는 전혀 언급하지 않는다. 그러므로 소수의 파피루스 조각들을 근거로 해서 고대의 잃어버린 복음서들이 존재했다고 주장하는 것은 위험한 시도이다. 이 같은 사실은 파피루스 조각들이 도마복음으로 알려진 어록들의 수집물과 같이 우리에게 익숙한 비정경적 작품들의 일부였을 가능성이 더 크다는 점에서 더욱 분명해진다.

역사적으로 정확한 정보가 이러한 조각들이나 분파적 혹은 외경적 본문들 속으로 흘러들어갔을 가능성이 없다고 말하는 것은 아니다. 여기에서 문제는 마태, 마가, 누가, 그리고 요한의 시기에 기록된 추가적인 헬라어 복음서들이 한때나마 존재했다는 결론을 엄중한 책임을 지고 내릴 수 있는가 하는 것이다.

누가복음의 서론을 살펴보면 문제가 더욱 분명해질 것이다. 누가는 그의 책을 다음과 같이 시작한다.

우리 중에 이루어진 사실에 대하여 …… 내력을 저술하려고 붓을 든 사람이 많은지라(눅 1:1~2).

이는 누가가 글을 쓰기 전에 많은 복음서들이 유포되어 있었다는 것을 암시하지는 않는가? '많은지라'라는 표현이 마태와 마가(요한은 한참 후에 썼다)만을 가리키는 것은 분명 아니지 않는가?

하지만 좀 더 깊이 생각해 보면 이 문제의 또 다른 면을 보게 된다. 만약 말씀의 목격자들과 일꾼들(눅 1:2)로부터 나온 직접적인 보고에 근거한 많은 복음서들이 이미 유포되어 있었다면, 누가가 데오빌로에게 책을 써서 보내야 할 이유는 무엇이었는가? 사실 누가는 데오빌로가 이미 '알고 있는 바'(눅 1:4), 즉 배웠던 것들에 관해 신뢰할 만한 '성문화된' 보고를 제공하여, 데오빌로 자신이 배웠던 것들이 진정으로 신빙성이 있다는 것을 알게 하고 싶었던 것이다. 이러한 표현은 그 당시까지 아직 데오빌로에게는 예수 주변에서 발생했던 사건들에 대한 성문화된 기록이 없었다는 것을 보여준다.

그럼에도 누가는 이미 많은 사람들이 이야기들을 썼다고 말하고 있다. 또한 그는 그 이야기들이 부적절했다고 암시하지도 않는다. 여기서 우리는 목격자들과 일꾼들로부터 수집한 정보에 기초하여 예수에 관한 이야기를 전하고 다녔던 많은 설교자들을 생각해 봐야 한다. 한 예로 빌립은 에디오피아 내시에게 예수에 관한 복음을 전했다(행 8:35). 데오빌로 역시 이런 식으로 예수가 무슨 말을 하고 무슨 일을 했는지에 관해 들었다. 누가는 많은 이들이 자신들의 설교를 용이하게 하기 위해 붓을 들어 기록한 '차례대로의 이야기'를 알고 있었다.

그러나 이 이야기는 또한 '출판'되어야 했다. 다시 말하면 그 이야기는 하나의 성문화된 역사적 기록으로서 유포될 수 있는 형식으로 기술되어야만 했다.[69] 누가는 개인적 용도를 위해 어느 정도 주석을 다는 정도에 그치지 않았다. 그는 하나의 책을 저술했고 '다른 사람들을 위해' 그 이야기를 종이에 옮겼다. 그리고 데오빌로에게 헌정함으로써 누가는 자신의 책이 확실히 유포되도록 했는지도 모른다. 어떤 학자들은 데오빌로가

---

69) 누가복음 1장 1~4절에 관한 논의를 위해서는 p.102 '보충설명' 참조하라. 여기에서 논의되지 않은 점을 거기에서 다룰 것이다. 예를 들면, 누가가 '자신도 역시' 차례대로의 이야기를 저술하기로 결정했다고 할 때, 자신보다 앞서서 그 다른 '많은 사람들' 또한 '성문화된' 이야기들을 제공했었다는 의미인가?

누가의 출판 비용을 도왔다고 생각한다.[70] 누가의 책은 이미 설교자들 사이에 유포되어 있었던 다른 많은 '차례대로의 이야기들'과 본질적으로 다르지 않다. 새롭다고 할 수 있는 점은 누가의 이야기는 선교 사업이라는 당면한 필요들을 넘어서는 하나의 출판물이라는 것이다. 복음 전도자의 개인적 용도를 위한 수첩이 이제는 회심자들을 위한 하나의 출판물이 된 것이다. 누가는 그의 동료 기독교인 중에서 최초로 성문화된 이야기를 '저술하여 출판한' 사람이었다(이후에 우리는 왜 다른 유사한 복음서들이 유통되었는지를 또한 살펴볼 것이다. p.115 '네 명의 중요한 증인' 참조.).

따라서 우리는 네 개의 익숙한 복음서들이 기록된 시기에 다른 헬라어 복음서들이 '유통'되었다는 그 어떤 징후도 없다고 결론지을 수 있다. 누가복음의 서론은 오히려 그 반대의 내용을 시사한다. 비록 다양한 설교자들이 예수의 전기들을 소유하고 있었지만, 데오빌로가 마음대로 사용할 수 있는 것은 오직 구전된 이야기밖에 없을 시기였기에 누가가 책을 쓴 것이다.

● 히브리인 복음서

우리가 비헬라적 전승으로 눈길을 돌려보면 상황은 오히려 달라진다. 비헬라적 전승에 따르면 많은 초기 기독교 저자들이 실제로 다른 복음서에 관해 알고 있었다. 어떤 이들은 심지어 그것을 사용하기도 했다. 많은 이들이 이 책의 한 구절, 혹은 그 이상의 구절들에 대한 주석들을 달았다. 이는 흔히 히브리인 복음서(The Gospel of the Hebrews)라고 불린다.

---

70) T. Zahn, in *Das Evangelium des Lucas*(Leipzig: Deichert, 1913), 56에 의하면 당시에 책을 헌정한다는 것은 헌정 받는 사람도 추가적인 출판 비용을 함께 부담할 것임을 암묵적으로 의미했다는 견해는 요세푸스(*Against Apion* 2.41, p.296)와 또 다른 사람들에게서 비롯되었다고 한다. 요세푸스는 두 권의 책을 모두 에바브로디도(Epaphroditus)에게 헌정했는데, 에바브로디도와 같이 유대 민족에 대해 관심을 가진 다른 사람들을 의식해서였다.

히브리인 복음서의 기원에 가까이 가면 갈수록, 우리가 진품 자료를 만나게 될 확률은 더 커진다. 교회가 결국은 거부했고, 우리는 불행히도 오직 그 조각들만 알고 있는 하나의 복음서를 히브리 전승 안에서 발견하게 된다는 것은 흥미진진한 일이다. 이 복음서는 또한 헬라어 형식으로도 유통되었음이 분명하다. 그렇지 않았다면 어떻게 이레나이우스(Irenaeus)와 같은 사람이 그것을 인용할 수 있었는지, 그리고 이 복음서로부터 나온 것으로 여겨지는 짧은 구절들을 포함한 헬라어 파피루스 조각들이 어떻게 발견될 수 있는지 설명하기 어려워진다.

최소한 한 명 이상의 학자들이 히브리인 복음서로부터 인용을 하면서 추가적인 연구를 향한 길을 발견했다. 우리는 여기서 베일 뒤를 살짝 엿볼 수 있는 기회를 제공받은 것인가? 또한 거기서 예수에 대한 다른 견해를 찾게 될 것인가? 이것은 더 오래 된, 더 유대적인 견해일 수도 있는가? 예를 들어 우리는 히브리인 복음서로부터 다음과 같은 인용들을 읽게 된다.

> 즉시 나의 어머니이신 성령이 내 머리카락 한 가닥을 잡고 나를 인도하여 저 큰 다볼 산(Mount Tabor)으로 데려갔다.[71]

성령에 대해 여성적 용어('나의 어머니')를 써서 지칭한 것은 놀라운 일인데, 이는 초기 유대-기독교적 용법을 반영하는 것으로 추정된다. 또 다른 인용은 예수가 야고보에게 나타난 사건과 관련되어 있다.

> 주님께서 그 제사장의 종에게 세마포 천을 주시고 난 후에 야고보에게

---

71) Origen(*John* 2.6[필하우어(Vielhauer)와 클레인(Klijn)은 이를 2.12로 잘못 인용했다] in *MPG* 14.132~133; *Jeremiah* 15.4 in *MPG* 13.433); Jerome(*Micah* 7.6 in *CCSL* 76.513; *Isaiah* 40.9 in *CCSL* 73.459; *Ezekiel* 16.13c in *CCSL* 75.178).

로 가서서 그에게 나타나셨다. 주님께서 그 잔을 마셨던 그 때 이후로 야고보는 맹세하기를 그가 죽은 자 가운데서 살아나신 것을 보기 전까지는 더 이상 아무것도 먹지 않겠다고 했었다. 그 후 얼마 되지 않아 주님은 말씀하시기를 상과 떡을 가지고 오라고 하셨다. 그러자 즉시 그것이 그들 앞에 준비되었다. 우리는 그 떡을 들고 축사하고 의인 야고보에게 주었다. 그리고 주께서 말씀하셨다. 내 형제여, 네 떡을 먹으라. 인자가 죽은 자 가운데서 살아났느니라.[72]

다른 인용들은 우리에게 익숙하지 않은 예수의 어록을 포함하고 있는데, 다음과 같다.

나는 나 자신을 위해 가장 값진 것을 선택했다. 그들은 하늘에 계신 아버지께서 나에게 주신 자들이다.[73]

너의 형제들을 사랑으로 바라보지 않으면 너는 결코 행복할 수 없다.[74]

우리가 이 복음서 전승에 관해 실제 알고 있는 것은 무엇인가? 현대 학자들에 의하면, 유대-기독교적 복음서 기사들이 두 개 혹은 아마도 세 개나 있었다고 한다.

1. 히브리인 복음서(The Gospel of the Hebrews)
2. 나사렛 복음서(The Gospel of the Nazarenes; 어떤 이들은 이를 1번과 동일시한다.)

---

72) Jerome, *On Illustrious Men* 2(*MPL* 23.641).
73) Eusebius, *On the Theophany*(Syriac) 4.12(GCS, Eusebius 3.2.183).
74) Jerome, *Ephesians* 5.4(MPL 26.552).

3. 에비온 복음서(The Gospel of the Ebionites)

하지만 내 견해로는 이런 식으로 두 개 혹은 세 개의 복음서로 확장해 나가는 것은 초기 기독교 문헌에서 발견되는 정보로부터 내린 부정확한 결론들에 근거한다고 본다.[75] 사실 그런 정보가 항상 충분히 주의 깊게 다뤄지는 것은 아니다. 예를 들어 제롬(Jerome)이 히브리인 복음서를 헬라어와 라틴어로 번역했다고 다양한 곳에서 진술할 때, 그의 진술은 이레니우스(Irenaeus) 시대에 그와 똑같은 복음서가 이미 헬라어로 번역되었다는 주장을 통해 부정된다.[76] 같은 논리로 우리는 제롬이 성경을 라틴어로 번역했다는 것 또한 부정할 수 있을 것이다. 왜냐하면 그러한 번역도 이미 훨씬 이전에 만들어졌기 때문이다. 제롬이 이미 잘 알려진 히브리인 복음서의 새로운 번역본을 만들어 냈을 가능성은 왜 없는가? 헬라어와 라틴어를 사용하는 사람들로 하여금 이 유대-기독교적 문서, 즉 더 오래된 헬라어 인용들에도 불구하고 널리 알려지지 않았을지도 모르는 이 문서를 읽을 수 있도록 하기 위해서 말이다.[77] 만약 우리가 제롬이나 다른 저자들이 제공하는 정보를 진지하게 고려한다면, 우리는 실제 상황

---

75) 필하우어(Vielhauer)는 세 개의 유대-기독교적 복음서가 있었다고 한다. 나사렛 복음서, 에비온 복음서, 히브리인 복음서가 그것이다(P. Vielhauer, *Geschichte der urchristlichen Literatur: Einleitung in das Neue Testament, die Apokryphen und die Apostolischen Väter* [Berlin: De Gruyter, 1975], 648~661). 또한 A. F. J. Klijn, "Patristic Evidence for Jewish Christian and Aramaic Gospel Tradition", in *Text and Interpretation: Studies in the New Testament Presented to Matthew Black*, ed. E. Best and R. Mcl. Wilson,(Cambridge: Cambridge University Press, 1979), 169~177도 참조할 것.

76) Schneemelcher, *New Testament Apocrypha*, vol. 1에 실린 필하우어(P. Vielhauer)와 스트렉커(G. Strecker)의 유대-기독교적 복음서들에 관한 기고를 참조하라.

77) 제롬은 이 번역에 대해 여러 차례 언급한다. *On Illustrious Men* 2(MPL 23.641)에서는 헬라어와 라틴어 둘 다로 옮겨진 번역본이 언급된다. *Micah* 7.6(CCSL 76.513)에서는 "최근에 우리들이 번역한"이라는 언급이 있고, *Matthew* 12.13(CCSL 77.90)에는 "최근 ……헬라어로 번역된"이라는 언급이 있다.

에 대한 선명한 그림을 구성해낼 수 있다. 유대-기독교적 복음서들이 두 개, 혹은 심지어 세 개라고 하는 주장은 옳지 않다. 오직 '히브리인 복음서'만 존재했을 뿐이다.

이 복음서의 특징들은 산재해 있는 초기 기독교 저자들의 증언에 기초하여 다음과 같이 요약될 수 있다.

1. 히브리인 복음서는 히브리 문자를 사용하긴 했지만 실상 아람어로 기록된 복음서이다. 아람어를 가리키는 일반적인 용어는 '시리아어'이다. 하지만 이 복음서에 사용된 언어와 그 자체 문자를 쓰는 통상적인 시리아어와의 구분을 위해 이 복음서는 '히브리 문자'로 기록되었다는 언급이 추가되었다. 이런 장황한 설명은 히브리 문자를 써서 기록된 아람어 본문을 암시하는데, 구약의 몇 부분들(다니엘 1~7장 및 다른 구절들)과 유대 탈굼(Jewish Targums)에서도 이런 예를 발견할 수 있다.[78]

2. 이 문서를 가리키는 통상적인 명칭은 '히브리인 복음서'이다. 이 명칭은 유대 기독교인 독자들 스스로가 사용하지는 않았을 것이다. 그들은 자신들의 책이 열두 사도가 쓴 복음서 혹은 진정한 마태복

---

[78] 제롬은 이 언어를 단순히 '히브리어'로만 지칭한다. *Matthew* 12.13(CCSL 77.90); *Micah* 7.6(CCSL 76.513); *Isaiah* 11.2(CCSL 73.148); 40.9(CCSL 73.459). 또한 Eusebius, *On the Theophany*(Syriac) 4.12(GCS, Eusebius 3.2.183). 좀 더 신중한 표현으로는 '히브리 문자로 (기록된)'(Eusebius, *On the Theophany* 19 [MPG 24.685]; Jerome, *Letter to Hedibia* 120.8 [CSEL 55.490]). 좀 더 신중한 이 표현의 이유는 제롬이 자신이 쓴 *Dialogue against the Pelagians* 3.2(MPL 23.597ff.)에서 히브리인 복음서는 갈대아어(Chaldee), 구체적으로는 시리아어(아람어)로 쓰였으며, 히브리 문자를 사용했다고 언급한 데서 분명해진다. 유세비우스 또한 헤게시푸스(Hegesippus)에 의해 사용된 히브리인 복음서가 시리아어로 되었다고 묘사하고 있다(*Ecclesiastical Histoiy* 4.22.8).

음이라고 여겼다. 마태복음은 십중팔구 다른 사람들이 히브리인 복음서라고 이름을 붙인 이 복음서의 헬라어 번역본일 가능성이 있다.[79)]

3. 이 책은 에비온파(Ebionite) 유대 기독교인들 사이에서 사용되고 있었는데, 그들은 동정녀 탄생을 부인했으며, 또한 예수의 죽음에 대해 가현적(docetic) 이해를 가지고 있었다.[80)]

4. 이 복음서는 다른 네 복음서에서 발견되지 않는 어록들이나 주제들을 포함하고 있는데, 이는 정확히 초기 기독교 저자들이 히브리인

---

79) 우리는 '히브리인 복음서'라는 제목을 여러 저자의 작품들 속에서 찾을 수 있다. Clement of Alexandria(*Stromata*[*Miscellanies*] 2.9.45 [GCS, Clement 2, p. 137]); Origen(*John* 2.6 [MPG 14.132~33]); Jerome([On Illustrious Men] 2 [MPL 23.641]; *Dialogue against Pelagians* 3.2 [*MPL* 23.597ff.], 그리고 또한 다른 저자들); 유세비우스(Eusebius)가 헤게시푸스(Hegesipus)를 언급한 부분(*Ecclesiastical History* 4.22.8); Epiphanius(*Panarion* 30.3 [MPG 41.409]). *Dialogue against the Pelagians* 3.2에서 제롬은 또한 이 복음서가 그 사용자들에 의해 '사도들에 의한 복음서'(the Gospel of [according to] the apostles)로 여겨졌다고 말하고 있다. 대부분의 사용자들은 이를 진정한 마태복음이라고 간주했다(아래의 6번도 참조할 것).

80) Eusebius, *Ecclesiastical History* 3.27.4; Jerome, *Matthew* 12.13(CCSL 77.90). 에피파니우스(Epiphanius; *Panarion* 30.3 [MPG 41.409])는 에비온파(그들에 관해 그는 요세푸스라고 하는 어떤 사람에게 직접 배웠다)가 오직 마태복음만 사용했으며, 다른 복음서들은 사용하지 않았다고 기록하고 있다. 그들은 이를 '히브리인 복음서'라고 불렀다. 그 후에(5번을 보라) 에피파니우스는 그들이 이 마태복음을 사용하였지만, 그것은 요약본이었고, 훼손된 형태였다고 말했다. 이러한 사실은 왜 이레니우스가 에비온 복음서를 마태복음이라고 불렀는지를 설명해 준다. 이는 간단한 언급이므로 어떤 변경 사항이 있었는지에 관한 문제는 다루지 않는다. 그것은 단지 오직 하나의 복음서만 사용되었고, 심지어 바울의 서신들조차도 거부되었다는 내용만 다루고 있다(Irenaeus, *Against Heresies* 1.26.2 [MPG 7.686~87]; 3.11.7 [MPG 7.884]; 에비온파에 대한 엇갈린 견해들에 관해서는 3.21.1 [MPG 7.946]과 5.1.3 [MPG 7.1122]를 참조할 것). 에비온파에 관해서는 A. F. Klijn and G. J. Reinink, *Patristic Evidence for Jewish-Christian Sects*(Leiden: Brill, 1973), 19~43을 보라.

복음서에서 가장 자주 인용하고 있는 부분들이다.[81]

5. 여러 면에서 히브리인 복음서는 마태복음과 일치를 보인다. 이는 초기 기독교 저자들이 그 책의 독특한 요소들을 인용하는 것이 아니라, 그 책의 전체적인 면에 관심을 쏟았던 것을 보면 분명해진다. 그들은 그 책을 다소 훼손되거나 변경된 마태복음으로 묘사했고, 마태복음과의 비교 해석에도 사용될 수 있다고 보았다.[82]

---

[81] 알렉산드리아의 클레멘트(Clement of Alexandria)는 알려지지 않은 예수의 어록을 인용하고자 이 복음서를 사용하고 있다(*Stromata*[*Miscellanies*] 2.9.45 [GCS, Clement 2, p. 137]). 오리겐은 성령을 어머니라고 부르고 있는 인상적인 구절을 인용한다(*John* 2.6 in *MPG* 14.132~33; *Jeremiah* 15.4 in *MPG* 13.433). 유세비우스는 파피아스가 이 히브리인 복음서로부터 죄 중에 잡혀온 여인에 관한 또 다른 이야기를 빌려 왔다고 보고한다(*Ecclesiastical History* 3.39.17). 제롬은 이 복음서에 의하면 예수의 십자가 처형 당시 지진이 났을 때 성전의 휘장이 찢어진 것이 아니라 성전의 무거운 상인방(lintel)이 부서진 것이라는 점에 주목한다(Letter to Hedibia 120.8 [CSEL 55.490]). 유세비우스는 다른 버전의 달란트 비유를 언급하는데, 이에 의하면 다섯 달란트를 가진 사람이 자신의 달란트를 창녀들과 피리 부는 여자들에게 허비하고, 그 때문에 벌을 받게 된다(On the Theophany 19 [MPG 24.685~88]).

[82] 이레니우스는 말시온파(Marcionites)가 자신들만의 복음서를 사용한 것 때문에 이탈 행위로 비난받을 수 있었듯이, 에비온파 역시 자신들만의 복음서(마태복음)를 사용하므로 이탈 행위로 비난받을 수 있다고 믿었다. 변경 사항들이 삽입되었다는 사실에 대한 논의는 여기서 적절하지 않다. 문제는 보다 광범위한 정통 기독교의 신약성경과 자신들의 복음서를 (여전히) 연결시켜 주는 바로 그 구절들이 그들 자신의 잘못을 드러내기에 충분한 증거를 제공했다는 것이다(Against Heresies 3.11.7 [MPG 7.884]). 에피파니우스(Epiphanius)는 Panarion 30.13(MPG 41.428~29)에서 훼손 사례를 보고한다(예를 들어 시작 부분의 탄생 설화가 삭제됨). 하지만 제롬은 히브리인 복음서를 자신이 마태복음에서 논의하고 있는 구절들과 비교하기 위해 한 차례 이상 사용한다. 심지어 히브리인 복음서를 자주 사용한다고 그 자신 스스로 말하고 있다(*Matthew* 27.51 [CCSL 77.275]). 예를 들어, *Matthew* 6.11에서 그는 히브리인 복음서를 언급하는데, 거기에 의하면 마카르(*machar*; '내일의 [양식]'이라는 의미)라는 단어가 사용되었다는 것이다. 그리고 *Matthew* 27.16에서는 바라바(Barabbas)가 "사두 개인들 중 한 명의 아들로 불렸다"는 사실에 주목한다(CCSL 77.37, 265). 또한 스가랴(Zechariah)가 '바라갸(Barachiah)의 아들'이 아니라 '이오이오다(Ioioda)의 아들로 불린 *Matthew* 23.35(CCSL 77.270)도 참조할 것.

6. 나사렛파도 역시 이 복음서를 사용했던 집단으로 언급되고 있다.[83] 다른 한편으로, 제롬은 자신이 '원어로' 쓰인 마태의 한 복음서를 베레아(Berea)의 나사렛파 사람들 가운데서 발견했으며, 그것을 필사했다고 말한다.[84] 그리고 에피파니우스(Epiphanius)는 이들 유대 기독교인들이 여전히 모세의 율법을 지켰는데(에비온파와 같은 교리적 이탈은 없이), '정상적인' 마태복음을 그 원어로 사용했다고 언급한다.[85] 여기에는 하나의 모순이 있는 것처럼 보인다. 하지만 그게 전부다. 우리는 또한 히브리인 복음서가 '대부분'의 나사렛파 사람들에 의해 진정한 마태복음으로 여겨졌다는 것을 읽게 된다.[86] 하지만 명백히 그들 '모두'는 아니었다. 그러므로 우리는 구분을 해야만 한다. 베레아 주변의 나사렛파 사람들은 마태복음을 사용한 반면 대부분의 나사렛파 사람들은 에비온파의 버전을 사용했다. 가설적으

---

83) 유세비우스는 "그리스도를 영접했던 그 히브리인들"을 언급한다(*Ecclesiastical History* 3.25.5). 제롬도 나사렛파를 언급한다(*Matthew* 23.35 [CCSL 77.220]; *Dialogue against the Pelagians* 3.2 [MPL 23.597ff.]; *Isaiah* 11.2 and 40.9 [CCSL 73.148, 459] and *Ezekiel* 16.13c [CCSL 75.178]). 에비온파와 함께 언급된 유일한 경우로는 *Matthew* 12.13 [CCSL 77.90]을 볼 것.

84) *On Illustrious Men* 3(MPL 23.644~645). 놀라운 점은 제롬이 자신의 마태복음 주석의 한 부분에서 마태복음의 히브리어 본문을 사용하고 있다는 것이다. 그는 이미 서문에서 그것을 언급했으며, 또한 2장 5절에 대한 주석에서는 마태가 원어로 베들레헴, 즉 '유데아'(Judea)의 한 도시가 아니라 '유다'(Judah)의 한 도시로서의 베들레헴에 대해서(갈릴리와 구분하기 위해) 얘기했다고 썼다(CCSL 77.2, 13).

85) *Panarion* 29.9(MPG 41.405). 나사렛파에 관해서는 Klijn and Reinink, *Patristic Evidence*, 44~52를 보라. 클레인(Klijn)과 라이닝크(Reinink)는 제롬이 제공한 정보에 대해서 적은 가치를 부여했는데, 이는 잘못된 것이다. 왜냐하면 그들은 제롬이 마태복음 13장 53~54절에 대해 논의하면서는 나사렛파가 동정녀 탄생을 부인하는 것으로 주장하고, 다른 곳에서는 정반대의 주장을 하는 것으로 오인했기 때문이다 (Klijn and Reinink, *Patristic Evidence*, 47). 하지만 마태복음 13장에 관한 논의에서 제롬은 나사렛파를 언급한 것이 아니라 '나사렛의 거주자들'을 언급한 것이다.

86) 히브리인 복음서는 그 이탈(deviations) 때문에 자연적으로 대부분의 '정통 기독교인들'에 의해서는 진정한 마태복음으로 여겨지지 않았다. 제롬은 대부분의 나사렛파 사람들이라고 명시하고 있다. *Matthew* 12.13(CCSL 77.90)와 *Dialogue against the Pelagians* 3.2(MPL23.597ff.)를 참조하라.

로 헬라어를 사용하던 에비온파 사람들이 그들이 가지고 있던 히브리인 복음서를 헬라어로 번역했을 가능성을 가정해 보자. 그 결과로 헬라어를 사용하던 나사렛파 사람들이 '율법을 따르지 않는 기독교인들'이 사용하던 판본 대신에 이 유대-기독교적 복음서를 따르기로 결정했을 것이다. 하지만 아람어가 사용되던 지역의 나사렛파 사람들은 비유대적이고, 헬라어를 사용하며, 율법을 지키지 않던 기독교인들과 또한 그들의 헬라어 마태복음으로부터 자신들을 구별하기 위해 특별한 노력을 기울일 필요가 없었다. 따라서 헬라어가 일상 언어였던 지역의 초기 기독교 저자들은 히브리인 복음서를 에비온파와 나사렛파 사람들이 사용하는 책으로 간주했다. 반면 아람어를 사용하는 지역의 나사렛파 사람들을 언급하고 있는 저자들은 정상적인 마태복음이 그 지역에서 유통되는 것을 관찰할 수 있었다. 한편 에비온파 사람들은 편집된 마태복음, 즉 히브리인 마태복음을 사용했다.

결론적으로 초기 기독교 저자들을 토대로 다음과 같이 정리할 수 있다.

1. 베레아 지역의 나사렛파 사람들 사이에서는 원어로 된 마태복음이 여전히 유통되고 있었다.
2. 히브리인 복음서는 에비온파가 이 마태복음을 각색한 것이다. 그것은 나중에 대부분의(헬라어를 사용하던?) 나사렛파 사람들에게 원본 마태복음이라고 여겨졌다.
3. 히브리인 복음서의 독특한 요소들은 고대의 신뢰할 만한 전승으로 거슬러 올라갈 수도 있다(예를 들어 야고보에게 나타남). 하지만 그 요소들은 에비온파의 이탈적인 관념들과의 연관성을 반영하는 것처럼 보인다는 점에서 의심의 대상이다(어머니로서의 성령은 아마도 그리스도

의 어머니를 가리킬 것이다. 반면 예수는 요셉과 마리아 사이의 자녀였다).[87]
4. 그 이외의 또는 그보다 더 오래된 유대-기독교적 복음서들의 흔적은 없다.

복음서 기자들

예수 이야기와 교회 전승

예수의 지상 생애에 관한 정보는 성경을 제외하고는 지극히 드물고 확실하지 않지만, 네 복음서 안에는 풍부하다. 문제는 네 복음서가 제공하는 정보가 성경 외적 자료보다 확실한 것인가 하는 것이다. 수세기 동안 교회는 네 복음서 기자들이 제공하는 보고의 정확성에 의존해 왔지만, 지난 한 세기 동안은 이 점에 대한 무조건적인 의심이 지배해 왔다. 최초 몇 세기 동안에는 기독교 반대자들 사이에서 발견되던 복음서에 대한 비판적인 접근이 현대 기독교 신학에서는 일반적으로 받아들여지게 되었다. 복음서들은 (앞에서 설명되었듯이) 가장 초기 기독교 공동체들의 신앙이나 또는 예수라는 역사적 인물을 둘러싸고 형성된 다양한 전설이 나온, 편집되고 신학적으로 기울어진 진술들이라고 여겨진다. 그리스도의 지상 생애에 관한 다른 정보의 결핍을 고려하면, 복음서에 관한 이러한 부정적 견해는 기독교 신앙의 기초에 관한 깊은 불확실성으로 귀결될 수

---

87) 오리겐(Origen)은 '성령을 가리켜 '어머니'라고 한 것을 '은유적으로' 설명한다. 그리스도의 뜻을 행하는 자는 모두 '형제나 자매'로 불릴 수 있듯이, 성령도 마찬가지로 그리스도의 뜻을 행하므로 '어머니'의 호칭을 취하는 것은 오히려 더 정당하다(*John* 2.6 [*MPG* 14,133]). 제롬은 '문법적인' 설명을 제공한다. 히브리어에서 '영'(spirit)에 해당하는 단어는 여성형이며(raah), 헬라어로는 중성이고, 라틴어로는 남성이다. 신성에는 성의 구분이 없으므로 그 비유적 이미지는 문법적 성(gender)에 따라 변할 수 있다. 따라서 히브리어의 여성형 명사 '영'(raah)은 여성적 이미지인 '어머니'를 유인할 수 있다(*Isaiah* 40,9 [*CCSL* 73,459]; *Micah* 7,6 [*CCSL* 76,513]).

밖에 없다. 현대 기독교 정체성의 위기는 역사적 그리스도에 대한 이해가 갈수록 모호해지면서 나타난 직접적인 결과이다. 그러한 상실은 복음서들을 예수의 말과 행적에 대한 정보를 제공하는, 역사적으로 신뢰할 만한 자료들이라고 더 이상 여기지 않는 데서 시작되었다.

네 복음서에 대한 이러한 비평적인 태도는 하나의 복합적인 현상이다. 그 현상의 구성 요소 몇 가지를 나열해 보고 그 중의 하나를 중점적으로 살펴보자.

1. 복음서들에 관한 견해는 그것들이 포함하고 있는 믿음의 실체를 받아들일 것인가 말 것인가 하는 본인의 의사에 따라 일부 결정된다. 다른 요인일 가능성은 거의 없다. 만약 복음서 기자들이 우리에게 말해주는 것처럼 역사가 실제로 그렇게 펼쳐졌다면, 그들의 이야기는 우리로 하여금 온 세계가 하나님의 아들 예수 그리스도 앞에 무릎을 꿇어야 한다는 사실에 동의하도록 강요한다. 동정녀 마리아에게서 나셨고, 우리의 죄를 대신해 죽으셨으며, 모든 피조물을 구속하기 위해 거룩한 천사들과 함께 다시 오실 그분 앞에 말이다. 이러한 현실들을 받아들이고자 하지 않는 사람들은 복음서 자체를 불신하면서 복음서의 메시지가 가진 힘으로부터 달아나려고 하는 경향을 신속히 보이게 된다. 이것이 곧 복음서에 대해 부정적이고 비판적인 접근을 하는 시작점이 되는 것이다. 비록 우리가 복음서에 대한 모든 문학적이고 역사적인 비평을 반박할 수 있다고 하더라도, 그것은 여전히 이러한 복음서들로부터의 이탈을 멈추게 하는 데는 역부족일 것이다. 논의도 중요하고 그에 대한 반대 논의 역시 중요하겠지만, 경험적으로 볼 때 이 점에 대한 한 개인의 선택은 논쟁 그 이상의 어떤 것에 의해서 결정된다.

2. 복음서에 대한 20세기의 부정적 비평은 주로 문학적 비평이라는 명목하에 스스로를 정당화하는데, 실상 이를 통해 복음서를 해체하고 더 오래된, 배후의 자료들을 찾고자 애쓴다. 복음서에 대한 해석과 관련해서 문학적 비평은 본질적으로 중요할 수 있다. 예를 들어 올바른 해석을 위해서 우리는 주어진 복음서를 완전한 하나의 작품으로 읽어야 할지, 아니면 다양한 층으로 구성된 하나의 혼합물로 여겨야 하는지를 결정해야 한다. 만약 후자의 경우라면 우리는 어떻게 더 오래된 요소들이 새로운 주석으로 덧입혀져 있는지를 식별해 낼 필요가 있다.

이러한 문제들은 해석의 과정에서 다루어져야 한다. 하지만 그에 대한 대답은 예수 생애의 이야기에 대한 우리의 이해에 아무런 영향을 끼치지 못할 것이다. 왜냐하면 문학 비평 '자체'는 역사적 신뢰성에 관해 아무것도 언급하지 않기 때문이다. 우리는 심지어 구두 전승이나 예수의 어록들의 수집물 혹은 초기의 역사적 이야기들이나, 마지막으로 복음서 기자들에 의한 이 모든 자료의 통합물을 통해서도 역사적으로 신뢰할 만한 보고를 만들어 낼 수 있다. 이 모든 것은 이러한 자료들을 전수하고 기록한 다양한 사람들이 제공하는 역사적 사실에 대한 태도에 달려 있다. 세븐스터(Sevenster)가 지적했듯이 문제는 복음서에 대한 현대의 문학적 비평이 가지는 혼합적 성격이다. 그것은 부당하게도, 그리고 아마 거의 무의식적으로, 문학적 비평과 역사적 비평을 혼합한다.[88] 따라서 만약 우리가 그리스도의 지상 생애 역사에 관해 글을 쓰고 싶

---

[88] J. N. Sevenster, "De vraag naar de echtheid in de synoptische evangeliën", in *Bultmanniana: Een vraag naar criteria*(Wageningen: Veenman, 1969), 24~76. 평가 기준의 문제에 관해서는 M. Lehmann, *Synoptische Quellenanalyse und die Frage nach dem historischen Jesus: Kriterien der Jesusforschung untersucht in Auseinandersetzung mit Emanuel Hirschs Frühgeschichte des Evangeliums*(Berlin: De Gruyter, 1970)을 참조하라.

다면, 복음서에 대한 현대의 문학 비평의 결과로 나온 발견을 검토하는 것은 아무런 의미가 없다.

만약 우리가 이른바 이문서설(two-document hypothesis)을 뒷받침하는 설득력 있는 증거가 계속해서 나오고 있다고 결론을 내렸다면, 이 모든 생각을 금방 버리기가 훨씬 어려울 것이다. 그러나 사실은 그렇지 않다. 이문서설과 아울러 사문서설(four-source theory) 또한 여기서 언급되어야 하며,[89] 그 외에도 자료 비평의 다양한 변형 이론들 또한 언급되어야 한다.[90] 그리스바흐(Griesbach)의 가설이 부활한 것도 눈여겨 보아야 하는데, 그에 따르면 마가복음이 가장 나중에 쓰인 복음서였다.[91] 더군다나 스톨트(Stoldt)와 리스너(Riesner), 그리고 다른 이들의 작품들은 구두 전승의 가치나 이문서설의 약점을 지적했다.[92]

---

89) B. H. Streeter, *The Four Gospels: A Study of Origins*(London, 1924). 사문서설은 마가복음과 Q 외에도, 마태복음과 원시 누가복음(proto-Luke) 배후에 한 성문화된 자료가 존재한다고 추정한다.

90) 플루서(Flusser)가 지지했던 린지(Lindsey)의 수정된 이문서설에 관해서는 Lindsey, "Modified Two-Document Theory"를 참조하라. 또한 다음도 참조할 것. W. Schmithals, *Einleitung in die drei ersten Evangelien*(Berlin: De Gruyter, 1985), 182~233; A. J. Bellinzoni, ed., *The Two-Source Hypothesis: A Critical Appraisal*(Macon, Ga.: Mercer University Press, 1985); M. E. Boismard, "The Two-Source Theory at an Impasse", *New Testament Studies* 26(1979~80): 1~17.

91) 특별히 파머(W. R. Farmer)의 작품을 언급할 필요가 있다. 그리스바흐의 가설을 찬성하여, 혹은 반대하여 그가 부활시킨 논의들을 보려면 다음을 참조하라. W. R. Farmer, ed., *New Synoptic Studies: The Cambridge Gospel Conference and Beyond*(Macon, Ga.: Mercer University Press, 1983); C. M. Tuckett, ed., *Synoptic Studies: The Ampleforth Conferences of 1982 and 1983*(Sheffield: JSOT Press, 1984).

92) H. H. Stoldt, *History and Criticism of Marcan Hypothesis*, trans. D. L. Niewyk(Macon, Ga.: Mercer University Press, 1980); R. Riesner, *Jesus als Lehrer: Eine Untersuchung zum Ursprung der Evangelien-Überlieferung*(Tübingen: Mohr, 1981); J. M. Rist, *On the Independence of Matthew and Mark*(Cambridge: Cambridge University Press, 1978); J. Carmignac, *La naissance des Évangiles Synoptiques*, 3d ed. avec réponse aux critiques(Paris: O.E.I.L., 1984); E. P. Sanders, *The Tendencies of the Synoptic Tradition*(Cambridge: Cambridge University Press, 1969).

3. 종종 문학 비평과 혼합되는 복음서에 대한 역사 비평은 복음서들 상호 간의 모순이나, 또는 복음서들과 성경 외적 자료들 간의 상호 모순이라고 하는 충분한 근거가 없는 주장의 토대 위에 서 있다. 사실은 교회 안에서 형성된 예수에 관한 전설들에 대해 문을 닫은 것은 바로 네 복음서의 기자들이라고 추정된다. 따라서 그들은 공동체의 전승을 반영할 뿐, 예수 그리스도의 역사를 반영하지 않는다고 한다. 복음서는 이 교회 전승이 역사적 예수와 일치하는 한에서만 역사적으로 신뢰할 수 있다. 지금쯤은 벌써 역사적 확실성을 결정하는 모든 기준이 없어졌다는 사실이 명백해야 한다. 만약 우리가 우리에게 전해져 내려온 복음서들로부터 예수의 지상 생애에 관해 아무것도 알 수 없다면, 우리에게 알려져 있지도 않을 뿐만 아니라 우리가 이 복음서 기사들을 재구성해 내야만 하는 공동체의 전승으로부터는 더더욱 아무것도 알아낼 수 없다는 것이 자명하다.

역사 비평은 두 가지 각도에서 접근할 수 있다. 첫째, 우리는 복음서들의 내용이 분명한(불완전할지라도) 역사 기술(historiography)이라는 관념과 정말 양립될 수 없는가를 판단해 볼 수 있다. 이것은 바로 2장부터 시작해서 이 책의 많은 부분이 할애된 주제이다. 하지만 우리는 또한 교회 전승을 논의의 출발점으로 삼아 다른 각도에서 이 문제를 다루어 볼 수도 있다. 역사 비평은 이 전승에 관해 큰 가치를 부여하는데, 이는 정당하다. 하지만 복음서들의 배후에 존재한다고 전제된 이 '알려지지 않은' 전승이 큰 인기를 누리고 있는 것은 놀라운 일이다. 초기 기독교 저지들이 이야기해 준바 '알려진' 전승은 멸시를 받는데도 말이다. 친숙함이 멸시를 낳은 고전적인 사례인 것이다! 그렇다면 가장 오래된 공동체들의 전승에 대한 너무나 지나친 존중이 과연 진실한 것인가? 오늘날 전승이라고 여겨지는 것은 흔히 현대 신학에 대한 하나의 반영에 불과하다. 반면에 익숙한 전승은 그 동일한 현대 신학을 근본적으로 반박한다. 우리는 기꺼이 전승에 대해 경의를 표한다. 하지만 우리는 그 경의의 대상이 실제의 알려진 공동체 전승이기를 원하는 것이지, 그것이 20세기 학자들이 제안하는 것과 같은 가설적인 전승이기를 원하지는 않는다.

사실 전설을 만들어내는 원시적 공동체라고 하는 것은 그 흔적이 없다.[93] 우리가 진정 처음부터 발견할 수 있는 것은 복음서들을 사도들의 회고록으로 여기며 존중했던 공동체들과,[94] 경의를 표하며 그것들을 인용했던 저자들이다.[95] 그리고 그 공동체에는 복음서 기자들의 일차적 지식이 여전히 존재하고 있었다. 복음서 기자들은 그 공동체의 시초부터 그곳에 소속되어 있었다. 네 복음서 기자들에 관해 교회 전승의 관점에서 논의해 볼 만한 가치가 있어, 아래에서 논의해 보고자 한다.

헬라어 사본들에서 우리는 초기부터 마태, 마가, 누가, 요한의 이름이 복음서들에 기재되어 있음을 볼 수 있다.[96] 이들은 지상에서의 그리스도의 이야기에 참여했거나 혹은 예수를 보고 들었던 증인들과 직접적인 접촉이 있었던 사람들이다. 만약 이들이 진정 복음서 내용의 진정성을 보증하는 사람들이라면, 우리는 가장 오래된 자료들, 즉 그리스도 역사의 일차적 증인들에게 이르렀다는 사실을 분명히 알 수 있다. 하지만 사본

---

93) 신약 성경의 외경 문헌들의 일부분인 '보충적 복음서들'(supplementary Gospels)에 관한 역사가 보여 주듯, 전설의 형성은 사실 후대에 발생했다.

94) Justin Martyr, *First Apology* 66.3; 67.3.

95) 속사도 교부(Apostolic Fathers)에 있는 인용들을 보라. 평가를 위해서는 저자의 *Wie maakte de bijbel? Over afsluiting en gezag van het Oude en Nieuwe Testament*(Kampen: Kok, 1986), 32~44를 보라.(*이 책은 감수자[김병국]의 번역으로 「누가 성경을 만들었는가」[총신대학교출판부, 1997]라는 제목으로 출판되었다.-감수 주)

96) 복음서의 저자들의 이름에 관해서는 모든 사본들이 완전한 일치를 보이고 있으며, 심지어 가장 오래된 파피루스에서도 그러하다. 예외 없이 저자들의 이름이 밝혀져 있으며, 그 이름 또한 항상 일치한다.

들 속에서 우리가 볼 수 있는 전통적인 저자 표시에 얼마나 많은 가치를 부여할 수 있는가? 이제 복음서 기자들을 한 명씩 살펴보기로 하자.[97]

마태

일치된 초기 전승에 의하면 사도 마태는 첫 번째 복음서의 저자이다. 이러한 일치 그 자체가 결정적인 증거는 아니다. 오류들 또한 일치되어 받아들여지고 전수될 수 있기 때문이다. 문제는 이 전승이 고대의 것이고 동시에 일치된 것인가 하는 것이다.

유세비우스(Eusebius)의 글을 통해 우리는 2세기 초의 한 저자, 즉 히에라폴리스의 파피아스(Papias of Hierapolis)가 남긴 전승을 추적해 볼 수 있다. 그는 복음서들에 관한 작품을 저술했는데, 그것은 곧 유실되었다. 그는 사도들의 제자와 개인적인 접촉을 가졌으며 아마도 사도 요한과 직접적인 접촉이 있었을 수도 있다. 그는 항상 그들에게 사도들이 무슨 말을 했는지, 또한 주님은 무슨 말씀을 하셨는지 물어보았다고 한다.[98] 파피아스는 사도들과 그 제자들의 집단에 알려진 자료들을 사용할 수 있는 사람이었다. 그는 또한 최근의 역사에 관해 조사하는 일에 극도의 관심을 가지고 있었다. 유세비우스에 의하면 바로 이 파피아스가 마태에 관해 다음과 같은 말을 했다고 한다.

"마태는 그 이야기들(로기아[logia], 즉 예수의 가르침과 한 일에 대한 이야기들)에 대한 일정한 형식의 보고를 히브리어로 기록했다. 모든 사람들이

---

[97] 알란드(K. Aland)의 *Synopsis Quattuor Evangeliorum: Locis parallelis evangeliorum apocryphorum et partum adhibitis edidit Kurt Aland*, 14th rev. ed.(Stuttgart: Deutsche Bibelgesellschaft, 1985)의 부록 2에는 복음서 저자들과 또한 복음서들의 발전을 다루고 있는 초대 교부들로부터의 많은 인용들의 헬라어나 라틴어 본문이 수집되어 있어 쉽게 이용할 수 있다.

[98] Eusebius, *Ecclesiastical History* 3.39.3~4. 이 구절의 본문을 보려면 앞의 60번 각주를 참조하라.

각자 할 수 있는 최선을 다해 그 이야기들을 전수했다."[99]

이 구절을 온전히 이해하기 위해서 우리는 파피아스가 마가에 관해 저술하면서 언급하기를, 마가는 그 이야기들을 기록하면서 그것들을 체계적으로 정리하지 않았는데, 그 이유는 베드로 자신이 세워놓은 이야기의 순서를 그대로 유지하기 위해서였다고 하는 사실에 주목해야 한다.

따라서 마태는 그 이야기를 '체계적으로 정리했다'는 점에서 마가와 다르다. 즉 마태의 작품은 그것이 문학적으로 구성된 하나의 작품(syntaxis)이라는 사실로 특징지어진다. 이 사실은 또한 각자가 할 수 있는 최선을 다해 그 이야기들을 해석하거나 전수했다는 언급에서도 반영되어 있다. 마태는 문학적 구성 능력이 있었던 반면, 마가는 베드로의 설교에 대한 세심한 기록 담당자였던 것이다. 그러므로 파피아스의 보고의 핵심은 복음서들 간에 존재하는 구성적, 구조적 차이에 있다. 그 차이점들은 복음서 저자마다 다른 기술상의 차이점이나 복음서들이 발생한 상황들의 차이들로 거슬러 올라갈 수 있다. 복음서들은 이미 분명히 그리고 당연하게 나란히 함께 사용되고 있었으며 따라서 그 차이점들은 관심을 불러일으켰고 어느 정도의 설명이 필요했다는 사실은 놀라운 일이다.

파피아스는 지나가는 말로, 마태가 히브리어로 저술했다는 언급을 한

---

[99] Ibid., 3.39.16. 19세기에는 로기아(logia)라는 단어가 오직 '(예수의) 어록들'만을 가리키는 것으로 이해되었으므로, 소위 어록 혹은 로기아 자료라고 하는 가설에 이르기가 상대적으로 쉬웠다. 처음에 이는 'L'이라고 불렸으며, 나중에는 'Q'(독일어의 Quelle, 즉 자료라는 의미)라고 그 명칭이 바뀌었다. '어록들'이라는 관념은 계속 유지되었지만, 그것은 어디까지나 Q의 내용이라는 관점에서였다. 하지만 파피아스(Papias)는 로기아라는 단어를 사용할 때 예수가 가르치고 행한 바에 관한 보고들을 가리킨다. 또한 U. H. J. Körtner, *Papias von Hierapolis: Ein Beitrag zur Geschichte des frühen Christentums*(Göttingen: Vandenhoeck & Ruprecht, 1983), 154~159도 참조할 것. 이 인용의 말미는 흔히 히브리어로 된 로기아 자료들을 '다양한' 언어로 번역한 것을 가리키는 것으로 이해된다. 하지만 '헤르메뉴에인'(hermêneuein)이라는 동사는 또한 '보고하다, 해석하다, 전수하다'라는 의미로 이해할 수도 있다. 이 의미가 더 적당하다고 볼 수 있는 것은 파피아스는 번역본들을 다루지 않기 때문이다. 오히려 그는 마가가 어떻게 그의 복음서를 마태복음과 비교하면서 구성했는지를 논의하고 있다. 복음서 기자들은 예수의 이야기들을 각자 할 수 있는 최선을 다해서 해석했던 것이다.

다. 그는 이러한 정보에 관해 특별한 관심을 기울이지 않은 채 단순히 하나의 알려진 사실인 것처럼 기록하고 있다. 하지만 저자에게는 아무런 관심도 끌지 못하는 바로 이러한 정보야말로 그의 언급에 더 큰 가치를 부여하게 하는 것이다.

파피아스에게는 마태가 첫 번째 복음서의 저자라는 것은 말할 필요도 없는 사실이다. 그는 이 사실을 장황하게 논의해야 할 대상으로 여기지 않으며, 단순히 논의의 시작점으로 삼는다. 이에 대해 그는 명백히 어떤 반대나 충돌을 예상하지 않고 있다. 이는 파피아스 이전 시대에도 마태가 첫 번째 복음서를 썼다는 것은 일반적으로 당연한 사실로 여겨졌음이 분명하다는 것을 의미한다. 이는 전승의 일치뿐만 아니라 복음서의 시대에 대한 그 전승의 증언이 1세기 후반으로까지 거슬러 올라간다는 것을 보여준다. 당시는 사건들에 대한 자신들의 지식에 근거해서 잘못된 전승들을 반박할 수도 있었고, 또한 마태나 다른 사도들을 알고 있는 많은 사람들이 여전히 생존해 있을 가능성이 많은 때였다.

마지막으로 헬라어를 사용하던 사회에서 다른 사람도 아닌 마태가 복음서 저자로 언급되고 있다는 것도 놀라운 사실이다. 우리가 알고 있는 한 마태는 팔레스타인 동부 지역에서 자신의 임무를 수행했다. 그는 헬라어를 사용하는 사람들 가운데서 사도로 언급된 적은 전혀 없다. 헬라어를 사용하던 기독교인들이 마태의 이름을 강조해야 할 아무런 이유가 없었다. 왜냐하면 마태는 그들 가운데서 아무런 특별한 위치를 가지지 못했기 때문이다. 이는 우리가 여기서 오래되었을 뿐만 아니라 예상 밖의, 따라서 더욱 그 진정성을 신뢰할 수 있는 하나의 전승을 확보했음을 의미한다.

마태복음이 고급 헬라어로 기록되어 있다는 사실은 방금 언급된 시항을 반박하지 않는다. 그것은 단지 숙련된 번역자가 있었다는 증거일 뿐이다. 그리고 만약 당시에 많은 복음서들이 유통되고 있었다면, 마태복음이 그렇게 일찍 번역되지는 않았을 것이다. 따라서 우리는 마태복음이 최초의 복음서들 중 하나였으며, 또한 그 저자가 사도였기 때문에 신속히 번역되었다고 볼 수 있다. 또한 이 복음서는 유대적 생활 양식에 익숙한 사람들을 대상으로 삼은 것이 분명하다. 많은 사람들은 심지어 그것이 유대 기독교인들을 위해 기록되었다고 믿는다. 오순절 직후의 최초 공동체에 속해 있었던 유대인들 가운데는 히브리어를 말하는 기독교인들도 있었고 헬라어를 말하는 기독교인들도 있었다.[100] 뿐만 아니라 디아스포라, 즉 이집트, 시리아, 소아시아, 그리고 로마 지역에 흩어져 있으면서 헬라어를 사용하던 유대인들도 고려해야 한다. 따라서 유대 기독교인들을 대상으로 했던 하나의 복음서가 또한 헬라어 버전으로도 유통되기 시작했다는 사실은 놀랄 만한 일이 아닌 것이다.

20세기의 학자들은 히브리어 원본에 관한 전승을 잊으려는 경향이 있다(그럼으로써 그들은 마태의 저작권을 흔들리는 발판 위에 둔다). 왜냐하면 그 전승은 저 유명한 이문서설과 조화되지 않으며, 이문서설은 또한 헬라어를 사용하던 사회 속에서 마가복음을 재가공한 것이 바로 마태복음이라고 여기기 때문이다. 파피아스가 틀렸다는 것을 증명하기 위해 많은 작업이 진행되어 왔다. 예를 들어 퀴르징거(Kürzinger)는 파피아스가 의미한 것은 히브리 '언어'가 아니라, 유대주의(Semitisms)로 특징지어지는 히브리 '양식'(style)이었다는 견해를 주장했다. 이 견해에 내재된 다른 문제들을 차치하고서라도,[101]

---

100) S. Greijdanus, *De toestand der eerste christelijke gemeente in zijn betekenis voor de synoptische kwestie*(Kampen: Kok, 1973)를 참조할 것.

101) '양식'(style)이라는 개념이 '디알렉토스'(dialektos)라는 단어로 표시된다는 것이 문맥상 분명하다면, 그 단어는 그런 의미를 가져야 할 것이다. 하지만 문맥상으로 볼 때 파피아스는 양식의 비교를 의도하지 않았다(마가의 양식 대 마태의 양식). 게다가 '히브리 양식'이라고 하는 용어에 상응하는 그 어떤 것도 알려진 바가 없다. 또한 *Hebraïsdialektos*라고 하는 표현은 언제나 히브리 '언어'를 지칭하는 데 사용된다. 이는 파피아스 바로 다음 세대들이 이 표현을 이해한 방식이다. 퀴르징거의 견해에 관해서는 J. Kürzinger, *Papias von Hierapolis und die Evangelien des Neuen Testaments: Gesammelte Aufsätze, Neuausgabe und Übersetzung der Fragmente, kommentierte Bibliographie*(Regensburg: Pustet, 1983)을 참조할 것.

우리는 그것이 주후 처음 몇 세기 동안 견지되었던 마태복음에 관한 견해와는 다르다는 것을 주목해야 한다. 뿐만 아니라 파피아스와는 별도로 그 원본의 히브리어 버전에 대한 또 다른 증언, 즉 우리의 주장에 무게를 실어주는 증거가 존재한다.

제롬(Jerome)은 가이사랴(Caesarea)의 도서관에 히브리어판 마태복음이 있었다고 말한다.[102] 그는 또한 베레아 지역의 나사렛파 사람들 가운데서 한 사본을 발견하고 이를 필사했다. 제롬은 에비온파 사이에서 그리고(헬라어를 사용하던?) 다른 많은 나사렛파 사람들 사이에서 사용되던(훼손된) 판본, 즉 이른바 히브리인 복음서로부터 원본 마태복음을 주의 깊게 구분한다.[103] 그의 간략한 마태복음 주석에서 우리는 그가 이 히브리어 원본을 사용한 부분을 찾을 수 있다.[104]

더구나 판타에누스(Pantaenus)는 히브리어로 된 마태복음 사본 하나를 인도에 있는 기독교인들 가운데서 발견했다고 주장하는데,[105] 이는 바돌로매(Bartholomew)가 거기에 남겨두고 온 것이라고 한다.[106]

---

102) Jerome, *On Illustrious Men* 3.
103) 제롬은 히브리인 복음서에 관해서 그가 쓴 「On Illustrious Men 2」에서 이야기하고 있는데, 그 세 번째 문단에서 그는 히브리인 복음서와 마태복음의 히브리어 사본을 구분한다.
104) *Matthew* 2.5(CCSL 77.2, 13).
105) Eusebius, *Ecclesiastical History* 5.10.2~3.
106) 클레인(Klijn)은 인도 사람들이 히브리어 복음서와 무슨 관계가 있었겠느냐며 놀란다. 그리고 그것은 아마 시리아어 복음서였을 것이라고 추측한다. 하지만 선교사들이 남겨두고 간 흠정역 킹제임스 버전이나 혹은 그 미국 편 싱글들이 오늘날 아프리카의 여러 나라에서 쉽게 발견되듯이, 마찬가지로 바돌로매가 자신의 히브리어 마태복음을 남기고 갔을 가능성은 충분히 있다. 판타에누스(Pantaenus)는 인도에서 자신이 만난 기독교인들이 그것 말고는 아무런 성경 사본을 가지고 있지 않았다는 말을 하고 있지는 않다. 그가 보고하는 바는 그것이 뜻밖의 발견이었고 자신의 전임자들이 남기고 간 어떤 것에 대한 발견이었다는 것이다. 그의 의도는 인도의 기독교인들이 사용하던 예배용 성경들의 범위에 관한 정보를 제공하고자 하는 것이 아니었다("Patristic Evidence", 173).

이 히브리어 마태복음의 사본이 현존하지 않는 이유는 무엇인가?[107] 이에 대한 대답은 대부분의 유대-기독교적 분파(케린투스파[Cerinthians], 에비온파[Ebionites], 나사렛파[Nazarenes])들이 히브리인 복음서를 사용했다는 사실과 관련이 있다. 그들 대부분은 이 판본이 진정한 마태복음이라고 오해했다. 그리하여 마태복음의 원본인 히브리어(아람어) 버전을 옆으로 밀어내었다. 마태복음은 헬라어 번역본으로 보존되었다. 이 번역본은 거의 원본만큼 오래되었는데, 이는 그것이 헬라어를 사용하던 교회들에게 일찌감치 배포되었다는 사실을 보면 알 수 있다. 그 교회들에서 그것은 유대-기독교 분파들에 속하지 않은 유대 기독교인들과 이방인 기독교 회심자들에 의해 사용되었다.

마가

첫 번째 복음서가 일반적으로 마태의 작품으로 여겨지듯이, 바나바의 조카인 마가는 일반적으로 두 번째 복음서의 저자로 여겨져 왔다. 그의 이름이 복음서들 가운데 한 권에 덧붙여져 있는 것을 발견한다는 것은 놀라운 일이다. 바울의 첫 선교 여행에서 약간의 실망거리가 되었던 그 젊은이 마가(행 13:13; 15:37~38)가, 그리스도 전기의 저자가 된 것이다. 그것은 그가 예수의 제자들 중 한 명이 아니었기 때문에 더욱 놀라운 일이다. 마가가 저자일 것 같지 않다고 하는 바로 그 개연성의 결여가 오히려 마가가 저자라는 전승의 진정성을 입증해 준다.

우리는 여기에 명백히 오래된 전승을 하나 가지고 있는 것이다. 심지어 사도들의 시대에도 마가는 복음서의 저자로 여겨지고 있었다. 마가가 진

---

107) 마태복음의 원본 히브리어 버전이 뒤 틸레(Du Tillet) 판본과 셈-톱(Shem-Tob) 판본이 각자 독립적으로 거슬러 올라갔던 후대의 히브리 버전의 기초가 되었는지는 분명하지 않다. G. Howard, "The Textual Nature of an Old Hebrew Version of Matthew", *Journal of Biblical Literature* 105(1986): 49~63를 참조할 것.

실로 저자라고 하는 지식은 역사적인 확실성을 가지고 있다. 그리고 우리는 그 확실성에 관해서 2세기 초의 파피아스에게 빚을 지고 있다. 바로 앞의 마태에 관한 부분에서 우리가 그의 작품에 관해 잠깐 논의한바 있는 바로 그 파피아스 말이다.

파피아스는 자신이 '장로' 요한의 것이라고 간주하는 한 전승에 관해 언급한다. 만약 그가 사도 요한, 즉 세베대의 아들이 아니라고 해도, 그는 어쨌거나 예수의 제자들 중 한 명이다.[108] 따라서 파피아스가 보고하고 있는 이 전승은 상당히 오래된 것이다. 파피아스가 언급하고 있는 이 전승은 마가라고 하는 이름 자체를 관련시키지는 않는다. 마가가 자신의 이름으로 명명된 그 복음서의 저자라는 사실이 당연히 전제되어 있을 뿐이다. 이것은 사도 시대 동안에 장로 요한에게 마가의 저작권이 얼마나 자명했던가를 보여준다.

파피아스에게 전수되었고, 그가 또 전수시켜 준 그 전승은 이 복음서의 한 특징과 관련이 있다. 마태는 우리에게 특정한 양식의 문학적 작품을 주었지만, 마가에게서는 그런 것을 전혀 찾아볼 수 없다. 어째서 그러한가? 이 전승이 우리에게 답을 하나 제시한다. 이 복음서의 특별한 성격은 그 발생 환경에서 기인한다. 마가는 베드로의 대변자 입장에서 기술했다. 따라서 그는 그 사도의 가르침을 가능한 한 정확하게 보존하려고 굳게 결심했다. 이는 왜 마가의 책이 정형화된 문학 작품이 아니라 기술된 보고의 흔적을 보이는지 설명해 준다. 따라서 파피아스의 정보는 마가가 맨 처음부터 저자로 알려져 있었다는 것뿐만 아니라, 또한 사도들의 으뜸인 베드로가 한 말들을 아주 조심스럽게 재생했다는 사실을 말해 준다. 유세비우스에 실려 있는 그 단편은 다음과 같다.

---

108) Eusebius, *Ecclesiastical History* 3.39.3~4.

이 또한 그 장로(요한)가 늘 하던 말이다. "베드로의 해석자였던[109] 마가는, 주님께서 하신 말씀과 일들 중 그가 기억하는 모든 것을 주의 깊게, 그러나 순서를 따르지는 않고 기록했다. 왜냐하면 내가 이미 말했듯이 그는 주님께 직접 들은 것도 아니었고 또 예수님의 제자도 아니었지만, 그 후에 베드로의 제자들 중 하나가 되었기 때문이다. 베드로는 언제나 그의 가르침을 상황에 조화시켰다.[110] 그러면서도 그는 주님의 '로기아'(logia)를 체계적으로 정리하지는 않았다. 따라서 마가가 일부 '로기아'를 기록함에 있어 그(베드로)가 기억한 그대로 따라한 것

---

[109] 여기 사용된 '헤르메뉴테스'(hermēneutēs)라는 단어는 '번역자'(translator)를 뜻할 수 있다. 하지만 이는 또한 '해석자, 대변자'를 의미할 수도 있다. 마태에 관해 언급하면서 파피아스가 말하기를 모든 복음서 기자들은 주님에 관한 이야기들을 각자 할 수 있는 최선을 다해 '해석 또는 표현'(hermēneusen)했다고 말한 것을 참조할 것 (p. 91 '마태' 그 각주를 보라). 또한 Kürzinger, Papias von Hierapolis, 46~47도 참조할 것.

[110] 퀴르징거는 '프로스 타스 크레이아스'(pros tas chreias; '필요에 따라')라는 표현을 수사법의 전문적인 용어의 관점에서 설명한다. '크레이아'(chreia)는 지혜자의 어록을 묘사하기 위해 사용된 짧은 양식의 형태이다(a short stylistic form; 때로는 간략한 역사적 서론이 동반되기도 한다). 퀴르징거는 다음과 같이 번역한다. "(베드로)는 크레이아(chreiai)의 방식을 따라 가르쳤다"(Papias von Hierapolis, 51ff., 103). 이 정보는 복음서의 발전에 관한 설명을 돕는 데 중요성을 가질 수도 있다. 이는 부카난(G.W. Buchanan)의 Jesus: The King and His Kingdom(Macon, Ga.: Mercer University Press, 1984)에서 광범위하게 사용되고 있다. 파피아스의 인용이 다양한 양식상의 용어들을 포함하고 있다는 사실은 퀴르징거를 지지하는 강한 논증이 된다. 그럼에도 불구하고 거기에는 피할 수 없는 어려움들이 있다. (1) 전치사 '프로스'(pros)는 이 해석에 맞지 않는다. (2) 파피아스는 이미 더 작은 이야기의 단위를 '로기아'(logia)라고 불렀다(마가는 그 어떤 허위의 것도 끌어들이고 싶지 않았다. 이 로기아는 베드로의 이야기들을 가리킨다). (3) 집중적인 분석을 하고 난 후에 부카난은 오직 28개의 실질적인 '크레이아'들(chreiai)에 도달했다. 그 형식은 마가복음의 포괄적인 성격 묘사(characterization)의 목적으로 사용되기에는 너무 짧다(G.W. Buchanan, "Chreias in the New Testament", in Logia, ed. J. Delobel [Leuven: Peeters, 1982], 501~5). '크레이아'(chreiai)에 대한 보다 폭넓은 논의를 보려면 R. F. Hock and E. N. O'Neil, The Chreia in Ancient Rhetoric, vol. 1 of The Progymnasmata (Atlanta: Scholars Press, 1986)를 참조하라.

은 정당화될 수 있다.[111] 왜냐하면 그에게는 오직 한 가지 목표만이 있었기 때문이다. 즉 들은 것은 하나도 빠뜨리지 않으며, 허위 진술은 하나도 하지 않는 것 말이다."

이 단편 전체에는 하나의 생각이 배어들어 있다. 마가는 베드로의 가르침을 재생하고 있고, 따라서 그의 복음서는 우리에게 그 이상도 그 이하도 제공하지 않는다. 그 이하도 아니라는 말은 직접적인 증인으로서 베드로가 듣고 본 바에 가깝도록 매우 주의 깊게 표현했다는 의미이다. 또한 그 이상도 아니라는 말은 책 전체 혹은 일부의 양식에 영향을 끼친, 구두로 전해진 가르침의 한계를 넘어가지 않는다는 의미이다. 마가는 진정 '그의 스승의 목소리'이다. 만약 구두 교리 문답에 '신탁시스'(syntaxis; 완성된 양식)가 결여되어 있다고 한다면, 마가복음에서 '탁시스'(taxis; 완성된 구조)를 기대해서는 안 될 것이다. 또 다른 한편으로 마가는 예수와 같은 세대는 아니지만, 우리로 하여금 주님이 하신 말씀과 일을 직접적으로 접할 수 있게 해 주는 것은 분명하다. 결과적으로 그의 보고들(로기아)은 왜곡되거나 그 초점이 흐려지지 않았다.

베드로는 마가를 그의 '아들'(벧전 5:13)이라고 부른다. 따라서 우리는 이 두 번째 복음서를 '베드로의 자녀'(Peter's child)라고 부를 수도 있을 것이다.

---

111) 여기서 이 언급은 베드로가 한 말들에 대한 마가의 회고를 가리키는 것이 아니다. 파피아스는 그 어디에서도 베드로가 죽은 후에야 마가가 글을 썼다는 말을 하지 않는다. 여기에서 외미히는 비는 베드로의 회고들이다(*apomnemoneumata*). 그 동사(*apemnemoneusen*)는 이전에 이름지어진 것을 가리킨다(*emnemoneusen*). 따라서 비교가 되는 것은 한편으로는 베드로의 (예수가 한 말들과 일들에 대한) 회고와 또 다른 한편으로는 마가의 저술인 것이다. 두 경우 모두 다 그 주제는 '내부적인' 기억(*mimneskomai*)이 아니며, 오히려 한 사람의 기억 속에 저장된 무엇을 다른 사람에게 보여주는 행위이다([*apo-*]*mnēmoneuein*). 이는 회상록 문헌(*apomnēmoneumata literature*)으로 귀결되는데, 이와 관련하여 순교자 저스틴(Justin Martyr) 역시 복음서들을 사도들의 '회고록'(memoirs)이라고 분류한다(*First Apology* 66.3; 67.3).

누가

교부 시대 저자들의 일치된 전승과 모든 사본들에 나타난 그 제목에 의하면, 누가는 세 번째 복음서의 저자이다. 이 전승은 마태나 마가에 관한 전승만큼 오래되지는 않았다. 누가에 관한 최초의 언급은 이레니우스의 작품(2세기 후반)에서 찾을 수 있다.[112] 하지만 그 언급은 당시에 누가의 저작권이 일반적으로 받아들여지고 있었으며 또한 자명한 것으로 여겨지고 있음을 분명히 보여준다. 이레니우스가 제공하는 정보는 복음서들 간의 관계에 관한 것인데, 이 작품들은 모두 잘 알려진 것임을 전제하고 있다. 이레니우스에 의하면 누가는 마태와 마가 이후에 저술했다.

2세기 중반 바울의 광신적인 제자였던 말시온(Marcion)이 오직 누가복음만(자신의 이론에 맞지 않는 꽤 많은 부분들은 삭제해 버렸다) 사용했다는 사실은, 누가도 역시 말시온이 그렇게 좋아하던 사도 바울의 제자였다는 사실과 관련지어 생각해 보아야 한다(골 4:14; 몬 24; 딤후 4:11). 심지어 말시온 이전에 위대한 이방인 사도의 동역자였던 누가가 자신의 이름으로 불리는 복음서의 저자였다는 사실은 분명 일반적으로 받아들여지고 있었다. 그렇지 않았다면 왜 말시온이 마가복음 대신 누가복음을 간직했는지 설명하기가 어려워질 것이다. 마가복음에는 그를 성가시게 하는 구약 인용이 누가복음보다 훨씬 적었는데도 말이다.

누가복음의 첫 절반 부분을 차지하는 그 역사적 저술의 두 번째 부분을 사도행전에서 볼 수 있다. 거기서 저자가 일인칭 복수를 사용하는 긴 단락들을 발견하게 되는데, 이는 그가 바울을 수행했던 사람들 중 하나였음을 시사한다.[113] 이는 이 두 작품의 저자가 사도 바울의 전도여행의

---

112) Eusebius, *Ecclesiastical History* 5.8.1~5를 참조하라.
113) 이는 소위 '우리—단락들'이라고 하는데, 제2차 및 3차 선교 여행, 그리고 가이사랴에서 로마에까지 이르는 대장정에 관한 이야기들에서 발견된다(행 16:10~17; 20:5~15; 21:1~18; 27:1~28:16).

동료들 중 한 명이었음을 확증한다. 그 전승이 이구동성으로 누가가 저자라고 가리키고 있음에도 불구하고, 그 이름의 등장은 상대적으로 예기치 않은 것이다. 우리는 그에 관해 추가적인 정보가 거의 없다. 이 이름을 전면에 내세움으로써 어떤 이익이든 챙길 수 있는 사람이 누가 있었겠는가? 여기에서 그 전승은 진정한 것으로 보인다.

세 번째 복음서의 저자는 예수를 보고 들었던 사람들로부터 나온 보고들을, 사도 바울을 통해 접할 수 있었다. 그는 바울이 그들의 정보를 사용했고, 또한 이를 그의 서신들을 통해 주의 깊게 '유전'(tradition)으로 전수했다는 것을 알았다.[114] 그는 또한 게바(Caphas)로부터 예수의 생애에 관한 정보를 얻고자 했다.[115] 따라서 바울의 수행자로서 누가는 일차적 증언들과 가까이 있었다. 베드로의 대변자였던 마가가 그러했듯이 말이다. 이 부분에서 우리는 전승과 사도행전에서 추론될 수 있는 정보들만을 다루었다. 누가복음의 프롤로그와 그로부터 도출해 낼 수 있는 결론들은 따로 다룰 것인데, 이는 당면 문제에 대한 하나의 보충이 될 것이다(p.106 '보충설명'을 볼 것).

요한

일치된 교회 전승과 또한 사본들의 일치된 증언에 의하면 사도 요한은 마지막 복음서의 저자이다.

그 복음서에서 저자는 자신을 목격자라고 소개한다(요 19:35). 그는 간접적으로 자신이 사도이며 세베대의 아들이라고 밝힌다(21:24; cf.

---

114) 예를 들어 롬 6·17b; 고전 11.23ff.; 15:3ff를 보라. B. C. Lategan, *Die aardse Jesus in die prediking van Paulus volgens sy briewe*(Rotterdam: Bronder, 1967)도 참조할 것.
115) 게바에게서 정보를 얻으려고 그가 예루살렘을 방문한 적이 있다(갈 1:18; '히스토레사이'[*historēsai*]는 '방문하다' 이상의 의미를 가진다. 이는 그 방문 목적이 정보를 얻기 위함이었음을 시사한다). 바울은 당연히 게바에게 그가 목격자로서 보았던 사건들에 대해 물었다.

21:20~23). 최후의 만찬에서 예수의 품에 기대었던 그 사도(13:23~26), 흔히 "예수께서 사랑하시는 그 제자"(요 21:20)라고 불렸던 그는 오순절 이후에 오랜 시간 동안 생존했다. 예수의 재림 때까지 남아 있을 유일한 사도가 될 것이라고 믿겨질 정도로 말이다. 우리가 요한에 대해 유일하게 아는 것은 그가 아주 고령이 되어서도 여전히 에베소에 있었다는 사실이다. 그 복음서 자체와 교회의 전승은 분명하게 이 사도가 마지막 복음서, 즉 그리스도를 하나님의 아들로 고백하지 않는 이단들을 반박하기 위해 기록된 바로 그 복음서(요 20:31)의 저자였다는 사실을 가리키고 있다.

보충 설명 : 누가복음의 서론

일치된 고대의 한 전승에 따르면, 복음서 기자들은 처음부터 예수의 추종자들이었거나 적어도 예수를 보고 들은 사람들을 따르던 자들이었다. 만약 마가가 실제로 베드로의 설교들을 재생한 것으로 여긴다면, 네 권의 복음서 중 세 권이 직접적으로 사도들, 즉 마태, 마가, 요한으로부터 나왔음을 알 수 있다. 이는 그들의 저작물을 일차적 자료로 심각하게 받아들일 수 있을 것인지 결정하는 데 있어 결코 가벼이 볼 만한 사실이 아니다.

하지만 슈미탈스와 같은 사람은 이 모든 사실을 무시한다.[116] 그는 누가복음 1장 1~4절에 근거하여 사도적 복음서들은 절대로 존재한 적이 없다고 결론을 내려야 한다고 주장한다. 실제로 누가는 이차적 증인의 입장에서 기술하고 있지 않다. 그는 그 자신보다 앞서 복음서 기사들을 기록한 많은 사람들을 알고 있었다.

---

116) "누가의 사도적 복음서가 경멸을 받았거나 혹은 명성을 누리지 못했을 것이라고는 거의 상상할 수 없으므로, 우리는 의심할 바 없이 그 어떤 복음서의 기록도 '사도들의 손길'을 거쳐 만들어지지 않았다고 가정해야 한다"(W. Schmithals, *Einleitung in die drei ersten Evangelien*[Berlin: De Gruyter, 1985], 33~34).

하지만 그는 그들을 말씀의 목격자들과 일꾼들로부터 확실히 구분한다. 또한 그러한 복음서들과 관련해서 다소 분리된 입장을 취한다. 그리고 그는 그것들에 대해 비평적이기 때문에 그 자신이 더 나은 작품을 저술하게 되면 좋을 것이라고 믿었다. 그렇다면 누가복음의 서론은 직접적인 증인들에 의해서는 훌륭한 일차적 자료들이 전혀 만들어지지 않았다는 의미가 아닌가? 이 장의 결론을 내리기 전에 잠시 숨을 돌리고 이토록 많은 논의의 대상이 된 누가복음의 서론을 살펴볼 필요가 있다. 그러나 그 서론이 누가복음에서 가지는 기능이나, 또는 성경 외적인 책의 서론들과 비교했을 때 어떤 특성을 가지는가에 관해서는 다루지 않을 것이다. 이런 문제들은 누가복음의 주석들에서 더 잘 다루어져 있기 때문이다. 여기서 우리는 복음서들이 과연 그리스도의 지상 생애의 이야기에 대한 사도적 자료들로 간주될 수 있는가를 결정하는 데 중요한 몇 가지 문제들에만 집중할 것이다.

우리는 다음과 같은 문제에 직면해 있다.

- 데오빌로는 다수의 성문화된 복음서들을 잘 알고 있었는가? 그래서 누가는 그것들을 교정하고, 보충하고, 확증하기 위해서 글을 쓰고 있는가?
- 누가로 하여금 자신의 책을 쓰도록 유발시킨 특별한 상황은 무엇인가?

1. 오늘날 우리에게 알려진 것보다 더 많은 헬라어 복음서들이 조기에 유통되고 있었을 가능성에 대해 논의할 때, 우리는 누가복음 1장 1~4절에 대해 간략히 논의했다(P. 77 참조). 우리는 누가가 이야기하고 있는 바는 이미 '다른 사람들을 위해 기술한' 많은 이들에 대한 것이 아니라, 그 당시에 발생했던 사건들에 관해 이미 '하나의 이야기(diegesis)를 종합했던

(anataxasthai)' 많은 사람들에 대한 것임을 보았다. 사실들은 순서대로 정리되어 기술되었는데,[117] 이는 유대인과 헬라인 모두를 위한 것이었고, 복음 전도의 목적으로 만들어졌다. 이러한 복음서의 설교자들이 그들의 '이야기'를 성문화된 형식으로 가지고 다녔을 가능성도 상당하다. 비록 그렇다 하더라도 그들의 작품은 설교와 교훈으로 구성되어 있었고, 성문화된 자료를 유통시키기 위한 것은 아니었다. 데오빌로가 받았던 구두 교훈(katechethes) 역시 이러한 어록들(logon, 이야기들)로 이루어져 있었다. 누가는 데오빌로가 이미 성문화되고 정돈된 기사들 중 하나를 '받았다'고 말하지 않는다. 오히려 그가 말하고자 하는 바는 실제로 그렇게 많은 사람들이 그러한 이야기들을 '작성했다'는 것이다. 그 설교의 바탕이 된 사실들은 정리되어 있었고, 또한 아마도 어느 정도는 고정된 형식이었을 것이다. 하지만 데오빌로는 이 이야기들을 오직 설교를 통해 구두로 전수된 형태로만 접할 수 있었다. 데오빌로가 들은 것은 예수에 관한 정보의 조각이나 단편들이 아니라 정리된 하나의 온전한 이야기, 즉 목격자들에 의해 전수된 정보를 사용했던 사람들이 작성한 이야기였다. 그 설교자들이 자신의 이야기들을 성문화된 형태로 남기지는 않았던 것이 분

---

[117] 판 우닉(W. C. van Unnik)은 '디에게시스'(*diēgēsis*)라는 단어가 역사가들의 완성된 작품을 가리키는 전문적 용어라는 것을 강조한다. 그리고 그는 수사학 교과서들에 나오는 '디에게시스'의 요건들에 대한 방대한 논의를 지적한다(pp. 14~15). 하지만 그 어떤 복음서의 디자인이나 구조도, 심지어 누가복음도, 수사학이나 역사가들에 의해 체계화된 '디에게시스'의 전문적인 요건들에 지배받지 않는다. 더군다나 '디에게시스'라는 단어는 역사가들이나 문필가들의 '성문화된' 작품들에만 국한되지 않는다. 실제로는 그 반대가 참이다. 역사가의 작품은 '하나의 이야기'로서 특성들을 가져야 한다. 비록 역사가가 책을 썼더라도, 그 책을 읽을 때 기록 보관소의 자료 모음집 같은 느낌이 들어서는 안 된다. 오히려 그것은 실제의 생생한 이야기 같은 인상을 주어야 한다. 그러므로 누가가 '신탁사스타이'(*syntaxasthai*)라는 동사를 사용하지 않고, 대신에 그보다 덜 구체적인 '아나탁사스타이'(*anataxasthai*)라는 동사를 쓰고 있다는 것은 놀라운 일이다. 전자는 보통 정형화된 역사적 이야기들을 담은 '성문화된' 작품에 관한 논의에서 사용되는 단어이고, 후자는 '정리하다, 체계화하다'라는 의미인데, '성문화된' 작품들과는 직접적인 관계가 없다.(「Once More St. Luke's Prologue」, Neotestamentica 7 [1973]: 7~26).

명하다. 비록 그들 자신은 기억을 돕기 위해 기록된 문서들을 보유하고 있었겠지만 말이다.

누가의 작품이 특별하다고 할 수 있는 이유는 그가 선포된 이야기를 성문화된 형태로 보강해 주고 있기 때문이다. 만약 데오빌로가 신앙의 초심자로서 이미 많은 성문화된 복음서들(목격자들이 제공한 정보에 바탕을 둔)을 마음대로 사용할 수 있었다면,[118] 그에게 새로운 책을 또 써 보낸다는 것은 아무런 의미가 없었을 것이다. 하지만 만약 누가가 모든 내용이 적혀 있고, 따라서 모든 내용을 찾아볼 수 있으며, 기록된 말의 특징인 정확성(akribos)과 구성(composition; kathexes)을 목표로 하는 하나의 성문화된 문서를 보냄으로써 구두 교리 문답을 보충하려 했다면 이는 아마도 유익한 일이 되었을 것이다.

우리는 누가의 저술이 전제하는 상황은 아직까지 성문화된 복음서들이 한 권도 유통되지 않았던 상황이라고 결론 내릴 수 있다. 비록 목격자들이 전승에 대하여 '차례대로' 정돈된 기사들을 작성하였지만, 이것은 설교자들의 구두 교훈의 근거로 사용되었으며, 출판을 목표로 한 것은 아니었다. 따라서 누가의 책은 이미 출판된 글들을 교정하거나 보충, 혹은 확증하는 것으로 간주될 수 없다. 오히려 그것은 다른 사람들에 의해서 작성되고, 데오빌로 같은 이들에게 구두로 전수되어 알려져 있었던 이야기들에 대한 하나의 확증으로 볼 수 있다.

---

[118] 판 우닉에 의하면, 4절이 분명히 가리키는 사실은 데오빌로가 1~2절에서 언급된 성문화된 복음서들을 접하지 못했다는 것이나. 어쨌는 그는 예수의 지상 생애에 관한 구두 정보에 여전히 의존하고 있었다. 명백한 것은 정보의 흐름이 졸졸 흐르는 작은 시내 정도에 지나시 않았다는 점이다. 그러나 이러한 견해를 반박하고 있는 것은 2절의 내용이다. 2절에서 누가는 '우리'에게 도달한 전승들에 관해 이야기하고 있는데, 동시에 그는 또한 데오빌로가 '많은' 사람들의 작품에 대해 알고 있다는 것을 전제하고 있다. 따라서 반대의 결론이 더 타당하다. 1~2절에서 언급된 전승들은 데오빌로에게 익숙한 것들이었고, 4절에 의하면 이들은 '성문화된' 전승들이었을 리가 없으며, 단지 구두 설교나 이야기들로 이루어져 있었다(ibid.).

2. 왜 누가는 이 기사를 이 특정한 시기에 쓰기로 결단을 내렸는가? 이 질문에 답하기 위해서 우리는 누가복음 1장 1~4절의 구성을 좀 더 자세히 살펴보아야 한다.

만약 이미 당시에 많은 성문화된 복음서들이 '유통'되고 있었다고 전제한다면, 누가는 다른 저자들과 '대등한' 입장에 서게 되며("나도 '또한' 글을 쓰는 것이 좋겠다"), 그의 동기는 그 자신이 모든 것들을 다시 한 번 확인해 보았다는 데서 유발되었을 것이다("나 자신도 모든 것을 처음부터 주의 깊게 조사해 보았으므로"). 이 내용의 개략적인 구조를 보면 다음과 같다.

많은 저자들(2절) : 목격자들에 근거한(2절).
나도 역시(3절) : 조사에 근거한(3절).

그렇다면 만약 다른 저자들이 이미 목격자들의 기사를 접할 수 있었다면, 왜 누가가 모든 것을 조사하고 있는가 하는 문제가 생긴다. 그런 경우였다면 분명 개선해야 할 내용이 거의 없었을 것이다. 누가가 자신을 목격자들에 의해 전수된 전승에 대한 일종의 검열관인 것처럼 내세우고 있는 것인가? 그리고 그가 가진 자료들은 무엇이었길래 심지어 이렇게 가장 오래된 증언으로 이루어진 기사들보다 더 우월하다고 할 수 있는가?

하지만 만약 우리가 전제하기를 데오빌로는 오직 구전된 이야기들만 알고 있었고, 예수에 관하여 차례대로 정돈된 기사들은(아마도 성문화된) 아직 유통되지 않았으며 단지 설교를 돕기 위해서만 사용되었다고 한다면, 우리는 누가복음 1장 1~4절의 또 다른 구조에 이르게 된다. 이 내용의 개략적인 구조는 다음과 같이 나타낼 수 있다.

많은 설교자들이 이미 차례대로 정돈된 기사들을 사용한다(1절) :
그것들은 목격자들이 전수한 정보에 기초한다(2절).

나는 당신에게 이와 같이 성문화된 이야기를 제공한다(3b절) :
그것은 사실들에 대한 조사에 기초한다(3a절).

이제 누가의 작품은 분명한 정당성을 가진다. 그는 데오빌로도 예수 생애의 사실들에 대한 이와 같은 신빙성 있는 기록을 사용할 수 있도록 확실한 대책을 강구하고 있는 것이다.

그런데 누가는 왜 '자신이 직접' 저술하기로 결정한 것인가? 아주 쉬운 방법으로 그는 그 설교자들 중 한 명을 설득하여 자신이 가지고 있는 예수에 관한 목격자들의 자료를 필사해서 데오빌로에게 주도록 할 수도 있었다. 그렇게 하면 누가는 많은 수고를 덜 수 있었을 것이다. 하지만 누가는 그렇게 하지 않았다. 그 이유는 아마도 그 '많은' 사람들이 작성해 둔 기사들이 출판에 적합한 형태가 아니었기 때문이었을 것이다. 어떤 사람이 자기 혼자만 사용하기 위해 무언가를 기록해 놓았다면, 다른 사람들이 그것을 사용하기란 쉽지 않다.

그러나 또 다른 요인이 있다. 누가가 독자적으로 목격자들과 사실들 자체로 거슬러 올라가는 것이다. 그렇게 함으로써 그는 '많은' 사람들이 작성한 이야기들의 출처가 된 바로 그 동일한 자료들을 다루되, 그들과는 별개로 독자적인 작업을 하는 것이다. 따라서 그의 책은 구두 선포를 통해 유통된 '이미 존재하는 기사들을 확증하기' 위해 사용할 수 있다. 누가는 동일한 기초적인 역사에 접근한다. 하지만 그는 '그 자신의 방식을 따라' 그렇게 한다.

어떤 학자들은 누가가 예수 생애의 이야기 중 일부에 대해 일차적인 증인이었다고 믿는다(아마 기독교인이 되기 전에). 그러므로 그는 처음부터 말씀의 일꾼은 아니었지만, 한 명의 목격자로서 그 자신이 이 사건들을 겪었을 수도 있는 것이다. '파라콜루테인'(parakolouthein)이라는 동사는 '무언가를 조사하다'라는 의미일 수도 있지만, 어떤 사건들 '가운데 처해 있으면서 그것을 몸소 겪다'(to be present at and live through)라는 의미도 된다. 누가복음 1장 1~4절은 사건들에 관계하므로, 여기에서 의도된 의미는 '그 모든 사실들을 겪어 내다'라고 보는 것이 논리적인 것 같다.[119] 누가가 이렇게 한 것은 멀리 떨어져 있는 한 명의 추종자로서 혹은 한 명의 관심 있는 의사로서(아마도 헤롯 안디바[Herod Antipas]의 왕실에 관련이 있었던) 그랬던 것이다.

따라서 누가복음 1장 3절은 다음과 같이 번역될 수 있다. "그러므로 나 자신이 처음부터 모든 것을 주의 깊게 따라왔으므로, 또한 내가 글을 쓰는 것이 좋다고 여겨졌다." 이 번역이 암시하는 바는 누가가 예수의 지상 생애의 목격자였음에 틀림이 없다는 것이다. 실제로 그의 존재는 사도 바울과 함께 했던 여행에만 국한될 수 없다(만약 그러하다면 누가복음 1장 3절은 오직 사도행전에 나오는 '우리-단락'들에만 해당될 뿐이다).[120] 누가복음의 서론은 오직 누가복음만 소개할 뿐이며, 사도행전은 소개하지 않는다. 사도행전에는 새로운 서론이 있기 때문이다.

하지만 누가가 예수의 생애에 대한 방관자적 입장에서 목격자였다고 보는 견해에 대한 반론으로는 '주의 깊게 따라왔다'는 표현이 어떤 사건의 현장에 있었다는 내용을 가리키기에는 자연스럽게 사용될 수 없을 것 같다는 사실이다. 어떻게 '주의 깊게' 현장에 있을 수 있는가? '주의 깊다'는 말은 사실들에 대한 연구나 조사를 묘사하기에 아주 적합한 것이다. 마찬가지의 반론이 적용될 수 있는 것은 맨 처음부터 누가는 '사실들'을 따라간 것이 아니라 '사람들'을 따라갔다는 고대 기독교의 관념이다. 그

---

119) "(어떤 사건들)에 처해 있으면서 그것을 몸소 겪다"라는 정의는 캐드베리(H. J. Cadbury)가 쓴 「Commentary on the Preface of Luke」in *The Beginnings of Christianity*, ed. F. J. Foakes Jackson and K. Lake, vol. 2, part 1(London: Macmillan, 1922), 489~510에 분명히 제시되어 있다.

120) A. J. B. Higgins, "The Preface to Luke and the Kerygma in Acts", in *Apostolic History and the Gospel: Biblical and Historical Essays Presented to F. F. Bruce*, ed. W. W. Gasque and R. P. Martin(Exeter: Paternoster, 1970), 78~91.

럴 경우에 누가는 예수 제자들의 추종자였어야 한다(요한 마가[John Mark]와 같은 사람과 비교되는). 그러나 '주의 깊게' 누군가의 추종자가 된다는 것은 어렵다.

마지막으로 말씀의 일꾼이었다면 당연히 또한 목격자였을 누가가 2절에서 목격자들이 '우리'에게 전해준 것에 대해 말한다는 것은 가능하지 않다. 2절에서 누가는 자신을 목격자들에게 '의존하고' 있는 사람들 중의 한 명으로 간주하고 있는데, 이는 그 자신이 목격자가 아니었기 때문이다.

'파라콜루테인'(parakolouthein)이라고 하는 동사는 쉽게 사건들에 대한 조사와 관련지어질 수 있다. 누가복음 3장 1절에 있는 다른 단어들과 마찬가지로 그것은 역사가들의 작품에 흔히 사용되는 용어이다. 그리고 역사가의 방식으로 누가는 발생한 일들에 대해 자기 자신만의 조사를 수행했다. 그의 작품은 체계적이고('처음부터', '차례대로 정돈된 기사')[121] 신빙성이 있다('모든 일', '주의 깊게'). 따라서 그는 구두로 유통되었고 데오빌로의 귀에까지 이르게 된 기존의 보고들의 진실성에 대해 '독립적인 증인'

---

121) 누가복음 1장 3절의 '카텍세스'(kathexēs)의 의미에 관해서는 많은 저술이 있었다. 누가가 자신의 '차례대로 정돈된 기사'를 달성하기 위해 착수한 정돈의 과정에는 무엇이 수반되었나? 그것은 연대순인가, 아니면 신학적인가? 방대한 단어 연구가 뵐켈(M. Völkel, "Exegetische Erwägungen zum Verständnis des Begriffs kathexēs im lukanischen Prolog", New Testament Studies 20 [1973~1974]: 289~299)에 의해 이루어졌다. 그는 이 단어를 라틴어의 continua serie라는 표현으로 번역한다. 누가의 책은 논리적으로 일관된 전체의 모든 부분에 관련되어 있다는 의미이다. 확대하면 이는 누가가 편집한 자료가 구속사 전체와 관련이 되어 있다는 내용이 된다(R. J. Dillon, "Previewing Luke's Project from His Prologue [Luke 1:1~4]," Catholic Biblical Quarterly 43 [1981]: 205~227). 그러나 만약 누가가 구술자(oral narrators)들과 설교자들을 보충하면서, 그가 조사했던 사건들을 하나의 고정되고 성문화된 형태의 이야기로 구성했다고 전제한다면, 우리는 '카텍세스'(kathexēs)를 심문받던 형식에 있어서 전형적인 포괄성(comprehensiveness)에 연관지을 수 있다. 많은 사람들이 이미 예수의 사역에 관한 이야기를 전 세계에 전달했다. 하지만 이제 누가는 완전한 그림, 즉 하나의 균형잡히고 포괄적인 성문화된 작품을 제공하고 있는 것이다. 뵐켈이 말한 바 continua serie는 사건들에 대한, 이미 알려져 있고 유통되고 있는 성문화된 기사에 아주 적합하다. 하지만 그것은 저자가 모든 것을 처음부터 끝까지 말하는 데 필요한 고요와 평정을 가지고 하나의 성문화된 책을 체계적으로 제시하는 상황과는 맞지 않는다.

이 되는 것이다.

누가의 환경은 그의 프로젝트에 유리했다. 복음서의 서문에서 발견되는 스타일이나 단어의 선택을 보면 의사로서 누가는 좋은 교육을 받았고 역사가의 저술 양식에 대해 잘 알고 있었던 것으로 보인다. 사도행전의 세부 사항들은 그가 자기 주변의 세계에 대해 정통했음을 암시한다(그는 로마의 다양한 연설 형태와 지리적 세부 사항 등을 알고 있었다). 그는 또한 수년간 바울의 여행의 수행자였기 때문에, 팔레스타인 안팎의 많은 사람들을 만날 수 있는 기회가 있었다. 재능, 교육, 그리고 환경이 그를 그의 비범한 과업에 적합한 인물로 만들었던 것이다.

또한 당시는 누가가 이 프로젝트에 착수하기에 좋은 시기였다. 예수의 생애와 사역에 대해 증거하였던 사람들 중 대부분이 아직 생존하고 있었다. 누가는 유대와 예루살렘의 산간 지역에서 연구를 수행할 수 있었는데, 그곳은 바로 복음의 시작에 있어 많은 관심이 집중되었던 곳이다. 예를 들어 세례 요한과 예수의 탄생(눅 1:65~66; 2:18), 그리고 성전에서의 아기 예수 소개(2:38) 등의 사건들로 인해서 말이다. 누가는 마리아를 만나 그녀와 이야기를 나누었을 수도 있다(눅 2:19, 51). 그리고 지적인 배경을 가진 사람으로서 헤롯 안디바의 궁정과 쉽게 접촉할 수 있었을 것이다(눅 8:3; 13:31~55; 23:8~12; 행 13:1). 또한 예루살렘을 향해 가던 예수의 마지막 여정에 큰 관심을 가지고 예수를 따라갔던 많은 사람들이 아직도 생존해 있었는데(눅 12:1; 14:25), 아마도 글로바(Cleopas; 눅 24:18)의 동료와 대화를 나누었을 것이다.

우리는 다음과 같이 결론지을 수 있다. 누가는 모든 사건을 다시 한번 조사하기에 최상의 입장에 있었다. 또한 그러한 시도는 선포된 복음에 대한 하나의 독자적인 확증 기능을 했다. 동시에 책의 형태로 출판된 그의 작품은 복음을 듣는 자들로 하여금 예수에 대한 온전한 이야기를 읽을 수 있을 뿐만 아니라 보존할 수 있도록 해 주었다.

네 명의 중요한 증인

분명하고, 일치되고, 건전한 전승에 기초하여 우리는 네 개의 복음서가 예수를 보고 들었던 사람들의 집단에게서 나왔다고 여길 수 있다. 누가복음의 서론은 이 문제에 대해 이의를 제기하지 않는다. 오히려 사도에 의하거나 사도를 대신하여 기록되지 않은 유일한 복음서로서 누가복음은 이러한 사실을 확증한다. 마태, 베드로(마가를 통해), 그리고 요한은 열두 사도라고 하는 측근 그룹에 속했다. 심지어 그 중 둘은 가장 두드러진 세 명의 제자 그룹에 속했다. 그 중 하나는 예수에 의해 '반석'이라고 불렸으며, 예수는 장차 그 기초 위에 자신의 공동체를 세우기 위해 그를 선택했다. 모든 것을 한 명의 역사가로서 조사하고 검토했던 누가는 사도들의 증언을 확증했다. 네 명의 복음서 기자들은 예수의 지상 생애에 대한 핵심적인 증인으로서의 임무를 수행했다. 그들과 비교했을 때 다른 모든 권위들은 이차적인 것이 된다. 다른 자료들이 제공하는 예수의 생애에 관한 정보는 실제로 드물다는 사실을 차치하고서라도 말이다.

왜 이 네 명의 인물이 그 시대의 교회를 위해 저자가 되었는가? 더 적은 수가 아닌 까닭은 무엇인가? 더 많은 수가 아닌 까닭은 또 무엇인가? 그러한 질문들은 답할 수 없을 뿐만 아니라, 부분적으로 답해서도 안 되는 문제들이다. 우리는 왜 세 개, 혹은 다섯 개의 일차적 문서들이 존재하지 않는지 알 수 없다. 그런 식으로 일이 발생하지 않았다는 사실은 역사적 환경과 관련되어 있다.

데오빌로가 자기 자신만의 복음서 이야기를 한 권도 소유하고 있지 않았기 때문에, 그리고 누가가 그 부족을 메꿀 수 있었기 때문에, 누가는 자연스레 붓을 들어 작업을 시작했던 것이다. 이 책이 출판되고 나름대로의 위치를 차지하게 되면서(아마도 데오빌로의 도움을 통해), 그리고 누가가 바울과 함께 동역한 결과로 그 책이 배포되기 시작하면서 다른 사람들이 이와 유사한 문서를 작성해야 할 필요는 사라졌다. 물론 누가가 그러한 보고를 작성할 수 있는 유일한 외부인은 아니었을 것이다. 하지만 그는 자신의 삶의 환경 때문에 그 작업에 착수할 수 있는 기회를 최초로 갖게 된 사람이었을 것이다.

유대 기독교인들은 예수의 부활 승천 이후 설교의 임무를 맡을 수 있는 최소 열두 명의 사도들이 그들 가운데 있었다는 측면에서 행복한 상황 가운데 있었다. 게다가 예수를 보고 들었으며 또한 예수의 제자였던 ('장로들') 다른 모든 증인들이 유대 기독교인들의 집단에 속해 있었다. 그 이야기를 들려주었던 사람들이 모두 가족의 일원이었던 것이다. 성문화된 작품을 구성해야겠다는 생각은 아마 마태가 형제들과 헤어질 때 떠올랐을 것이다. 그래서 유대 기독교인들을 위해 복음서를 기록한 사람은 사도 마태였다. 그의 복음서의 헬라어 번역본은 그 이전에 있었던 70인역과 마찬가지로 비유대 기독교인들에게도 퍼졌다. 그리고 그들 가운데서 그것은 사도적 문헌으로서 유대 기독교인들 사이에서만큼이나 존중을 받았다.

베드로는 복음서 기사를 쓰려고 마음먹은 적이 없다. 하지만 그의 작품은 팔레스타인에서 멀리 떨어진, 바벨론에서 로마에까지 이르는 지역으로 퍼져나갔다. 어찌 됐건 그는 전 세계적인 교회의 반석이었다. 기독교인들이 그의 사후에도 그의 사도적 가르침(벧후 1:12~19; 3:1)을 계속 기억하기 위해, 그가 쓴 두 권의 서신서 외에도 그의 구두 설교를 성문화한 기록을 갈망했다는 것은 이해할 만하다. 그의 설교를 기록한 것은 마가였다. 하지만 시간이 흐른 후에 그의 보고는 마태복음에 의해 다소 빛을 잃게 되었는데, 마태복음은 한층 더 '책'으로서의 면모를 갖추었기 때문이다.

만약 그 후에 이단과 마주치게 된 요한이 자신의 회고록을 독특한 형태로 편찬해야겠다는 부담감을 느끼지 않았더라면, 교회는 두 개 혹은 세 개 이상의 복음서를 보유하지 않게 되었을 것이다. 요한은 하나님의 아들에 관한 증언에 추가적인 봉인을 한 것이다.

마가복음의 필요성이 상대적으로 적었던 이유는 첫째, 전 세계를 여행했던 바울을 통해 누가의 책이 급속히 유통되었고, 둘째, 전 세계에 흩어져 살고 있던 유대 기독교인들을 통해 마태가 유명해졌기 때문이다. 요한에게는 복음서들 가운데 '최신판'을 써야만 할 특별한 이유가 있었다. 하지만 다른 사도들에게는 성문화된 기록을 작성해야 할지를 고민해야 할 필요가 줄어들었다. 만약 당시에 책들이 요즘처럼 빠르게 배포될 수 있었다면, 한 권의 복음서로도 충분했을 것이다. 그런데 당시에는 두 개의 다른 영역, 즉 이방인 기독교인들(누가)과 유대 기독교인들(마태)에서 비롯된 두 권의 책과, 베드로의 설교를 출판한 한 권의 책(아마도 누가복음은 이미 나와 있었고, 마태의 사도적 기록의 헬라어 버전은 아직 나오지 않았던 시기에)이 존재하고 있었다.

따라서 비록 일이 다른 방식으로 발생할 수는 없었을 거라고 역사적 환경을 통해 증명할 수는 없지만, 역사적 환경은 분명 우리에게 어떻게 이런 특정한 방식으로 일들이 발생할 수 있었는지에 관해서는 분명한 그림을 그릴 수 있게 해 준다.

네 복음서를 받아들인 기독교 교회는 사람의 방식뿐만 아니라 하나님의 뜻에 대해서도 관심을 기울였다. 따라서 역사적 환경으로부터 생성된 네 복음서는 자연스런 하나님의 선물로 받아들여졌다. 문제는 단지 우리가 더 적은 수의 복음서를 가지고도 잘 지내올 수 있었을까 하는 것뿐만 아니라, 또한 네 권의 복음서를 가지고 있다는 사실이 우리로 하여금 그 네 권 모두를 수용하고 사용해야 할 '의무'를 부여한다고 생각해야만 하는가이다. 후자는 일반적으로 견지되고 있는 믿음이었다. 비록 특정 지역에 있는 교회들이 특정한 복음서를 더 자주 읽었을 수 있고, 다른 지역의 교회들은 다른 복음서를 더 자주 읽었을 수도 있겠지만, 네 복음서 모두는 한 벌로 보존되었다. 2세기에 타티안(Tatian)은 심지어 그의 '디아테사론'(*diatessaron*)에서 복음서들을 엮어 하나의 이야기로 만들었다. 그리고 이레네우스(Irenaeus)는 네 복음서를 나침반에 있는 네 개의 방향점이나 하나님의 보좌 앞에 있는 네 생물(계 4:7)에 비유했다.[122] 에스겔 1장에서는 이 네 생물이 그룹들 위에 좌정하신 하나님의 보좌를 떠받치고 있다. 마찬가지로 네 복음서 기자들은 성육신하신 그리스도를 떠받치고 있으며 그의 4중 영광을 드러낸다. 요한(사자)은 어떻게 영원한 말씀이신 그리스도가 태초부터 통치해 오셨는지를 보여준다. 누가(수송아지)는 예수의 제사장적 희생을 가리키는데, 예수는 도살 당한 짐승과 같이 탕자의 즐거운 귀환을 준비한다. 마태(사람)는 어떻게 예수가 진정한 사람으로 동정녀 마리아에게서 태어났는지를 보여준다. 마가(독수리)는 하나님의 아들로서 그리스도가 세상에 들어오심을 선포한다. 후대의 상징에서 이 네 생물은 네 복음서 기자와 다른 식으로 관련지어지며, 예수에 관한 그들의 견해라기보다는 인간 저자들에 대한 묘사라고 간주된다.[123] 그러나 이레네우스는 복음서 기자들과 그들의 특성들에 관해서 관심을 가진 것이 아니라, 오히려 다면적인 그리스도의 지혜가 어떤 방식으로 복음서 기자들의 프리즘을 통해 교회들에게 가득한 광채 가운데 나타났는가 하는 것에 관심을 가졌다. 네 권의 복음서는 또한 이단에 대항하여 유지되어야 한다. 왜냐하면 이 네 명의 핵심적 증인들이 가진 단 하나의 초점은 바로 한 분 그리스도이기 때문이다. 복음서들 중 한 권만 가지고도 그에 관해 알 수 있다. 하지만 네 권 모두를 가질 때 더 온전히 알 수 있다. 그리스도의 지상 생애에 관한 지식의 심화는 이 세상의 사방으로 확장되고 있는 교회를 위해 중요한 것이다.

---

122) *Against Heresies* 3.11.7~9.
123) 어거스틴은 복음서 기자들에 대한 상징을 다음과 같이 지정하는 것을 선호한다. 사자-마태, 사람-마가, 송아지-누가, 그리고 독수리-요한. 그는 이렇게 지정하는 것이 네 개의 복음서를 각각 하나씩 전체로 보았을 때(그들의 서론만 주로 보는 것이 아니라) 그 특징을 더 잘 묘사한다고 믿었다(*On the Harmony of the Evangelists* 1.6.9).

2장

네 복음서 하나의 역사인가?

조화
복음서들의 특징
역사 제시 방법
결론

네 복음서
- 하나의 역사인가?

 18세기에 라이마루스(Reimarus)가 예수 생애에 관한 비평적 논문들을 썼을 때, 그는 아직 복음서들의 연대와 기원을 다루는 현대 비평학을 마음대로 사용할 수 없었다. 따라서 그의 역사 비평은 직접적으로 사도들에게 초점이 맞춰져 있었다. 그는 사도들의 보고가 정직하지 않다고 주장했다. 바로 여기 복음서들에 대한 현대의 비평적 접근의 시작점에서부터 우리가 발견하게 되는 것은, 교회의 전승이나 복음서들 자체에서 드물게 찾을 수 있는 정보에 근거해서(우리가 1장에서 했던 것처럼) 복음서들의 연대를 정립해 낸다는 것 자체로는 현대 비평학의 주장을 반박하는 게 아니라는 것이다. 목격자들과 직면하게 된다고 해서 역사 비평은 입을 다물지 않는다. 이는 사도들 시대에도 그러했고, 오늘날에도 여전히 그러하다.
 그러나 사도들 시대 이후로 비평의 배경이 변해 왔다. 목격자들의 사후로 사건들의 성문화된 기사에 의존해야만 했다. 하지만 이 기사들은 의심을 불러일으키는 듯하다. 어쨌든 기독교의 아주 초기부터 시작된 것으로 추정되는 네 복음서는 그들 간에 완전한 일치를 이루지 않는다. 여러 측면에서 일치를 보이긴 하지만, 또한 일치하지 않는 기사들도 존재한다. 이들의 차이점은 실제로 모순인가? 만약 그렇다면 이는 그 문서들로부터 비평적으로 거리를 두는 데 대한 구실이 될 수 있다. 물론 이 책의 나머지 부분은 이 점과 관련된 문제들을 논의하는 데 할애하지만, 먼저 일반적인 모순에 관해 2장에서 시간을 좀 할애하는 것이 좋겠다.

우선 논의해야 할 것은 이 문제의 역사에 대한 짧은 개관인데, 복음서들 간의 차이라는 현상은 수세기에 걸쳐 다양한 방법으로 다루어져 왔기 때문이다. 다음으로 복음을 우리에게 제시해 주는 문헌들의 특성을 살펴볼 것이다. 그것들은 혹시 원칙적으로 특정한 역사적 접근을 거부하는 것은 아닌가? 마지막으로 차이점 혹은 모순이라고 불리는 것들의 몇 가지 측면들을 논의할 것이다. 필요에 의한 차이점들을 역사적 관점에서 보면 모순이 되는가?

조화

복음서들 간의 차이점들은 이미 1세기에 기독교 신앙의 적군과 아군 모두에 의해 관찰되었다. 중상모략이나 고문으로도 잠잠하게 만들 수 없는 독실한 기독교인들이 사용하는 문헌들을 비기독교인들이 조사해보기 시작했을 때, 그들은 예수 생애에 관한 네 개의 묘사가 항상 일치하는 것은 아니라는 사실에 놀랐다. 그들은 이 사실을 이용하여 기독교의 성경은 신빙성 확보에 필요한 문학적 품질이 결여된 문헌이라며 거부할 뿐만 아니라, 또한 역사적으로 모순된다며 비난하기 위한 논거로 삼았다. 성경을 읽는 기독교인들은 복음서들을 비교해 보면 때때로 의문들이 생긴다는 사실을 알고 있다. 그리고 그러한 질문들은 성경 해석 과정에서 공공연하게 논의되었다. 하지만 이런 종류의 논의는 점점 더 필요하게 되었는데, 이는 반대자들이 이 문제들을 이용하거나 오용했기 때문이다. 이미 우리는 오리겐(Origen)과 유세비우스(Eusebius)의 작품에서 모순이라고 주장되는 문제에 관한 부차적인 언급이나 또는 체계적인 논의들을 발견하게 된다.[124] 그러나 4세기 후반에 이 문제를 제대로 다루어야 할 필요를 느낀 것은 어거스틴이었다. 그는 일찍이 마니교도들과 신플라톤주의자들을 접했었기 때문에 이러한 집단 안에 존재했던 복음서들에 대한 비교적 정교한 역사적 비평을 아주 잘 알고 있었다. 그리고 그는 그의 책 「복음서 기자들의 일치에 관하여」(*On the Agreement of the Evangelists*)에서 이러한 비평에 반박하는 것을 자신의 의무로 여겼다.[125]

비록 이 작품이 완성되지는 못했지만, 수세기 동안 제 목소리를 내었다. 어거스틴은 복음서 기자들이 같은 사실을 소개함에 있어서 서로 차이가 날 수 있다는 여지를 남겨 두었다. 그리고 그는 일반적으로 무리한 해결책들을 피했다. 그 또한 복음서 기자들이 서로의 작품에 대해 알고 있었으며, 마가복음은 마태복음의 축약본이라고 추정했다. 이는 우리가 흔히 복음서들 사이에서 발견하는 축어적인 일치들을 설명해 준다. 물론 네 복음서 기사들 사이에 차이점들도 존재하지만 말이다.

어거스틴의 작품은 중세 시기에 장 카를리에 게르송(Jean Carlier Gerson)에 의해 재개되어 완성되었다. 장 게르송은 교회 개혁의 열렬한 옹호자였는데, 14세기 말에서 15세기 초에 걸쳐 살았던 인물이다. 그는 그의 '모노테사론'(*Monotessaron*)에서 네 복음서를 종합해서 하나의 문서로 만

---

124) H. Merkel, *Die Widersprüche zwischen den Evangelien: Ihre polemische und apologetische Behandlung in der Alten Kirche bis zu Augustin*(Tübingen: Mohr, 1971), 94~121(Origen), and 130~150(Eusebius)에 실린 논의를 참조할 것. 이 자료를 다루고 있는 교과서로는 H. Merkel, *Die Pluralität der Evangelien als theologisches und exegetisches Problem in der Alten Kirche*(Bern: Lang, 1978)를 볼 것.

125) H. J. Vogels, *St. Augustins Schrift De consensu Evangelistarum unter vornehmlicher Berücksichtigung ihrer harmonistischen Anschauungen*(Freiburg: Herder, 1980). Merkel, *Widersprüche*, 218~261을 보라.

들었는데, 이는 네 복음서의 본문 전부를 결합하여 제5의 통합된 역사적 이야기를 엮어낸 것이다. 사실 게르송의 작품은 어거스틴의 원칙들에 근거하여[126] 만든 한 칼럼(single-column)으로 된 '조화 복음서'(harmony of the Gospels)였다.

루터교 학자 안드레아 오시안더(Andreas Osiander)는 다른 접근법을 택했다. 1537년에 쓴 그의 조화 복음서는 어거스틴이나 게르송의 것보다 훨씬 엄격한 규칙에 바탕을 두고 있다.[127]

오시안더는 자신의 고도로 발달된 영감 교리와, 역사적인 저술에 대한 극도로 기계적인 이해를 가지고 하나의 체계를 개발하게 되었다. 그 체계에 의하면 사건의 묘사에서 나타나는 각각의 차이점은 사실상 사건 자체의 차이점이라는 것이다. 이는 곧 사건들의 양적 급증을 의미했다. 오시안더의 작품에서는 흔히 복음서 기자들의 보고가 통합되는 것이 아니라 분리된다. 예를 들어 오시안더의 선배들은 세 권의 공관복음 모두에서 발견되는 열두 살짜리 소녀를 살려주는 이야기는 하나의 사건을 가리킨다고 전제했는데, 이는 공관복음의 세 기자들이 각자 자신의 방법으로 이 이야기를 혈루병 여인을 고친 이야기와 결합하고 있기 때문에 더욱 그러했다. 마태는 야이로의 이름을 언급하지 않는다. 또한 그 여자 아이의 아버지를 회당장이라고 부르지도 않고, 단지 관원(leader)이라고 부른다. 오시안더에게 있어서 이 사실은 마태는 지금 한 정부 관리의 어린 딸이 고침 받은 것에 관해 이야기하고 있는 반면, 마가와 누가는 회당장이

---

126) 크리스토프 부르거(Christoph Burger)가 게르송에 관한 그의 포괄적인 연구 (*Aedificatio, Fructus, Utilitas: Johannes Gerson als Professor der Theologie und Kanzler der Universität Paris*, [Tübingen. Mohr, 1986])나 *Theologische Realenzyklopädie* 12:532~538에 실린 게르송에 관한 그의 논문에서 '모노테사론'을 언급하지 않았다는 것은 놀라운 일이다. 뷘쉬(D. Wünsch)는 *Evangelienharmonien im Reformationszeitalter: Ein Beitrag zur Geschichte der Leben-Jesu-Darstellungen*(Berlin: De Gruyter, 1983), 15~20에서 약간의 정보를 제공한다.

127) Wünsch, *Evangelienharmonien*, 84~179.

었던 야이로의 집에서 있었던 이와 유사한 병 고침에 대해 보고하는 것이라고 가정할 만한 충분한 이유가 된다. 이는 혈루병 걸린 두 여인이 있었다고 가정할 만한 근거가 되는 것이다(마태복음에 한 명, 그리고 마가복음과 누가복음에 또 다른 한 명).

오시안더의 극단적이고 과도한 조화 작업은 많은 논의를 불러일으켰고, 결국에는 소수의 지지자만 얻을 수 있었다.[128] 19세기에 칼 비즐러(Karl Wieseler)는 스트라우스(Strauss)와 바우어(Bauer)의 비평을 반박해야 할 필요성을 느끼고, 복음서에 깊이 몰입하게 되었다. 그는 연대기적인 접근법을 선택했고, 점차 사건에 관해 더 상세하게 역사적인 뼈대를 세우려고 노력했다.[129] 따라서 이야기들의 역사성 문제는 그것들이 하나의 일관된 역사적인 연대기적 형태로 접합될 수 있는가 하는 문제와 밀접하게 관련된다. 그러한 연대기적인 뼈대를 구성할 수 있는 가능성은 곧 역사적 진정성의 특징인 것이다.

19세기 중반 이후로 '조화'라는 단어는 극도로 부정적인 의미를 내포하게 되었다. 그것은 흔히 계몽운동 수세기 이전에 흥행했던 복음서에 대한 접근법의 전형이라고 간주된다. 현대 성서 신학자들이 역사적–문학적 비평을 통한 성경에 대한 '올바른' 접근법을 주장하기 시작한 이후로 그러한 접근법에서 벗어나는 모든 것은 단순히 '시대에 뒤떨어진 조화 작

---

128) Wünsch, *Evangelienharmonien*, 180~256에는 오시안더를 따르는 풍부한 문헌을 설명해 주고 있으니 이를 참조할 것. 좀 더 어거스틴의 계통을 따르는 것으로는 1626년 요한 게르하르트(Johann Gerhard)가 완성한 마틴 켐니츠(Martin Chemnitz)의 위대한 조화 작업이 있다. 최초의 진정한 복음서 대조(synopsis)였던 클레리투스(J. Clericus)의 *Harmonia Evangelica*(1699)에 대해서도 같은 말을 할 수 있다(H. J. de Jonge, *De bestudering van het Nieuwe Testament aan de Noordnederlandse universiteiten en het Remonstrants Seminarie van 1575 tot 1700* [Amsterdam, 1980], 61~62를 참조할 것).

129) K. Wieseler, *Chronologische Synopse der vier Evangelien: Ein Beitrag zur Apologie der Evangelien und der evangelischen Geschichte vom Standpuncte der Voraussetzungslosigkeit*(Hamburg: Perthes, 1843). 같은 저자의 다음 책도 참조할 것. *Beiträge zur richtigen Würdigung der Evangelien und der evangelischen Geschichte: Eine Zugabe zu des Verfassers "Chronologische Synopse der vier Evangelien"*(Gotha: Perthes, 1869).

업'이라고 비난을 받았다. 복음서들은 조화될 수 없고 부분적으로 서로 상충된다고 하는 관념은 하나의 교리가 되었는데, 그것에 대해 여전히 증거를 요구하는 사람들은 소수이다. 따라서 이 관념은 이를 반대하는 사람들을 단순히 구식이고 학문적이지 않다고 정죄하는 교리가 되었다. 그들의 학문성의 결여는 오래전에 단언적으로 거부된 조화 모델에 대한 관심에서 반영된다는 것이다. 따라서 어거스틴, 게르송, 오시안더, 또는 비즐러의 작업을 개선하거나, 필요한 경우 대체하고자 하는 의욕은 거의 찾아볼 수 없게 되었다. 그들의 작업은 결함이 있다고 여겨질 뿐만 아니라(사람의 일이므로 분명히 그럴 수밖에 없겠지만), 또한 그것이 정죄 받는 주된 이유는 방법론적으로 부정확하다는 것이다. 18세기 동안 복음서들은 역사적인 책들로 읽혀졌다. 이 때문에 그것들의 특수한 목적을 공정하게 평가하지 못한 실수를 범했다. 조화주의자들은 기독교 신앙의 증인들을 역사적인 복화술사들로 둔갑시켰다고 비난받는데, 20세기에 들어와서까지 그런 실수를 저질러서는 안 된다는 것이다.

분명히 우리는 복음을 담고 있는 책들이 역사적인 문제에 대한 해답을 찾기 위해 참고할 만한 책들인가 하는 문제를 무시할 수는 없다. 우리가 그것을 다른 귀를 가지고 들어야 할 이유는 없지 않은가?

복음서들의 특징

전기

복음서들의 특수한 성격은 흔히 다음과 같은 부정적인 문장으로 표현된다. "복음서는 전기가 아니다." 이 진술은 참을 거짓과 섞어놓은 것이다. 만약 우리가 전기를 문학적-역사적 산물이라고 생각한다면, 복음서는 전기라고 불릴 자격이 없다고 보는 것이 맞다. 복음서에는 전기의 포괄성뿐만 아니라 전기들에서 정상적으로 발견되는 많은 요소들이 결여되어 있기 때문이다. 다른 한편으로 우리는 가끔 복음서에서 불균형적으로 세부적인 전기 자료를 발견하게 되는데, 상대적으로 그와 비례해서 많은 양의 전기 자료가 빠져 있는 것을 보게 된다. 예를 들어 어떤 경우에는 지명들이 아주 주의 깊게 기록되어 있지만, 많은 경우에는 누락된다. 누가복음에는 예수의 나이가 몇 차례 언급된다(성전에 있는 열두 살 된 예수, 약 서른 살 정도 되었을 때 예수의 사역이 시작됨). 하지만 다른 복음서에서는 그런 정보가 빠져 있다. 그리고 누가복음은 예수 생애의 그 나머지 사건들의 시점에 관해서는 침묵한다. 공적 사역 이전의 예수 생애에 관해 우리가 알고 있는 것은 지극히 적다. 자긍심이 있는 전기 작가라면 자신의 이름을 걸고 싶지 않을 정도이다. 이것이 이야기의 한 쪽 면이다.

하지만 또 다른 한 면은 복음서들이 역사적 전기들과 상당한 공통점을 가진다는 것이다. 초점은 예수 한 사람에게 있다. 모든 복음서는 그가 한 말들과 일들을 기술하는 데 관심을 기울이고 있다. 다른 사람들이 무대에 등장하는 것은 오직 그들의 행위나 말이 예수와 관련되어 있는 한도 내에서다. 예수의 생애는 그의 탄생 혹은 사역의 시작부터 그의 죽음과 부활에 이르기까지 추적된다. 더욱이 지리적, 연대적 구조는 매우 분명하고 계획적이다. 따라서 어떤 면에서 복음서들을 전기라고 부르는 것은 '가능'하다. 그것들은 우리에게 예수의 지상 생애에 관한 매우 특별하고, 불완전하지만 체계적인 서술적 묘사를 제공한다.

누군가가 복음서는 전기가 아니기 때문에 역사적인 기술이 아니라고 주장한다면, 그는 복음서 기자들을 불공평하게 판단하고 있는 것이다. 그들의 전기는 비범하고 독특한데, 이는 그리스도의 독특성 때문이다. 한 사람이나 장군 또는 황제의 인생을 기술하기 위해 사용되는 표준적인 전기 모델은 이 경우에 잘 맞지 않는다. 그는 이 땅에 오신 하나님의 아들이며, 그의 오심은 우리에게 하나의 선택을 강요한다. 그를 거부하든지 받아들이든지 해야 한다. 그의 생애는 전기적 기술 그 자체의 대상은 아닌 것이다. 작가는 전혀 다른 척도, 즉 예수가 자신을 우리에게 나타내기 위해 사용한 하나님의 말씀과 행위들에 적응해야만 한다. 이러한 말씀은 그 제자들이 자신의 역사적 기술을 위해 사용하는 양식을 결정한다. 성육신한 말씀의 독특한 등장은 그의 지상 생애를 기술하는 데 있어 하나의 독특한 방식으로 귀결된다. 모든 강조점은 그가 이스라엘과 그의 사도들을 놀라게 하고 또한 교훈했던 그 말씀과 행위에 맞추어진다.

문학적-역사적 관점에서 보았을 때 복음서들은 다른 글들, 예를 들어 전기들과 쉽사리 비교될 수 없다. 그러나 계시의 역사적 관점에서 보았을 때, 복음서들의 형식은 이해가 된다. 복음서 기자들은 예수에 관한 역사를 예수가 그 자신의 행위와 말씀 가운데 나타내었던 것과 동일한 관점과 초점을 가지고 기술한다. 이런 방식으로 하나의 독특한 전기가 탄생했는데, 그것은 탄생과 어린 시절에 관해서는 거의 언급하지 않는 반면(심지어 모든 복음서에 다 언급된 것도 아니다), 네 명의 복음서 기자들은 모두 그의 고난과 죽음에 지대한 관심을 기울인다. 예수 그리스도는 그의 제자들로 하여금 '이것'이 바로 그의 지상 생애의 목적임을 보도록 가르쳤으며, 이러한 핵심적인 강조는 복음서가 전기이긴 하되, 다른 그 누구의 전기와도 쉽게 비교될 수 없는 전기가 되도록 만들었다.

시작의 역사

복음서에 나타난 역사적 기록의 특성은 네 복음서 기자 모두 자신들은 단지 하나의 '시작'에 대해 기록하고 있을 뿐이라고 주장한다는 것이다. 그들이 기술하고 있는 사건들은 단순히 과거에 발생한 것이 아니라, 오히려 독자들의 시대에 이르기까지 계속되고 있는 발전 과정의 시작이었다. 후대에 복음서를 읽는 기독교인들은 자신의 상황 속에서 복음서가 어떻게 성령의 능력과 인도하심으로 선포되는지를 경험하고 있다. 그들은 회심했고, 이제 그들에게 선포된 그리스도에 대한 믿음을 통해 살고 있다. 복음서들은 성령의 역사(모든 기독교인의 역사이기도 하다)가 어떻게 예수의 오심과 또한 그리스도로서 그가 이 땅에서 행하신 일들로부터 시작되었는지를 보여준다.

그러므로 누가는 그의 두 번째 책, 즉 성령을 부어주심과 사도들이 복음을 로마에 이르기까지 전파한 것을 다루고 있는 사도행전을, 그의 첫 번째 책, 즉 예수의 지상 생애와 사역을 다룬 누가복음의 연속으로 본다. 사도행전에서 그는 "예수께서 행하시며 가르치시기를 시작하심부터…… 승천하신 날까지의 일"(행 1:1~2)을 기록하였다. 그 책에서 예수는 여전히 주제이며 행하는 분이시다. 비록 이제는 하늘에서 성령을 통하여 하시지만 말이다. 성령을 부어주시는 분은 예수이며(행 2:33), 그의 이름은 계속해서 예루살렘에서 병을 고친다(행 3:16). 스데반이 최초의 순교자로 죽을 때, 그는 하늘이 열리고 예수가 하나님 우편에 서서, 땅에서 일어나고 있는 일에 열중하고 있는 모습을 보았다(행 7:55~59). 사울은 다메섹 도상에서 예수를 본다(행 9:5). 그리고 수 년 후에 감옥에서 다시 그를 본다(행 23:11). 주님은 진실로 부활하셨다. 사도행전에서 누가는 예수의 계속되는 사역에 대해 기록하고 있는데, 이에 관해서는 데오빌로 역시 경험할 수 있는 기회가 있었다(눅 1:1, 4).

이런 사실이 의미하는 바는 그의 첫 번째 책은 예수의 지상 생애를 단순히 과거에 발생한 하나의 사건으로만 제시하지 않으며, 우리 기독교의 현재를 향한 시작으로 묘사한다는 것이다. 또한 그 현재는 사도행전의 마지막 부분에서 멈추지 않았다. 사도행전은 '오픈 엔딩'으로, 바울이 로마에서 자유로이 설교하는 모습으로 끝난다. 아마 누가는 세 번째 책을 쓰려고 마음먹었는지도 모른다. 바울이 황제 앞에 서는 모습을 그리기 위해서 말이다. 하지만 세 번째 책조차도 그 이야기를 끝낼 수는 없었을 것이다. 그것은 단지 예수 복음의 계속되는 진보에 대한 또 하나의 중간

보고에 지나지 않았을 것이다.

요한복음도 별반 다르지 않다. 그는 서론에서부터 말씀이신 예수가 이 땅에 오신 사건의 계속되는 영향을 가리킨다. "영접하는 자 곧 그 이름을 믿는 자들에게는 하나님의 자녀가 되는 권세를 주셨으니"(요 1:12). 그리고 그는 그의 복음서를 아직 기록되지 않은 미래를 향한 열린 창으로 끝낸다. 그는 이미 20장 30~31절에서 그의 책을 끝냈다("오직 이것을 기록함은 너희로 예수께서 하나님의 아들 그리스도이심을 믿게 하려 함이요"). 하지만 이 구절은 21장의 끝 부분(25절)에서 또 다른 결론이 나오는 것을 보게 될 때 쓸데없는 말처럼 보인다. "예수께서 행하신 일이 이 외에도 많으니 만일 낱낱이 기록된다면 이 세상이라도 이 기록된 책을 두기에 부족할 줄 아노라." 주로 이 구절은 예수가 그의 지상 생애 동안 했던 일들을 가리키는 것으로 이해된다. 하지만 요한이 언급하고 있는 것은 예수가 장차 미래에 행할 일에 대해서도 말했던 것이다. 베드로는 예수에게 자신의 인생을 맡기고 죽기까지 그를 따르라고 강권함을 받았다(요 21:18~23). 예수는 계속 선두에 서서 인도하고 있다. 비록 지금은 하늘에 있는 아버지의 본부에서 인도하고 있지만 말이다(요 20:17). 이 대목에서 요한은 이제 자신의 책의 결말에 도달했다고 말한다. 그 이후로 예수가 한 모든 일들과 또한 그가 여전히 이 세상에서 계속하고 있는 일들에 관해 무한정으로 계속 쓸 수도 있을 것이다. 사도행전에서 누가는 그 이야기를 요한보다 좀 더 멀리 끌고 간다. 그러나 요한은 그의 복음서를 1세기 말에 썼다. 그 때쯤에는 전 세계에 걸쳐 예수의 이름으로 아주 많은 일들이 이루어졌기 때문에 요한은 독자들에게 권하기를, 단순히 창문을 열어서 보고, 그 때 이후 일어난 모든 일에 관심을 기울여 보라고 하고 있다. 그는 '모든 것'을 기록하는 일은 아예 시작조차 하지 않기로 결심한다. 끝이 없는 일일 것이기 때문이다.

마가 역시 그의 복음서를 콜론(colon)으로 끝낸다. 그는 복음이 어떻게 세례 요한과 예수의 세례로 시작되었는지 말해 준다(막 1:1~3; 이는 뒤에 오는 1:4~13에 대한 도입부이다). 그러나 책의 끝에 이르게 되었을 때에도 복음의 끝에는 도달하지 않았다. 책은 중지되었지만 복음은 계속된다. 주 예수는 하늘로 올리워 가고 사도들은 온 세상으로 흩어져 복음을 전파한다. 주님은 그들을 도우시고 따르는 표적을 통해 말씀을 확증하신다(막 16:19~20).

마태 또한 복음서들이 계속되는 역사를 기술하고 있다는 사실을 알려 준다. 그는 약속된 임마누엘의 탄생으로 시작한다. "하나님이 우리와 함께 계시다"(마 1:23). 그리고 그것은 또한 그의 책이 끝나는 방식이기도 하다. 마태복음에 나오는 예수의 마지막 말은 "내가 세상 끝날까지 너희와 항상 함께 있으리라"(마 28:20)이다. 아브라함과 다윗의 자손 예수 그리스도(마 1:1)의 계보를 다룬 책은 끝나지만, 그리스도는 영원하다. 그렇기 때문에 복음서는 예수 역사의 제1막인 것이다.

복음서를 역사적인 책들로 분명히 볼 수 있기 위해서는, 그 저술이 부활절과 오순절의 실제성에 의해 지배되고 있다는 사실을 이해하는 것이 중요하다. 이는 우리가 역사 대신에 과거라고 하는 하얀 스크린에 거꾸로 투사된, 후대에 발전된 '확신들'을 취한다는 의미가 아니다. 복음서들이 기록된 방식은 이러한 가능성을 배제한다(다음 페이지의 내용을 보라). 하지만 그 역사가 후대의 신자들이 가질 '관심들'의 관점에서 쓰였다는 것을 의미하는 것은 사실이다. 많은 역사적 세부 사항들에 관한 우리의 호기심은 만족되지 않은 채 남아 있다. 이것은 죽은 과거의 재고 목록처럼 부패를 방지하기 위해 최대한 정확하게 기록되어야 하는 어떤 것이 아니다. 복음서 기자들의 초점은 예수의 가르침에 집중되어 있다. 그의 계명은 후대의 신자들에게 여전히 중요하기 때문이다. 그의 표적과 기사들을 통해 전달된 언어에 관심이 기울여진다. 그의 메시지는 오는 세대들에게도 역시 감동을 주기 때문이다. 그의 고난과 죽음은 주의 깊게 보고된다. 왜냐하면 자신의 고난을 선포하면서 바로 그것이 자신이 온 목적이라고 예수 자신이 나타내 보였기 때문이다. 또한 주의 만찬에서 신자들은 그를 '기념'한다. 무엇보다도 그가 우리 죄를 대신해서 죽고 우리의 구원을 위해 부활하시려고 이 땅에 오셨다는 것을 기억하면서 먹고 마시라는 명령을 받았기 때문이다. 관심의 초점은, 기록되고 있는 사실이 여전히 유효하고 살아서 지속되는 역사라는 점에 대한 인식에 의해 지배되고 있다. 부활과 승천의 실제성은 예수의 지상 생애에 대한 복음서들의 기술에 합리성을 부여한다.

계몽된 눈으로 되돌아보기

20세기에 지배적이었던 하나의 관념은 복음서들이 예수 생애의 이야기를 제시함에 있어 그것을 기독교 공동체에서 후대에 발전된 확신들이나 전승들과 상당한 정도로 혼합하였다는 것이다. 따라서 예수(랍비, 선지자, 혹은 마법사)의 실제 초상화는 그리스도에 대한 후대의 숭배라는 팔레트에서 비롯된 색깔들로 덧칠해졌다는 것이다. 그래서 그의 인생의 실패는 희생이라고 하는 긍정적인 용어로 미화되었으며, 그의 종말론적인 이상주의는 부활에 대한 믿음으로 변했고, 사람의 아들은 하나님의 아들로 제시되었다고 한다. 간단히 말해서 20세기의 예수 이미지는 복음서 기자들이 제시한 이미지보다는 예수의 대적들과 또는 그를 버리고 떠난 제자들의 관념들과 더 공통점이 많다.

복음의 진실을 증명하기란 쉬운 일이 아니다. 하지만 복음서에 대한 현대의 견해가 복음서와 양립될 수 없음을 보여주는 것은 가능히. 놀라운 일은 복음서들이 예수의 지상 생애 기간과 부활 이후 시기 사이이 단절을 분명히 보여준다는 것이다. 복음서 기자들은 그들이 나중에 갖게 된 그 믿음이 '처음부터 항상' 자신들의 믿음이었다는 인상을 전혀 풍기지 않는다. 그들은 심지어 자신들조차도 예수에 대해 다른 견해를 가지고 있었다는 것을 매우 솔직하게 보여준다. 고난을 받고 죽음을 맞이할 예수의 계획에 대해 베드로가 반대한 것은 초기의 확신과 나중의 믿음 사이에 분명한 단절이 있었음을 시사한다(마 16:22~23; 행 3:13~26). 이러한 단절은 위장되거나 은폐되지 않는다. 사도들과 복음서 기자들은 예수에 대한 그들의 견해에 관한 한 하나님이 점차적으로 그들의 눈과 마음을 열어 진리를 보게 했다고 말한다(눅 24:25).

복음서에서 우리는 제자들의 이해가 부족했다는 것을 알 수 있다. 예수가 그들에게 바리새인과 사두개인의 누룩에 관해 경고할 때, 그들은 떡에 대해 이야기하고 있는 줄로 생각한다(마 16:5~7). 그가 성전에서 표적을 줄 때, 그들은 여전히 그가 무엇을 말하고자 하는지 이해하지 못한다. 오직 부활 후에 그의 말씀을 기억하고 나서야 그들은 예수가 제 삼 일에 자신이 다시 살아날 것에 관해 이야기했음을 깨닫게 된다(요 2:17, 21~22).

제자들에게 역사에 대한 이해를 주는 것은 성령님이시다. 이는 사실들에 대한 후대의 해석을 의미하는 것이 아니라, 눈이 열리는 것을 의미한다. 성령은 가르치신다. 그리고 또한 그들로 하여금 예수 자신이 말한 바를 기억하도록 해 준다(요 14:26). 그것이 바로 복음서들이 그토록 솔직하게 제자들이 처음에는 얼마나 사실들과 그 중요성에 대해 무지했는지를 드러내는 이유인 것이다. 복음의 설교자로서 그리고 복음서의 저자로서 그들이 예수의 이야기를 긍정적인 측면에서 볼 수 있게 되었다면, 그것은 성령이 그들의 무지를 제거하고 마음을 열어 주셨기 때문이다. 필요한 것은 사실들에 대한 후속적인 혹은 다른 해석이 아니라, 제자들의 회심이었다. 그 사실들은 하나의 가치중립적인 역사를 구성하지 않는다. 그것들은 반역으로 어두워진 세상에 하나님의 아들이 오셨다는 이야기를 들려준다. 어둠은 빛을 객관적으로 인정하기를 거부한다. 빛은 어둠을 포위하고 공격하기 때문이다. 이러한 거역과 반항의 역사는 또한 복음의 일부이기도 하다. 따라서 그것은 은폐되지 않고 숨김 없이 기술된다. 물론 대적하는 세력들에 대한 그리스도 자신의 승리도 함께 기술된다.

학자들이 복음서의 역사성을 거부하고 그것들은 후대의 해석에 의해 지배된다고 전제할 때, 그들은 어쩔 수 없이 이러한 제자들의 초기 실수들에 대한 솔직한 묘사들을 간과하도록 강요된다. 실제로 만약 후대 공동체들이 자신들의 신앙의 관점에서 역사적 예수의 초상화를 덧칠했다면, 사두개인들의 누룩에 관해 오해했던 이야기를 떠올리거나 심지어 포함시키는 의미는 무엇이었겠는가? 굳이 예를 들자면 말이다. 왜 굳이 그들은 예수의 죽음이 희생이라는 관점에 대해 역행하는 영상을 포함시키고, 또한 동시에 사도들이 처음에는 그것을 수용하기를 거부했다는 말을 해야 했겠는가? 그렇지 않다면 이것이 의도적인 거짓말이라는 것인가? 우리가 상상해 볼 수 있는 것은 후대의 경험이라는 렌즈를 통해 뒤돌아 봄으로써, 처음의 확신과 후대의 발전들이 뒤섞인 나머지 언제 하나의 특정한 시각을 신봉하게 되었는지조차 불분명해지는 그런 상황이다. 그러나 이와 같이 정확한 기억들이 흐릿해지거나 과거로부터의 요소들이 시대착오적으로 뒤섞이는 현상은, 복음서 기자들이 거짓을 꾸며대고 있다고 주장하는 것과는 완전히 다른 것이다.

즉 예수의 희생적 죽음이라는 개념은 나중에야 생겨난 것인데 마치 그것이 예수 당시에도 제시되었고 제자들이 그것을 거부했던 것처럼 꾸며댔다는 것이다.

선택할 수 있는 것은 두 가지뿐이다. 복음서 기자들이 역사적 진실을 말하고 있든지, 아니면 그들이 고의로 그것을 위조하고 있든지. 만약 20세기의 학자들이 이 피할 수 없는 딜레마로 돌아온다면, 엄청난 명료함이 확보될 수 있을 것이다. 라이마루스(Reimarus)와 같은 사람에게 이 딜레마는 여전히 아주 분명한 것이다.

특수한 목적을 가진 저작

역사적 문서들을 읽을 때(복음서들은 역사적 문서로 되어 있다), 저자들의 구체적인 목표에 상세히 주목하는 것이 중요하다.[130] 그들의 작품은 어떤 경향과 성향을 보이는가, 그리고 그러한 경향이 사실들을 제시하는 데 있어 부차적인 것으로 남아 있는가와 같은 점들을 염두에 두어야 한다. 우리가 편향적인 역사라고 부를 수 있는 경우는 오직 특정한 경향이 지배적이다 못해 사실을 왜곡하는 하나의 편견으로 작용하는 상황이다. 각각의 복음서 기자들이 가지는 특수한 목적은 그들의 저작에서 어떤 기능을 하는가? 이 질문에 대한 대답은 우리가 어떻게 그들의 책을 역사적인 자료로 사용할 수 있는가를 결정하는 데 중요하다.

요한의 목적은 분명히 개인적인 것인데, 이는 그의 책 끝부분에 그 자신이 말한 바와 같다. "예수께서 제자들 앞에서 이 책에 기록되지 아니한 다른 표적도 많이 행하셨으나 오직 이것을 기록함은 너희로 예수께서 하나님의 아들 그리스도이심을 믿게 하려 함이요 또 너희로 믿고 그 이름을 힘입어 생명을 얻게 하려 함이니라"(요 20:30~31). 그 저술은 의도적으로 선별적이었으며, 그 선별은 예수가 누구인가 하는 문제에 대해 추가적인 문서 자료를 제공하고자 하는 목적에 따라 이루어졌다. 이는 또한 이미 나타나고 있었던 예수에 관한 오해들에 대한 하나의 반응이었음에 틀림 없다(요한서신서들을 참조하라. 예를 들어, 요일 1:1~5; 2:21~25; 4:1~6). 요한복음에서 우리는 일반적인 내용(예수가 어떻게 자신에 대해 증거했는지를 보여주는 긴 설교들)과 구체적인 내용(기억이나 수첩의 기재 사항으로부터 나온 생생한 세부 사항들; 요 1:29, 35, 44; 2:1 참조)이 놀랍게 결합되어 있는 것을 발견한다. 따라서 성육신한 말씀에 관한 설교의 진실성은 역사적 증언의

---

130) 예를 들어, S. Greijdanus, *Hoofddoel en Gedachtengang van Lucas' Evangelieverhaal* (Kampen: Kok, 1922)를 참조할 것. J. P. Versteeg, *Evangelie in viervoud: Een karakteristiek van de vier evangeliën*(Kampen: Kok, 1980).

신빙성과 밀접하게 관련되어 있다(요 19:25; 21:24). 그들은 생명의 말씀을 들었고, 보았으며, 만졌다(요일 1:1~3).

다른 세 복음서 기자들의 구체적인 목적을 찾아내기는 훨씬 어렵다. 요한은 다른 복음서 기자들보다 나중에 자신의 책을 썼고, 또한 기본적인 이야기가 잘 알려져 있었던 반면에, 처음 세 복음서의 기자들은 서로 독립적으로 예수의 생애에 관한 보고들을 작성했다. 그리고 이 보고들은 각자가 속한 집단, 즉 유대 기독교인들(마태), 베드로의 제자들(마가), 그리고 회심자 데오빌로의 소그룹(누가)에서 최초로 작성된 성문화된 보고였다. 일반적인 목표, 즉 이미 입에서 입으로 광범위하게 회자되고 있던 예수에 관한 이야기들을 성문화된 요약본으로 만들어 내는 것이 절실한 우선 순위였기 때문에, 좀 더 구체적인 것에 초점을 맞출 시기가 아직 아니었던 것이다. 따라서 구체적인 목표들은 단지 부차적인 것이었고, 그것은 이야기들 가운데서 혹은 다른 이들이 언급하지 않은 사항들에 대한 자세한 묘사 가운데서 나타나는 어조나 강조를 통해 표현되었다. 그러므로 그 세 복음서 기자들이 공통으로 가진 일반적인 목표는 부차적이고 구체적인 강조 사항들보다 우선적인 것이었다.

따라서 마태는 몇몇 특성에 근거해서 식별될 수 있다. 마태가 상당한 관심을 쏟은 사실은 예수는 구약 예언의 성취이며, 이스라엘 역사의 목표이고, 또한 이방인들도 아브라함의 자손들과 더불어 환영 받는 신약 교회의 중심이 되는 인물이라는 것이다. 책 시작에서 마태가 예수를 다윗의 자손이요 아브라함의 자손으로 나타내고, 또한 아브라함에서부터 예수에 이르기까지 이어지는 역사를 그리스도를 위한 예비 단계의 역사로 묘사하는 것은 결코 우연이 아닌 것이다(마 1:1~7). 그는 또한 예수 안에서 이사야의 임마누엘 예언이 성취되었다고 자세히 설명한다(마 1:18~25). 예수 자신이 인용했던 구약 성경 구절들을 언급하는 것에서 한 발 더 나아가, 마태는 구약 인용들을 추가하여 구약 예언들의 성취를 보여주는데, 이 역시 예수의 가르침에 근거한 것으로 보인다(마 2:15, 17f., 23; 4:14f.; 8:17; 12:17ff.). 자신이 율법과 선지자를 완전케 하기 위해(마 5:17) 왔다는 예수의 설명은 마태에게 중요한 이야기의 맥락이 된다. 이러한 성취는 게바와 사도들 위에 세워진 새 이스라엘로 이어진다(마 16:18f.; 18:15ff.). 그러나 마태복음에 있는 이러한 강조점들에 초점을 맞춤으로써 우리가 간과해서는 안 될 일들이 있는데, 이는 마가와 누가 역시 성경의 성취라는 주제를 다루고 있다는 것이며, 또한 그들 역시 그리스도의 공동체가 유대인과 이방인으로 구성되었고, 복음의 전파를 통해 만들어지고 있는 것을 나타내고 있다는 사실이다. 그러므로 마태의 강조점들은 그 자신의 신학적인 목표보다는 그의 글을 읽게 될 독자들과 더욱 관련이 있다고 볼 수 있다.

마가복음에서 우리는 같은 문제에 봉착한다. 이 책은 왕국의 발전에 초점을 둔 전형적인 행위 위주의 복음(Gospel of deeds)인가? 마가복음에는 비유들이나 종말에 관한 설교들 같은 예수의 담화들도 포함되어 있는데, 전반적으로 마가는 마태나 누가에 비해 예수의 담화들에 훨씬 더 적은 비중의 노력을 기울인다. 하지만 이러한 특성 가운데서 저자가 어떤 의식적이고 일관된 목표를 수행하고 있다고는 보기 어렵다. 마가가 베드로의 설교를 기록할 때, 역사적인 세부 사항들은 길어지고, 설교들은 다소 간추려지는 듯 보인다는 것은 이해할 만하다.

그리스도의 자비에 대한 관심, 또한 그의 승천과 재림 사이 기간의 중요성에 대한 관심은 누가의 전형적인 특징이라고들 한다. 하지만 후자는 복음서 자체에서는 거의 다뤄지지 않으며, 오히려 사도행전에서 계속되는 이야기 속에서 다루어진다. 그리고 그리스도의 자비에 관해서는 마태와 마가에서도 꽤 읽을 수 있지 않는가? 통계상 약간 더 자주 언급된 그 어떤 것을 가지고 하나의 주제를 찾아내는 것은 위험한 일이다.

요한과 달리 처음 세 복음서 저자들이 자신들의 작품에서 어떤 특정한 목표에 관해 전혀 언급하고 있지 않다는 것은 우연한 일이 아니다. 초대 교회는 복음서의 개별적인 특징을 반영하는 구체적인 상징을 각각의 복음서에 지정하는 일을 하였는데, 이와 관련하여 어려움을 겪고 있었다. 어떤 사람들은 마태에게 사람의 얼굴을, 마가에게는 독수리의 얼굴을, 그리고 요한에게는 사자의 얼굴을 연결시키려 했다. 하지만 어거스틴은 다른 방식을 선호했는데(마태: 사자, 마가: 사람, 누가: 송아지, 요한: 독수리),[131] 그 얼굴들은 결과적으로 호환성이 있는 것으로 드러났다. 이러한 호환성은 특별히 처음 세 복음서, 즉 모든 사도들이 세상에 일치되게 증거했던 예수님의 생애와 복음에 대한 세 복음서의 독립적인 묘사들에 대해서는 놀랄 일이 못 된다.

복음서들은 아주 많은 신학적 개념들이 역사로 변장한 것이라고 간주해야 한다는 관념이 20세기를 강하게 지배하였다. 복음서들을 역사적 보고로(아마도 각각의 복음서가 저마다의 특정한 경향과 강조점들을 가지고 있을 가능성을 염두에 두고) 읽는 것은 마땅치 않은 처사일지도 모른다. 책 전체를 저술하기 위한 편집 동기를 형성했던 신학적 핵심을 찾기 위해 가장 바깥쪽의 역사적 층을 벗겨낼 때에야 우리는 겨우 복음서를 펼치게 되었다고 할 수 있다. 금세기에 마태, 마가, 그리고 누가의 신학에 대해 많은 연구 논문들이 쓰였다. 한때 협력해서 일하는 모습을 보였던 세 명의 역사 작가들 팀이 이제는 해체되었고 서로 다른 의도를 가진 세 명의 신학자들로 바뀌었다.[132]

그러나 여기서 피할 수 없는 방법론적 문제와 직면하게 된다. 만약 복

---

131) Augustine, *On the Harmony of the Evangelists* 1.6.9.
132) 예를 들어 다음을 참조하라. G. Strecker, *Der Weg der Gerechtigkeit: Untersuchung zur Theologie des Matthäus*, 2d ed.(Göttingen: Vandenhoeck & Ruprecht, 1966); M. Sabbe, ed., *L'Évangile selon Marc: Tradition et rèdaction*(Gembloux: Duculot, 1974); F. Bovon, *Luke the Theologian: Thirty-Three Years of Research*(1950~1983), trans. K. McKinney(Allison Park, Pa.: Pickwick, 1987); M. de Jonge, ed., *L'Éangile de Jean: Sources, rédaction, théologie*(Gembloux: Duculot, 1977).

음서들이 그토록 많은 공통점을 가지고 있다면, 우리는 어떻게 각각의 복음서의 신학적 독특성을 이루는 숨은 코드를 발견할 수 있는가? 하나의 해결책은 각각의 복음서의 독특한 요소를 살펴보는 것이다. 예를 들어 마태와 누가는 모두 탄생에 관한 이야기들을 포함하고 있는 반면, 마가는 그렇지 않다. 그런 관찰은 마가복음의 독특성에 대한 추가적인 서술을 위한 하나의 기초로만 사용될 수 있을 뿐이다. 마가복음에 탄생 이야기가 없는 것은 의도적이며, 그것은 그 복음서에 맞지 '않았을' 것이라고 우리가 확신할 수 있다고 해도 말이다. 게다가 그것은 증명될 수 없는 사항이다. 베드로의 설교는 예수의 공적 사역으로 시작되는데, 이는 또한 세례 요한의 설교로 시작된다. 그 설교에서 예수의 탄생은 다루어지지 않았다. 하지만 그것은 베드로가(만약 질문을 받았다면) 별도의 정보를 제공하여 마가로 하여금 그의 보고에 이러한 내용을 포함시키도록 할 수 없었다는 것을 의미하지는 않는다.

누가복음에서 우리는 예수가 갈릴리를 떠날 때부터 고난주간 전까지의 시기에 관한 방대한 보고를 발견하게 된다. 누가는 갈릴리에 관해 할 얘기가 적었다. 왜 그런가? 이 기간에 더 많은 시간을 할애하는 것이 불가능했던 것인가? 또는 그가 그 내용을 등한시한 이유가 자신이 갈릴리 이후의 시기에 대해 더 상세히 쓸 수 있었기 때문인가? 아니면 그것에 대해 개별적인 증인들로부터 들었기 때문인가? 자신의 가장 중요한 성장을 갈릴리에서 경험한 제자와, 베레아(Perea)를 지나는 길에 군중들이 몰려드는 것을 보고 고조된 관심을 갖게 된 외부인은 서로 관점이 다를 수 있다. 세 사람이 케네디(Kennedy) 시대에 관해 보고서를 작성한다고 가정해 보자. 만약 그들 모두가 같은 방식으로 그 시대를 경험했다면, 많은 영역에서 일치를 보일 것이다. 그럼에도 불구하고 이야기 자료 선택에 있어서나, 어떤 부분을 상세하게 또는 간략하게 다룰 것인지에 대한 선택에서 많은 차이가 있을 것이다. 하지만 그 보고서들을 나란히 두고 표면적인 차이점에 근거해서 편집 목표를 추론해 낸다는 것은 타당한 일이 아니다. 서로 연결해서는 안 되는 전선을 연결하면 합선 사고가 일어나는 것과 같은 이치이다. 그러한 방법은 오직 한 저자가 다른 누군가의 작품에 동의하지 않아서 그것을 고쳐 쓰겠다고 마음먹고 일에 착수한 경우에만 적합할 것이다. 그러나 우리는 복음서들이 바로 이러한 경우라고 가정할 수 없다. 그렇게 되면 우리는 그 전승으로부터 주어진 역사적 사실이나, 복음서 자체가 제시하는 내용과 충돌할 수밖에 없을 것이다.

만약 우리가 복음서 기자들이 서로 공통점을 보이는 그런 구절들에 초점을 둔다면, 우리는 더욱 견고한 기초 위에 서게 될 것이다. 사실 병행 구절들에 나타나는 복음서들 간의 어떠한 차이점도 각각의 복음서의 신학적 독특성과 상충될 수 있다. 예를 들어 마가복음 4장 38절에는 "선생님이여, 우리가 죽게 된 것을 돌보지 아니하시나이까?"라는 구절이 나온다. 이는 다분히 통명스런 질문이며, 제자들이 예수에게 허심탄회하게 말을 걸며 심지어 명령조로까지 말한다는 느낌을 준다. 이러한 내용을 기독론 발전의 초기 단계와 연관 짓고자 하는 것은 학문적 유혹이다.[133] 마태복음과 누가복음에서는 공동체 안에서 예수에 대한 존경이 증가했다. 하나님의 아들 되심의 교리가 발전되었고, 따라서 모든 인간적인 표현들은 수정되었다.

그러므로 마태복음에서(8:25) 우리는 "주여, 구원하소서. 우리가 죽겠나이다!"라고 읽게 되며, 누가복음에서는(8:24) "주여, 주여, 우리가 죽겠나이다!"라고 읽게 되는 것이다. 하지만 그 차이가 정말 그렇게 대단한 것인가? 제자들이 예수를 깨우는 방식은 그들이 예수가 주무시고 있다는 사실 때문에 걱정하고 있었음을 보여준다. 명백히 그는 제자들이 물에 빠져 죽을 위험에 처했다는 것을 알아차리지 못했다. 하지만 우리는 또

---

133) H. R. Boer, *Above the Battle? The Bible and Its Critics* (Grand Rapids: Eerdmans, 1975), 73.

한 누가가 유일하게 보고하고 있는 한 표현을 기억하게 되는데, 이는 최소한 마가의 것만큼이나 갑작스러운 것이다. 누가복음에서는 마르다가 예수에게 이렇게 말하는 것이 나온다. "주여, 내 동생이 나 혼자 일하게 두는 것을 생각하지 아니하시나이까"(눅 10:40). 그리고 예수가 광야에서 시험을 받을 때 겪었던 육체적인 배고픔에 대해 마가는 아무런 언급을 하지 않는 반면에, 마태(4:2)와 누가(4:2)는 이에 대해 언급하고 있다. 이러한 사실을 우리는 어떻게 설명해야 하는가? 한 가지 덧붙인다면, 마가복음에는 예수가 들짐승들과 함께 있었고 천사들이 그에게 수종들었다고 나오는 반면에(1:13), 누가는 이에 관해 침묵하고 있으니, 그렇다면 누가의 저술은 인간적인 기독론에 바탕을 둔 반면, 마가는 창조주의 신성을 예수에게 부여했다고 주장해도 될 것이다. 하지만 이러한 진술들은 제한된 선택이라는 오류를 범하는 것이다. 각 복음서의 전체가 아니라, 그 안에서 취한 적은 양의 정보만을 조사했기 때문에, 복음서 간에 인위적인 차이점들을 만들어 내게 되는 것이다. 사실 전체적으로 보았을 때는 상당한 조화를, 특히 기독론에 있어서는 분명한 조화를 보이는데도 말이다. 예수가 사람이 되었다는 것은 하나님 자신이 우리 가운데 계심을 의미한다는 것을 마태는 알고 있었다(임마누엘). 마가는 즉시 그를 하나님의 아들, 주의 사자, 성령으로 세례를 주시는 분이라고 부르고 있다(막 1:1~11). 누가는 예수가 지극히 높으신 자(the Most High)로 왔다는 것을 알고 있었다. 만약 우리가 복음서 기자들 사이에 분명한 일치를 보이는 이러한 진술들을 주지한다면, 어휘 선택이나 사실들의 선별에서 나타나는 부차적인 차이점들의 중요성을 부풀린 나머지, 마치 그것들이 서로 다른 신학적 목표들을 반영하는 것처럼 여기는 일은 불가능할 것이다.

사실들에 대한 보고

복음서 기자들은 우리에게 어떤 태도로 듣기를 기대할까? 그들은 우리에게 역사를 배우는 일에 약간의 관심이 있는 사람들과 같은 그런 태도를 기대하지 않는다.

자료 비평(source criticism)은 복음서의 저자들을, 원래의 역사적 사건들에 대해 그 어떤 독립적인 지식도 갖지 못한 채 단순히 오래된 자료들을 다루는 사람들 정도로 여긴다. 그들은 일차적인 증인이라기보다는 교회 도서관의 기록 보관인 정도로 여긴다. 그러나 p.127 '시작의 역사'에서 우리는 복음서 기자들이 자신의 작품을 이런 식으로 '보지 않았다'는 것을 보았다. 그들은 자신들이 1세기 당시 세계에 성령을 통해 일어난 사건들에 관해 설명하기 시작하는 사람들이라고 여겼다. 그들의 복음서가 열린 결말로 되어 있는 것은 바로 이러한 이유 때문이다. 이는 자료들의 수집물이 아니라 하나의 시작에 관한 사실에 입각한 보고이다. 말씀에 관한 최초의 목격자들과 말씀의 일꾼들이었던 사람들은 그 이야기를 말할 수 있었고, 또한 기록할 수도 있었다(또는 다른 이들로 하여금 기록하게 할 수도 있었다). 복음서 기자들의 의도는 교회의 역사만큼이나 실제적인 하나의 '역사'를 이야기하는 것이었다. 독자들은 복음의 전파를 통해 자기 자신이 그 역사 안에 포함되어 있다는 것을 보게 된다.

양식 비평(form criticism)은 복음서들 안에서 예수의 것으로 간주되는 많은 말씀과 행위의 기원을 최초 교회의 공동체 안에서 찾는다. 우리는 앞에서 복음서들이 그러한 해석을 거부한다는 것을 보았다. 복음서들은 사실과 후대 해석의 혼합물을 포함하지 않는다. 이야기 자체에서 사도들이 처음에는 사실들을 받아들이고, 그 사건들의 중요성에 관해 눈을 뜨는 일을 몹시 힘들어 했다는 것이 분명히 나타난다. '성령을 통해 그리스도의 실재성이 마침내 그들에게 확신을 주었고, 또한 그들로 하여금 사건들을 그 진정한 의미대로 바라보고 또한 기술해 낼 수 있도록 해 주었던 것이다. 이것은 결코 평범하고 단순한 역사가 후대의 공동체적 신학이라고 하는 죽음의 재에 묻혀버리는 경우가 아니다. 오히려 그 반대가 진실이다. 그리스도의 실재성이 공동체와 그 신학을 탄생시킨 것이다. 복음서 기자들이 눈을 부릅뜨고 기술해 내고자 갈망한 것은 하나의 역사였다.

복음서에 대한 편집 비평(redaction criticism)의 접근법에 의하면 복음서 기자들은 그들이 예수에 관한 전승들을 다시 제출하는 방식을 통해 자신들의 신학적 입장을 표현하기를 희망하는 사람들이다. 우리는 앞에서 어느 정도까지 개별적 목표들이 존재하는 것처럼 보이는지, 또한 어느 정도까지 그 개별적 목표들이 복음서 안에서 식별될 수 있는지를 살펴보았다. 결과적으로 우리는 오직 요한복음만이 이와 같은 하나의 분명한 경향을 드러낸다는 것을 보았다. 요한의 목표는 지상에서의 하나님 아들의 실재성을 상세히 기록하는 것이었으므로, 그에게는 자신의 개인적 기억으로부터 사실들 자체가 말할 수 있도록 하는 것이 매우 중요했다. 다른 세 복음서 기자들은 예수의 말씀과 행적을 보고하지만, 각자의 독특한 강조점들을 가지고 있다. 하지만 그들의 일반적인 일치는 서로 다른 신학적 모델이라는 관념을 완전히 배제시킨다.

복음서들의 특성에 관한 결론은 이러하다. 복음서들이 기록된 목적은 모든 신자뿐만 아니라 다른 모든 사람으로 하여금 성육신하신 하나님의 아들 예수의 사역 시작에 관하여 신뢰할 만한 보고를 읽을 수 있도록 하기 위함이다. 복음서를 읽을 때 그 의도에 부합하는 좋은 청취 태도는 어떻게 그 모든 일이 발생했으며, 팔레스타인에서 정확히 무슨 일이 일어났는지를 (헤롯과 빌라도의 존재만큼 역사적인 사건들이다) 마음속에 그려 보고, 상상해 보려고 노력하는 것이다. 복음서의 이러한 '역사적' 특성은 절대적으로 필수적이다. 베드로는 그의 두 번째 서신에서 그것을 다음과 같이 표현하고 있다.

내가 힘써 너희로 하여금 내가 떠난 후에라도 어느 때나 이런 것을 생각나게 하려 하노라 우리 주 예수 그리스도의 능력과 강림하심을 너희에게 알게 한 것이 교묘히 만든 이야기를 따른 것이 아니요 우리는 그의 크신 위엄을 친히 본 자라 지극히 큰 영광 중에서 이러한 소리가 그에게 나기를 "이는 내 사랑하는 아들이요 내 기뻐하는 자라" 하실 때에 그가 하나님 아버지께 존귀와 영광을 받으셨느니라 이 소리는 우리가 그와 함께 거룩한 산에 있을 때에 하늘로부터 난 것을 들은 것이라.[134]

역사 제시 방법

차이점

복음서의 특성은 그것들이 목격자들에 의해 제공된 역사적 정보들로 읽혀질 수 있다는 것이며, 또한 심지어 이러한 방식의 읽기를 요구한다는 것이다. 여기서 또다시 직면하게 되는 문제는 각 복음서들이 역사를 제시하는 방법이 다르다는 점이다. 이러한 차이점은 역사가 매우 부당한 방법으로 이야기되었다는 것을 시사하는 것은 아닌가? 복음서들의 비교가 다소 의문을 불러일으킨다는 것은 부정할 수 없다. 하지만 이 책들의 역사적 특성에 관한 그 어떤 결론들을 내리기 전에, 우리는 그 차이점들을 원래의 크기로 줄여야만 한다.

이 차이점들은 어쨌든 일치의 큰 틀 안에서 발생하는 것들이다. 통계적 관점에서 보았을 때, 복음서 기자들이 어떤 사건들을 보고하는 방식에서 유사점이 차이점보다 몇 배나 더 많다. 이 사실이 의미하는 바는 우리가 이 유사점들을 논의의 출발점으로 삼아야 하며, 그러고 나서 그 작

---

134) 벧후 1:15~18.

은 차이점들이 어떻게 설명될 수 있는지를 찾아 보아야 한다는 것이다. 비록 어떤 이야기들은 그 모든 세부 사항에 있어 조화될 수 없는 것처럼 보일지라도, 그리고 저자가 여기저기에서 실수를 한 것처럼 보일지라도, 이것은 결코 대부분 일치하는 내용을 마치 비역사적인 것처럼 무시하는 이유가 될 수 없다.

이는 우리가 다음과 같은 사실을 이해할 때 더욱 분명해진다. 구세주의 말씀을 보고할 때 복음서 기자들 간의 일치는 증가하거나 가장 확고해지는 반면, 나레이터가 역사적 배경을 설명하고자 할 때는 서술 양식의 차이가 더 커진다. 그 때는 서술자의 개인적인 스타일이나 기술 양식이 더 큰 비중을 차지한다. 이러한 통계적 양상이 발생할 가능성이 가장 높은 상황은 저자가 개인적으로 알고 있는 사람이나, 혹은 직접적인 목격자들로부터 들어 알게 된 사람의 생애와 말들을 기술할 때이다. 어쨌든 저자가 더 많은 융통성을 가지게 되는 경우는 어떤 사람의 직접적인 진술을 보고할 때보다는, 사실이나 환경에 관해 얘기할 때이다.

조화 작업의 위험성은 지나치게 안일한 조화 작업으로 인하여 저술 양식의 차이점들이 부정확하게 다루어져 과소 평가 또는 과대 평가되어 이야기들을 다르게 구별해 버리는 성급한 결정들을 내리는 경우에 나타난다. 많은 20세기의 학자들이 빠진 오류는 보고 과정에서 나타나는 차이점들을 결정적인 차이로 보는 것이다. 그러는 와중에 그들은 복음서의 전체적인 맥락에서 그것들이 공유하는 압도적인 일치를 염두에 두고 보았을 때, 이러한 차이점들은 오직 제한된 중요성만을 가진다는 것을 인식하지 못했다. 오늘날의 어려움은 학자들이 이러한 차이점에서 생기는 문제들에 관심을 기울인다는 것이 아니라, 오히려 그들이 복음서의 역사적인 서술의 질과 관련하여 '단정적인' 판단을 내렸다는 것이다. 만약 역사가가 이와 같은 식으로 2차 세계대전 당시의 증언들이나 일기장들을 무시해버린다면, 그가 사용할 수 있는 자료들은 금새 완전히 바닥이 나버릴 것이다. 역사가는 우선 그가 가진 자료들 간의 일치에 근거해서 하나의 역사적인 틀을 재구성한다. 그리고 나서 예외적으로 보이는 정보들을 이 틀에 맞추려고 시도할 것이다. 역사가는 역사적 현실은 언제나 복합적이며, 또한 서로 다른 보고들은 종종 그 현실의 서로 다른 면들을 보여준다는 것을 알고 있다.

풍부한 역사적 자료

예수의 생애가 복음서에 어떤 방식으로 기록되었는지에 대한 건전한 이해에 도달하기 위해서 중요한 것은 저자들이 풍부한 역사적 자료를 가지고 있었다는 사실을 이해하는 것이다. 그들은 이 풍부한 자료 가운데서 자신들의 이야기에 사용하기 위해 제한된 요소들만을 선택할 수 있었다. 예수는 3년 동안 설교하고 가르쳤는데, 처음에는 회당에서, 나중에는 늘어나는 군중들 때문에 열린 들판에서 했다. 그것은 일련의 강의들로 구성된 3년짜리 과정이 아니라, 항상 바뀌는 새로운 무리의 사람들에게 주어졌던 반복된 교훈이었다. 이러한 반복의 범위 내에서, 어휘 선택의 변화, 예화의 변화, 이야기 전개의 변화, 그리고 공통된 소재는 중요한 역할을 했다.

이러한 사실은 복음서들 안에서 동일한 예수의 말씀들이 서로 다른 맥락 가운데서 발견될 수 있다는 것을 의미한다. 때문에 마태복음에서는 주기도문이 산상설교 안에 있지만, 누가복음에서는 그것이 나중에 나오는 것을 볼 수 있다(마 6:9~13; 눅 11:2~4). 분명 나중에 제자들에게 이 교훈을 반복해야 할 경우가 있었을 것이다. 왜냐하면 그들이 그 중요성을 충분히 파악하지 못했기 때문이다. 또한 등불을 켜서 말 아래 두지 않는다는 표현을 몇몇 역사적 맥락 속에서 발견할 수 있다(눅 8:16; 11:33; 마 5:15). 예수가 특정한 표현을 오직 한 번만 사용했다고 전제해야 할 이유는 전혀 없다.

많은 기적적인 병 고침의 경우도 마찬가지이다. 예수는 셀 수 없이 많은 소경들과 저는 자들과 귀신 들린 사람들을 치료했다. 따라서 소경을 고치는 이야기는 다른 복음서 기자가 말한 유사한 이야기와 항상 동일한 사건을 가리킨다고 봐야 할 필요가 없다. 역사적 자료가 풍부해서 한 복음서 저자는 이것에 대해 말하고, 다른 복음서 저자는 저것에 대해 말하되, 두 사람 모두 각자 자신의 방식대로 예수가 어떻게 사람들의 무거운 짐과 연약함을 담당했는지 설명하고 있는 것이다.

다른 사건들도 어느 정도까지 반복되었을 수 있다. 만약 마태와 마가가 열두 제자를 파송하는 장면을 묘사한 반면, 누가는 칠십 인(또는 칠십 이 인)을 파송하는 장면만 묘사했다면, 우리는 제자 파송에 대한 누가의 견해는 다른 복음서 기자들과 명백히 다르다고 말하고 싶은 유혹이 들지도 모른다. 그러나 다행히도 누가 역시 열두 제자 파송에 대해 묘사하고 있다(눅 9:1~16; cf. 마 10:5~15; 막 6:7~13). 칠십 인 파송은 이 사건에 추가적으로 발생한 것이다(눅 10:1~20). 우리는 이제 두 번째 파송이 반복과 확장과 강화의 효과를 가진다는 것을 알게 된다. 마가복음이나 마태복음에만 근거했을 때 나타나는 역사적 사실이 우리가 기대했던 것보다 더욱 폭넓고 복합적이었음이 드러난 것이다. 이런 종류의 사실 입증이 항상 가능한 것은 아니다. 하지만 이러한 사례는 우리가 신중을 기하도록 경고한다. 한 가지 사실이 반드시 다른 사실을 배제하는 것은 아니다. 다가올 고난에 대한 선언도 반복된다. 모든 복음서 기자들이 그 반복을 언급하기 때문에, 그것을 사실로 받아들이는 것은 더 쉽다. 각자의 복음서 기자가 일련의 사건 중 일부만을 보고할 경우, 우리가 그러한 반복의 타당성을 의심해야 하는 이유는 무엇인가? 우리는 우리 자신의 상상력을 과도하게 제한함으로써 조사의 범위를 처음부터 제한하는 우를 범해서는 안 된다.

서술자의 관점

사진 작가들이나 영화 제작자들은 현실에 충실한 영상물을 제작하기 위해 애를 쓴다. 그럼에도 불구하고 그들은 피사체의 이미지에 맞추기 위해 삼차원의 무한한 현실 세계에 한계를 정한다. 마찬가지로 서술자도 연속적인 사건 중에서 자신의 이야기 틀에 맞는 부분들을 선별해야 한다. 선별된 부분들은 현실을 충실하게 대변할 수 있다. 그 동일한 현실의 다른 부분들이 무시되긴 했지만 말이다. 다른 서술자가 약간 다른 부분을 선별할 경우, 작성된 이야기들은 단지 부분적으로만 조화되는 것처럼 보인다. 하지만 사실 유일한 차이점이라고는 이야기의 '관점'이 달라진 것밖에 없다.

예를 들면 마태는 가다라(Gadarenes) 지방의 두 귀신 들린 자들이 고침 받은 사건을 보고하는 반면(마 8:28~34), 마가(5:1~20)와 누가(8:26~39)는 군대 귀신 들린 자에 관해 이야기한다. 마가와 누가 모두 그날 오직 한 사람만 고침 받았다고 말하지 않는다. 그들의 이야기는 다른 누군가가, 예를 들면 주인공과 같이 광야에 있었던 또 다른 귀신 들린 자가 같은 시간에 고침 받았을 가능성을 절대적으로 배제하지 않는다. 그럼에도 불구하고 얼핏 보기에 두 복음서 기자들이 고침 받은 그 두 사람 중 한 사람의 얘기만을 다루었다고 하는 것은 이상하기도 하고 개연성도 적어 보인다. 하지만 마가복음과 누가복음에서는 데가볼리에서 있었던 이 사건에 관한 설교로 이야기가 끝난다는 사실에 주목하면 상황은 좀 더 이해하기 쉬워진다. 고침 받은 두 사람 중 오직 주인공만이 예수에게 자신도 함께 가겠다고 간구했으며, 또한 오지 그만이 자신의 동네에 가서 그 이야기를 전파하라는 명령을 받았을 가능성도 배제할 수 없다. 마태는 어떻게 그날 하루가 끝났는지에 대해 침묵하고 있다. 마가와 누가에게는 그 끝이 이야기의 핵심 요소이다. 그들의 목적은 데가볼리에서 전파자가 된 그 사람에 대해 이야기하는 것이기 때문에, 그 사람만이 그들의 이야기의 초점이 된 반면, 다른 사람은 그들에게 아무런 관심의 대상이 되지 못한 것이다.

복음서 기자의 관점뿐만 아니라 기교 또한 특정한 역할을 한다. 예를 들어 일단 어떤 이야기를 시작하면 그것을 끝내기로 결정할 수 있다. 일례로 누가는 세례 요한에 관한 이야기를 시작해서 그가 헤롯 안디바에게 체포되어 사역이 끝나는 시점까지 계속한다(눅 3:1~20). 그리고 나서 누가는 세례 요한이 아직 자유의 몸인 상황에서 예수가 세례를 받는 시점으로 되돌아가 이야기를 이어간다(눅 3:21~22). 따라서 복음서에 서로 연이어 기록된 사건들이 실제로는 다른 순서로 발생했을 수도 있는 것이다. 마태복음에서도 베다니에서 마리아가 예수에게 기름을 부은 사건이 뒤늦게 나오는 것을 볼 수 있다. 예수가 말했듯이 이 사건은 그리스도의 고난에 관한 이야기의 한 요소가 된다. 어디서든지 예수의 고난과 죽음에 관한 복음이 전파되는 곳에서는 그 여자도 기념될 것이다(마 26:12~13). 그러므로 마태는 이 기사를 고난 주간 이야기의 시작 부분에 위치시킨다(마 26:1~2). 예수가 베다니에 있었던 시간과는 의도적으로 분리시키면서 말이다(마 21:1, 17). 반면 요한은 그 기름 부음의 사건을 제 시간, 즉 예수가 베다니에 머물렀던 시기에 위치시킨다(요 12:1~11). 이렇게 서술자는 작품 구성의 기교를 통해, 자신의 기사가 다른 복음서 기자들의 기사와 상충되는 듯한 인상을 풍기게 한다(실상은 그렇지 않은데도 말이다).

복음서를 읽는 데 있어 저자가 사용할 수 있는 역사적 자료가 풍성하다는 것뿐만 아니라, 그가 사용하는 기교나 관점에 대해서도 알고 있는 것이 중요하다. 그렇게 할 때 독자는 실제로는 단순한 차이점에 불과한 내용을 모순이라고 주장하는 잘못을 피할 수 있게 된다.

독자의 관점

복음서를 읽는 데 있어 문제점은 독자의 제한된 관점이나 오도된 관심으로 인해서도 생길 수 있다. 복음서 기자들이 그들의 기사를 기록했을 때, 그들은 독자들이 역사적 상황이나 사회 환경, 시대 분위기뿐만 아니라 예수의 생애와 사도들에 관해서도 공통된 지식을 공유할 것이라고 전제했을 수 있다. 이러한 사전 지식의 상당 부분이 세대가 바뀜에 따라 사라졌으며, 예수가 이 땅에 있을 때와는 전혀 다른 국가나 문화권에 사는 후대의 독자들은 그에 대해 무지했다. 해석자의 임무는 이렇게 보충 지식이나 설명을 통해 점점 멀어지는 간격을 좁히는 것이다. 이는 정확히 무슨 일이 발생했는지에 관해 통찰력을 얻는 것도 포함한다. 그런데 때때로 그것을 더 이상 재구성할 수 없는 경우도 있다. 마가복음의 독자들은 알렉산더와 루포를 알았기 때문에 구레네 사람 시몬을 알 수 있었던 것 같다. 독자들이 그것을 몰랐다면 마가가 아버지의 신원을 확인하기 위해 그 아들들의 이름을 언급한다는 것은 무의미했을 것이다(막 15:21). 알렉산더와 루포가 잘 알려져 있었다는 사실은 구레네 사람 시몬에 관한 이야기에서 더 많은 배경 지식을 제공한다. 그의 아들들이 기독교인이 되었던 것일까? 혹은 그들의 아버지가 이미 신자였을까? 하지만 우리에게 알렉산더와 루포가 알려져 있지 않기 때문에, 이런 부차적이고 보충적인 정보는 후대 독자들에게 별 의미가 없다.

특정한 유대 관습의 경우에 비슷한 상황이 발생한다. 그 당시 사람들은 정말 시장에서 돌아오면 항상 씻었는가?(막 7:3~4) 이러한 관습의 배경은 무엇이었는가? 이에 대한 대답은 예수가 서기관들과 맞선 사건을 분명히 이해하는 데 필요하다. 하지만 이 점에 관해 충분한 정보가 없다. 따라서 우리에게 그 역사는 아마 최초의 독자들에게보다는 다소 흐릿해졌다고 볼 수 있다. 선명한 부분보다 희미한 부분이 더 많아졌다는 사실 자체는 문제가 아니다. 하지만 우리의 시야에 사각지대가 생겼다는 사실을 인식하지 못할 때, 그리고 우리가 모든 필요한 정보를 가지고 있다고 생각하기 시작할 때 그것은 문제가 된다. 예를 들어 다른 복음서를 한 권 혹은 두 권 더 참조하게 될 때, 어떤 사건들이 갑자기 더 선명해지거나 혹은 다른 각도에서 그것들을 보게 될 수 있다. 우리가 목격자들에게 자문을 구할 때에도 같은 일이 생길 것이다. 그들은 모든 오해를 깔끔하게 해소해 줄 수 있을 것이다. 하지만 우리에게는 그러한 기회가 없기 때문에 조심스럽게 판단을 내려야 한다. 하나의 이야기가 여기저기서 다른 복음서 기자가 쓴 이야기와 모순된다는 결론은 결코 하나의 잠정적인 결론 그 이상의 어떤 것도 될 수 없으며, 단지 추가적인 연구나 조사의 대상이 될 뿐이다. 거의 2천 년이 흐른 지금 독자가 그런 조사를 수행하기에 항상 좋은 위치에 있는 것이 아니다. 따라서 어떤 것들에 대해 설명할 길이 없다 할지라도 우리는 당황할 필요가 없다. 우리가 유일하게 당황해야 할 상황이 있다면, 그러한 해결할 수 없는 문제들이 예외적인 경우가 아니라 지배적인 경우일 것이다.

우리는 또한 후대 독자들이 제기하는 질문의 유형이 복음서 기자들이 제공하려고 의도했던 종류의 정보와 서로 잘 맞지 않는다는 사실을 짚고 넘어가야 한다. 시간이 흐른 후에 원래의 저자는 전혀 관심이 없었던 그런 문제들에 대해 수많은 질문들이 제기되었다. 우리는 모든 사건의 정확한 시간적 순서를 알고 싶어 하지만, 일반적으로 사건들의 순서에 주목하지 않았던 복음서 기자들은 시간적 순서가 항상 그렇게 중요한 것이라고는 여기지 않았다. 예를 들자면, 여리고 근방에서 한 소경을 고친 사건을 기술하면서 누가는 이 이야기가 다른 복음서 기사들에 나오는 유사한 이야기들과 어떤 관련을 가지는지에 대해 아예 설명 자체를 시도하지 않는다. 그럼에도 불구하고 이에 관해 남은 질문들이 제기되었다. 간단히 말해서 우리의 관심의 범위와 우리가 질문을 제기하는 방식은 종종 복음서 기자들이 기술했던 테두리를 넘어선다. 하지만 그들이 기술한 바가 이러한 질문들에 대한 답을 제공하지 못한다고 해서, 실제의 역사 자체가 우리들이 던지는 질문의 무게를 지탱하지 못할 만큼 선명하지 않다는 의미는 결코 아니다.

　사실들에 대한 믿음을 유지하기 위해 모든 질문에 대한 그런 정확한 대답들이 꼭 필요한 것도 아니다. 현대인들은 단지 소문으로(라디오나 신문) 알게 된 수많은 사실들과 사건들을 수용함에 있어, 그 세부 사항들을 반드시 다 알려고 하거나 발견하려고 들지 않는다. 오히려 그 반대다. 예수의 지상 생애에 관해 모든 일차적인 지식을 가지려면 얼마든지 가질 수 있는 사람들이 있었지만, 그들은 그 사실을 받아들이기를 거부했다. 유대인의 산헤드린 공의회는 무덤을 지켰던 파수꾼들이 사건을 목격하고 보고한 증언을 들었고, 또한 그들과 함께 모든 사실을 자세히 논의했다. 또한 그가 죽은 자들 가운데서 살아나리라고 했던 예수의 예언에 대해서도 알고 있었다. 그들은 예언과 사실을 직접적으로 접할 수 있었다. 그럼에도 불구하고 그들은 거짓으로 사실들을 은폐했다. 기독교 신앙은 복음의 사실들에 기초한다. 하지만 그것은 끝까지 믿음으로서 존재한다. 그러하기에 많은 것을 말해 주지만 모든 것을 말해 주지는 않는 복음서 기사들에 의해서도 그 믿음은 살아서 지속될 수 있는 것이다.

결론

　복음서는 네 권인데, 역사는 하나인가? 이것은 2장의 일반적인 질문이었다. 우리의 결론은 이러하다. 조화 작업은 때로 실제 가능한 것보다 더 정확한 예수 역사에 관한 지식을 추구하는 반면, 오늘날의 반 조화적 사고 방식은 우리가 복음서들에서 찾을 수 있는 많은 역사적인 사실들을 거부한다. 하지만 복음서들은 예수 생애의 역사에 관한 신뢰할 만한 자료들이라는 사실을 무조건적으로 거부하는 것이 정당화될 만한 그런 문제들은 없다.[135] 실제로 우리가 보는 문제들은 무한한 실재에 대한 하나의 유한한 묘사이기에 어느 정도는 불가피한 것들이다. 하지만 그러한 문제가 복음서들의 역사성을 손상시키지는 않는다. 비록 사건들에 관한 완벽한 묘사를 항상 해낼 수 있다는 가능성이 손상되기는 하지만 말이다. 하지만 복음서를 존중하며, 그 책들이 하나님의 아들이 이 땅에 오셔서 하신 일들에 대한 증언이라고 여기는 사람들은 기꺼이 그 역사적 이미지를 순전하게 그리고 가능한 한 선명하게 유지하려는 수고를 감수할 것이다. 따라서 우리는 2장에서 논의한 몇 가지 일반적인 사항들만으로는 만족할 수 없으며, 예수의 지상 생애의 다양한 시기들에 대해 더 상세한 논의를 전개해 보려고 한다.

---

135) 다음을 참조하라. C. L. Blomberg, *The Historical Reliability of the Gospels* (Leicester, England: Inter-Varsity, 1987). P. W. Barnett, *Jesus and the Logic of History, New Studies in Biblical Theology* 3(Grand Rapids: Eerdmans, 1997).

3장

예수의 지상 생애 시기

시기 구분의 가치
탄생에서부터 세례까지
예수의 세례로부터 요한이 잡힐 때까지
갈릴리 시기와 요한복음
갈릴리에서 예루살렘으로의 여행
예수의 죽음, 부활 그리고 승천
시기 구분과 연대표

예수의 지상 생애 시기

시기 구분의 가치

각각의 복음서는 예수의 지상 생애 전체 역사로부터 제한적으로 선별된 자료들을 포함하고 있다. 이처럼 선별된 자료들을 적절히 비교하기 위해서는 사건들이 발생한 역사적 구조에 대한 선명한 그림을 필요로 한다. 역사를 다양한 시기로 구분하는 것은 자료들을 정리하여 체계적인 구조를 만드는 유용한 방법이다. 실제로 네 복음서 기자들 모두 시기들을 구분할 수 있는 표지를 제공하고 있다. 우리는 먼저 이러한 표지들을 비교해 보고, 개별적 복음서의 내용을 시기별로 연구해 볼 수 있을 것이다.

예를 들어 누가는 다른 복음서 기자들이 기록한 것과 유사한 내용을 기록하고 있지만, 그것들을 다른 시기에 배치시킨다. 하지만 우리가 아는 바는 시간 순서상의 이유로 인해 그 유사한 자료들이 실제로 같은 사건이나 설교를 묘사하는 것이라고 전제할 수는 없다는 것이다. 이야기들이 위치하고 있는 특정한 시기에 대해 앎으로써 우리는 이야기들을 부정확하게 동일시하는 위험을 줄일 수 있다. 많은 말씀과 기적이 예수에 의해 다양한 형태로 반복되었기 때문에, 그러한 부정확한 동일시는 실제적으로 나타날 수 있는 위험이며 또한 상대적으로 자주 발생한다.

시기 규정의 두 번째 장점은 그것이 우리에게 각 복음서의 독특한 특성에 대해 일종의 첫인상을 가질 수 있도록 도와준다는 것이다. 왜 복음서 기자가 특정한 시기를 생략하거나 혹은 강조하는지에 대한 해답을 찾으면 저술 목적을 발견하거나 확정하는 데 도움을 얻을 수 있다.

예수의 생애를 시기별로 나누는 데는 한두 가지 문제들이 관련되어 있는데, 그 문제들은 개별적인 관심을 기울여야 할 대상임에도 불구하고, 단순히 복음서들끼리 혹은 이야기별로 비교할 때는 적절히 다루어지지 않고 있다. 어떤 시기의 구획들(divisions)은 그 자체로 명백한데, 이런 경우는 인생의 고정된 시기인 경우에 그렇다. 예를 들어 탄생과 유년기가 먼저 나오고, 죽음은 끝에 나온다. 또한 어떤 구획은 사실에 비추어 자명하다. 예를 들어 세례 요한의 시기가 먼저 나오고, 예수의 사역 시기가 따라온다. 마찬가지로 갈릴리에서의 사역이 예루살렘에서의 고난주간에 관한 이야기보다 먼저 나온다. 만약 이러한 핵심적인 구획들이 없었다면 아마도 복음서 전체를 포기해야 할지도 모른다.

이보다 좀 덜 뚜렷한 시기 구분점이 다수 있는데, 이것이 복음서들의 비교에 영향을 끼친다. 예를 들어, 요한복음에 나타난 세례 요한에서 예수로의 전환기라든가, 갈릴리에서의 사역 기간 동안의 과정은, 다른 복음서에 나타난 동일한 기간에 대한 기사들과 비교했을 때 차이가 난다. 갈릴리를 떠난 후부터 예루살렘에서의 고난수산 선*까*지의 기간은 얼마나 되는지, 그리고 그 기간은 어떤 의미를 가지는지에 대해서 누가와 다른 복음서 기자들은 서로 차이를 보인다. 다음 장들에서는 이런 문제들을 중점적으로 다루어보고자 한다.

탄생에서부터 세례까지

오직 두 복음서만이 예수의 탄생과 그 이후의 시기, 즉 요한에게 세례를 받은 후부터 공적 사역 시작에 이르기까지에 대한 이야기들을 제공한다. 마태복음 1~2장, 누가복음 1~2장은 이 시기에 관한 유일한 자료들이다. 이 시기와 관련해 그들이 기록하고 있는 사건들은 4장에서 논의할 것이다. 여기에서는 왜 마가와 요한이 이 시기에 관해 완전히 침묵하고 있는지에 관해서만 논의할 것이다. 두 사람 모두 성육신하신 하나님의 아들(막 1:1)과 성육신하신 말씀(요 1:14)에 관한 사실을 그들의 출발점으로 삼고 있다. 하지만 그들은 이 땅에서의 예수 탄생에 동반된 특별한 사건에 대해서는 침묵한다. 그렇다면 복음서들 안에 기록된 역사는 점차적으로 발전된 것이며, 부분적으로 꾸며낸 이야기라는 것이 사실이란 말인가? 우리가 지금 여기서 다루고 있는 것은, 좋은 의도이긴 하지만(영원하신 하나님과의 접촉점을 만들고, 또한 후대에 일어날 기독론을 준비하기 위하여), 사실성과 역사성이 결여된 탄생과 부활에 관한 이야기들을 후대에 와서 미화시킨 역사의 핵심(사역, 오해, 십자가 처형) 사항들인가? 탄생 기사가 단지 두 복음서에만 나온다는 점 때문에 너무나 많은 학자들이 이런 식의 추론을 따르는 실정이므로, 이러한 현상에 대해 생각해 보는 것은 중요한 일이다.[136]

예수의 탄생과 유년기에 관한 사실은 그의 생애에 관한 다른 사실과 동일한 중요성을 가진다. 그가 이 땅에 머물렀던 하루하루는 바로 우리의 대속물로서 하나님 앞에서 살았던 하루하루다. 그럼에도 불구하고 계시의 역사에서 이 초기 시간은 이후 시간들과는 그 기능이 달랐다. 이스라엘에서 예수의 사역이 그러했듯이, 세례 요한의 사역도 많은 사람들의

---

[136] 좀 더 폭넓은 논의를 위해서는 저자의 논문, "Geboortegeschiedenis als sluitstuk?" *De Reformatie* 54(1978~79): 741~745를 참조하라.

관심을 끌었다. 그래서 베드로는 고넬료가 모든 일에 관해 알고 있었다고 진술할 수 있었다(행 10:37). 그리고 마가는 베드로가 설교한 내용, 즉 세례 요한의 이야기로부터 시작되는 그의 메시지를 기록했다(막 1:1~13). 처음에 예수의 설교는 천국이 가까이 왔다는 내용과 회개와 믿음의 필요성에 관한 것이었다. 예수의 탄생과 유년기 같은 초기의 사건들은 사람들에게 선포되던 내용의 일부가 아니었다. 이는 이러한 사건들이 비밀이었거나 혹은 알려지지 않았다는 것을 의미하지 않는다. 오히려 그것들은 이스라엘에게 주어졌던 계시에 있어서, 하나님의 나라나 계명들 그리고 예수의 약속들과 같은 내용의 선포와는 다른 위치를 차지한다는 것을 의미한다.

초기 사건들의 위치는 건물의 기초에 비교할 수 있다. 벽처럼 견고하지만 직접적으로 볼 수 없다는 말이다. 예수가 자신의 사역과 설교에서 자신의 탄생을 둘러싼 특별한 사건에 대해 관심을 요구하지 않은 이유는 그의 겸손과 밀접하게 관련되어 있다. 그는 결코 자신의 영광을 구하지 않았다. 그가 온 것은 사람들로 하여금 아버지를 알게 하기 위함이었다. 사람들이 그의 말씀을 듣고, 그가 행하는 표적을 보고 믿기를 원했다. 그러나 사람들의 불신 때문에 심지어 자신이 고난을 당할 때에도, 그는 하나님을 찬송했던 천사들에게(이에 관해 일부 노령의 목자들은 그들이 보았던 바를 여전히 확인해 줄 수 있었을 것이다) 마지막 순간에 호소함으로써 그 상황을 피하려 하지 않았다. 성육신하신 하나님의 아들을 믿는 것은 무가치한 일이라고 여기는 사람들이나 그의 고난을 인정하려 들지 않는 사람들은, 세례 요한 이전 시기에 관한 추기 정보를 필요로 하지 않을 것이다.

예수는 자신의 전기를 사람들에게 읽어주기 위해 이스라엘에 온 것이 아니라 세례 요한이 선포했던 그 약속들을 성취하기 위해, 즉 죄를 사하고 성령으로 세례를 주기 위해서 오셨다. 탄생 기사는 구세주의 가르침

속에 들어갈 자리가 없는 것이다. 따라서 그의 가르침을 출발점으로 삼는 복음서들 역시 탄생에 관한 별도의 언급 없이 세례 요한부터 부활에 이르기까지의 그 모든 이야기를 다 말할 수 있는 것이다. 이 사실은 마가복음에 적용되며, 또한 조금 다른 방식으로 요한복음에도 적용된다. 요한은 예수가 그리스도라는 사실을 보여주기 원했다. 그는 주로 그 자신의 기억으로부터 어떻게 예수가 자신을 계시했는지를 기술했다. 탄생 기사는 그가 목격자로서 말하고 기록할 수 있는 것들이 아니었다. 바로 그러한 이유로 요한의 증언은 자신이 제자로 살았던 그 시간들에 관련되어 있는 것이다(처음에는 세례 요한, 나중에는 예수의 제자였다). 그리고 예수가 공생애 동안 자신의 탄생 과정에 대해 증거하지 않았기 때문에 그 초기 역사는 어둠 속에 남아 있는 것이다.

마태와 마가의 저술 환경은 상당히 다르다. 마태는 유대 기독교인들에게 예수의 족보를 제공하는데(마 1:1), 바로 그 족보 때문에 그는 예수의 탄생으로까지 거슬러 올라가는 것이다(마 1:18). 그가 예수의 탄생과 초기의 자료를 선택한 것은 예언 성취에 관련되는 요소들을 그가 선호했기 때문이다. 마태는 예수의 역사에 관한 완전한 기록물을 작성하려는 것이 아니었다. 오히려 그의 의도는 몇몇 이야기들에 근거하여 예수 생애의 초기에 어떻게 구약에 기록된 말씀이 성취되었는지를 보여주는 것이었다(마 1:23; 2:6, 15, 18, 23).

누가는 데오빌로를 위해 복음서를 기록했다. 그의 또 다른 의도는 모든 일을 '근원부터'(눅 1:3) 기록하는 것이었다. 그의 관점은 마태보다 광범위했다. 그는 세례 요한의 초기 역사뿐만 아니라 예수 탄생 전후 사건들도 복음서에 포함시켰다. 누가가 특별히 의욕적이었던 부분은 외부 세계가 예수의 초기 역사에 있었던 사건들과 교차한 순간에 대해 기록하는 것이었다. 마태복음에서 우리는 요셉에게 개인적으로 얘기했던 천사들에 관한 친밀한 역사를 발견할 수 있는 반면(마 1:20; 2:12, 13, 19), 누가복음에서는 보다 폭넓은 집단 안에서 선포되고 논의된 사건들에 관해 읽을 수 있다(눅 1:58, 65; 2:10, 20, 38, 46). 마가와 요한이 탄생 기사에 관해 침묵하고 있는 것이 예수 자신이 그의 가르침 가운데서 그러한 사실을 중시하지 않았기 때문이었다면, 마태와 누가가 이 사건들을 포함시킨 것은 그들의 책이 다른 목적을 가지고 있었기 때문이라고 할 수 있다.

실제로 탄생 기사에 관한 사실이 알려지지 않은 채로 남아 있었던 것은 아니었다. 제사장 사가랴의 침묵은 성전에 있었던 사람들 모두의 말문이 막히게 하고도 남을 만한 사건이었다. 그들은 그가 성소에 있는 동안 환상을 보았다는 것을 이해했기 때문이다(눅 1:22). 1년 새 그 소식은 유대 산지 전역에 퍼졌고, 더 많은 사람들에게 대화의 주제가 되었다. 여호와 하나님께서 사가랴에게 나타나셨고, 지금 그의 집에 놀라운 일들을 행하고 계신다. 여호와는 또한 이 제사장을 예언자로 삼아 장차 곧 일어날 일들을 선포하게 하셨다(눅 1:67). 얼마 되지 않아 같은 유대 지방에 천사들이 목자들에게 나타났다는 놀라운 소문들이 들렸다(눅 2:8, 20). 다시 한 번 성전에서 예언의 목소리가 울려 퍼졌다. 많은 사람들이 시므온의 말을 들었고, 안나는 예수의 탄생 소식을 예루살렘의 모든 신실한 사람들에게 전파하며 그의 탄생이 가져올 놀라운 일들에 관해 알렸다(눅 2:28, 38). 얼마나 흥미진진한 대화의 주제였겠는가!

예수와 세례 요한의 탄생을 둘러싼 사건들에 관한 정보가 휴면 상태에 있는 이유는 예수가 나사렛에서 그리고 세례 요한이 광야에서 성장했기 때문이며, 또한 예수 탄생 이후 평범하게 30년이라는 시간이 흘렀기 때문이다. 예수의 사역이 시작되었을 때, 그는 갈릴리 나사렛 출신으로 알려졌다(요 7:41~42). 예수와 베들레헴을 연관지을 만한 아무런 합당한 이유도 없는 것 같다. 비록 그가 베들레헴에서 태어난 것으로 알려지긴 했지만, 베들레헴이 그의 고향이 아니라는 문제가 계속 걸리기 때문이다. 하지만 누가가 나중에 예수와 베들레헴의 관련성에 대해 명백히 알게 되었다는 것은 당연한 일이다. 누가 자신이 혹은 그의 부모가 실제로 유대 지방에서 살면서 그 사건(예수 탄생)을 접했을 수도 있다. 당시 수많은 다른 사람들처럼 그들은 예루살렘이나 가이사랴에서 비유대인 신분으로 살았을지도 모른다. 또는 사건 당시에 그 자리에 있었던 사람들로부터 누가가 정보를 입수했을 수도 있다. 어찌 됐건 누가의 지식은 (아마도 어떤 매개자를 통해) 마리아로부터 나온 것이 틀림없는 상세한 추가 정보로 보충되었다(눅 1:26~56).

마태가 제공하는 보다 사적인 가족사는 예수의 어머니 마리아와 그의 형제 야고보를 통해 공동체에 알려지게 되었음이 분명하다. 그들은 요셉의 꿈 속에 나타난 천사들이나 동방 박사들, 이집트로 피난갔던 기간이나 팔레스타인 지경 밖에서 머물렀던 시간과 같은 거의 알려지지 않은 이야기들에 대해 증거할 수 있었기 때문이다. 그들은 또한 왜 자기 가족이 베들레헴으로 돌아가지 않고 나사렛에 가서 살았는지 알고 있었다. 후인에 예수가 이 모든 일에 관한 성경적 이유를 자신의 가족에게 설명해 주었을 가능성도 배제할 수 없다. 따라서 마태복음에 나오는 예언 성취를 보여주는 인용구들은 야고보가 기억해 낸 예수의 가르침이 마태에게 전달된 것일 수도 있다. 우리는 예수가 겨우 열두 살 되었을 때 그의 지식으로 장로들을 놀라게 했던 일(눅 2:47)과 심지어는 유년기와 청년기에 그의 지혜가 자라갔던 것을 알고 있다(눅 2:40, 52). 그가 이 땅에 태어나고 성장했던 시기의 파란 많은 가족사에 관해 예수가 지혜롭게 말했던 것들을 그의 어머니와 형제들이 어찌 기억하지 못했겠는가? 비록 그들이 처음에는 불신 가운데 그의 가르침을 거부하긴 했지만(요 7:3~5), 그 가르침은 여전히 그들의 기억 속에 남아 있었고, 그 기억은 나중에 믿음의 각성을 통해 다시 살아날 수 있었다. 예수의 사도 중 한 명이었고, 예루살렘에서 예수의 가족 구성원들과 가까운 연고를 가지고 있었던 마태는 그의 일차적인 정보 덕분에 예수 그리스도의 기원과 지상에서의 초기 역사를 그의 책머리에서 다룰 수 있었던 것이다.

역사적-전기적 관점에서 볼 때, 예수의 탄생과 청년기는 그의 생애에서 그 이후 시기와 비교했을 때 질적으로 별 차이가 없다. 하지만 '계시의 역사'의 관점에서 보았을 때 이 초기의 역사는 후기 역사와 질적으로 상당한 차이가 있다. 예수는 사람들이 모든 관심을 그의 가르침과 죄를 속하기 위한 자신의 고난에 두기 원했기에 자신의 초기 역사에 관해서는 가르치지 않았다. 하지만 그를 믿는 신자들에게 있어서 그의 시작을 찬양하는 것은 하나의 특권이다. 되돌아보면 모든 일이 처음부터 의도되었다는 것이 드러난다. 마태와 누가는 신자들로 하여금 자신들이 배운 바의 확실함을 알게 하기 위해 바로 그 처음의 역사를 기록했던 것이다(눅 1:4).

예수의 세례로부터 요한이 잡힐 때까지

네 명의 복음서 기자 모두 예수가 요단 강에서 세례를 받은 이야기(마 3:13~17; 막 1:9~11; 눅 3:21~22)나 혹은 그 사건에 관한 회고(요 1:32~34)를 기록하고 있다. 그리고 세 명의 복음서 기자는 예수의 세례와 광야에서의 시험을 밀접하게 연관 짓고 있다(마 4:1~11; 막 1:12~13; 눅 4:1~13). 세례와 시험은 하나의 연속적이고 역사적인 사건이라는 점에서 의심의 여지가 없는 것이다.

하지만 이 일 후에 마태, 마가, 누가는 시간적으로 한밑 건너뛴다. 그들은 어떻게 예수가 세례와 시험 이후에 세례 요한을 대체하며 등장했는지를 묘사한다. 이러한 이유로 그들은 세례 요한이 체포되고 예수가 갈릴리에서 세례 요한의 설교를 계속 이어갔던 순간으로 건너뛴다(마 4:12~17; 막 1:14~15; 눅 4:14~15). 누가는 세례 요한의 체포를 언급하면서 많은 말을 하지 않는다. 하지만 3장에서 이미 그는 세례 요한이 체포되었다는 것을 설명했다(눅 3:18~20). 누가복음 7장 18절에서 우리가 또한 보게 되는 것은 누가가 5장 14절~7장 17절에서 말한 '이 모든 일들'이 발생했을 때 세례 요한은 이미 감옥에 있었다는 것이다. 세례 요한은 자신의 제자들에게서 그 모든 일에 관해 들었다.

처음 세 복음서는 세례와 갈릴리에서의 사역 사이에 시간적 간격이 있음을 시사한다. 하지만 그들은 그 기간이 어떤 중요성을 가지는 시기인지에 관해서는 말하지 않는다. 이야기의 핵심을 벗어난 사항이기 때문이다. 우리는 심지어 예수가 광야에서의 시험 직후에 바로 갈릴리로 설교하기 위해 갔다는 인상을 받을 수도 있다. 하지만 좀 더 자세히 살펴보면 이는 단지 막연한 느낌에 불과하다는 것이 드러난다. 왜냐하면 처음 세 복음서 기자들은 갈릴리에서의 예수 사역의 연대를 매김에 있어 그의 시험이 아니라 세례 요한의 체포를 기점으로 하고 있기 때문이다. 세례 요한의 체포에 관해서는 더 이상의 설명이 없는데, 이는 복음서 기자들이 예수의 세례와 세례 요한의 체포(이에 관해 그들은 아무것도 말하지 않는다) 사이에 특정한 기간이 있었다는 것을 분명히 시사한다는 것이다.

요한은 우리에게 이 기간 중에 일어난 사건들에 대한 정보를 제공한다. 그리고 우리는 그의 복음서에서 그 시간적 간격이 얼마간 지속 되었음을 추론할 수 있다. 요한은 그리스도요 하나님의 아들인 예수에 관한 자신의 기억들을 제공하는 데 열중한 나머지 예수의 탄생에 관해서는 어떤 자료도 보고할 수 없었다. 하지만 그가 할 수 있는 일은 갈릴리 사역의 초기 역사라고 할 수 있는 부분에 관해 나름대로 기여를 하는 것이었다. 요한은 그 시기를 처음에는 세례 요한의 제자로, 그 후에는 예수의 초기 제자 중 한 명으로서 보냈다. 바로 그런 이유로 인해 후대 사람들은 어떻게 그 시기에 예수가 자신이 누구인지를 나타내기 위해 스스로에 관해 말하고 공적으로 표적과 기사를 행했는지를 배울 수 있다.

요한복음 3장 28절에서 세례 요한은 여전히 살아 있는 것으로 나타난다. 요한의 책에서 이 시점보다 앞서는 자료는 시간 순서대로 제시되어 있다. 그 부분은 연속적인 5일 동안 일어났던 사건들(요 1:19~28; 1:29~34; 1:35~43; 1:44~52; 2:1~11)과 가버나움(2:12)에서, 그리고 예루살렘(2:13~3:21)에서 발생했던 사건들을 다룬다. 그 후에 예수가 유대에서 세례를 받았던 시기가 나오며(3:22~36), 4장에 가서야 유월절 명절 후에 그가 갈릴리로 돌아온 것에 관해 읽게 된다(4:13; cf. 4:43~45). 그 동안에 이미 겨울이 되었다(4:35). 그가 갈릴리로 물러갔던 이유는 세례 요한보다 그를 따르는 사람들이 많아졌다는 것을 바리새인들이 알게 되었기 때문이다(4:1). 분명히 복음서 기자는 이 일 가운데서 암묵적인 위협(바리새인들의 적대적인 감시)을 보았다. 선지자가 그 고향(이스라엘, 특히 예루살렘)에서는 높임을 받지 못하는 법이다. 따라서 예수는 갈릴리 북부 지방으로 옮겼는데, 거기서는 더 나은 대접을 받았다(4:43~45).

예수가 세례 요한보다 더 많은 추종자를 얻게 되었다는 관찰 보고가 예수에게 진정한 위협이 될 수 있는 경우는 오직 세례 요한이 위협적인 인물로 이미 붙잡혔거나, 체포되었거나, 또는 죽임을 당했을 때이다. 예수가 예루살렘과 유대로 간 지 약 9개월 후에 갈릴리로 돌아왔던 시기는 처음 세 복음서 기자들이 시사하는 바와 마찬가지로 세례 요한의 체포 시기와 겹치는 것이 틀림없다. 그러므로 그 다음 번에 명절을 지키기 위해 예루살렘에 갔을 때 예수가 세례 요한의 사역에 관해 "요한은 켜서 비추이는 등불이라 너희가 한때 그 빛에 즐거이 있기를 원하였거니와"라고 과거 시제로 말하는 것은 당연한 일이다(5:35).

요한복음은 세례와 갈릴리에서의 사역 사이의 기간이 약 10개월 정도였다는 것을 암시한다. 처음 세 복음서 기자들의 이야기의 초점은 다른 곳에 있었기 때문에 이 기간은 단지 하나의 다리 혹은 과도기에 불과했다. 예수가 세례 요한의 뒤에 오실 분으로서 전면에 나서서 장차 오게 될 나라를 계속해서 선포한 것은 세례 요한의 체포 이후였기 때문이다. 하지만 요한은 예수가 어느 정도 세례 요한의 그늘 속에서 사역하던 시기에 관해 설명해 준다. 예수가 나중에 가지게 될 요한의 뒤에 오실 분으로서의 이미지는 이미 이 시기 동안에 윤곽이 잡히고 있었던 것이다.

갈릴리 시기와 요한복음

처음 세 복음서 기자들은 갈릴리 시기의 '시작'(세례 요한의 체포 후에)을 그 '끝'만큼이나 선명하게 표시한다. 예수가 예루살렘을 향한 그의 마지막 여정을 위해 떠났던 순간은 선명하게 규정되어 있다(마 19:1; 막 10:1, cf. 9:30; 눅 9:51). 따라서 처음 세 복음서에서는 갈릴리 시기를 쉽게 인지할 수 있다.

하지만 요한복음에서는 상황이 전혀 다르다. 얼핏 보면 요한은 갈릴리에서의 길고 방대한 사역에 관해 아무것도 모르는 것처럼 여겨진다. 요한복음 안에서 우리가 예수와 훨씬 자주 마주치게 되는 곳은 예루살렘이다. 이러한 사실은 세례 요한의 체포 이전 시기와 관련해서는 놀랄 일이 아니지만, 그 이후의 시기와 관련해서는 이상한 일이다. 요한복음 5장과 7~10장은 거의 대부분 예루살렘에서 발생한 일이다. 하지만 여기에서 보는 것은 아마 착시 현상일 수도 있다. 요한의 이야기는 매우 선별적이다. 그는 오래된 기억들을 꺼내어 그것들을 한 줄로 엮어낸다. 예수 생애에 관한 개관으로 보이는 것이 실제로는 오랜 기간 동안의 스냅 사진들을 시간 순으로 배열한 것이다. 요한은 예루살렘에서 찍은 스냅 사진들을 선호한다. 그는 예수와 가장 저명한 지도자들 간의 만남을 스케치하며, 그리스도가 어떻게 수도인 예루살렘에서 자신에 관해 증거했는지를 보여준다. 이러한 접근법은 갈릴리 시기가 사실상 존재하지 않았다는 인상을 줄 수 있다. 하지만 좀 더 자세히 살펴 보면 비록 갈릴리 사역의 큰 부분들이 요한의 책에는 빠졌지만, 요한이 그것들에 관해 몰랐던 것은 아니라는 사실을 알 수 있다. 요한이 행간을 통해 우리에게 보여주는 것은 오랜 시간 동안 갈릴리가 실제적인 배경이었고, 예루살렘은 단지 예수가 명절에 방문했을 때 가끔씩 등장할 뿐이라는 사실이다.

이런 특정한 사건들을 강조한다는 사실 때문에 요한이 다른 복음서 기자들이 분명히 보여주는 일반적인 패턴에서 이탈되었다고 할 수는 없다. 예를 들어 요한복음 7장에서 예수의 형제들이 그가 사역을 주로 갈릴리에서만 수행한다는 이유 때문에 짜증을 내는 모습을 보게 된다. 이 사실에 주목하는 것은 다른 복음서 기자들이 아니라 오히려 요한이다. 따라서 그는 갈릴리에서의 사역에 관해 잘 알고 있었던 것으로 보인다(요 7:1~4). 요한은 또한 예루살렘에서 예수가 오지에서 활동하는 갈릴리 사람으로 여겨졌다는 것을 알고 있었다(요 7:41, 52). 따라서 요한은 그가 상세하게 묘사하는 예루살렘에서의 사건들이 명절 동안에 발생했다는 것을 주의 깊게 나타낸다. 그 명절 기간 중에 갈릴리 사람들은 수도를 방문했고, 예수는 흔히 그들 중에 있었다(요 5:1; 7:10). 이 점에 관한 요한과 다른 세 복음서 기자들의 차이점은 주의 깊은 비교를 통해 명백해지며, 동시에 사라지게 된다.

하지만 그 반대도 참인가? 요한은 오랜 갈릴리 사역을 전제하고 있었다 치더라도, 다른 세 명의 복음서 기자는 명절 동안에 예루살렘으로 갔던 여행들에 관해 알고 있었는가? 달리 말하자면 요한복음에 나타난 명절 여행들을 볼 때 갈릴리 사역이 상당히 오랜 시간 시속되었다는 것을 추정할 수 있는데, 그렇다면 공관복음 기자들 역시 그렇게 긴 기간을 묘사하고 있는 것인가, 아니면 훨씬 짧은 기간, 고작해야 1년 정도의 시간을 묘사하고 있는가? 이 점에 관해 복음서 기자들은 서로 상충된다고 흔히 주장되고 있지만, 사실은 그렇지 않다. 누가복음 13장 34절에서 우리는 예수가 자주 예루살렘을 방문했다는 것을 읽게 된다. 비록 누가가 그 여행들에 관해서 혹은 그 여행 중에 무슨 일이 일어났는지에 대해 더 이상 정보를 주지 않기는 하지만 말이다("예루살렘아, 예루살렘아…… 내가 너희의 자녀를 모으려 한 일이 몇 번이냐?").

우리는 또한 마가와 마태가 예루살렘 여행들을 기정 사실로 받아들였을 가능성도 고려해 보아야 한다. 비록 그들이 그 여행에 관해 기록하지 않았지만 말이다. 어쨌든 다른 모든 경건한 갈릴리 사람들이 했던 일을 예수가 하지 않았다고 믿어야 할 이유는 없다. 만약 예수가 명절 기간 동안 항상 집에만 있었다면, 그것이 오히려 예루살렘으로 정상적인 여행을 한 것보다 더 언급할 가치가 있는 일이었을 것이다.

만약 처음 세 복음서 기자가 1년 미만의 기간을 전제하고 있었다면, 이러한 추론의 과정은 합당하지 않을 것이다. 만약 그랬다면 명절 여행을 몇 차례 이상 할 수 있는 시간이 없었을 것이다. 하지만 처음 세 복음서 기자들도 갈릴리 사역이 1년 이상 지속되었다는 것을 간접적으로 시사하고 있다.

1. 안식일에 곡식의 이삭을 잘라 먹었던 에피소드(마 12:1~8; 막 2:23~28; 눅 6:1~5)는 유월절 직후에 발생했다. 추수 때가 다가오고 있었다(대부분의 사본에서, 누가복음 6장 1절의 '안식일'은 '첫 번째 안식일 이후 두 번째 안식일'[the second first Sabbath]이라고 명시되어 있는데, 이는 유월절 달 중에 있는 새로운 예배력[liturgical year]의 시작을 가리킨다고도 볼 수 있다).
2. 우리는 '나중의' 한 에피소드에서, 즉 오천 명을 먹이신 이야기에서 절기에 관한 두 번째 명칭을 발견한다. 이 사건은 잔디가 푸를 때 발생했는데(막 6:39), 이는 메마른 초원 지대에서는 오직 봄에만 있을 수 있는 일이다(마 14:13; 막 6:31~33; 눅 9:12).

처음 세 복음서에 나오는 이러한 세부 사항들은 갈릴리 사역 기간이 사마리아를 통과하는 여행 후의 겨울에 시작되었고(요 4:35), 고난 받기 위한 마지막 여행이 시작되기 전에 두 번의 봄이 있었다는 것을 시사한다. 따라서 갈릴리 사역은 적어도 1년 반 혹은 2년간 지속되었다.

요한복음에 나타난 정보는 우리로 하여금 그와 같은 방향으로 가도록 설득한다. 요한은 예루살렘에서 명절을 배경으로 일어난 사건과 담화들 중에서 가장 중요한 시점들을 보고하고 있기 때문에, 그의 복음서는 특정한 시기의 '기간'이 얼마나 되는지 결정하는 수단으로 쉽게 사용될 수 있다.

요한복음 2장에 언급된 유월절은 여기에서 고려되지 않고 있는데, 이유는 그 명절이 세례 요한의 세례 후부터 갈릴리로의 여행 사이에 있었기 때문이다. 요한복음 11장 55절에 나타난 유월절 또한 이 논의 밖의 문제인데, 왜냐하면 이는 예수가 죽었던 바로 그 유월절이기 때문이며, 그 때에는 명백히 갈릴리 시기가 끝났었기 때문이다. 요한복음 10장 22절에 언급된 수전절의 경우도 마찬가지다. 이 명절 전후에 예수는 더 이상 갈릴리에 머물고 있지 않고 베레아에 있었기 때문이다. 요한복음 10장 40절에서 우리는 예수가 '다시' 요단 강 저편, 즉 초기에 요한이 세례를 주던 곳으로 떠났다는 것을 읽게 된다. 그 곳은 요단 강 저편에 위치한 베다니였으며(요 1:28), 요한이 나중에 세례를 주던 살렘 근처의 애논(Aenon)이라는 곳과는 구분된다(요 3:23). 요단 강 건너편의 이 베다니라는 곳은 유대 지역 바깥에 위치했으며(요 10:40과 11:7을 참조할 것), 또한 갈릴리 지역 바깥이기도 했다(요 1:28과 1:44 참조). 예수가 요단 상 서편 베다니에 머물렀던 기간은 수전절 명절을 위한 여행 때문에 중단되었는데, 이는 갈릴리 사역 이후의 시기에 속했다.

요한복음의 나머지 부분(4:1~10:21)에서, 우리는 유월절(6:4)과 초막절(7:2)에 관해 읽게 된다. 5장 1절에서 '유대인의 명절'이라는 표현을 접하게 되는데, 이는 6장에서 언급된 유월절보다 시간적으로 앞선다(요 6:1~2 참조). 그것은 무슨 명절이었을까? 그것은 요한복음 4장의 겨울 이후, 그리고 6장의 유월절 이전에 있었다. 이는 그것이 예배력 1년 중 어떤 명절일 수도 있다는 것을 의미하는데, 그 이유는 4장의 겨울 이후 최초의 명절이 유월절이었기 때문이다. 5장에 나오는 유대인의 명절이 6장의 유월절에 시간적으로 앞서기 때문에, 이 마지막으로 언급된 유월절이 4장에 언급된 기간 직후에 바로 이어질 수는 없다. 다른 말로 하면 겨울 동안에 갈릴리에 도착했던 시점과 6장의 유월절 사이에 1년 몇 개월의 시간이 경과했다는 말이다. 바로 그 기간 중 어떤 시점에 5장에 언급된 유대인의 명절이 있었다. 6장의 유월절 후에 초막절이 있었는데(요 7장), 이는 여전히 갈릴리 시기였다. 이는 북쪽 지방에서의 사역이 적어도 요한복음 4장의 겨울로부터 시작해서 그 후 두 번째 해에 있었던 초막절까지 지속되었다는 것을 의미한다(1년 하고도 9개월 혹은 10개월, 아마도 그 이상의 시간).

따라서 좀 더 자세히 살펴보면 요한뿐만 아니라 다른 세 명의 복음서 기자 역시 적어도 2년 남짓한 시간 동안 지속되었던 갈릴리 사역에 대해 알고 있었음을 알 수 있다. 비록 이 기간에 대한 그들의 관심 정도는 달랐지만, 네 명의 복음서 기자 모두 사역의 길이와 중요성에 대해 알고 있었던 것이다. 갈릴리 사역에 대한 가장 정교한 묘사는 마태복음과 마가복음에서 발견되는데, 이는 당연한 일이다. 사도 마태와 베드로(마가의 출처)는 그들의 소명과 가르침을 갈릴리에서 받았다. 갈릴리에서부터 그들은 이스라엘 전역으로 전도하며 악한 영을 내쫓기 위해 보냄 받았다. 그들에게 있어서 후기에 일어났던 일들 중 상당 부분은 반복이었고 실망이었다. 시작할 때 가졌던 신선한 열정은 예루살렘으로 가는 여행 중에 감퇴되었다. 그들은 예수와 함께 죽을 준비가 되어 있었다. 하지만 그들은 더 이상 병 고침의 기적을 행하거나 귀신을 쫓아내는 일을 하며 돌아다니는 것이 아니었다. 고난주간에는 깊은 감정적인 혼란이라는 새로운 파도가 몰아쳤다. 먼저 그들은 호산나를 외치는 고무적인 소리를 들었다. 하지만 곧 예수가 체포되고 그들 자신은 도망치는 환란을 겪어야 했다.

누가와 같은 사람의 경우에는(이스라엘의 많은 사람들의 경우와 마찬가지로) 상황이 달랐는데, 그 이유는 그가 최초의 일꾼들 중의 한 명이 아니었기 때문이다(눅 1:1~2). 그는 상대적으로 갈릴리 시기에 대해 적은 관심을 보인다. 그는 예루살렘으로의 여행 기간에 더 많은 관심이 있었기 때문이다. 이 여행 기간은 계속 늘어나는 군중들에게 중요한 의미가 있었다. 그리고 관찰자로서 누가는 이 기간을 정당하게 평가하고자 하는 충분한 의도를 가지고 있었다. 요한에게 있어서 핵심은 예수 사역의 다양한 기간들에 있는 것이 아니라, 오히려 모든 기간들에서 발견될 수 있는 그리스도에 관한 선별된 증언들에 있었다. 바로 그런 이유로 그 역시 비록 간접적이기는 하나 여행 기간에 관심을 두고 있는데, 다음 단락에서 보는 바와 같다.

갈릴리에서 예루살렘으로의 여행

한 구절을 통해 마태와 마가는 우리를 갈릴리에서부터 베레아를 지나 유대 지역으로 인도한다. 마태복음에서 우리는 "예수께서 이 말씀을 마치시고 갈릴리를 떠나 요단 강 건너 유대 지경에 이르시니"(마 19:1)라는 구절을 읽게 된다. 갈릴리를 떠나 길 중간에 요단 강을 거치지 않고 곧바로 사마리아를 통해 유대로 여행할 수 있다(예를 들어 요한복음 4장의 경우처럼). 하지만 마태는 분명히 예수가 베레아 지역을 통과하는 다른 길(유대로 들어가려면 동쪽에서부터 요단 강을 건너야 함)을 선택했다고 말하고 있다. 마가도 유사한 진술을 하고 있다. "예수께서 거기서 떠나 유대 지경과 요단 강 건너편으로 가시니"(막 10:1). 이는 조금 당황스러운 구절이다. 마가는 아마도 예수가 여행한 가장 먼 지역을 우선 언급하고 나서 그 다음에 그가 도중에 방문한 지역을 언급한 것 같다. 만약 그렇다면 그 지역들을 반대 순서로 언급하는 것이 더 나을 뻔했다. 많은 사본에서 이 구절은 다르게 적혀 있다. "그는 요단 강 건너편을 통하여 유대 지경으로 가셨다." 그 이야기의 나머지 부분에서 마가는 목적지로 오직 예루살렘만 언급하고 있으므로, 마가복음 10장 1절에서 마가의 의도는 예수가 '유대' 지경으로 들어갔다는 것을 말하고자 했다는 것을 가정할 수 있다. 이는 마태와 마가 모두 베레아를 통한 여행에 관해 알고 있었지만 추가적인 논의를 하지 않기로 결정했음을 의미한다.

누가복음에서는 상황이 아주 다른데, 누가는 그 여행에 관해 정교하게 세부 사항을 말해주고 있다. 예루살렘으로의 여행은 심지어 그의 복음서에서 하나의 주제를 형성한다. 누가는 예루살렘이라고 하는 최종 목적지를 갈릴리 여행의 시초부터 분명히 보여준다. 그리고 그 여행이 아무리 길고 우회하여 갈지라도 그는 반복해서 그 목적지를 가리키며 우리의 주의를 환기시킨다. 우리는 여행의 시작 이후에(눅 9:51, 57) 이러한 반복적인 암시를 누가복음 10장 1절, 38절, 13장 22절, 14장 25절, 17장 11절에서 볼 수 있다. 이러한 시점 사이의 자료들은 다른 복음서에서 볼 수 있는 것들과는 차이가 난다. 즉 다른 복음서에서는 볼 수 없거나 혹은 상당히 다르다는 말이다. 누가는 18장 15절 이후에 가서야 처음 두 복음서 기자들과 다소 유사한 내용들을 제시한다. 따라서 그의 이른바 여행담은 대부분 마태복음 19장 1~2절과 마가복음 10장 1~2절의 내용 이전 혹은 같은 시기에 위치한다. 마태와 마가는 그 부분에서 단지 두 절을 사용해서 갈릴리에서 유대로 무대를 옮긴다.

이는 누가복음의 삼 분의 일 이상의 내용이 마태복음과 마가복음의 두 구절 사이의 과도기에 발생했다는 것을 의미하며, 이는 또한 많은 관심을 불러일으켰다. 누가가 다른 이들이 이미 갈릴리 시기와 관련하여 사용한 많은 자료들을 긁어 모아서 자신만의 이야기 묶음을 비역사적으로 그리고 인위적으로 만들어냈다는 주장이 종종 제기되는 것이다. 이 견해의 근거가 되는 것은 처음 두 복음서 기자가 갈릴리에서 예수가 선포한 것으로 보고하고 있는 많은 말씀들이 누가복음의 여행 기간에 거의 같은 방식으로 기록되어 있다는 점이다.

하지만 유사한 병 고침의 역사와 반복된 가르침들이 많이 있었다는 것은 분명한 사실이다(p.145 '풍부한 역사적 자료'를 보라). 그러므로 여행 중에 있었던 예수의 활동과 가르침에 대한 누가의 기사가 다른 복음서들에 나오는 갈릴리 사역의 내용과 흡사하다고 해도, 그것이 곧 누가가 다른 복음서들에 나오는 것과 같은 사건들에 관해 말하고 있다는 것을 의미하는 것은 아니다. 반면에 복음서 기자가 특정한 자료들을 시간 순으로 혹은 장소에 따라 정리한 것이 아니라 주제별로 정리했을 가능성도 있다. 따라서 실제로 누가의 여행담이 초기의 역사적 사건들을 누가 자신이 정리한 편집물일 수 있다는 가능성을 고려해 볼 수도 있다.

하지만 몇 가지 사실이 이러한 견해를 반박한다.

1. 이 여행담에 실린 예수의 '선포' 중 다수는 독특한 것이며, 다른 복음서에서는 발견되지 않는다(예를 들어 다수의 비유).
2. 예수의 선포 중 '더 적은 수'만이 다른 복음서 기자들이 갈릴리 사역 기간 중에 있었던 것으로 보고하는 말씀과 비교될 수 있거나 일치한다. 하지만 예수의 가르침은 군중들에에 밀힐 때나 제자들을 가르칠 때나 반복으로 가득하다. 따라서 누가는 같은 가르침의 다른 적용을 기록했을 수도 있다. 왜냐하면 그는 갈릴리 시기에 관해서는 시간을 조금만 할애했기 때문이다.
3. 여행 중에 발생한 '사건들'은 갈릴리 시기와 비교해서 유사한 점이

없다.
4. 여행담에 실린 예수의 선포는 거의 언제나 사건에 관한 이야기들과 통합된 하나의 '단위'를 이룬다(식탁에서의 대화, 질문에 대한 대답으로서의 담화 등).
5. 여행담에서 자료들을 어떤 특정한 방식으로 배열하게끔 만든 '동기들'이 전혀 없다(예를 들어 정함과 부정함의 문제, 제자도의 의미 등). 누가로 하여금 자신의 자료를 인위적으로 배열하도록 만든 동기를 찾아내는 것은 불가능하다. 유일하게 가능한 동기라고 하면 여행이라는 주제였을 수도 있다. 하지만 그것은 다양한 역사적 사건들을 연결하기 위해 사용된 희미한 역사적 맥락일 뿐이다.

따라서 우리는 누가가 자신의 여행담을 누가복음에서 제시하고 있는 바 그대로 의도했다고 결론지어야 한다. 그것은 다른 두 사도가 거의 할 말이 없었던 그 여행 기간 중에 발생한 일들에 대한 보고였다. 이전 단락에서 우리는 이 여행 기간 중에 나타난 기사들을 대함에 있어서 강조점의 차이를 만드는 원인들이 무엇인지 논의했다. 이 여행 기간은 제자들에게는 영문도 모르는 채 예루살렘으로 향해 갔던 어두운 터널과 같은 경험이었고, 외부인들에게는 하나의 인상적이고 대중적인 사건이었다. 바로 그런 이유로 인해 누가는 외부인으로서 이 기간에 대해 그토록 지대한 관심을 쏟은 것이다. 또 다른 가능한 이유는 점점 강해지는 거절에도 불구하고 구세주가 보여준 끊임없는 긍휼에 누가가 깊은 감명을 받았을 수도 있다는 것이다.

비록 요한은 이 여행에 대해 아무런 묘사도 제공하고 있지 않지만, 그의 복음서에서 추론해 낼 수 있는 바는 갈릴리에서의 출발과 유대에서의 마지막 체류 사이에 특정한 기간이 있었다는 사실이다. 우리는 이미 요한복음 10장 40~42절에서 수전절에 예루살렘을 방문하기 전과 후(요

10:22~39)에 예수가 요단 강 건너편의 베다니, 즉 세례 요한이 처음으로 세례를 베풀었던 바로 그 지역에 머물렀다는 것을 살펴보았다(3, 4장을 볼 것). 예수는 나사로의 병과 죽음으로 인해 유대 지경에 갈 필요가 생기기까지는 유대(당시 그곳은 예수에게 매우 위험한 지역이었다)로의 여행에 박차를 가하지 않았다(요 11:7~8, 16). 예수가 나사로를 살린 후에 산헤드린 공의회는 예수를 죽이려고 논의하기 시작했다. 그러므로 예수는 사람들 가운데 자유롭게 다니는 일을 그만 두기로 결정하고, 나사로의 동네인 베다니(유대 지경)를 떠나 광야 지역, 즉 에브라임이라는 동네로 가서 은둔했다(요 11:53~54). 그리고 곧 유월절이 다가왔다(요 11:55). 에브라임에서의 은둔은 매우 짧았음에 틀림없다. 왜냐하면 예수가 유월절 엿새 전에 유대의 베다니로 다시 돌아왔기 때문이다(요 12:1). 이 짧은 은둔 기간 중에 사람들은 예수가 어디에 있었는지 몰랐다(요 11:57).

따라서 우리는 요한복음에서 다음과 같은 사건의 순서를 보게 된다.

1. 요단 강 건너편 베다니에서 머무심.
2. 수전절에 예루살렘 방문.
3. 다시 요단 강 건너편 베다니에서 머무심.
4. 유대 베다니로 여행 – 나사로를 살리심.
5. 에브라임에서의 짧은 은둔.
6. 예루살렘으로 가는 길에 유대 베다니를 통해 여행함.

마태와 마가는 1~3번과 5번을 생략한다. 그들이 추정하기를 예수가 유대에 도착한 후, 그리고 공식적으로 마지막인 예루살렘을 향한 여행이 시작되기 전에 발생했다고 하는 사건들은 4번 기간에 포함시켜야 한다(마 19:1~20:16; 막 10:1~31). 마태복음 20장 17절과 그 이후의 내용, 그리고 마가복음 10장 32절과 그 이후의 내용은 6번 기간과 그 이후에 속한다.

누가는 여행에 관한 자료를 훨씬 더 많이 제공하는데, 이를 통해 우리는 요한복음에 그 시기에 관해 간접적으로 시사되어 있는 부분들을 채울 수 있다. 따라서 누가복음 9장 51절~10장 37절의 사건들은 베레아를 통과해서 요단 강 건너편의 베다니에서 처음 머무는 것으로 끝난 여행에 위치시킬 수 있다(위의 목록 1번 기간). 마리아와 마르다를 방문한 것은(눅 10:38~42) 수전절에 예루살렘을 방문했던 기간 중이었으며(요 10:22~39), 이는 목록의 2번 기간과 일치한다. 그 후에 예수는 다시 요단 강 건너편 베다니에 갔다(3번 기간). 모든 것이 세례 요한을 떠올리게 하는 상황에서 제자들은 예수에게 요한이 그의 제자들을 가르쳤듯이 자기들에게도 기도하는 법을 가르쳐 달라고 했다(눅 11:1). 군중들이 와서 예수 주변에 모여 들었다(눅 11:14~29; 12:1). 바로 이 베다니로부터 예수는 요단 강 건너편 지역을 여행했다(눅 13:10, 22). 그리고 나서 유대 지경(거기서 그는 죽을 것이었다)으로 최종적인 여행을 할 시간이 왔다. 누가는 그 순간을 13장 31~35절에서 묘사하고 있다. 바리새인들이 전한 말에 의하면 헤롯 안디바(Herod Antipas)가 베다니 근처에서 세례를 주었던 그 이전의 선지자에게 했던 것처럼 예수도 그렇게 다룰 것이라고 위협하고 있었다. 예수는 죽음을 모면하기를 원치 않으며 예루살렘에서 친히 그 죽음을 감당할 것임을 나타냈다. 이러한 이유로 헤롯은 예수가 (위협을 느끼기를 거부하며) 베레아에서 사역을 며칠 더 계속하려 한다는 소식을 들어야 했다. 예수는 그 며칠 동안 그곳에서 자신의 일을 마감하고 나서 유대로 여행할 계획이었다. 우리는 분명 예수가 누가복음 13장 31~35절에서 언급하고 있는 그 날들을 문자적으로 해석해야 한다. 베레아에서 유대 지경으로의 결정적인 전환은 헤롯 안디바의 위협에 관한 보고가 있은 지 며칠 뒤에 있었다. 헤롯의 관할 구역을 벗어나 예루살렘으로 들어가기 위해 예수는 '오늘과 내일과 모레'에는 자신의 길을 계속해서 가야 했다(눅 13:33). 예수는 나사로가 병들어 죽어 있던 기간에 이 여행을 했으며, 나사로가 죽은 지 며칠이 지나기까지는 베레아를 떠나 유대 지경의 베다니로 들어가지 않았다(요 11:6~7, 17; 이는 4번 기간이다). 베레아에서 유대 지경의 베다니로 가는 여정에 안식일이 끼어 있었으므로(눅 14:1) 짧은 거리였지만 그 여행은 하루 혹은 이틀 이상이 걸렸다. 이 기간 동안 예수에게 수많은 사람들이 몰려들었다. 많은 사람들이 예수와 함께 여행했고, 또 다른 군중은 예수가 죽은 나사로를 살렸다는 소문에 끌려(눅 14:25; 요 11:45) 그들과 합류하기 위해 예루살렘으로부터 오고 있었다.

누가복음 14장 1절~18장 30절의 끝 부분에 가서야 우리는 마태복음이나 마가복음과 유사점을 가진 자료를 만날 수 있다(눅 18:15~30). 따라서 누가복음 18장 31절에 나오는 예루살렘을 향한 여행의 선포는 에브라임에서의 은둔 '이후'의 기간을 시사한다.

부자와 나사로의 비유는 독특한 특징을 가지고 있다. 즉 사람의 이름이 나온다는 것이다. 이 비유가 만약 실제의 나사로를 살려낸 사건 직전이나 직후에 들려졌다면, 그것은 놀라운 투명성을 가진다. 사실 나사로가 다시 살아난 사건은 많은 사람들의 불신적 태도에 전혀 변화를 일으키지 않았다. 그리고 그것은 얼마나 그 비유가 옳은지를 확증했다. '율법과 선지자들'의 말을 듣지 않는 사람들은 또 다른 '나사로'가 죽었다가 살아나더라도 변화되지 않을 것이었다. 우리가 지금에서야 더 잘 이해할 수 있는 바는 죽은 지 이미 나흘이나 되었던 나사로를 살린 그 놀라운 일에 대해 왜 처음 세 복음서 기자들은 언급조차 하지 않았고, 또 요한은 왜 그토록 세심한 관심을 보였는가 하는 것이다. 제자들의 관점에서 보았을 때 나사로를 살린 일은 사람들에게 아무런 변화도 일으키지 못했다. 그리고 어쨌든 예수는 이미 다른 죽은 사람들도 살렸었다. 그러나 요한에게 있어서 이 사건은 그가 그토록 끊임없이 보여 주려고 애쓰는 사실, 즉 예수는 그리스도요 하나님의 아들이라는 사실에 대한 새롭고도 강력한 증거였다.

여기에 스케치된 여행 기간에 대한 묘사와 유일하게 충돌을 일으키는 것으로 보이는 사실은 누가복음 17장 11~19절에서 발견되는데, 그것은 바로 열 명의 나병환자(그들 중 오직 한 사람, 즉 사마리아인만 돌아와 예수께 감사했다)를 고친 이야기이다. 위에서 제시한 재구성에 따르면, 누가복음 17장 무렵에 예수는 베레아에서 베다니로 여행 중이었거나, 혹은 이미 거기에 도착했을 때였다. 하지만 누가복음 17장 11절에서 우리는 "예수께서 예루살렘으로 가실 때에 사마리아와 갈릴리 사이로 지나가시다가"라는 내용을 읽게 된다. 이 언급은 매우 당황스러운 것이다. 우리는 사마리아인 나병환자가 돌아온 이야기는 예수가 베레아에 도착하기 전에, 그리고 그가 베레아에서 베다니로 가기 훨씬 이전에 발생했다는 인상을 받게 된다.

하지만 우리는 치유가 일어난 시점과 그 사마리아인이 돌아왔던 시점 사이에 분명한 구분을 두어야 한다. 예수가 (그 여행의 시작 무렵에) 열 명의 나병환자를 만난 것은 베레아를 향해 갈릴리의 경계를 따라 여행하고 있을 때였다. 그는 사마리아와의 경계에 도달한 뒤, 아마도 갈릴리와 사마리아 지경을 번갈아가며 뻗어 있는 어떤 길을 따라 여행했을 것이다. 그 나병환자들은 예루살렘의 제사장에게로 가서 그에게 보이라는 명을 받았다. 이 '보여 주기'는 정결 의식이었다(이 의식을 행하는 데는 여러 주가 걸렸다). 그 고침 받은 나병환자가 북부 사마리아 지역에서 성전이 있는 도성까지 갔다가 예수에게 돌아오기 전까지의 시간 동안 예수 역시 먼 거리를 진행해 갔을 것이다.

우리는 또한 예수의 말("그 아홉은 어디 있느냐?")에서 그 나병환자들이 성전으로 가서 의식적인 요구 사항들을 완수했을 만한 충분한 시간이 흘렀다는 것이 전제되어 있다는 점을 알 필요가 있다. 그들이 팔레스타인 어디엔가 있을 주님을 찾아내어 그에게 감사할 만한 충분한 시간이 있었다는 것이다. 누가가 그 이야기를 하는 것은 병 고침에 관해 말하고자 함이 아니라, 감사할 줄 아는 사마리아인에 대한 예수의 말씀 때문이었다. 예수가 그 말씀을 한 것은 그가 갈릴리와 사마리아 사이의 경계를 따라 여행한 지 오랜 후였다. 이 이야기는 죽은 나사로를 살렸을 무렵의 베다니에서 혹은 바로 그 직전의 기간에 위치한다. 따라서 그 도입 형식은 이야기의 시간상으로 볼 때 소급하여 이르는 말이다. 감사를 표했던 사마리아인이 예수에게 다가왔을 때 무슨 일이 있었는지를 이해하기 위해서, 우리는 먼저 예수가 사마리아와 갈릴리 사이의 경계 지역을 통해 여행할 때 열 명의 나병환자를 고쳤다는 사실을 알아야 한다. 그 사건의 결론은 (또한 그 사건 자체는) 예수가 여행의 거의 끝에 이르러 예루살렘으로 막 들어가려고 할 때 이야기된다. 그리고 나서 바로 그 때 그 이야기의 결말이 될 사건이 발생하고, 이를 지켜본 모든 사람들은 놀라게 된다. 그들은 아마 그 치유에 관해서 잊고 있었는지도 모른다. 그렇다면 그 사마리아인이 와서 감사를 표현했을 때 얼마나 감동적이었겠는가!

예수의 죽음, 부활 그리고 승천

우리는 이 마지막 시기에 대해 간단히 말할 수 있다. 네 복음서 기자 모두 이 시기에 관해서는 상세히 기록하고 있다. 사도들은 나중에서야 다가오는 고난에 관해 말했던 예수의 말씀에 대해 눈이 떠졌다. 그리고 그들은 그 고난이야말로 예수의 생애와 사역의 목적이었고 또한 가장 중요한 순간이었음을 이해하게 된다. 이 짧은 기간에 대한 더 자세한 논의에서(16~17장) 복음서들의 세부 사항을 서로 비교할 때 야기되는 다양한 문제점들에 대해 고찰해 볼 것이다. 이야기 자료의 풍성함, 네 복음서 기자 모두가 취한 접근 방법, 그 기간의 짧음, 그리고 사건의 중요성으로 인해 세부 사항을 정확하게 기록하려는 그 어떤 노력도 어려움을 겪을 수밖에 없는데, 이는 또한 그 사건들의 일관된 맥락을 풀어내기가 항상 쉽지만은 않기 때문이기도 하다. 하지만 이 자체는 네 복음서 모두에서 쉽게 식별할 수 있다.

시기 구분과 연대표

시기를 지정하기 위해서는 다양한 사건이 일어났던 구체적인 기간이 얼마나 되는지를 결정해야 한다. 그러한 기간의 존재를 입증하고 그 순서를 결정하는 일 외에, 그 사건들의 절대적인 기간을 정립하는 작업도 시도할 수 있다. 이는 곧 신약 성경의 연대표 문제가 된다.

연대표 작업은 일이다. 먼저 서로 다른 분야들에서 역사적 사실들을 조합해 내는 복잡한 작업을 거쳐야 하며, 그 토대 위에서 역사적, 연대적 정보에 상응하는 구체적인 연대를 찾아야 한다. 또한 다양한 사건들 사이에 필요한 만큼의 시간을 허락해야 한다. 예수 생애의 연대표를 상세히 다루게 되면 너무 많은 이차적인 문제들을 또한 다루어야 한다. 따라서 우리는 이에 관한 논의를 다른 곳에서 광범위하게 다룬 내용의 요약 정도로 제한할 것이다.[137]

신약 성경에서 우리가 유일하게 찾을 수 있는 연대는 누가복음 3장 1절에 나온다. "디베료 황제가 통치한 지 열다섯 해." 그 연대는 A.D. 28년 8월 19일부터 A.D. 29년 8월 19일까지의 기간에 해당된다. 디베료의 통

---

137) 저자의 *"Na veertien jaren": De datering van het in Galaten 2 genoemde overleg te Jeruzalem*(Kampen: Kok, 1973), 65~113과 *"The Year of the Death of Herod the Great", in Miscellanea Neotestamentica*, ed T. Baarda et al.(Leiden: Brill, 1978), 2장 1~15절을 비교해 보라. 또한 저자의 누가복음 주석(*Lucas: Het evangelie als voorgeschiedenis*, Commentaar op het Nieuwe Testament, 3d series [Kampen: Kok, 1993])에서 누가복음 2장 2절에 관한 설명을 참조하라.

치 15년이 이 기간과 부분적으로 혹은 전적으로 일치하는지의 문제는 계산 방법의 차이에 달려 있다. 개략적으로 말해서 우리는 그 연대가 A.D. 28년이나 A.D. 29년 중의 하나였다고 말할 수 있다. 누가가 말한 바와 같이 그 해 동안에 광야에서 세례 요한에게 하나님의 말씀이 임했다. 따라서 세례 요한의 사역은 A.D. 28년이나 A.D. 29년 이후에 시작되었다고 말할 수 있다.

예수가 즉시 요한에게 세례를 받기 위해 나온 것은 아니었다. 요한의 설교가 점차적으로 알려지면서 모든 사람들이 그에게로 몰려왔고 예수도 그들 중의 한 명이었다고 가정한다면, 예수가 세례를 받은 것은 A.D. 28년 중반 이후나 혹은 그 얼마 후였을 것이다.

누가에 의하면 세례를 받을 때 예수는 '삼십 세쯤' 되었다(눅 3:23). 이는 정확한 것은 아니며 단지 예수가 당시 삼십 대 초반에서 중반 사이의 (그보다 더 많지는 않았다) 남성이었음을 묘사하는 것이다. 따라서 그의 탄생 연도는 현재 서력 기원의 시작점으로 (부정확하게) 사용되고 있는 연도 이전으로 맞춰져야 한다. 우리는 예수가 헤롯 대왕의 죽음 이전에 태어났다는 것을 알고 있다. 헤롯은 기원전 4년 니산월 무렵에 죽었다. 예수가 태어난 것은 가축들이 아직 여름 초원에서 풀을 뜯고 있을 때였으므로(눅 2:8,15), 그의 탄생은 기원전 5년 여름보다는 늦지 않은 시기로 추정될 수 있다. 그럴 경우에 그는 A.D. 29년 혹은 A.D. 30년에 32세 혹은 33세였을 것이다. 그 연령은 누가가 '삼십 세쯤' 되었다고 묘사한 것과 상통한다.

예수의 탄생 연도를 이보다 훨씬 더 이전으로 잡을 수는 없다. 첫째로 만약 그가 세례를 받을 무렵 32세나 33세보다 훨씬 더 나이가 많았다면 그를 가리켜 '삼십 세쯤' 되었다고 한 것은 현실성이 떨어진다. 또한 그가 대략 기원전 8년 정도에 태어났다고 하는 것은 전혀 불가능하다. 왜냐하면 예수가 12살쯤 되어 예루살렘에서 유월절을 지켰을 때(눅 2:40~52), 그 시기의 분위기는 전혀 걱정이 없어 보인다. 만약 아켈라오가 여전히 다스리고 있었다면 상황이 그렇지 않았을 것이기 때문이다. 하지만 그 이야기 가운데 아켈라오를 두려워하는 듯한 인상은 전혀 보이지 않는다(마 2:22). 이는 아켈라오가 A.D. 6년에 그 자리에서 물러나기까지 예수는 아직 12살이 되지 않았다는 것을 의미한다. 되짚어 말하면 그의 탄생은 기원전 7년 이전은 될 수 없으며, 누가복음 3장 23절의 '삼십 세쯤' 되었다

〈예수 그리스도의 연대표〉

연도	*	월	준비 기간
B.C. 5	–	봄–여름	탄생
	–	여름–가을	이집트로 도피
B.C. 4	+		이집트에서 돌아와, 나사렛에 정착
A.D. 9	–	봄	열두 살이 되었을 때 성전 방문
28	+		세례 요한의 사역 시작
30	–	연초	예수가 세례를 받음
	–	유월절 직전	가나/가버나움에 머묾
	–	봄부터 겨울까지	유대 지경에 머묾
31	–	1월 초	사마리아를 통해 갈릴리로 여행
31	–	봄	안식일 논쟁(이삭을 잘라 먹음)
31	–		예루살렘에서 저는 자를 고침(명절 방문 시)
32	–	유월절 기간	오천 명을 먹이신 기적
	–	가을	예루살렘에서의 초막절
		늦은 가을	갈릴리에서 베레아로 감
		겨울	예루살렘에서의 수전절
33		연초	베레아에서의 추가적인 체류
33		2월?	유대 지경으로 ; 나사로를 살리심
33		3월 말	에브라임에서의 은둔
33		이른 4월	예루살렘으로
33		4월	십자가 처형과 부활
33		5월 말	승천

＊(–) 부호는 사건의 표시된 연도보다 1년 앞서 발생했을 수도 있다는 것을 의미하며, (+) 부호는 1년 후에 발생했을 수도 있다는 것을 의미한다.

는 표현을 고려할 때, 그의 탄생은 기원전 6년이나 5년이었다고 보는 것이 타당하다.

만약 예수가 A.D. 28년(그해 중반 이후)이나 A.D. 29년에 세례를 받았다면, 그가 성전에서 표적을 행했던(요 2장) 그 유월절은 A.D. 29년 이후, 즉 (좀 더 타당하게는) A.D. 30년이었을 가능성이 있다.

이 유월절과 그가 죽임을 당했던 유월절 사이에는 적어도 만 3년의 시간이 흘렀다. 다양한 시기들을 논함에 있어(p.161과 p.164을 참조하라) 갈릴리 시기 동안 두 번의 유월절이 있었다고 결론을 지었다. 따라서 십자가 처형이 일어난 해는 빠르게는 A.D. 32년이다. 하지만 그 연도도 정확하지 않은데, 그 이유는 그 해에는 니산월 14일이나 15일 중 어느 날도 금요일과 맞지 않기 때문이다. 이는 천문학적 자료와 유대 달력에 근거한 계산을 조합한 결과이다. 따라서 예수가 죽임 당한 연도는 A.D. 33년이었음을 의미한다(A.D. 34년은 복음서들에서는 가능한 계산이나, 바울 서신서에 근거한 연대표로는 타당성이 떨어진다).

이 연대표의 요약에 관련하여 더 자세히 논의될 수 있으며, 또 그에 대한 반론들도 마찬가지일 것이다. 하지만 연대표를 부차적인 세부 사항들에 근거한 결론의 수집물로 보는 것이 아니라, 하나의 종합적인 체계로 여기고 접근하는 많은 사람들은 대체적으로 여기에 제시된 것과 같은 결론에 도달한다.[138] 앞의 표에 나타난 연도들은 어쩔 수 없이 개략적인 요약일 수밖에 없다.

---

138) 예를 들어 G. Ogg, *The Chronology of the Public Ministry of Jesus*(Cambridge: Cambridge University Press, 1940)과 H. W. Hoehner, *Chronological Aspects of the Life of Christ*(Grand Rapids: Zondervan, 1977)를 참조하라.

4장

요셉 가(家)에서의 탄생과 유년기

준비와 탄생
베들레헴에서 나사렛까지
다윗의 가문

요셉 가(家)에서의
탄생과 유년기

예수의 출생과 공적 사역의 시작(요한에 의한 세례 후) 사이에는 삼십 년 이상의 간격이 있다. 그 후에 이어지는 몇 년의 공적 사역 기간과 비교해 볼 때, 우리는 예수의 시상 생애의 거의 전부가 복음서들이 그렇게도 자세히 묘사한 기간 이전에 있었다는 것을 알 수 있다.

마가는 예수가 목수였으며, 나사렛에서는 목수로 알려졌다고 간접적으로 시사한다(막 6:3). 그가 그 직업에 종사하며 보낸 기간은 몇 년이나 될까? 목수의 아들로서(마 13:55) 어릴 적에 그는 아버지 요셉으로부터 직업 훈련을 받았을 것이다. 그리고 기능공으로서 20년 이상 일했을 것이며, 세포리스(Sepphoris; 나사렛 근방의 가장 큰 도시 중 하나)와 같은 갈릴리의 도시들에 새로운 건물들을 짓는 일에 참여했을 것이다. 하지만 우리가 이 기간에 대해 아는 것은 다음과 같은 누가의 요약 정도밖에 없다. "예수는 지혜와 키가 자라가며 하나님과 사람에게 더욱 사랑스러워 가시더라"(눅 2:52).

우리는 앞에서(P. 161 참조) 예수의 탄생과 청년기가 '계시'의 역사에 있어서 나름대로 어떤 위치를 차지하는지에 관해 논의했다. 그 논의가 우리에게 설명해 주는 바는 왜 복음서 기자들이 예수의 탄생에 나타난 하나님의 놀라운 역사들에 관해서 제한된 양의 정보만 제공하며, 또한 왜 그들이 예수가 사람들에게 자신을 하나님의 아들로 나타냈던 그 기간에 집중했는가 하는 것이었다. 우리는 천사들과 함께 예수의 탄생에 나타난 인간을 향한 하나님의 선한 뜻을 찬양할 수 있을 만큼의 지식은 가질 수 있어도(눅 2:13~14), 처음 삼십 년 동안의 예수의 생애에 관해서는 대략 스케치를 할 만큼도 알지 못한다.

따라서 본 장에서는 복음서들에서 논의된 에피소드만을 다룰 것이다. 처음 두 섹션에서는 마태복음과 누가복음에서 볼 수 있는 자료들을 비교할 것이며, 또한 이러한 비교로부터 발생하는 몇몇 문제에 대해 논의할 것이다. 세 번째 섹션에서는 예수의 족보를 다룰 것인데, 어떤 방식으로 예수가 다윗 가문에 속하는지를 알아볼 것이다. 그 다음으로 요셉 가족의 구성, 또한 예수의 형제자매들도 마리아의 자녀였는지에 관해 어느 정도 자세하게 살펴볼 것이다. 이는 복음서들에 대한 심도 깊은 연구를 필요로 하는 작업이며, 그 자체로 한 장의 분량이 될 것이다.

준비와 탄생

누가는 예수 탄생 전후에 많은 사람들의 관심을 끌었던 사건들에 관해 논의한다. 먼저 성전에서 이상한 일이 일어났다. 정오 기도가 끝날 무렵 사가랴라고 하는 직무 수행 중인 제사장이 백성들에게 축복의 말을 할 수 없었다. 성전에 있는 동안 그가 여호와 하나님의 환상을 본 것으로 추정되었다.

그 후에 유대 산지에 소문이 퍼지기를 이 늙은 제사장에게 아들이 태어났으며, 그 아들이 태어났을 때 그 제사장의 입이 열리고 예언의 말을 했다는 것이었다. 누가는 그 소문들 배후의 사건, 즉 성전에서 가브리엘이 사가랴에게 나타났던 일(눅 1:5~25)과 주님 앞에 보내심을 받은 세례 요한의 탄생(눅 1:57~80)을 묘사하고 있다.

바로 같은 그 해에 한 무리의 목자들이 환상 가운데 천사들을 보았는데, 그 천사들은 베들레헴에서 탄생할 구세주에 관해 말해 주었다. 그리고 예루살렘에서는 예루살렘의 구속을 기다리던 모든 사람들이 안나(Anna)라고 하는 늙은 여인으로부터 그 탄생에 관해 들었다. 여기에서도 누가는 그 이야기들의 배경을 설명한다.

하나님의 아들의 탄생을 선포하고 마리아로 하여금 예수의 어머니가 되도록 준비시키기 위해 가브리엘이 그녀에게 나타난 사건(눅 1:26~38), 마리아가 엘리사벳을 방문했을 때 불렀던 예언적인 노래와 그곳에서 석 달간의 체류(눅 1:39~56), 마리아와 요셉이 베들레헴으로 갔던 여행과 다윗의 동네에서 예수가 태어난 일(눅 2:1~7), 목자들이 예수의 탄생을 선포한 일(눅 2:8~20), 그리고 제 팔일에 예수가 할례를 받은 일(눅 2:21)들이 그것이다.

마태 역시 예수의 탄생에 대해 이야기한다. 하지만 그는 가족 안에서 발생한 사건들만 다룬다. 마리아가 성령으로 잉태되었다는 사실이 드러났다. 그러고 나서 한 천사가 요셉으로 하여금 정혼한 아내와 그 아이를 돌보도록 준비시킨다. 그 아이는 다윗의 집에 약속된 임마누엘이 될 것이었다. 그리고 천사는 요셉에게 아기가 태어나면 그 이름을 예수라 하라고 말해 주었다(마 1:18~25).

마태와 누가의 이야기는 마치 서로 교차하는 두 개의 길과 같은데, 고가 도로이므로 결코 서로 접촉하는 법은 없다. 그럼에도 불구하고 그 둘은 여러 면에서 같은 환경을 전제하고 있다. 두 기사 모두에서 탄생은 베들레헴에서 있었으며 어머니는 동정녀 마리아이다. 그리고 마리아를 보호하고, 비록 자신이 아니라 성령에 의해 잉태되긴 했지만 그 아기를 자신의 아들로 받아들인 사람은 요셉이었다. 이러한 정보는 가족 안에서, 그리고 요셉에 의해서 알려진 것이다.

마태복음 1장 18절에는 마리아가 "성령으로 잉태된 것이 나타났더니"라고 기록되어 있다. '나타났더니'라는 동사(*heurethe*)는 타인에 의한 관찰을 가리키는데, 이 경우에는 가족과 요셉의 관찰에 해당한다. 그녀가 "잉태된 것이 나타났다"라고 하지 않고, "성령으로 잉태된 것이 나타났다"라고 하고 있다. 마태는 어떻게 그런 일이 알려질 수 있는지에 대해서는 말하지 않는다.

하지만 누가가 제공하는 정보는 이 질문에 대한 답을 시사한다. 마리아는 사가랴와 엘리사벳의 집에 석 달을 머물렀는데, 그들은 '하나님 앞에서 의인'이었다. 마리아가 이 시기에 간음을 했다고 의심할 만한 이유는 전혀 없다. 오히려 그녀가 그곳에 머물렀을 때는 이미 임신이 되어 있었던 걸로 보인다. 더구나 마리아가 그 집에 들어왔을 때 엘리사벳의 아기는 그녀의 자궁 속에서 뛰놀았다. 그리고 이스라엘에서 존경받던 믿음의 여인 엘리사벳은 성령에 의해 감동되어 마리아를 가리켜 '내 주의 어머니'라고 부른다(눅 1:41~44).

또한 마리아가 말하기도 전에 이미 엘리사벳은 마리아에게 천사가 나타났다는 것을 알고 있는 것처럼 보인다(눅 1:45). 이 모든 사실은 가브리엘이 마리아에게 무슨 말을 했는지에 대한 그녀 자신의 이야기를 지지한다. 따라서 유일하게 가능한 결론은 마리아의 잉태가 '성령으로' 되었다는 것이다. 처음에 요셉은 마리아를 그의 아내로 데려오기를 주저한다. 왜냐하면 하나님이 그녀를 매우 특별하고 거룩한 목직을 위해 부르셨기 때문이다. 하지만 천사는 꿈을 통해 그에게 확신을 주며, 심지어는 그도 또한 해야 할 일이 있다는 것을 알려 준다. 약속된 구세주가 다윗의 집을 통해 올 것이며, 요셉은 그를 다윗의 집을 대표하여 영접해야 한다는 것이었다. 요셉은 예수 탄생에 무관하기도 했지만 동시에 깊이 관련되어 있

기도 했다.[139]

마리아는 이미 요셉과 정혼한 상태였다. 그것이 의미하는 바는 결혼이 아직 완성되지는 않았지만, 그들은 결혼의 모든 의무와 책임에 구속되어 있었다는 것이다. 정혼은 오직 이혼에 의해서만 종결될 수 있었다. 결혼 전 정혼 기간 중에 어떤 아기든지 태어나면, 아이는 여자가 정혼한 남자에게 속했다. 요셉은 그 예외적인 상황에 적합한 행동 노선을 택했다. 그는 마리아를 아내로 받아들였지만, 그 기록한 아기가 태어나기까지는 그녀와 동침하지 않았다. 그러므로 요셉은 성령이 하신 일을 존중하는 동시에 자신에게 주어진 의무를 감당했던 것이다(마 1:24~25).

누가는 요셉이 마리아와 함께 베들레헴으로 여행을 했는데, 마리아는 "그와 정혼했고 이미 잉태되었더라"라고 말하고 있다. 이 내용은 마태복음에서 볼 수 있는 내용과 상충되지 않는가? 마태복음에서는 천사가 나타난 후에 요셉이 즉시 마리아를 데리고 온 것으로 전제되어 있지 않은가? 비록 상황이 그렇게 보일 수 있지만, 실제로 누가는 마태와 정확히 같은 말을 하고 있다. 요셉이 마리아와 함께 베들레헴으로 갔다는 사실은 그가 이미 마리아를 자신의 아내로 맞아들였다는 것을 증명하기 때문이다.

하지만 누가는 요셉이 아기가 태어날 때까지 마리아와 동침하지 않았다는 것을 분명하게 설명하지 않는다. 따라서 그는 그 상황의 독특성을 자신만의 방식으로 설명한다. 요셉은 그녀를 베들레헴까지의 여행에 데리고 갔지만, 그녀는 그와 정혼만 했지 아직 결혼은 하지 않은 상태로 함께 갔다. 누가는 '사실상의'(*de facto*) 상황을, 마태는 '법률적인'(*de jure*) 상황을 묘사한 것이다. 마태복음과 누가복음에서 놀라운 사실은 예수의 탄생이

---

139) 저자의 마태복음 주석에서 1:18~25에 대한 부분을 참조하라(*Matteüs: Het evangelie voor Israël*, 2d ed., Commentaar op het Nieuwe Testament, 3d series[Kampen: Kok, 1994]).

하나님에 의해 일어난 사건일 뿐만 아니라 또한 하나님에 의해 선포된 사건이기도 하다는 것이다. 가브리엘을 통해 사가랴와 마리아에게, 천사들을 통해 목자들에게, 엘리사벳과 시므온과 안나의 예언적 영감을 통해 주변의 많은 사람들에게, 그리고 꿈에서 천사를 통해 요셉에게 말이다. 예수의 탄생과 그것을 둘러싼 사건들을 통해 주어진 이러한 하나님의 계시가 바로 자료의 선택을 결정한다.

후대의 독자들은 여기에서 예수 그리스도의 독특성에 대한 명백한 증거를 찾게 될 것이다. 예수는 어쩌다가 용케 영향력을 얻게 된 그런 사람이 아니었다. 그는 사람이 되기 위해 자신의 영향력을 포기한 하나님의 아들이다. 그는 다윗 가문의 한 남자로 태어났다. 가족 영지인 베들레헴의 비천한 처지로 몰락한 다윗 가문 말이다.

베들레헴에서 나사렛까지

마태와 누가가 우리에게 보여 주는 바는 베들레헴에서의 탄생 이후에 예수와 그 부모의 삶이 어떻게 나사렛에서 지속되었는가 하는 것이다. 누가복음에서는 나사렛으로의 이전이 아무런 문제가 없고 평범한 것으로 보인다.

누가복음 2장 39절에는 이렇게 기록되어 있다. "주의 율법을 따라 모든 일을 마치고 갈릴리로 돌아가 본 동네 나사렛에 이르니라." 마치 이집트로의 피난이 아예 없었거나, 또는 요셉이 이집트에서 돌아오면서 단지 아켈라오에 대한 두려움과 천사의 냉팅 때문에 유대로 가려 하지 않고 갈릴리로 간 것처럼 말이다(마 2:13~23). 어떻게 이 두 복음서 기자들은 베들레헴에서 나사렛까지의 여행에 대해 이토록 다른 보고를 할 수 있단 말인가?

이 문제를 고려함에 있어서 우리가 인식해야 하는 것은 마태와 누가가 같은 인물에 대해 기록하고 있지만 그들은 각자의 관점에 따라 독립적으로 기록하고 있다는 사실이다. 누가는 우리에게 어떻게 마리아가 나사렛에서 살았는지에 대해 상세히 묘사한다. 그곳은 요셉이 마리아와 함께 베들레헴에 가기 위해 떠나갔던 곳이다. 동시에 태중의 아기는 다윗의 보좌를 상속할 것이었고(눅 1:32),

또한 '다윗의 동네'에서 태어날 것이었다(눅 2:4). 이러한 사실들을 고려해 볼 때, 요셉과 마리아가 베들레헴이나 예루살렘에 살기 위해 갔다고 하더라도 이상한 일이 아니었을 것이다. 특별히 시므온과 안나가 성전에서 그 아기에 관해 그토록 중대한 일들을 말한 후였기 때문이다. 그 도시들이야말로 예수가 살기에 합당한 곳이었을 것이다. 하지만 그 대신에 그들은 '자신들의' 동네로 돌아갔다. 나사렛은 실제로 예수에게 합당한 마을이 아니었다. 그곳은 '그들의' 동네였다. 그리고 하나님의 아들이자 다윗의 후손인 예수는 베들레헴과 예루살렘 밖에서, 즉 지상에서의 부모의 동네인 나사렛에서 성장한 것이 틀림없다.

누가는 이러한 긴장 관계를 바로 뒤에 나오는 이야기, 즉 열두 살이 된 예수가 성전에 있었던 이야기에서 보다 자세히 드러낸다. 예수는 예루살렘에서 '집처럼 편안한' 느낌을 가졌다. 그곳에서 그는 아버지 집에 있었고, 아버지에게 속한 것들 가운데 있었다(눅 2:49). 하지만 그는 부모에게 순종하기를 계속했고, 그들을 따라 나사렛으로 돌아갔다. 비록 누가가 이집트로의 피난과 약속의 땅으로의 귀환에 대해 침묵하고 있긴 하지만, 그의 기사는 그 가족이 나사렛에 정착한 것에 관해 뭔가 뜻밖이고 특별한 것이 있음을 암시한다. 바로 그러한 이유로 인해 누가복음 2장 39절을 해석함에 있어 요셉과 마리아가 성전에서 아기를 봉헌한 직후에 바로 나사렛으로 돌아간 것으로 이해해서는 안 된다. 누가가 주장하고자 하는 바는 예루살렘의 성전에서 예수에 대해 예언된 그 모든 일들에도 '불구하고' 예수가 나사렛에서 자라났다는 사실이다. 이는 나사렛으로 가는 여정이 누가복음에 나타난 것보다 더 길고 우회적이었을 가능성을 배제하지 않는다. 이와 유사하게 누가는 3장 19~20절에서 세례 요한에게 마침내 무슨 일이 일어났는지 이야기하고 있다. 만약 그가 그 이야기 뒤에 예수의 세례에 관한 이야기를 기록하지 않았다면, 우리는 3장 19~20절에 근거해서 요한이 투옥된 것은 그의 설교 바로 직후이며, 다른 복음서 기자들이 묘사하고 있는 예수의 세례는 발생한 적이 없는 사건이라고 생각할지도 모를 일이다.

마태복음에서는 관점이 다르다. 그는 요셉과 마리아가 어디에서 살았는지에 관해서는 독자들에게 아무것도 말해 주지 않는다. 그가 보고하는 바는 단지 어떻게 유대인의 왕으로 오신 예수가 예언을 온전히 성취하며 베들레헴에서 태어나게 되었는가 하는 것이다(마 2:5~6). 누가복음에서 예수의 부모는 나사렛으로 '돌아온다'. 마태복음에서 그들은 나사렛으로 '물러간다'. 왜냐하면 이야기가 베들레헴에 초점을 두고 시작되기 때문이다. 마태는 방금 태어난 '왕'의 고향으로서의 나사렛에 대한 부정적 평가를 누가와는 다소 다른 방식으로 제시한다. 누가에게 천사들과 선지자들과 관련된 유대에서의 특별한 사건들은 갈릴리에 위치한 그 부모의 고향 마을 수준으로 '내려 앉았다.' 두 복음서 기자들에게 나사렛은 탄생 이야기의 창피스런 결말이었다. 오직 마태만 선지자들의 예언을 성취하기 위해 하나님께서 그 부모를 나사렛으로 인도하신 부분에 대해 더 심도 있게 탐구한다(마 2:19~23).

하지만 사건의 순서에 관해서는 여전히 의문이 남는다. 마태는 먼저 예수의 탄생 후 동방 박사들의 방문에 관해 보고한다. 그에 이어서 이집트로의 피난, 베들레헴에서의 유아 학살, 그리고 귀향과 나사렛에서의 정착에 대해 기록한다. 할례와 나사렛으로의 귀향 사이에 누가는 단지 아기 예수의 성전 봉헌만 언급한다. 그 봉헌은 언제 일어났는가? 동방 박사의 방문 전인가 아니면 후인가?[140] 만약 동방 박사들이 값진 선물(황금과 유향과 몰약)을 가지고 이미 방문한 이후라면, 요셉과 마리아가 아기를 봉헌할 때 가난한 자들의 제사를 드린 것은 이상한 일이다. 다른 한편으로는 동방 박사들이 아기의 봉헌 '이전'에 예루살렘에 도착했다는 것도 의구심이 드는 일이다. 왜냐하면 시므온의 예언과 안나의 보고로 인해 예루살렘에 사는 경건한 사람들이 베들레헴에서 일어났던 그 특별한 사건에 대해 주의를 기울이고 있었을 것임에도 불구하고 동방 박사들이 예루살렘에 도착했을 때 아무도 새롭게 태어난 왕에 대해 알고 있지 못했기 때문이다. 이 마지막 논거가 더 큰 비중을 차지하는 것으로 보이는 이유는 적어도 마태복음 2장에서 볼 때 동방 박사들이 예루살렘과 베들레헴에 도착한 것은 예수의 탄생 후 아주 짧은 시간 후였다는 인상을 받기 때문이다. 후에 시므온과 안나가 말한 것들에 관한 소문이 퍼졌을 때, 헤롯은 동방 박사들이 기억났을 것이고, 그들이 이미 먼 길을 갔을 것이라고 즉시 인식했을 것이며, 따라서 그로 인해 유아 학살을 자행하기에 이르렀던 것이다.

한편 만약 황금과 유향과 몰약이 이미 요셉의 집에 있었다면 왜 마리아와 요셉은 가난한 자들의 제사를 드렸는가? 그 선물은 부모를 위해서가 아니라 아기를 위해서 드려진 것이기 때문이다. 정결 의식의 제사는

---

140) 제3의 가능성은 아기 예수의 성전 봉헌이 한참 뒤에 일어났다는 것이다. 즉, 이집트로부터 돌아와 나사렛에 정착한 후에 말이다. 정결 의식은 제40일 이전에는 행할 수 없었으며, 또한 그 의식을 '바로 그날' 행해야 할 의무는 없었다. 저자는 *De Reformatie*(46[1970~71]: 101~103)에서 봉헌 시기를 늦게 잡아야 한다고 주장했다. 하지만 누가복음 2장 전체를 좀 더 자세히 고찰해 본 후, 저자는 누가복음 2장 39절을 근거로 그들이 '본 동네'로 돌아간 것은 이집트에서 돌아와 이미 그곳에 정착한 후의 일이라고 여기는 것은 부정확한 해석이라고 생각하게 되었다. 그러한 해석은 누가복음의 해석에 있어 마태복음의 영향을 너무 많이 받은 결과이다. 만약 누가복음 2장 39절을 오직 누가의 이야기에만 근거를 두고 설명한다면(우리가 여기에서 하고 있는 것처럼), 아기 예수의 성전 봉헌 시기를 한참 뒤로 잡으려는 그 어떤 논거도 설득력을 상실하게 되며, 여기에서 언급된 단 두 가지의 가능성만이 타당성을 가지게 된다. 즉 동방 박사의 방문 전 아니면 후인 것이다.

양 부모의 공동 재원에서 마련하여 아기의 어머니를 위해 드려져야 했다. 그들이 동방 박사들로부터 받았던 것들은 요셉과 마리아 소유가 아니었던 것이다. 아마 그것은 이집트에서 예수에게 필요한 것들을 충당하는 데 사용되었을 것이다. 따라서 마리아와 요셉이 가난한 자의 제사를 드린 일과 그 값진 선물은 무관했다.

이러한 사건의 순서에 관해서 하나의 반론이 있을 수 있다. 만약 동방 박사들이 예수 생애의 첫 40일 동안에 헤롯을 방문했다면, 왕이 "박사들에게 자세히 알아본 그 때"(마 2:16)를 기점으로 두 살부터 그 아래로 즉시 다 죽이도록 명을 내렸다는 점이 이상하다. 예수의 탄생과 동방 박사들의 방문 사이에 적어도 1년 이상의 시간이 경과한 것처럼 보인다. 그럼에도 그것은 사실이 아니다. 헤롯은 어찌됐건 갓 태어난 아기들의 생명을 살려 주지 않았다. 그는 동방 박사들이 예루살렘으로 오기 얼마 전에 예수가 태어났을 가능성도 염두에 두고 있었던 것이다! 우리는 그 매정한 헤롯이 그 어떤 위험도 감수하지 않으려 했을 것임을 전제해야 한다. 그는 이제 막 걸음마를 떼는 유아들과 그 이하의 모든 아기들을 죽였다. 병사들은 정확한 나이까지 고려하지 않았을 것이고, 따라서 그 연령대의 아기들을 모두 잡아 죽였을 것이다. 단순히 그것은 위험 부담이 없거나 아주 낮은 작전 수행이었다.

헤롯이 오차 범위를 넓게 적용한 데는 그 별이 나타났던 시기에 대해 그가 동방 박사들에게서 들은 정보와도 관련이 있다. 별이 나타난 시기는 분명했지만, 헤롯이나 동방 박사 모두 그것이 유대인의 왕이 잉태된 시점을 말하는지 아니면 그가 태어난 시점을 말하는지에 관해서는 확실치 않았다. 후자의 경우라면 예수가 태어났을 때 동방 박사들은 여전히 자신들의 처소에 있었을 것이고, 이제 여행을 위해 준비를 해야만 했을 것이다. 만약 또 다른 경우로 별이 나타난 시점이 잉태된 시점이라면 그 아기가 태어난 것은 그들이 도착하고 난 후 얼마 안 되어서였을 것이라는 가능성이 커진다. 어떤 계산 방법을 써야 하는지에 관한 불확실성 때문에 초래되는 오차는 최소한 1년 가까이 된다. 그리고 만약 안전을 위해서 그 오차 범위를 양쪽 끝에 다 적용한다면(불안하고 피에 굶주린 왕은 충분히 그러고도 남았을 것이다), 헤롯의 병사들이 베들레헴에서 두 살 이하의 아기들을 죽인 것은 놀랄 일도 아닌 것이다. 베들레헴은 단지 작은 마을에 불과했고, 죽은 아기들의 숫자 또한 헤드라인을 장식할 만한 세계적인 일도 아니었다. 그리고 희생자들은 힘없는 아기들이었기 때문에 당시에 두려워해야 할 정치적 반발도 적었다.

베들레헴에서 나사렛에 이르기까지 사건의 순서를 다음과 같이 요약할 수 있다.

1. 동방 박사들의 방문과 떠남.
2. 제40일에 아기 예수를 성전에서 봉헌함.
3. 천사의 경고로 이집트로 피난함.
4. 베들레헴에서 유아들이 학살됨.
5. 헤롯이 죽은 후에 돌아와 나사렛에 정착함.
6. 열두 살 된 예수가 성전을 방문함.

다윗의 가문

아기 예수는 다윗 가문에 하나님의 은혜로 주어졌다. 그는 사람에 의해서가 아니라 성령에 의해서 태어났다. 그의 어머니 마리아는 요셉과 정혼한 사이였으며, 요셉은 다윗의 후손 중 한 명이었다. 그들은 아직 남편과 아내로 한 몸이 된 것은 아니지만, 마리아는 법적으로 요셉의 아내로 간주되었다. 정혼한 아내를 통해 요셉은 다윗 가문에 약속되었던 그 아들을 얻게 되었다. 그가 이 아들을 얻은 것은 '사람의 뜻으로'가 아니었으며(요 1:13 참조), 하나님의 은혜로 된 것이었다. 천사를 통해 그는 다윗의 후손으로서 그가 해야 할 일에 관해 배웠다. 그는 다윗 가문을 대표하여 동정녀에게서 태어날 그 아기를 받게 되었으며(사 7:14), 마치 친자식에게 하듯 그 아기의 이름을 지어야 할 것이었다. 따라서 다윗의 후손인 요셉은 이 세상에서 예수의 아버지 역할을 했다. 그에게 이름을 지어 주었으며(마 1:25), 사람들은 그를 예수의 아버지로 여겼다(눅 3:23). 요셉의 친자녀들은 예수의 형제자매로 불렸다(막 6:3).

그렇다면 어떻게 예수가 요셉의 가족 안에서 다윗의 후손으로 여겨질 수 있는가? 그 어머니인 마리아를 통해서인가? 종종 '그녀가' 다윗의 혈통이라는 사실에 모든 초점이 맞춰지기도 한다. 마리아를 통해 예수가 진정한 다윗의 후손이 되었다는 것이다. 요셉 역시 다윗의 후손이었다는 점은(마 1:2~17) 플러스 요인이 될 수 있지만, 그것은 예수가 다윗의 혈통이라는 사실을 결정하는 주요 요인은 아니다. 따라서 복음서들에서 요셉의 족보를 발견하게 되는 것은 이상한 일이다. 마태복음 1장의 경우가 그러하며, 누가복음 3장 역시 마리아가 아니라 요셉에서부터 거슬러 올라가 다윗과 아담에 이른다.

어떤 이들은 누가복음 3장의 족보가 요셉의 것이 아니라 마리아의 것이라고 주장한다.[141] 이 견해는 마태복음과 누가복음에 있는 이름들의 목록 사이에 왜 그렇게 많은 차이점이 있는지를 즉시 설명해 줄 수 있다. 두 개의 족보, 즉 하나는 요셉의 것이고 다른 하나는 마리아의 족보라는 설명은 그 자체로 매력적이다. 하지만 그것은 증명될 수 있는 견해가 아니다. 누가복음 3장 23절에서 우리는 다음과 같은 족보에 대한 소개를

---

[141] S. Greijdanus, *Heilige geschiedenis volgens de vier evangelieverhalen: Geboorte van Jezus Christus en aanvang van Zijn publieke optreden*(Goes: Oosterbaan & Le Cointre, 1951), 을 참조하라.

읽게 된다. "예수께서 가르치심을 시작하실 때에 삼십 세쯤 되시니라 사람들이 아는 대로는 요셉의 아들이니 요셉의 위는 헬리요." 어떤 사람들은 주장하기를, "사람들이 아는 대로는"이라는 한정적인 문구는 예수가 실제로는 마리아의 아들이었으며, 마리아의 아버지는 헬리였다는 것을 시사한다고 말한다. 하지만 그것이 만약 누가가 의도한 의미였다면, 그는 참 이상한 방법으로 표현한 것이 된다. 왜 그는 그 조상들의 족보를 제공하는 마리아의 이름을 명시하지 않았는가?

우리는 또한 누가복음 3장 23절의 기능을 염두에 두어야 한다. 누가가 여기에서 나타내고자 하는 바는 예수가 그의 사역을 시작했을 때 사람들의 눈에 그는 위대하고 훌륭한 인물이 아니었다는 것이다. 그는 고령의 위엄을 가지고 있지도 않았고, 동시대인들의 눈에 여전히 삼십 대 초반의 한 젊은 남자에 불과했다. 더군다나 그는 요셉의 아들로 알려졌는데, 다윗의 후손이기도 했지만 다른 모든 사람들과 같이 아담의 후손이기도 했다. 하나님의 이들은 다른 시도닙의 장로들과 비교했을 때 한 청년에 불과했고, 또한 많은 사람들 가운데 평범한 한 젊은이에 지나지 않았다. 이것이 바로 사람들이 그를 바라본 시각이었고, 이는 정당성이 아주 없는 것도 아니었다. 그는 삼십 세쯤 되었고, 요셉의 아들로 알려졌다. 하지만 누가가 말하고자 하는 바는 예수가 사역을 시작할 때 하늘에서 그를 가리켜 하나님의 아들이라고 한 것과 달리, 그의 사역 기간 중에는 하나님의 아들로 여겨지지 않았다는 사실이다(바로 앞의 눅 3:22을 보라).

누가복음 3장 23절의 문맥을 고려할 때, 누가가 실제로는 마리아의 족보를 제시하면서 마치 요셉의 족보인 것처럼 제시하고 있다고 추정해야 할 이유는 없다. 누가는(마태 역시) 요셉의 가계도를 제공하고 있다. 명백히 요셉의 족보는 예수가 다윗의 혈통이라는 사실을 증명하는 데 필수적이다. 이 점에 관하여 복음서들이 말하고 있는 바를 계속 읽어나가다 보면 같은 내용을 발견할 수 있다. 마태복음 어디에서도 마리아가 다윗의 후손이라는 언급이 없다. 오직 요셉이 다윗 가문 출신이라는 것을 읽게 된다(마 1:16). 그리고 요셉은 '마리아의 남편'으로 불렸으며, 마리아에게서 그리스도라 칭하는 예수가 태어났다. 이러한 호칭은 중요하다. 다윗의 후손인 요셉이 그의 정혼한 아내 마리아를 취했기 때문에, 그녀에게서 태어난 예수 역시 다윗의 가문에서 태어난 것이다. 바로 이러한 이유로 마태는 요셉의 역사에 초점을 맞추고 있는 것이다.

반면에 누가복음에서는 마리아가 좀 더 두드러진다. 하지만 누가는 다윗의 집 족속으로 마리아가 아니라 요셉의 이름을 기록하고 있다(눅 1:27; 2:4). 사가랴가 다윗의 집에 일으켜 세워진 뿔에 대해 예언할 때(눅 1:69), 이는 누가복음 1장의 문맥상으로 보면 하나님께서 다윗 집의 후손인 요셉의 아내에게 기적을 행하셨다는 사실만을 가리킬 수도 있다. 누가복음으로부터 우리가 추론해 낼 수 있는 바는 오직 마리아가 레위 집과 친족관계에 있다는 것뿐이다(눅 1:5, 36). 만약 마리아가 요셉 이외에 다윗의 집과 관련이 있었다 해도 이는 누가에게 있어서 언급할 만큼 중요한 일이 아니었다. 그녀가 요셉과 정혼함으로써 다윗 집에 속하게 되었다는 사실만으로 충분하기 때문이다.[142]

다윗과 요셉은 정확히 어떤 혈통적인 관계를 가지고 있는가? 그 혈통 관계는 마태복음 1장과 누가복음 3장에 나타나 있다. 첫 번째 복음서 기자는 아브라함에서 예수까지의 역사적 개관을 제시하는데, 이를 통해 그

---

[142] 사도행전 2장 30절('그 자손 중에서 한 사람,' 문자적으로는 '그 허리의 열매')이나 로마서 1장 3절("육신으로는 다윗의 혈통에서 나셨고")을 마리아가 다윗 혈통이라는 증거로 삼는 것은 만족할 만한 주장이 아니다. 사도행전 2장 30절은 사무엘하 7장 12절의 한 부분을 사용하고 있는데, 거기에서 우리는 장차 오게 될 그의 위대한 후손에 관해 다윗에게 주어진 약속을 보게 된다. '그 허리의 열매'라는 말은 도저히 문자적으로 예수에게 적용될 수 없는 표현이다. 왜냐하면 출생에는 남성이 관여되지 않았기 때문이다. 로마서 1장 3절도 마찬가지이다. '다윗의 자손'이라는 말은 생물학적인 의미로 적용되지 않는다. 로마서 1장 3절이나 사도행전 2장 30절은 예수가 다윗 가문에 속해 있다는 사실에 관한 것이며, 그가 어떻게 그 가문에 속하게 되었는지는 말하고 있지 않다.

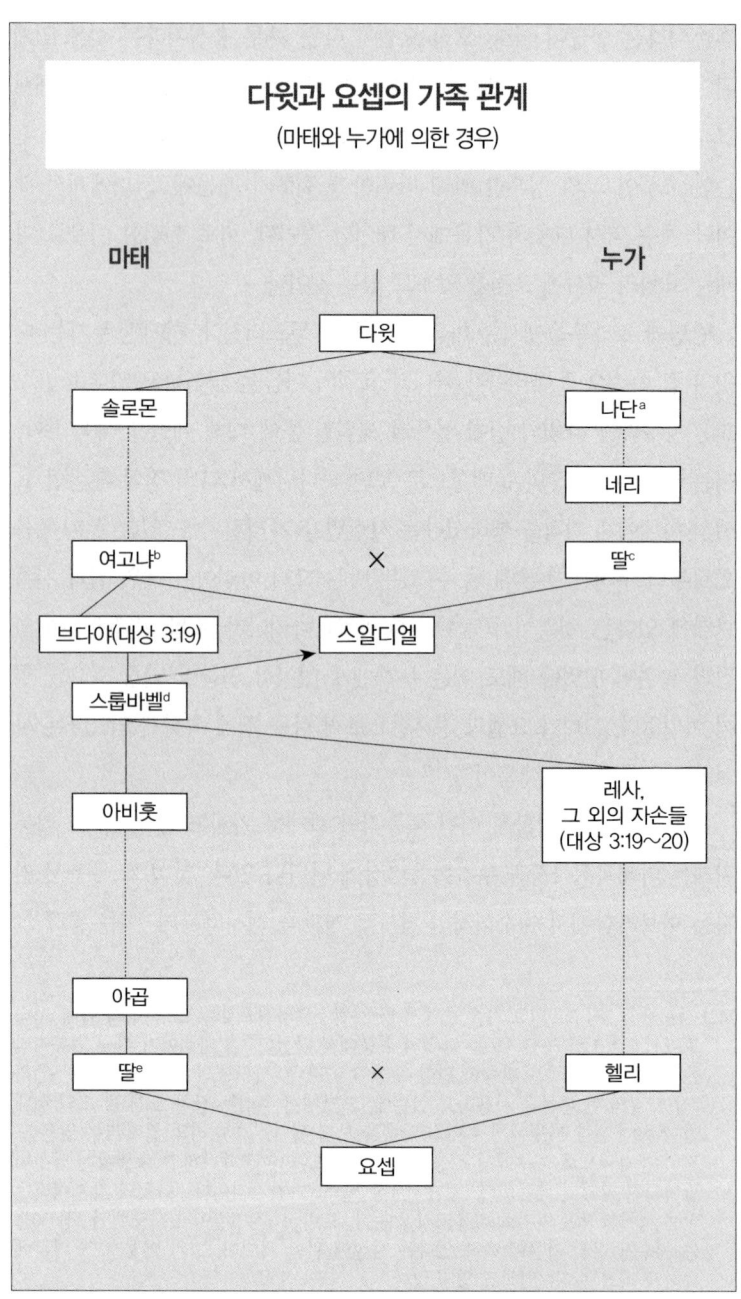

a. 밧세바의 아들 : 삼하 5:14; 대상 3:5; 14:4

b. 현대 영어 번역에 의하면 역대상 3장 17절에서 스알디엘은 여고냐의 아들이다("사로잡혀 간 여고냐의 아들들은 그의 아들 스알디엘과……"). '사로잡혀 간'이라는 번역은 히브리어 본문을 약간 수정한 결과이다. 원래 본문을 문자적으로 읽으면 '여호야긴의 후손들 : 아실과 그 아들 스알디엘'(KJV와 일치)이다. 만약 히브리어 본문이 정확하고, 여고냐와 스알디엘 사이에 실제로 아실이라고 하는 이름이 있었다면, 추측컨대 네리의 딸이 아실과 결혼했을 것이며, 여고냐는 스알디엘의 아버지라기보다는 조부였을 것이다. 이 표에서 우리는 현대 영어 버전들을 따르고 있다.

c. 만약 네리에게 오직 한 명의 딸만 있었다면(여고냐[혹은 아실; 위의 각주를 보라]와 결혼한), 명백히 그녀의 아들이 그 조부의 상속자가 되었을 것이다. 동시에 그는 여고냐의 아들이었다(아실이 그 아버지였을 경우는 손자[위의 각주를 보라]). 이런 방식으로 그가 솔로몬과 나단의 혈통을 통합시켰다.

d. 스룹바벨은 의심할 바 없이 스알디엘의 아들로 간주되었다. 마태와 마가 모두 이 점에는 동의한다. 또한 학개서 1~2장을 참조하라. 역대상 3장 19절에서 그는 브다야(여호야긴의 아들/여고냐)의 첫째 아들로 명시되어 있다. 만약 스알디엘이 자식이 없이 죽었다면, 브다야가 계대 결혼을 통해 한 아들을 낳았을 수도 있다. 그 아들은 죽은 스알디엘의 아들로 간주될 수 있었을 것이다.

e. 만약 야곱에게 오직 딸 한 명만 있었다면, 위에서 설명한 네리의 상황이 여기에도 그대로 적용될 수 있다. 유대인들이 그들의 가계도를 추적할 때 모계와 부계 모두 사용한다는 사실은 요세푸스의, Life 1, p.2, 4에 언급되어 있다.

는 왕위 계승의 혈통을 추적한다. 역사적으로 중요한 왕족을 통한 혈통은 족보상으로 볼 때 항상 가장 직접적이라고 볼 수는 없다. 가장 직접적인 계보를 제시하는 것은 누가이다. 그는 과거에서 시작하여 현재에 이르지 않았다. 오히려 그는 반대방향으로 움직인다. 후손에서 시작하여 조상들에게로, 그리고 요셉에게서 시작하여 다윗과 아담에게로 말이다. 헬라어를 사용하는 독자들에게 누가의 족보는 중요한 문서였다. 왜냐하면 그들은 영웅들이나 반신반인으로 숭배 받는 인물들과 사람들을 연결시켜 주는 가계도에 푹 빠져 있었기 때문이다. 예수는 사람들 가운데서 사람 그 이상도 그 이하도 아니었다. 마태와 누가의 목표는 서로 매우 달랐다.

마태의 경우 족보의 명부를 통해 이스라엘의 역사적 개관을 제시하는 것이었고, 누가의 경우는 예수의 인간적 기원을 나타내기 위한 기록을 제시하는 것이었다. 따라서 그들이 족보의 빽빽한 숲을 통과함에 있어 서로 다른 길을 선택한 것은 그리 놀랄 만한 일이 아니다.

마태복음과 누가복음에 실린 족보상의 차이점들은 주로 다윗과 스알디엘/스룹바벨 사이의 긴 시기와, 또한 스알디엘/스룹바벨과 요셉 사이의 시기에 나타난다. 가계도의 다른 두 경로가 갈라진 채로 여러 세대를 지나는 경우는 드문 일이 아니다. 특정한 아버지로부터 말미암은 한 특정한 아들(또 다른 아들 대신에)의 혈통을 추적해 보면, 시간이 흘러 그 특정한 아들의 먼 후손이 그 다른 아들의 먼 후손과 결혼하게 되는 때에 족보는 다시 합쳐지게 된다.

예를 들자면 이것이 바로 다윗의 두 아들, 즉 솔로몬과 나단의 경우에 일어났던 일인 것이다. 앞의 도표는 예수의 가계도를 재구성해 볼 수 있는 하나의 가능한 방법이다. 더 이상의 자료가 없는 관계로(특별히 바벨론 포로 기간이라고 하는 혼돈의 시대와 관련하여), 마태복음과 누가복음에 있는 족보를 어떻게 통합할 수 있는지에 대해 확실한 해결책을 찾는 것은 불가능하다. 하지만 두 개의 족보 모두를 비역사적인 것으로 배척하려는 경향이 있기 때문에, 가능한 통합을 시도해 보는 것이 유익하다. 실제 삶에서 가족 관계가 얼마나 복잡한지, 그리고 그 관계들을 나타낼 수 있는 방법들이 얼마나 다양한지에 대해 너무나 무관심했던 것이 사실이다. 앞의 도표는 하나의 '가능한' 해결책을 제시함으로써 이러한 복잡성을 강조하려는 시도이다.

5장

예수의 형제와 자매

형제와 자매
그 전통은 얼마나 오래되었나?
야고보와 요세의 어머니 마리아
십자가와 무덤에 있었던 친척과 지인들
예수와 그 형제자매들은 어머니가 같았는가?

예수의
형제와 자매

형제와 자매

나사렛에서 예수는 부모와 자녀들로 구성된 한 가족의 구성원이었다. 나중에 그 마을 주민들은 이렇게 말했다. "이 사람이 마리아의 아들 목수가 아니냐? 야고보와 요셉과 유다와 시몬의 형제가 아니냐? 그 누이들이 우리와 함께 여기 있지 아니하냐?"(막 6:3). 마태의 기사에서 예수는 "그 목수의 아들"로 불린다. 네 형제들의 이름이 나열되어 있지만 끝의 두 명은 순서가 바뀌어 있다. 반면 자매들은 여전히 익명으로 남아 있다(마 13:55~56). 이 자매들은 복음서에 드물게 등장한다(대부분의 사본에 의하면 마가복음 3장 32절에만 나온다).

하지만 예수의 '형제들'은 최소한 한 번 이상 언급된다. 그들은 가나의 혼인 잔치에서 어머니 마리아와 함께 등장한다(요 2:12). 나중에 예수가 고향 가버나움에 왔을 때, 그들은 마리아와 예수의 자매들과 함께 그를 방문하러 왔다(막 3:31~32; 마 12:46~47; 눅 8:19~20). 그 후에 형제들이 그에게 예루살렘에서 더욱 공개적으로 자신을 나타내라고 했을 때(요

7:3~10), 그들이 예수를 믿지 않고 있음을 알 수 있다. 하지만 부활 이후에 그 형제들과 마리아가 제자들과 함께 모여 있는 것을 발견하게 된다(행 1:14). 그들은 후일 선교 사역에서 활발한 역할을 감당하며, 심지어는 팔레스타인 외부로도 여행한다(고전 9:5). 따라서 주님의 형제인 야고보가 팔레스타인 외부 지역에서도 일반적으로 알려졌던 것은 이해할 만한 일이다(부활하여 예수가 야고보에게 나타난 사건, 고전 15:7; 갈 1:19; 2:9, 12). 나중에 그는 예루살렘에 있었던 기독교 공동체의 리더가 되었으며(행 12:17; 15:13; 21:18), 그의 서신은 권위 있는 문서로 보존되었다(약 1:1). 유다(Jude)는 자신을 야고보의 형제로 부른다. 이는 야고보가 점차 '주님의 형제'로 유명해졌기 때문에 유다는 더 이상 자신을 주님의 형제라고 지칭할 필요가 없어졌고, 오히려 겸손하게 야고보의 형제라는 표현으로 자신을 소개한 것이다(유 1:1).

이들 예수의 형제자매들 역시 마리아의 자녀들이었을까? 수세기에 걸쳐 이 질문에 대한 표준적인 대답은 주로 부정적인 것이었다. 교회 역사 초기에 이들 형제자매들은 요셉의 이전 결혼 관계에서 생긴 자녀들이라고 여겨졌다. 따라서 그들은 법적으로 의붓 형제자매들이었고, 마리아의 아들인 예수와는 아무런 혈육 관계가 없었다는 것이다. 이러한 설명은 동방 교회에서 지배적인 견해로 남아 있다.

서방에서는 제롬(Jerome)이 발전시킨 견해가 우세했다. 그들은 예수의 '사촌들'이었다는 것이다.[143] 그러므로 '형제들'이라는 단어는 '가장 가까운 친척'이라는 의미로 보다 광범위하게 사용되었다. 심지어 요셉이 예수의 탄생 이후에도 마리아와 동침하지 않았다는 관념과 주로 결합되는 이 견해에 의하면 마리아가 동정녀로 계속 남아 있었을 뿐만 아니라, 요셉

---

143) 제롬은 A.D. 380년경 예수의 형제들 역시 마리아의 자녀들이었다고 주장한 헬비디우스(Helvidius)를 반박했다. J. Blinzler, *Die Brüder und Schwestern Jesu*(Stuttgart: Verlag Katholisches Bibelwerk, 1967), 130~144를 참조하라.

또한 그의 인생에서 여성과의 성적인 관계를 전혀 가지지 않은 채로 계속 살았다고 한다. 따라서 그 거룩한 가족은 금욕적이고 수도원적인 삶의 모델로 내세워진다.

개혁 교회들도 처음에는 예수의 형제들을 친형제라고 보지 않는 전통을 고수했다. 하지만 점차적으로 그들이 친형제자매들이었다고 하는 확신이 개신교 진영에서 우세해졌다. 이는 19세기와 20세기 동안에 일반적인 견해였다. 세기가 바뀔 무렵에 이 주제에 관한 찬(Zahn)의 철저한 연구는 그 논쟁에 결정적인 결론을 가져온 것처럼 보였다.[144] 하지만 그것은 (제롬의 전통을 거의 예외 없이 따르는) 로마 가톨릭의 해석자들과 개신교 해석자들(그들 가운데서 제롬의 반대자였던 헬비디우스는 뒤늦게 승리를 거두었다) 간의 논쟁을 양극화시키는 역할도 했다.

종파 간의 논의를 위해서 가톨릭 성경 학자 블린츨러(Blinzler)는 1958년에 한 논문을 통해 그 문제에 관한 논의를 재개했고,[145] 그 논문은 나중에 증보되어 책으로 출판되었다.[146] 그는 이 경우가 주해(개신교)와 교의(가톨릭)의 대치 상황, 혹은 성경에 대한 존중과 마리아에 대한 존중 사이의 대치 상황이 아니라는 것을 보여 주려 했다. 그는 그런 문제가 모든 사람의 관심의 대상이 될 만한 가치가 있다고 보았다. 그 이유는 개신교도들에게는 자명한 것으로 보이는 사실, 즉 예수의 형제자매들이 또한 마리아의 자녀들이었다는 생각에 의문을 품게 할 만한 충분한 이유가 성경적인 자료나 가장 오래된 전통으로부터 제공되기 때문이다.[147]

비록 성경 해석과 관련해서 이 문제는 제한된 중요성을 가지지만, 예

---

144) T. Zahn, "Brüder und Vettern Jesu", in *Forschungen zur Geschichte des neutestamentlichen Kanons und der altkirchlichen Literatur*(Leipzig, 1900), 6:225~364.
145) J. Blinzler, "Zum Problem der Brüder des Herrn", *Trier Theologische Zeitschrift* 67(1958): 129~145, 224~246.
146) Blinzler, *Brüder und Schwestern Jesu*.
147) Ibid., 7, 11~20.

수 생애의 이야기가 가지는 전기적 요소들에 대한 분명한 관점을 가지기 위해서는 고대의 전통을 위한 블린츨러의 새로운 항변을 간단히 고찰해 보는 것도 유익할 것이다.

그 전통은 얼마나 오래되었나?

블린츨러의 주장의 두 가지 논거는 헤게시푸스와 마가복음 15장 40절에 바탕을 둔다. 2세기에 살았던 헤게시푸스(Hegesippus)는 동방 출신이며 사도 시대 바로 직후 세대에 속했던 것으로 여겨진다. 영지주의 이단을 반박한 그의 책(휘폼네마타; *Hypomnemata*)은 우리에게 유세비우스의 「교회사」를 통해서만 알려져 있다. 블린츨러에 의하면 시므온(Simon)과 유다(Jude)는 글로바(Clopas)의 아들들이었으며 예수의 사촌이었다고 한다. 야고보 또한 사촌이었다고 전해지는데, 그는 또 다른 삼촌을 통해서였다.[148] 2세기로부터 전해지는 이러한 정보는 당연히 진지하게 다루어져야 한다. 하지만 우리는 진정 헤게시푸스가 이러한 주장을 했는지에 관해서 의문을 품을 수 있다.

블린츨러가 그의 견해의 근거로 삼는 것은 그 관련 구절의 다음과 같은 번역이다. "의인 야고보가 주님과 마찬가지로, 또 똑같은 이유로 인해 순교를 당했을 때, 그의(즉 예수의) 삼촌의 아들, 즉 글로바(의 아들) 시므온이 감독으로 임명되었다. 모든 사람들이 그가 선택되기를 원했다. 왜냐하면 그가 주님의 두 번째(즉 또 다른) 사촌이기 때문이다."[149] 이와 같이 번역되었기 때문에 야고보와 같이 시므온도 실제로 사촌이었던 것으로 보인다(비록 같은 아버지에게서 태어난 것은 아니지만 말이다). 하지만 이 번

---

148) Ibid., 94~110.
149) Ibid., 96~97. Eusebius, *Ecclesiastical History* 4.22.4.

역은 많은 아쉬움을 남긴다. 많은 학자들이 그 구절을 대략 다음과 같이 타당하게 번역한다. "의인 야고보가 주님과 마찬가지로, 또 똑같은 이유로 순교를 당했을 때, 그의(즉 야고보의) 삼촌의 아들, 즉 글로바의 시므온이 감독으로 임명되었다. 모든 사람들이 그가 두 번째(감독)로 선택되기를 원했다. 그 이유는 그가 주님의 사촌이었기 때문이다."[150]

언어학적인 세부 사항을 논의하지 않더라도,[151] 이 번역은 다음과 같은 이유로 처음 것보다 훨씬 설득력이 있다.

1. 현재까지 보존된 헤게시푸스의 작품의 다른 조각들에서 그는 야고보를 단순히 주님의 '형제'라고 부르고 있으며, '사촌'이라는 단어를 사용하지 않는다.[152] '형제'라는 단어가 '사촌'을 의미했을 수도 있다. 하지만 그랬다면 왜 그가 위의 인용구에서 글로바의 시므온을 그냥 (야고보에 대한 호칭과 유사한) '형제'라고 부르지 않았단 말인가? 그는 시므온을 '사촌'이라 부르고 있고, 블린츨러의 번역에 의하면 심지어 '(예수의) 두 번째 사촌'이라고 지칭되고 있다. 하지만 헤게시

---

150) Blinzler, *Brüder und Schwestern Jesus*, 105와 비교해 보라.

151) *Palin ho ek tou theiou autou Symeon ho tou Klopa kathistatai episkopos, hon proethento pantes onta anepsion tou kuriou deuteron.* '팔린'(*palin*)이 다른 삼촌의 자녀를 의미한다고 이해하는 것은 거의 불가능하다. 왜냐하면 야고보는 삼촌의 자녀가 아니라 주님의 형제로 간주되기 때문이다. 여기에서 의도되었다고 봐야 하는 의미는 '다시 한 번(혹은 게다가, 그 다음에) 한 감독이 임명되었다는 것이다. '엑 투 테이우 아우트'(*Ek tou theiou autou*): 이는 예수라기보다는 야고보에 대한 언급으로 보는 것이 타당하다(문맥상 이전 부분에서의 주요 인물). 이제 야고보의 삼촌의 아들이 임명된 것이다. 만약 예수의 삼촌이 이미 언급되었다면 "온타 아넵시온 투 퀴리우"(*Onta anepsion tou kuriou*)는 불필요한 문장이었을 것이다. 그 문장의 의미는 시므온이 '예수의' 사촌으로서가 아니라(더 중요한 사실) '야고보의' 사촌으로서(실제로 그랬다) 선출되었다는 것이다. '듀테론'(*Deuteron*)은 목적격으로 대명사 '혼'(*hon*)에 연결되어야 한다. 그럴 경우 그것은 '에피스코포스'(*episkopos*)와 간접적으로 연결된다. 따라서 블린츨러가 강조하고 있는 '에피스코포스'와 '듀테론'의 격(case) 차이는 여기서 별 의미가 없게 된다.

152) Eusebius, *Ecclesiastical History* 2.23.4를 보라.

푸스가 야고보를 '(첫 번째) 사촌'이라고 부른 적은 없다. 따라서 시므온을 주님의 사촌이라고 부른 것은 그를 주님의 형제로 알려진 야고보와 구분하기 위함이었음이 명백하다. 그러므로 이 시므온은 두 번째 '사촌'이 아니라 첫 번째 감독이었던 야고보의 뒤를 이은 두 번째 '감독'이었다.
2. 이 인용구에는 야고보를 주님의 형제라고 명시한 부분이 없다. 하지만 헤게시푸스는 그를 '의인'이라고 부르고 있는데, 그것은 야고보를 주님의 형제라고 부르는 암시적인 방법이다. 다른 곳에서 헤게시푸스는 장황하게 '주님의 형제인 야고보'가 모든 사람들에게 '의인'으로 알려져 있다고 말하고 있다.
3. 헤게시푸스는 유다를 가리켜 '(예수의) 육신의 형제'라고 부른다.[153] 우리는 위의 인용구에서 보았듯이 헤게시푸스가 '사촌'이라는 단어를 사용했다는 것을 알고 있다. 하지만 그가 '육신의 사촌'이라는 표현을 사용하고 있지 않다는 것이 놀랍다. 시므온은 그냥 단순히 예수의 사촌으로 불리고 있다. 만약 유다 역시 친형제가 아니라 사촌이었다면, '육신의'라는 표현은 불필요했을 것이다. 하지만 이 문구를 추가함으로써 유다는 예수의 영적인 형제였을 뿐만 아니라, 그 단어의 문자적 의미대로 친형제이기도 했음을 알려주고 있다. 그것은 사촌을 가리키는 말이 아니었던 것이다.

우리는 헤게시푸스가 말하고 있는 바는 블린즐러가 주장하고 있는 바의 반대라고 결론지을 수 있다. 헤게시푸스는 친형제였던 야고보와 유다를, 사촌이었던 시므온으로부터 구분짓고 있다. 시므온이 예수의 사촌이었고, 또한 요셉과 마리아를 숙모와 삼촌으로 두었듯이, 예수와 야고보

---

153) Ibid., 3.20.1.

와 유다는 시므온의 사촌이었고, 글로바를 삼촌이라고 불렀던 것이다.

하지만 이러한 사실이 곧 예수의 형제들이 마리아의 자녀들이기도 했다는 것을 의미하지는 않는다. 여기서 결여되어 있는 것은 '사촌들'이라는 관념에 대한 전통적인 지지이다. 심지어 가장 오래된 전통도 야고보와 유다가 예수의 형제들이었으며 사촌은 아니었다고 하는 관념에 대해 긍정적인 지지를 보내고 있다고 할 수 있다. 사촌에 관한 가설은 4세기에 제롬에 의해 소개되었으며, 명백한 전통적 뿌리가 없다. 이는 또한 가장 오래된 전통으로부터 제공되는 정보와도 상충된다.

야고보와 요세의 어머니 마리아

블린츨러 주장의 두 번째 논거는 마가복음 15장 40절에 있다. 그 구절은 이렇다. "멀리서 바라보는 여자들도 있었는데 그 중에 막달라 마리아와 또 작은 야고보와 요세의 어머니 마리아와 또 살로메가 있었으니." 우리의 특별한 관심을 끄는 사람은 세 여인 중 두 번째 여인이다. 그녀의 두 아들의 이름은 예수의 형제들 중 두 사람(가장 나이 많은 두 형제; 막 6:3)과 같다. 이는 특별히 주목할 만한데, 그 이유는 '요세'(Joses)라는 흔치 않은 이름(요셉[Joseph]의 변형)은 신약 성경 어디에도 등장하지 않기 때문이다. 막달라 마리아와 살로메의 중간에 위치한 이 이름은 원칙적으로 예수의 어머니를 지칭하는 것일 수도 있다.

그러나 예수의 어머니 마리아라면 분명 처음에 언급했을 것이며, 그렇게 간접적으로 언급하지는 않았을 것이다. 따라서 이는 다른 마리아임에 틀림없다. 하지만 그녀의 아들들이 소위 '예수의 형제들'이라고 한다면, 이는 블린츨러의 말처럼 그들이 예수와 관련이 있는 사람들이었고, 또한 동시에 그들은 우연히 마리아라고 하는 같은 이름을 가진 다른 어머니에게서 태어났다는 사실의 증거가 된다.[154] 블린츨러는 헤게시푸스의 작품에서 시므온과 유다를 위해 또 다른 아버지(글로바)를 찾아 준 후에, 이제 마가복음에서 야고보와 요한을 위해 또 다른 어머니(다른 마리아)를 찾아 준다. 따라서 네 명 모두는 단지 넓은 의미에서(친척, 사촌) '형제들'일 뿐이다. 그리고 그들은 심지어 다 같은 집에서 태어난 것도 아니며, 예수의 숙모들과 삼촌들의 다른 두 가정에서 태어났다.

이러한 주장은 언뜻 보기에는 맞아 보일 수 있으나, 좀 더 자세히 살펴보면 그렇게 견고한 것이 아님이 드러난다. 어떤 책에 이름이 언급되어 있을 때, 원칙적으로 그 이름이 이미 앞서 언급된 사람을 지칭할 수 있다는 가능성을 고려해 보는 것이 바람직하다. 따라서 요세라는 이름은 6장에서 예수의 형제로 언급된 바로 그 사람을 지칭할 수도 있다. 하지만 마가는 6장과 15장에서 요세를 먼저 언급하지 않고 야고보를 먼저 언급한다. 마가복음 6장에서 예수의 형제는 단순히 '야고보'라고 불린다(아무런 수식어가 추가되지 않는다). 하지만 마가복음 15장에서는(6장에서와는 달리) '작은' 야고보로 추가적인 수식어와 함께 언급된다. 이는 명백히 마가복음 6장에 언급된 예수의 형제와는 다른 어떤 야고보를 가리킨다. 그러나 만약 이것이 사실이라면 마가복음 15장에 언급된 요세 역시 마가복음 6장에 언급된 사람과 동일인이 아닐 수 있다. 만약 작은 야고보와 그의 형제 요세가 예수의 형제들인 야고보와 요세와 다른 인물들이라면, 그들의 어머니 마리아 역시 주님의 어머니와 다른 인물임에 틀림없다.

---

154) Blinzler, *Brüder und Schwestern Jesu*, 74~93를 참조하라. J. J. Gunther, "The Family of Jesus", *Evangelical Quarterly* 46(1974): 25~41에서는 예수의 어머니가 작은 야고보와 요세의 어머니 마리아와 동일 인물이라고 주장하고 있다. 저자의 생각에 이러한 동일시는 문제가 된다. 군터(Gunther)의 가설에 의하면 예수의 어머니를 이렇게 간접적으로 지칭한 것은 변증적인 동기에서 나온 것이거나, 혹은 예수와 그 어머니의 관계가 소원해졌기 때문이라고 하는데, 이러한 주장은 설득력이 없다. 또한 J. W. Wenham, "The Relatives of Jesus", *Evangelical Quarterly* 47(1975): 6~15를 참조하라.

십자가와 무덤에 있었던 친척과 지인들

요셉 가족의 구성과 예수의 가족 관계에 관해 무엇을 더 말할 수 있을까? 만약 마가복음 6장과 15장이 서로 다른 두 명의 마리아를 가리키고 있다면, 그 자녀들이 거의 동일한 이름을 가지고 있는 이 두 여인의 관계는 무엇이었을까? 만약 예수의 '형제들'이 그의 사촌들과 동일인이 아니었다면, 누가 그의 사촌들이었는가?

예수의 친구들과 가족이 가장 많이 집결했던 곳은 바로 십자가와 무덤 주변이었다. 많은 사람들에게 그러하듯이, 예수의 지상 생애에서도 가족 관계가 가장 두드러졌던 순간은 죽음을 맞을 때였다. 우리는 복음서 기자들이 십자가 주변에 있었던 다음과 같은 사람들의 이름을 기록한 것을 볼 수 있다.

예수의 어머니(마리아)	요 19:25
예수의 어머니의 자매	요 19:25
글로바의 아내 마리아	요 19:25
막달라 마리아	요 19:25; 마 27:56; 막 15:40
작은 야고보와 요세의 어머니 마리아	마 27:56; 막 15:40
살로메	막 15:40
세베대 아들들의 어머니	마 27:56

만약 '예수의 어머니의 자매'가 글로바의 아내 마리아와 동일 인물이라면 위의 명단은 짧아졌을 것이다. 요한복음 19장 25절의 표현은 다음과 같은 해석의 여지를 남긴다. "그 동안, 예수의 십자가 곁에 서 있었던 사람들은 그의 어머니와 그 어머니의 자매, 글로바의 아내 마리아, 그리고 막달라 마리아였다." 그러므로 '그 어머니의 자매'와 '글로바의 아내 마리아'

사이에 '그리고'를 생략함으로써 요한은 글로바의 아내 마리아가 예수의 어머니의 자매와 동일인임을 암시했다고 주장할 수도 있다. 하지만 요한은 그 여인들을 둘씩 나열하고자 했을 수도 있다. 먼저 예수의 어머니 마리아와 그의 자매, 그리고 나서 다른 마리아들, 즉 글로바의 아내와 막달라 마리아. 찬(Zahn)은 후자를 선택하는데, 옳은 선택이라고 본다.[155] 마리아의 자매가 또한 마리아라고 불릴 개연성은 극히 적다. 반면에 요한이 그 여인들을 둘씩 두 그룹으로 나누었을 개연성은 없지 않다. 예수의 어머니 마리아와 그녀의 친자매, 그리고 나서 두 절친한 친구들, 즉 그 가족으로 시집 온 글로바의 아내 마리아와 헌신된 여인 막달라 마리아로 말이다.

마태와 마가는 십자가 곁에 예수의 어머니가 있었다는 언급을 하지 않고 있는데 이는 놀라운 일이다. 하지만 두 복음서 기자들은 갈릴리에서부터 따라온 많은 여인들도 십자가 곁에 서 있었다는 사실을 말하기 위해 몇몇 여인들의 이름을 언급한다. 따라온 여인 중에서 더 많이 알려진 몇 명의 이름만을 언급한 것이다. 예수의 어머니 마리아는 이 명단에 속하지 않는다. 그녀는 따라다닌 사람이 아니라 어머니였기 때문이다. 반면에 요한은 그녀를 언급하는데, 그 이유는 구세주가 어떻게 그녀를 그의 사도인 요한에게 의탁했는지 말하고자 했기 때문이다. 위에 언급된 여인 중 두 명이 예수 매장 시 그곳에 있었다.

막달라 마리아	마 27:61; 막 15:47
야고보와 요세의 어머니 마리아	마 27:61; 막 15:47

마태는 간략하기는 하지만 27상 61절에서 야고보와 요세이 어머니 마리아를 언급한다. '다른 마리아'가 27장 56절에 언급된 '야고보와 요세의

---

155) Zahn, "Brüder und Vettern Jesu", 6:338~339. 그 반대의 견해로는 Gunther, "Family of Jesus", 29~30이 있는데, 이는 Wenham, "Relatives of Jesus", 10에 의해 반박되고 있다.

어머니 마리아'를 지칭하는 것은 명백하다. 마가 역시 그녀에 대해 간략하게 언급한다('요세의 어머니 마리아'). 명백히 그 두 여인은 매우 가까운 관계였다. 우리는 부활의 아침에도 그 두 사람이 함께 있는 것을 목격하게 된다.

막달라 마리아	요 20:1; 마 28:1; 막 16:1; 눅 24:10
야고보와 요세의 어머니 마리아	마 28:1; 막 16:1; 눅 24:10
살로메	막 16:1
요안나	눅 24:10

마태가 28장 1절에서 '다른 마리아'를 언급한 것은 27장 56절에서 좀 더 자세히 묘사했던 마리아, 즉 야고보와 요세의 어머니를 다시 한 번 가리키는 것이다. 마가가 이제 그녀를 단순히 야고보의 어머니라고 부르는 것은 변화를 주기 위해서이다. '요안나'(Joanna)는 오직 누가만이 언급하고 있는 인물인데, 헤롯의 청지기 구사(Chuza)의 아내였다(눅 8:3). 그녀는 헤롯 안디바의 궁정에서부터 왔던 것이다. 그녀를 예수의 가족으로 보아야 할 이유는 없다. 그녀는 예수와 함께 여행하며 돕던 여인들의 그룹에 속했다. '살로메'(Salome)는 마가에 의해 언급되는데, 그녀는 십자가 곁에 그리고 부활의 현장에 있었다. 갈릴리에서부터 수행하던 여인들 중의 한 명으로 간주되는 것으로 보아 그녀는 아마도 예수 어머니의 자매는 아니었던 것 같다.[156] 그녀가 다른 곳에서 '세베대의 아들들의 어머니'(마 27:56)로 불린 바로 그 인물일 가능성도 있다. 마태는 20장 20절에서도

---

156) 찬(Zahn)과 또 다른 학자들은 세베대의 아들들의 어머니인 살로메를 요한복음 19장 25절에 나오는 네 여인 중 두 번째 인물, 즉(예수의) 어머니의 자매와 동일시한다. 그런 경우라면 요한과 야고보 역시 예수의 사촌이었다는 얘기가 된다. 하지만 이 주장은 타당성이 없다. 왜냐하면 복음서들에서나 혹은 그 외의 자료에서도 가족 관계의 흔적은 찾아 볼 수 없기 때문이다.

그녀를 이런 식으로 부른다. 마가 역시 그의 복음서에서 세베대의 아들들을 언급한다(막 1:19~20; 3:17; 10:35). 하지만 '세베대의 아들들의 어머니'는 언급한 적이 없다. 마가가 그녀를 지칭할 때 이름을 부르는 것에 익숙했을 가능성도 상당히 있다. 그럴 경우 지도자 베드로 또한 그녀를 알았고, 살로메라고 불렀다는 말이 된다. 역시 살로메를 예수의 가족으로 간주할 이유는 없다.

'야고보(와 요세)의 어머니 마리아'가 사도 야고보, 즉 알패오의 아들(막 3:18)의 어머니라고 여겨진 적이 여러 번 있었다. 하지만 그럴 가능성은 없다. 그렇다면 왜 그녀가 또한 요세의 어머니라고 불렸겠는가? 그리고 왜 마가가 '작은' 야고보라고 언급했겠는가? 작은 야고보라는 표현은 사도 야고보와는 다른 누군가를 지칭하는 것으로 보인다. 사도 야고보는 '작은'이라는 수식어와 함께 불린 적이 없다. 만약 이 야고보의 어머니인 마리아가 십자가와 무덤 곁에 모였던 다른 여인들 중 한 명과 동일인이라면, 그녀는 요한이 언급한 글로바의 아내 마리아일 수밖에 없다.

'글로바의 아내 마리아/야고보와 요세의 어머니 마리아.' 우리는 헤게시푸스의 작품에서 어떻게 글로바가 나중에 예수의 삼촌으로 알려지게 되었는지를 보았다. 당시 미리암(Miriam[Mary])이라는 이름이 자주 사용되었다는 사실을 고려할 때 글로바와 요셉이 모두 마리아라는 이름을 가진 여인들에게 장가들었다는 것은 이상한 일이 아니다. 그들이 동일한 이름을 가졌다는 사실은 그들이 서로 자매였을 가능성을 배제한다. 이제 남는 가능성은 요셉과 글로바가 형제지간이었든가, 아니면 마리아들 중의 한 명이 요셉이나 글로바의 누이였을 경우이다. 그럴 경우 글로바의 아내 인 마리아는 예수의 어머니인 마리아와 시누이/올케 사이가 된다. 헤게시푸스는 요셉과 글로바가 형제지간이었다고 한다.[157] 따라서 그들의

---

157) Eusebius, *Ecclesiastical History* 3.1.

자녀들이 집안에서 즐겨 쓰는 동일한 이름을 갖게 된 것은 낯선 일이 아니다(야고보, 요세, 시므온). 한 명의 야고보가 나중에 '주님의 형제'라고 불린 반면, 같은 이름을 가진 그의 사촌은 '작은'이라는 표현으로 구분되었을 수도 있는 것이다. 한 명의 마리아가 '주님의 어머니'로 불린 반면, 그녀의 시누이는 '글로바의 아내 마리아'나 '작은 야고보와 요세의 어머니 마리아'로 불렸다. 헤게시푸스에게서 우리가 알 수 있는 바는 예수의 친척들이 가장 오래된 기독교 공동체들 사이에 잘 알려져 있었다는 사실이다. 따라서 유사한 이름들이 있는 경우에 그 신원을 정확히 파악하는 일은 유용하다. 여담으로 우리는 요한복음 19장 25절에 나오는 글로바가 엠마오로 가던 제자들 중 글로바(Clopas; 눅 24:18)라고 불리던 바로 그 인물일 가능성에도 주목한다.[158]

십자가 처형과 장사와 부활에 관한 이야기들을 통해 복음서 기자들이 제공하는 정보들을 근거로 하여 우리는 작은 야고보와 요세, 그리고 다른 곳에 언급된 시므온 또한 예수의 사촌이었을 가능성이 높다고 결론내릴 수 있다. 그러므로 글로바와 마리아는 예수의 삼촌이고 숙모였다. 그렇게 관련되었던 두 가족들에는 적어도 다음과 같은 인물들이 속해 있었다.

요셉과 마리아 : 예수, 야고보, 요세, 유다, 시므온, 딸들
글로바와 마리아 : 작은 야고보, 요세, 시므온

이러한 사실이 보여 주는 바는 복음서들 안에서 예수의 사촌들과 형제들을 구분하는 것이 가능하다는 것이다. 예수의 형제들을 요셉과 마

---

158) Zahn, "Brüder und Vettern Jesu", 6:350. 알패오(Alphaeus)와의 동일시는 타당성이 떨어진다(그렇게 되면 글로바의 아들들이 사도들이었다는 말이 된다). Wenham, "Relatives of Jesus", 12~15를 참조하라.

리아의 가족으로부터 단순히 떼밀어 낼 수는 없다.

예수와 그 형제자매들은 어머니가 같았는가?

만약 요셉이 이전 결혼으로부터 자녀들이 있었고, 홀아비인 상태로 마리아와 결혼을 했다면, 마리아가 예수의 탄생 후에 더 이상의 자녀를 가지지 않았어도 예수는 형제자매들을 가질 수 있었을 것이다. 그랬다면 그들은 예수에게 법적으로는 형제자매들이었겠지만 유전적으로는 무관했을 것이다. 왜냐하면 마리아가 낳은 예수는 요셉이 아니라 성령을 통해 잉태되었기 때문이다. '형제'라는 단어의 정상적인 의미가 그렇게 유지된 것이다. '사촌 가설'에서는 경우가 다르다. 왜냐하면 '아델포스'(adelphos)라는 단어는 오직 특별한 경우(단축된 호칭, 감정적인 상황)에만 사촌을 의미하기 때문이다. 이는 심지어 블린츨러도 인정하고 있는 사실이다.[159] 하지만 하나의 가족 단위 안에서 자라나는 자녀들의 경우에는 비록 그들이 의붓 형제들이거나 혹은 유전적으로 무관한 형제들이라 할지라도 '아델포스'는 적합한 단어일 수 있다.

마리아가 예수의 탄생 이후에 또 다른 자녀들을 가졌는지에 대해 단정적인 증거를 내놓기는 쉽지 않다. 요셉이 예수가 태어나기까지 그의 아내와 동침하지 않았다는 것은(마 1:25), 그 후에는 동침했다는 의미일 수도 있다. 하지만 그것이 곧 또 다른 자녀들이 그들에게서 태어났다는 것을 의미하지는 않는다. 그리고 비록 예수가 마리아의 '맏아들'이라고 불리고 있기는 하지만(눅 2:7), 그러한 수식어는 예수가 그녀의 유일한 자녀일 경우라도 여전히 적용 가능하다. 누가가 이야기하고 있는 것은 그녀가 그

---

159) Blinzler, *Brüder und Schwestern Jesu*, 47~48.

후에 더 많은 자녀들을 갖게 되었는지가 아니라 그녀에게 그 이전에 자녀가 있었던가 하는 것이다.

하지만 마리아가 예수 이후에 더 많은 자녀를 가지지 '않았다'는 것을 증명하는 것은 더욱 어려운 일이다. 비록 블린츨러가 이러한 방향으로 몇 가지 주장을 펴기는 했지만 말이다. 만약 마리아에게 열두 살 미만의 어린 자녀들이 딸린 대가족이 있었다면, 어떻게 그녀는 해마다 요셉과 함께 유월절 명절을 지키러 갈 수 있었겠는가?(눅 2:41) 하지만 이러한 문제 제기는 어떤 경우에 마리아가 집에 머물렀을 가능성을 고려하지 못한 결과이다.[160] 모든 관습에는 예외가 있기 마련이다. 충분한 사유가 된다면 더더욱 그러하다. 더군다나 이러한 주장은 마리아와 같이 목적 지향적인 사람에게 선택의 폭을 너무 좁게 허용하는 것이 아닌가 싶다. 어쩌면 그녀는 어린 자녀들을 모두 데리고 갔을 수도 있다. 또는 누군가가 집에서 그 아이들을 돌봐 주었을 수도 있다. 예수의 정체성과 그의 탄생과 생애를 둘러싸고 일어났던 독특한 사건들을 고려할 때, 우리는 그와 그의 가족과 관련된 문제들을 다룸에 있어 너무 성급한 결론을 내지 않도록 주의해야 한다.

이러한 원칙은 십자가에서 예수가 그의 어머니에게 한 말씀에도 적용된다. 블린츨러에 의하면,[161] 마리아에게 만약 다른 아들들이 있었다면 예수가 그녀를 사도 요한에게 의탁하는 일은 없었을 것이라고 한다. 하지만 만약 과부가 된 마리아가 그녀의 형제나 자매의 가족들과 함께 살았고, 그녀의 사촌들로부터 부양 받을 수 있었다면 위와 동일한 논리가 적용될 수 있지 않겠는가? 만약 그런 식으로 마리아를 돌봐 줄 친척들이 있었다면, 예수가 어머니를 요한에게 의탁하는 것은 불필요한 일이었을 것이다. 더군다나 예수가 십자가에서 이야기한 것은 마리아에 대한 '영적'

---

160) Ibid., 65~66.
161) Ibid., 69~71.

지도였으며, 그것은 아직 믿지 않는 예수의 형제들이 제공할 수 없는 것이었다.

블린츨러는 또한 마리아가 '야고보의 어머니'라고 불렸거나, 야고보가 '마리아의 아들'이라고 불린 적은 없었다는 사실을 지적한다.[162] 하지만 그것은 그렇게 이상한 일이 아니다. 어쨌든 가족의 초점은 예수에게 있었고, 이러한 사실은 이름들이 사용된 방식에서 반영되어 있다. 심지어 작은 야고보 역시 마리아의 아들로는 결코 불린 적이 없다. 하지만 그 때문에 마리아라고 하는 어떤 여인이 그의 어머니였다는 사실을 부정할 사람은 없을 것이다.

블린츨러의 논거 중 가장 매력적인 것은(비록 설득력은 없지만) 요한복음 7장에서 그 형제들이 예수를 노골적으로 비판하는 것으로 보아 그들이 손윗 형들, 즉 요셉이 이전 결혼에서 얻은 자녀들이라는 것이다.[163] 하지만 그들이 그토록 노골적으로 예수를 비판한 것은 나이 때문이 아니라 불신 때문이었다.

이 문제에 대한 결론을 그 어느 쪽이든 분명하게 낼 수는 없다 할지라도, 우리에게는 여전히 하나의 지배적인 인상이 남는다. 만약 우리가 그 기사들을 열린 마음으로 읽는다면, 예수의 형제자매들이 요셉과 마리아의 결혼에서 얻어진 자녀라는 것 이외의 다른 가능성을 염두에 두어야 할 이유가 거의 없다.[164] 만약 그들이 그 이전 결혼에서 얻은 나이가 더 많은 자녀들이었다면, 복음서들에서 그들을 지칭하는 방법을 통해 그 사실에 대한 흔적을 찾을 수 있지 않았겠는가? 그랬다면 나사렛에서 사역

---

162) Ibid., 67~69.

163) Ibid., 66~67.

164) 또한 J. Wenham, *Easter Enigma: Do the Resurrection Stories Contradict One Another?*(Exeter: Paternoster, 1984), 132~139(appendix 3: "The Mother and Brothers of Jesus")를 참조하라. 웬햄(Wenham)은 J. McHugh, *The Mother of Jesus in the New Testament*(London: Darton, Longman & Todd, 1975)에서 볼 수 있는 "사촌 가설"의 한 변형에 대해 논의하고 있다.

을 시작했을 때 예수는 의도적으로 '요셉의 아들'로 불렸다가(눅 4:22), 이후에 그 형제자매들이 화면에 등장했을 때에는 '요셉의' 소생이었던 그 형제들로부터 구분하기 위해 '마리아의 아들'이라고 알려졌을 것이다. 만약 이것이 하나의 단서였다면, 이는 너무 미묘한 방식으로 제공되었기 때문에(누가복음과 마가복음을 비교할 때만 관찰 가능했을 것이다) 그것으로부터는 아무런 결론도 도출할 수 없을 것이다.

그러므로 우리는 주해적인 측면에서는 예수의 형제자매들이 신정 마리아의 자녀들이었는지 의심할 만한 아무런 이유가 없다고 결론을 내려야 한다. 비록 절대적으로 확신할 수는 없지만, 알려진 사실들을 토대로 그들의 어머니가 같다고 추정할 만한 충분한 이유가 있다. 그들이 다른 어머니에게서 난 자녀들이었을 가능성이 신약 성경의 지지를 받지 못한다는 사실은 교의적으로 중요한 의미를 갖는다. 왜냐하면 그것이 기독론이나 성모 신학(Mariology)과 관련하여 별 의미가 없다는 것이 분명해지기 때문이다.

6장

세례 요한과 예수

세례 요한
예수의 세례
예수의 첫 등장
성전을 깨끗하게 하심
세례 요한에 대한 요세푸스의 증언
요한이 체포되고, 예수가 그를 대신하다

세례 요한과
예수

세례 요한

사가랴와 엘리사벳의 아들 요한은 처음부터 약속된 구세주의 소식을 미리 전할 자로 구분되었다. 요한의 사역 후에는 메시야가 올 것으로 기대되고 있었다. 따라서 요한은 예수 이야기의 일부분인 것이다.

요한의 탄생을 선포하면서 천사 가브리엘은 제사장 사가랴에게 말하기를, 그에게 태어날 아들은 주의 앞에 가서 "주를 위하여 세운 백성을 준비하리라"고 했다(눅 1:16~17). 요한이 태어났을 때 사가랴는 성령을 통해 예언하기를, "이 아이여 네가 지극히 높으신 이의 선지자라 일컬음을 받고 주 앞에 앞서 가서 그 길을 준비하여"(눅 1:76)라고 했다.

요한은 이스라엘에 선지자로 나타나기까지 광야에서 혼자 살았다(눅 1:80). 그가 공적으로 출현한 것은 디베료(Tiberius)가 위에 있은 지 열다섯 해, 즉 광야에서 그에게 하나님의 말씀이 임한 때였다(눅 3:1~2). 그때부터 그는 이스라엘의 모든 사람들을 향해 선포했다. 그는 외모로 보나 메시지의 내용으로 보나(그것은 회개의 메시지였다. "회개하라, 회심하라.") 진정한 광야의 선지자였다. 그가 그렇게 호소했던 이유는 하나님의 나라가 임박했기 때문이다. 왕이 오고 있다! 성취가 임박한 그 희망이 한 '인물'에 초점을 두고 있다는 사실에 대해 아무도 의심할 수 없었다. 요한은 자신의 뒤에 오실 분에 대해 말하고 있었다. 그 희망의 웅대함은 장차 오실 그분의 고귀함에 비례했다. 요한은 자신이 그분의 가장 비천한 종이 될 가치도 없는 자라고 여겼다. 심지어 그분의 신발끈을 풀기도 감당치 못할 만큼 말이다. 그는 초인적인 존재, 즉 하나님 자신이었다. 요한은 물로 세례를 베풀었지만, 그는 성령으로 세례를 줄 것이기 때문이었다. 오직 하나님 자신만이, 선지자들을 통해 장차 오게 될 메시야 시대와 관련하여 약속한 대로 사람들에게 성령을 부어줄 수 있기 때문이다.

많은 사람들이 요단 강 기슭으로 회개의 세례를 받기 위해 파도처럼 몰려들자 예루살렘으로부터 비판적인 반응이 일어났다. 조사를 위해 위원회가 파견된 것이다. 그들은 요한에게 누구냐고 물었고, 요한은 자신을 위해 어떤 호칭도 사용하기를 거부했다. 심지어 그는 자신을 '엘리야'와 동일 수준에 놓으려고 하지도 않았다. 비록 자신이 바로 그 약속된 엘리야, 즉 주님의 선구자임이 '사실'인데도 말이다. 그는 증언을 통해 자신이 아닌 다른 사람을 가리킨다. 그는 이사야 40장의 말씀을 인용하며 자신은 단지 광야에서 외치는 자의 소리라고 한다. "주의 길을 곧게 하라." 다시 한 번 요한은 주님이 오실 것이라고 선포한다(요 1:19~28). 그 주님과의 만남은 요한이 처음으로 세례를 베풀었던 곳, 요단 강 건너편 베다니에서 있었다.

예수의 세례

바로 이 요단 강 건너편 베다니는 예수가 세례를 받은 곳이기도 하다(요

1:28~34를 보라). 모든 사람들이 요한에게로 몰려들 때 예수도 갈릴리의 나사렛에서 요단 강으로 오셨다(눅 3:21~22; 막 1:9~11). 그 선지자가 처음에 예수에게 세례 주기를 거부했던 것은 이해할 만하다. 스스로가 예수보다 못한 자임을 알고 있었기 때문이다(마 3:13~17). 하지만 그럼에도 불구하고 예수의 명으로 세례가 행해졌을 때, 그리고 그를 통해 예수가 죄인들과의 결속을 나타내 보였을 때, 하늘이 열렸다. 성령은 비둘기같이 내려왔고, 예수가 하나님이 기뻐하시는 아들임을 선포하는 목소리가 들렸다.

이는 요한에게 큰 경험이었다. 나중에 그는 이 사건에 대해 자신의 제자들과 이야기했다. 그리고 그는 자신의 증언에 또 다른 요소를 추가했다. 그는 자신의 뒤에 오시는 이가 자기보다 먼저 존재했다고, 즉 하나님 자신이라고 말했다. 하지만 예수가 요단 강에서 그의 머리를 숙이고, 성령이 비둘기같이 강림했을 때, 요한은 더 깊은 이해에 이르게 되었다. 그는 이제 예수를 '하나님의 어린 양'이라고 부른다. 하나님의 아들은 회개하고 믿는 모든 죄인을 위한 일반 사면을 행하기 위해 하나님께서 보내신 희생양이었던 것이다(요 1:29~36).

성령이 예수에게 강림한 직후, 지상에서의 그의 행로가 고난과 시험으로 특징지어질 것임이 분명해졌다. 세례가 끝나자마자 성령이 그를 광야로 이끌었고, 그곳에서 그는 아무 힘도 없는 한 인간처럼 마귀에게 시험을 받았다(마 4:1~11; 눅 4:1~13).

예수의 첫 등장

예수의 전도 사역은 요한이 옥에 갇히고 나서 그가 갈릴리로 가면서 시작되었다. 하지만 예수의 세례와 요한의 체포 사이에는 9개월에서 1년 정도의 시간이 있었으며, 그 기간 동안 요한은(그의 제자들과 함께) 그의 사역을 계속했다. 예수 또한 공적으로 자신을 드러내기 시작하였으며, 기적을 행했다. 복음서 기자 요한은 이 시간적 간격에 대해 우리에게 조금 더 이야기해 준다.

요한복음 1~4장을 읽을 때, 우리는 이 장들에 나오는 모든 사건과 대화들이 세례 요한과 예수의 비교로 채색되었음을 보게 된다. 위대한 선지자는 자신의 제자들에게 예수가 자신보다 더 크신 분이라고 말한다. 그 결과 그의 제자들 중 상당수가 이제 예수를 따르게 된다. 세례 요한이 사람들 가운데서 불러일으켰던 그 큰 희망들을 고려해 볼 때, 예수는 너무 작아 보인다. 그는 나사렛 출신의 한 사람이다. 하지만 예수를 따르기로 선택한 세례 요한의 제자들은 곧 그가 신성을 가진 전지자라는 것을 발견하게 된다. 나다나엘이 아직 무화과 나무 아래에 앉아 있을 때 예수는 그를 먼 거리에서 볼 수 있었을 뿐만 아니라, 그 의로운 이스라엘인의 마음을 꿰뚫어 보았기 때문이다(요 1:44~52).

예수의 처음 표적은 갈릴리의 가나에서 행해졌다(요 2:1~11). 다시 한 번 여기서 우리는 예수와 세례 요한의 관련성을 본다. 회개를 선포한 세례 요한 이후에, 혼인 잔치의 기쁨을 가지고 온 예수가 등장한 것이다. 그가 행한 기적의 규모는 그 마을 잔치의 필요를 훨씬 능가하는 것이었다. 물(요한복음의 특징을 이루는 기본 물질)이 변하여 포도주가 되었다. 그것은 단지 모든 기적의 시작에 불과했다. 예수와 함께 구속의 향연이 시작된 것이다.

유월절에 예루살렘으로 올라가신 예수는 희생 제물로 쓰일 모든 짐승들을 성전에서 쫓아내 버렸다. 하나님의 집을 향한 열심이 그를 삼켜버렸던 것이다. 세례 요한이 예수가 하나님의 어린 양이라는 사실을 언급한 것을 입증하듯이 예수는 다른 모든 희생 제물들을 물리쳤던 것이다. 그는 자신의 죽음을 통해 하늘에 속한 성전을 짓기 위해 이 땅에 왔다(요 2:13~25).

예수의 기적에 놀란 바리새인 니고데모와의 대화 속에서 요한에서 예수로의 전환 문제가 다시 한 번 반영된다. 회개의 선지자는 물로 세례를 주었지만, 예수는 장차 올 성령의 세례를 약속했다. 예수는 약속된 하나님의 나라에 들어가기 위해서는 물과 성령으로 거듭나야 한다는 가르침을 통해 그 약속을 확증한다(요 3:5). 그 하나님 나라로 들어가는 구원의 문이 열리는 것은 바로 예수의 부활을 통해서이다. 하나님께서 사랑 가운데 그의 아들을 이 세상으로 보내신 목적은 누구든지 그를 믿는 자는 멸망치 않고 영생을 얻게 하려 함이었다(요 3:16).

복음서 기자 요한은 세례 요한과 관련하여 선별된 이러한 일련의 사건들을 다 다루고 난 뒤 다시 제자리로 돌아온다. 세례 요한은 살렘 가까운 애논에서 세례를 베풀고 있었다. 하지만 예수의 제자들 역시 세례를 베풀고 있었고, 점점 더 요한보다 많은 추종자들이 그들을 따랐다. 이를 본 세례 요한의 제자들은 그에게 와서 물었다. 세례 요한은 한 번 더 자신이 예수의 오심을 알리는 신지자임을 드러냈다. 신랑의 친구는 신랑의 음성을 듣고 기뻐하는 법이다. 예수는 흥하여야 하고 세례 요한은 쇠하여야 했다. 왜냐하면 예수는 하늘로부터 왔고, 영생을 주기 위해 하나님께로부터 보내심을 받았기 때문이다(요 3:22~36).

예수의 세례와 갈릴리에서의 사역 사이의 기간에 대해 알려진 그 외의 사항은 거의 없다. 이 무렵에 그는 이미 널리 알려져 있었다. 그와 그의 제자들을 보기 위해 몰려오는 군중은 늘어만 갔다. 그가 행하는 기적 때문에 심지어 갈릴리에서도 놀라워하며 관심을 기울였다. 공관복음서에서 이 시기는 그 뒤에 이어지는 시기에 비해 별로 관심을 받지 못한다. 하지만 요한은 이 시기를 강조한다. 세례 요한과 예수가 동시에 공적인 사역을 하고 있었던 이 기간 이 두 인물 사이에 밀접한 관계가 있음을 사람들이 분명히 인지하도록 했다. 그것은 말하자면 바통을 건네주는 것과 같았다. 세례는 요한의 제자들과 예수의 제자들을 연결시켜 주었다.

그 위대한 선지자의 증언은 자신의 제자들과 하나님의 어린 양 사이의 연결 고리가 되었다. 예수 자신의 말씀과 기적 또한 세례 요한과의 의도적인 관련성을 보여준다. 세례 요한의 체포 이후 예수가 세례 요한 뒤에 오실 분으로서 그의 사역을 시작했을 때, 그는 찬탈자로서가 아니라 세례 요한이 이미 알고 기대했던 분으로서 등장했다.

성전을 깨끗하게 하심

이 시기에 있었던 에피소드 중 하나는 역사적으로 보았을 때 좀 더 많은 관심을 요구한다. 그것은 유월절 중에 예수가 성전에 나타났던 이야기이다. "이 성전을 헐라 내가 사흘 동안에 일으키리라"(요 2:13~25)라는 유명한 말씀을 한 것이 바로 이때였다.

공관복음에서는 성전을 깨끗게 하신 사건이 예수의 사역 후반에 나오며, 그것은 승리의 입성 후 그의 마지막 예루살렘 체류 기간의 시작을 표시한다(마 21:12~17; 막 11:15~19; 눅 19:45~48). 요한은 이 기간에 대해 침묵한다. 혹 그는 이 사건을 초반으로 옮겨 놓음으로써 하나의 주제를 소개하려 했던 것은 아닐까? 많은 학자들은 이 질문에 대해 긍정적으로 대답했다.

반면 일부는 즉시 이 점을 이용하여 요한복음의 이야기가 얼마나 비역사적인가를 나타내 보이려고 했다. 그들에 의하면 성전을 깨끗하게 한 사건은 실제 예수 사역의 후반부에 발생했지만, 요한은 그 사건이 초반에 발생한 것 같은 인상을 주려 했다는 것이다. 동시에 이 학자들은 성전을 깨끗게 한 사건이 두 번, 즉 예수 사역의 초반과 후반에 한 번씩 발생했을 가능성은 없다고 부언한다. 그들은 주장하기를, 두 개의 유사한 사건이 있었다고 인정하는 것은 조화 작업이 어떻게 각 복음서의 고유한 특성을 올바로 평가하는 일에 실패했는지를 보여주는 하나의 실례일 뿐이라고 한다. 그들은 역설하기를 복음서들은 사건에 대한 보고서가 아니라 신앙의 고백으로 읽어야 한다고 한다. 따라서 비록 요한이 성전을 깨끗하게 한 사건을 다른 곳으로 옮겨서 기록했다고 해도 전혀 문제가 되지 않는다는 것이다. 하지만 복음서들을 역사로 읽는 사람들은 그것들이 단지 신앙의 고백이라는 관념에 대해서 실족하여 넘어진다. 그리고 그들은 성전을 깨끗하게 한 사건은 '실제로' 두 번 발생했다는 결론을 내린다. 이 사건은 흔히 복음서들의 비역사적 특성을 보여주는 전형적인 사례로 간주되기 때문에 더 자세히 살펴 볼 가치가 있다.

물론 작가가 자신의 이야기에서 어떤 사건을 강조하기 위해, 시간적 순서에 따른 이야기의 진행 흐름을 깨면서 그 사건을 다루기로 결정하는 것은 얼마든지 가능한 일이다. 하지만 요한은 분명히 말하기를, 그가 묘사하고 있는 성전 정화 사건은 실제로 초반부에, 즉 세례 요한이 아직 자유의 몸이었을 때 발생했다고 한다. 성선에서 일어났던 그 사건은 명백하게 그 시간이 특정되어 있다. 그것은 가나의 혼인 잔치와 가버나움에서 짧은 체류를 한 후였으며, 갈릴리에서 더 장기적인 체류를 하기 이전이었다(요 2:1, 12~13, 23; 4:45). 요한은 예수의 초기 사역에 있었던 이러한 사건들이 발생한 날짜와 심지어 시간까지 정확하게 알고 있었다(요 1:29, 35; 2:1; 4:6, 52~53). 그가 성전 정화 사건을 예수 사역의 초반에 위치시켰을 때 그는 자신이 무슨 일을 하고 있는지 확실히 알고 있었다.

요한이 말하는 이 이야기는 또한 나중에 나오는 성전 정화 사건과 본질적인 차이가 난다. 사실 후반의 사건은 '모든' 성전 활동을 중지시킨 일도 포함한다(막 11:16). 예수는 성전의 주님으로 등장했고, 사람들은 그가 행세하는 권위의 본질과 근원에 관해 물었다(막 11:28). 그의 등장은 성전에 상당한 위협이 되었다. 사람들은 그를 다윗의 아들로 인정하지 않았고, 성전 안에는 예수를 죽일 기회만 기다리는 살인자들로 득실거렸다

(막 11:9~10, 18). 메시야를 죽이기로 작정한 그 강도들의 소굴은(막 11:17) 그 자체로 파멸의 위기에 처해 있었다. 열매 없는 무화과 나무처럼 멸망 직전이었다(막 11:12~14, 20~21; 무화과 나무에 관한 에피소드는 성전 정화 사건에 관한 이야기 틀을 형성한다).

예수 사역의 후기에 있었던 이 엄하고 신랄한 성전 정화에서 볼 수 없는 것은 초기에는 있었던 약속의 말씀이다. "이 성전을 헐라 내가 사흘 동안에 일으키리라." 요한복음 2장에 나오는 그 말씀이 예수 사역의 후기에 있었던 성전 정화 사건 시에 했던 말일 가능성은 거의 없다. 만약 그랬다면 예수에 대한 반대 증인들 중 오직 마지막으로 나선 사람들만이 마침내 그 말씀을, 그것도 왜곡된 버전으로 떠올렸고, 더군다나 그들끼리도 서로 동의가 안 되었다는 사실은 이해하기 어렵다(막 14:55~59). 만약 예수가 성전에서 했던 그 말씀을 겨우 며칠 전에 그리고 모든 사람이 들을 수 있도록 했다면, 산헤드린 공의회는 그것에 대해 알고 있었을 것이다. 하지만 지금 증인들은 자신들의 기억을 뒤져야 했고, 예수가 아마 한때 했을 법한 말씀을 찾아내야만 했다. 요한복음 2장은 우리에게 그 말씀은 초기에 한 말씀이며, 그때는 산헤드린이 아직 그렇게까지는 경계하거나 의심하지 않았다는 것을 말해주고 있다. 성전에서 그 말씀을 했던 시간을 요한이 매긴 것은 후기의 거짓 증인들이 그 말씀을 오용했던 정황(다른 복음서들에 나오는 것처럼)과 일맥상통한다.

요한복음 2장에 나오는 성전에서 했던 그 말씀에 수반된 행위는 또한 후기의 성전 정화 사건 때 있었던 행동과 상당히 차이가 난다. 예수가 처음에 쫓아낸 것은 돈 바꾸는 자들이 아니라(마 21:12; 막 11:15; 눅 19:45), 매매되고 있던 희생 제물용 짐승들이었다(요 2:14~16). 여기서 그는 그들이 성전을 강도의 소굴로 만든다고 정죄하지 않고, 장사하는 집으로 만든다고 정죄했다. 더 이상 이렇게 짐승들을 사고팔아야 할 필요가 없어졌다는 것이다. 진정한 어린 양이 왔고, 하나님의 집을 향한 열심이 그를 집어 삼킬 것이기 때문이었다. 예수는 노끈으로 가축을 모는 자들이 사용하는 것과 같은 채찍을 만들었다(요 2:15). 그리고 그 모든 양과 소를 성전에서 몰아내었다(요 2:15). 성전에 있던 사람들을 겨냥한 후반의 성전 정화에는 이 채찍이 나오지 않는다. 채찍은 사역 초기에 있었던 그 에피소드의 독특한 의미를 예증한다. 나중에 가서야 제자들은 그 성전 정화가 예수 자신의 희생적 죽음에 대한 암시였음을 깨닫게 될 것이었다. 바로 그 자신이 장차 헐리고 난 뒤에 다시 세워질 성전이었기 때문이다.

어떤 의미에서는 두 개의 동일한 성전 정화 사건은 없었다고 하는 비평학자들의 말에 동의할 수 있다. 사역 초기에는 이스라엘 사람들에게 예수가 어떤 의미를 지니고 있었는가 하는 문제와 직결된 하나의 표적이 성전에서 주어졌다. 반면에 사역 후반에 있었던 성전 정화 사건은 임박한 성전 폐쇄에 대하여, 그리고 하나님의 집에서 예수가 가지는 권위에 대하여 무엇인가를 말해주고 있다. 두 사건의 차이점은 요한의 시간 매김을 진지하게 고려해야 할 필요성을 보여 준다. 따라서 요한복음 2장에 나오는 성전 정화 사건은 예수와 요한이 나란히 사역하고 있었던 시기와 관련되며, 그 시기에 예수는 자신의 더 큰 능력과 더 높은 이상을 보여 주었다.

세례 요한에 대한 요세푸스의 증언

약간 곁길로 나가는 것 같지만, 세례 요한의 사역에 대한 성경 외적 기록을 살펴볼 필요가 있다. 1장에서 우리는 1세기의 유대 역사가 요세푸스가 제공하는 예수에 관한 증언에 대해 논의했다. 요세푸스는 세례 요한이라는 주제에 관해 더 많은 자료를 제공한다. 외부인의 입장에서 기술했기 때문에, 그는 세례 요한과 예수의 관련성을 이해하지 못했다. 하지만 그는 세례 요한을 중심으로 일어난 대중적인 운동과 그의 사역의 파급 효과에 대해 이야기한다. 또한 그것과 무관한 구절에서 기독교의 파급으로 인해 로마에서 '그리스도'로 알려지게 된 한 인물의 생애에 관해 언급한다. 요세푸스가 예수의 생애를 다룬 것을 보면 그가 그의 비유대 독자들이 그 주제에 관해 흥미로워할 것이라고 기대했음을 알 수 있다. 하지만 세례 요한에 대한 접근법은 다르다. 세례 요한의 이름은 로마 제국의 비기독교인들 사이에는 거의 알려져 있지 않았다. 요세푸스는 논의 가운데 자의로 세례 요한을 소개한다. 그는 그가 설명하고 있는 유대 역사에서 세례 요한의 이야기가 없어서는 안 될 부분임을 보여준다.

요세푸스가 이러한 유기적 관련성을 본 것은 헤롯 안디바가 나바티아(Nabatea)의 왕 아레타스(Aretas)에게 패배한 사건을 다루면서였다. 헤롯은 아레타스의 딸과 결혼했다. 하지만 그는 헤로디아와 결혼하기 위해 이 공주를 내쫓았다. 이러한 모욕에 대한 반응으로 아레타스가 헤롯과 그의 집을 공격했을 때, 그 전쟁은 헤롯 안디바의 영지, 즉 갈릴리와 베레아 지역에 살던 유대인들의 패배로 끝났다. 어째서 유대인들은 이것을 '처벌'이라고 여겼는가? 요세푸스는 이렇게 기록한다.

> 하지만 일부 유대인들은 헤롯 군대의 파멸을 천벌로 여겼다. 그리고 그것은 그가 세례자라는 별명을 가진 요한을 어떻게 다루었는지를 생각할 때 분명 정의로운 심판이었다.

이러한 역사적인 언급을 한 후에 요세푸스는 시간을 거슬러 올라가 세례 요한의 이야기를 설명한다.

> 그는 유대인들을 권하여 이르기를 의로운 삶을 살며, 이웃을 향해 공의를 하나님을 향해서는 경건을 행하며, 또한 그러한 행실 가운데 세례에 동참하라고 권했다. 그는 그러한 선한 사람이었음에도 불구하고

세례 요한과 예수 231

헤롯은 그를 죽였다. 그의 견해로는 행실이야말로 하나님께서 받으실 만한 세례가 되기 위한 전제 조건이었다. 그들은 자신이 지은 죄를 용서 받기 위해 세례를 이용해서는 안 되었다. 그것은 올바른 행실로 그 영혼이 이미 철저히 정화되었다는 의미로 몸을 정결케 하는 의식이었다. 그의 주변에 이미 몰려들었던 군중들 외에도 다른 많은 사람들이 합세하게 되었는데, 이는 그가 전하는 설교에 의해 철저한 각성이 일어났기 때문이다. 그렇게 되자 헤롯이 경계하기 시작했다. 사람들에게 그토록 큰 영향을 주는 언변을 가진 사람이라면 어떤 선동을 일으킬 수도 있는 법이었다. 심지어 그들이 행하는 모든 일을 요한이 지시하고 있는 것처럼 보였다. 따라서 헤롯은 소동을 기다리고 앉았다가 곤란한 상황에 빠져 뒤늦게 실수를 후회하느니, 차라리 일단 먼저 그를 쳐서 제거하는 편이 훨씬 더 나을 것이라 생각했다. 비록 요한이 헤롯의 의심으로 인해 마케루스(Machaerus; 앞에서 언급한 요새)로 쇠사슬에 묶인 채 끌려가서 죽임을 당하기는 했지만, 유대인들은 판단하기를 헤롯의 군대가 파멸에 이른 것은 하나님께서 요한을 신원하셨다는 것이다. 하나님께서 헤롯을 치는 것을 합당하게 여기셨기 때문이다.[165]

요세푸스는 세례 요한에 관해 기술하면서 그의 죽음과 헤롯의 패배의 관련성이라는 매우 구체적인 관점을 가지고 접근한다. 요세푸스가 복음서에 언급된 일들에 관해 침묵하는 이유는 바로 이렇게 좁혀진 초점 때문이다. 요세푸스는 헤롯과 세례 요한 사이의 갈등의 원인, 즉 헤롯이 그 동생의 아내를 취한 사건에 대해서는 언급하지 않는다. 하지만 요세푸스는 그러한 관계를 알고 있었음이 분명하다. 왜냐하면 아레타스와의 전쟁에서 헤롯이 패배한 것을 두고 사람들이 공의로운 처벌이라고 여긴다는

---

165) *Antiquities* 18.5.2, pp.116~119.

것을 요세푸스가 알고 있었기 때문이다. 하나님이 아레타스의 분노가 정당하다는 것을 보여 주셨다는 것이다. 다른 말로 하면 세례 요한이 옳았다는 것이 증명되었다는 말이다. 헤롯은 동생의 아내와 결혼하기 위해 자신의 아내를 내쫓는 일은 하지 말았어야 했다. 그런 행위에 대해 세례 요한이 권면했을 때, 분봉왕 헤롯은 그를 죽였다. 따라서 헤롯은 자기 자신의 악한 행위에 대해 응분한 대가를 받은 것이다.

요세푸스는 또한 세례 요한의 처형에 관한 세부 사항, 즉 그가 살로메(Salome)의 춤과 헤로디아의 음모로 인해 참수되었던 일에 관해서는 생략한다. 비기독교인으로서 요세푸스는 세례 요한이 예수를 가리켜 자신의 뒤에 오실 분이라고 한 것에 관해서도 전적으로 침묵한다. 요세푸스의 기사에서는 세례 요한이 선포했던 내용의 모든 핵심이 빠져 있다.

그러할지라도 그의 기록은 우리에게 복음서의 이야기에 대한 외부로부터의 확증을 제공한다. 세례 요한의 사역이 대중적인 운동으로 발전했다는 복음서들의 지적은 정확한 것이었다. 헤롯이 세례 요한에 관하여 조치를 취한 것은 세례 요한의 꾸짖음 때문에 화가 난 것도 있지만, 이 일에 관해 사람들이 그 선지자의 편을 들고 일어나 자칫 그의 체제에 대적하는 종교적 반란을 일으킬 수도 있다는 공포심 때문이기도 했던 것이다.

요한이 체포되고, 예수가 그를 대신하다

복음서 기자늘이 더 많은 관심을 쏟는 부분은 세례 요한이 옥에 갇힌 일이다. 그들도 역시 그 사건을 하나님으로부터 말미암은 하나의 암시라고 해석했다. 복음서들은 세례 요한이 '감옥에 잡혀 있었다'라고 말한다(마 4:12; 막 1:14). 누가 그를 체포했는지에 관해서는 언급하고 있지 않다.

수동태의 사용은 흔히 하나님께서 궁극적인 행위의 주체라는 사실을 나타낸다. 모두가 세례 요한을 사랑하고 있었는데, 누가 헤롯에게 그를 넘겨줄 수 있었겠는가? 우리는 여기에 하나님의 인도하심이 암시되어 있음을 발견한다. 세례 요한이 헤롯의 감옥에까지 오게 된 것은 결국 하나님의 역사였던 것이다.

예수에게 있어서 이 사건은 이제 그가 세례 요한의 뒤에 오실 분으로서 자신의 사역을 시작해야만 한다는 하니의 암시였던 것이다. 특별히 그것은 그가 하나님에 의해 관원들에게 넘겨진 한 선지자의 뒤에 오시는 분이심을 나타냈다. 세례 요한의 체포에서 우리는 예수 또한 잡히실 것에 대한 전조를 보게 된다. 세례 요한의 체포는 그의 뒤에 오시는, 세례 요한보다 더 크신 이의 능력과 어떻게 연관되는가? 명백히 세례 요한의 체포와 순교는 장차 다가올 일과 일맥상통했다. 세례 요한은 계속해서 주님의 길을 예비하고 있었던 것이다. 그 일을 위해 먼저 그는 사람들에게 메시지를 가지고 나아갔으며, 이제는 자신의 갇힘과 죽음을 통해 그의 길을 예비했다. 예수도 그를 따라 먼저는 사람들에게 메시지를 선포할 것이고, 이후에 잡혀서 처형될 것이었다. 상황은 이미 그러한 방향으로 흘러가고 있었다.

요한은 자신의 복음서에서 예수가 갈릴리로 옮겨 갈 때 이미 그에 대한 반감이 늘어나 위협이 되고 있었음을 지적한다. 선지자는 그의 고향에서 존경 받지 못하는 법이다. 따라서 그는 갈릴리 지경의 외딴 곳으로 옮겨 갔는데, 그 고향 땅에서는 당분간 그의 기적이 경이롭게 받아들여질 것이었다(요 4:1~33, 43~45). 마태 또한 갈릴리로의 여행을 묘사하기 위해 '물러가셨다'라는 표현을 사용한다(마 4:12). 예수가 갈릴리에서 행하는 기적들 때문에 얼마나 많은 관심을 받게 되든, 성령의 능력으로 그가 얼마나 많은 사람들에게 사역을 하든(눅 4:14~15), 이 순간부터는 '요한의 뒤에 오실 더 크신 분'의 사역 위에는 세례 요한의 체포가 암시하는 어두움이 드리워질 것이며, 하나님도 예수도 그 어두움을 걷어내려 하지 않으실 것이었다. 이는 명백히 선구자로서 세례 요한의 임무 중에 중대한 한 부분이었다. 그 선지자가 어디를 가든, 바로 그 곳에 메시야도 따라올 것이었다. 헤롯에게 죽임을 당한 이 선지가가 예수를 가리켜 온 세상의 죄를 위해 희생 제물로 드려질 '하나님의 어린 양'이라고 한 것은 공연한 일이 아니었다.[166]

---

166) 세례 요한에 관한 좀 더 자세한 논의를 위해서는 이 책의 자매 편인 *Het evangelie van Gods zoon*(Kampen: Kok, 1996)의 2장을 참조하라.(*한국어로도 "하나님의 아들 예수"(대서, 2014)라는 제목으로 출판되었다.)

7장

복음서에 나타난 갈릴리 시기

역사적 순서와 이야기의 관점
각 복음서 기자의 서사적 관점
복음서 비교
이야기의 순서와 공관 복음 문제

복음서에 나타난 갈릴리 시기

역사적 순서와 이야기의 관점

예수는 그의 공적 사역 기간의 대부분을 갈릴리에서 보냈다. 그가 갈릴리로 간 것은 세례 요한의 체포 후였으며, 예루살렘으로 명절을 지키기 위해 갔던 몇 번의 여행을 제외하고는(P. 168 참조) 그곳에서 약 2년 동안 머물렀다. 그 때문에 그는 예루살렘에서 '갈릴리인'이라고 알려지게 되었다. 충분히 예상되듯이 복음서들은 갈릴리에서의 그의 사역에 상당한 관심을 쏟는다. 이야기를 선별하는 과정에서 요한은 명절 기간 동안 예루살렘 방문 중에 일어난 일들에 더 많은 관심을 가진다. 하지만 그 역시 갈릴리에 관해 어느 정도는 이야기하고 있다(요 4장; 6장; 7:1~10). 누가는 갈릴리 시기와 베레아를 통한 여행 기간에 그의 관심을 분산시킨다. 그는 누가복음 4장 14절~9장 50절에서 갈릴리에서의 예수의 사역에 관해 기술한다. 그러나 가장 상세한 기사들은 마태복음과 마가복음에 나온다. 마태와 마가는 이 시기에 관해 각각 14장과 8장 이상을 할애한다(마 4:12~18:35; 막 1:14~9:50).

그럼에도 이 모든 자료와 관련하여 하나의 문제가 발생하는데, 그것은 그 자료가 분명히 시간적 순서에 따라 정리되지 않았다는 것이다. 갈릴리 시기의 마지막 기간, 즉 물러감과 고난주간의 준비 기간에는 네 복음서 모두가 나란히 진행되며 역사적인 진행 순서를 따른다. 하지만 그 기간에 앞서는 시기, 즉 갈릴리의 회당과 그에게 몰려드는 군중 사이에서 행했던 공적 사역의 기간은 실제 사건들의 순서대로 기록되어 있지 않다. 예를 들어 마태복음에서는 비유가 나오는 장(13장)이 열두 제자를 파송하는 이야기(10장) 뒤에 나온다. 하지만 마가복음과 누가복음에서는 그 비유들이 먼저 나오고(막 4장; 눅 8장), 그 뒤에 열두 제자를 파송하는 이야기가 나온다(막 6장; 눅 9장). 어떤 순서가 실제 사건들의 순서와 일치하는가? 그 중에 적어도 한 복음서 기자는 실제 역사적 순서에서 이탈한 것이 아닌가? 이러한 예는 얼마든지 있다. 그것들이 보여 주는 것은 복음서 기자들이 분명 자료를 각자의 방식대로 정리했다는 사실이다. 이로 인해 사건들의 순서를 재구성하는 일은 더욱 어려워진다.

다른 곳에서는 사건의 시간적 순서를 주의하여 따르고 있는 반면, 갈릴리 시기에 관한 자료 정리에서는 복음서 기자들이 각자의 궤도를 선택한 이유가 무엇인가? 만약 복음서 기자들이 '모든' 역사적 사건의 순서에 대해 다소 느슨한 접근법을 택했다면, 문제가 그리 흥미진진할 것도 없을 것이다. 하지만 상황은 그렇지 않다. 예를 들어 탄생 관련 이야기들이나 고난에 관한 기사들의 경우 그렇게 느슨하지 않기 때문이다. 그런데 왜 갈릴리 시기에 관한 이 최초의 그리고 가장 긴 부분에서 복음서 기자들은 자신의 정상적인 패턴에서 파격적으로 이탈하는가? 그 이유에 대해 몇 가지 특별한 사정들이 가능한 설명을 제공한다.

1. 이 부분에 대한 자료는 긴 부분을 다루고 있으며, 엄청난 양의 '반복'을 포함하고 있다. 예수는 어디서든 설교했으며, 계속 반복해서

가르쳤다. 너무나 많은 사람들이 너무나 많은 장소에서 치료를 받았기 때문에, 전체적인 인상은 세부 사항들을 흐릿하게 만드는 경향이 있다. 이 시기에 관해 기술하면서 사건의 시간적 순서에 지나치게 엄격하게 집착한다는 것은 의미가 없는 일이다. 오히려 독자들에게 가장 두드러지고 전형적인 사건들에 대한 개략적인 스케치를 제공하는 것이 훨씬 실제적이다.

2. 많은 반복이 있었을 뿐만 아니라, 당시의 상황 자체가 격랑 속에서 전개되고 있었다. 사람들이 떼를 지어 몰려왔고, 예수의 명성이 퍼져나갔다. 부정적인 반응들 또한 강력해지고 있었으며, 도처에서 일어났다. 그 시기는 걸핏하면 발생하는 갈등 상황으로 얽혀 있었다. 그 얽힌 상황들을 풀어 설명하기 위한 해결책은 사건들을 하루하루 기록하여 보여 주는 것이 아니라, 역사적으로 중첩된 다양한 '요소들'을 묘사하는 것이다. 이러한 접근법은 이야기의 명료성과 간결성을 증진시키는 반면, 사건들의 정확한 순서를 파악하는 데는 어려움을 준다.

3. 주요 사건에 대한 제자들의 '관여' 정도는 시간이 갈수록 증가했다. 그들은 숭배자나 추종자에서 성장하여 내부자와 동역자가 되어갔다. 사건들에 대한 그들의 관찰력은 발전했다. 예를 들어 요한복음 1장 38절에 나오는 초기의 질문("랍비여, 어디 계시오니이까?")과 변화산 상에서 신속하게 주도적인 태도를 취하는 모습을 비교해 보라("랍비여 우리가 여기 있는 것이 좋사오니 우리가 초막 셋을 짓되 하나는 주를 위하여, 하나는 모세를 위하여, 하나는 엘리야를 위하여 하사이다", 막 9:5). 복음서들의 후반부로 가면 복음서 기자들이 더욱 철저하게 이야기의 흐름을 따르는데, 그것은 사건들에 대한 관여도가 증가했음을 반증한다. 사실 대부분의 사도들은 산상설교 이후에야 소명과 사명을 받았고 그 이전에는 지속적으로 구세주를 따라다니지 않았다. 그들 가운

데에는 사도이자 복음서 기자였던 마태도 포함되어 있었다.
4. 갈릴리에서의 마지막 체류 이후, 자신의 임박한 고난에 대한 구세주의 '가르침'을 통해 제자들은 다가오는 사건을 이해할 수 있는 단서를 얻을 수 있었다. 갈릴리 시기의 초반과 중반 동안에 그들이 사건의 소용돌이 속에 있을 때는 그러한 이해의 단서를 전혀 찾을 수 없었다. 바로 그러한 이유로 복음서 기자들은 서로 다를 수밖에 없으며 다른 시기보다 이 시기를 묘사함에 있어서 시간적 순서에서 더 많이 벗어났던 것이다.

갈릴리 시기를 이야기함에 있어 시간적 순서에 덜 메이는 것은 오히려 실제 삶의 상황에 더 가까운데, 이는 사건들에 연루되었던 동시대인들로부터 나오는 역사적 보고의 한 특징이라고 이야기할 수도 있다. 그렇다고 해서 복음서들이 허용하는 범위 내에서마저도 역사적 사건들의 진행 순서 정립을 시도하는 일에 우리가 위축될 필요는 없다. 심지어 복음서 기자들은 이러한 면에서 도움이 되기도 한다. 그들의 기록이 시간적 순서를 배척하는 것은 아니기 때문이다. 사실 그들은 규칙적으로 어떻게 이 사건 혹은 저 사건이 그 이전의 사건에 이어지는가를 나타낸다.

하지만 그들은 '시종일관'이 아니라 '간헐적'으로 시간 순서를 고수한다. 네 복음서에서 시간 순서대로 정리된 다양한 부분들을 비교함으로써 우리는 사건들의 전체적인 순서를 정립하는 데 도움을 얻을 수 있다. 이는 분명 해석에 도움이 될 뿐만 아니라(만약 우리가 시간 순서에 대해 너무 많은 결론들을 도출하려 하지 않는다면 말이다), 역사가로서 복음서 기자들이 가졌던 접근법에 대해 우리가 분명한 인식을 가질 수 있도록 도와 준다. 이는 또한 우리의 작업이 체계적이어야 함을 의미하기도 한다. (1) 각 복음서 기자가 제공하는 시간 순서에 충실한 요소들을 정립해야 한다. (2) 유사성을 보이는 기사들을 식별하고 구분해야 한다. (3) 동일한 기사들을 사용하여 복음서들 간에 나타나는 시간 순서적인 단락들을 연결해야 한다. (4) 잔존하는 문제들을 논의해야 한다.

이 장에서 우리는 갈릴리 시기를 복음서 기자들의 서사적 관점에서 다룰 것이다. 그리고 8~10장에서는 이 시기에 대해 시간 순서적인 관점에서 접근할 것인데, 연대표를 재구성할 수 있는 한에서 그렇게 해 볼 것이다.

각 복음서 기자의 서사적 관점

요한복음은 갈릴리 시기에서 단지 몇 개의 단편적인 에피소드만을 이야기한다. 이 부분에 관한 요한의 글에 특별한 서사적 관점(Narrative Perspective)이 존재한다는 증거는 없다. 따라서 여기에서는 처음 세 복음서 기자들만을 다룰 것이다. 세 복음서 기자 모두 갈릴리에서의 예수의 사역에 대한 '일반적인' 스케치를 제공한다. 그 다음에 그들은 몇 개의 축소 모형들을 제공하는데, 그것들을 통해 우리는 그 격렬한 시기 동안에 있었던 많은 사건에 대한 선명한 그림을 그릴 수 있다.

마태는 4장 12~17절에서 이 시기에 대한 일반적인 특징을 부여한다. 이 단락은 흔히 '가버나움으로의 이동'이라고 불리지만, 그것보다는 더 많은 내용이 포함되어 있다. 마태는 12절에서 일반적인 진술로 시작한다. "예수께서 요한이 잡혔음을 들으시고 갈릴리로 물러가셨다가." 그 다음 문장은 "나사렛을 떠나…… 가버나움에 가서 사시니"(4:13)인데, 이는 예수가 갈릴리의 어디로까지 물러갔는지를 예증한다. 이렇게 지리적 위치(예전에 스불론과 납달리 지파의 땅이었던 외딴 곳)를 추가적으로 명시했다는 것은 곧 복음서 기자가 예수가 거주했던 곳보다는 사역했던 지역에 더 많은 관심이 있었다는 것을 보여 준다.

이사야 선지자는 이미 어둡고 외딴 변두리에서 큰 빛이 나타날 것이라고 예언했었다. 그곳은 바로 한 국가로서 이스라엘의 독자적인 존립이 처음으로(스불론과 납달리가 포로로 잡혀가게 되면서; 왕하 15:29) 좌절된 곳이다. 이사야 8장 22절~9장 1절의 예언은 마태가 4장 15~16절에서 인용하고 있는데, 이는 메시야의 거주지를 말하는 것이 아니라 그의 빛이 비춰게 될 영역을 이야기하는 것이다. 이사야 선지자는 명시적으로 갈릴리를 언급하고 있다. 따라서 마태가 가버나움을 언급했을 때 이는 가버나움이라는 도시에만 국한된 것이 아니라 갈릴리 전역을 가리키는 표현인 것이다. 이 사실은 마태복음 4장 17절에서 확인된다. "이 때부터 예수께서 비로소 전파하여 이르시되 '회개하라 천국이 가까왔느니라' 하시더라." 여기서 '이 때부터'라는 것은 어느 시점을 가리키는가? 가버나움으로 옮긴 것을 가리키지는 않을 것이다. 왜냐하면 이는 단지 갈릴리 사역의 시작을 상징하는 것이기 때문이다. 이는 요한의 체포 시점을 가리킨다고 봐야 한다.

예수는 이제 세례 요한을 대신하여 그가 선포하던 메시지를 계속해서 전하고 있었다(마 3:2과 4:17을 참조하라). 따라서 마태복음 4장 12~17절이 우리에게 말하고자 하는 것은 가버나움으로 옮겨 간 시점이 아니다. 여기에서 중요한 것은 날과 주들이 아니다. 오히려 마태는 예수의 생애 가운데 새로운 시기의 시작을 간략히 묘사하고자 했다. 세례 요한의 가르침이 갈릴리, 즉 어둠이 처음으로 덮였던 땅에서 예수에 의해 계속되었다는 것이다.

마태가 제시하는 첫 번째 축소 모형은 마태복음 4장 18절~8장 17절에 나온다. 네 명의 제자를 부르신 사선은 예수가 '사람을 낚는 어부'임을 보여 준다. 그에게 급격히 모여든 군중들이 그것을 증명하며, 또한 산상에서 전한 예수의 위대한 설교가 그것을 증명한다. 군중들은 숨을 죽이고 그의 말씀을 들었다. 그의 가르침에는 권세가 있었기 때문이다. 산상설교 후에 그가 나병환자를 고치고, 그의 자비를 가버나움의 이방인에게까지 베풀었을 때, 그가 율법과 선지자들보다 더 큰 분이라는 사실이 명백히 드러났다. 이사야 53장의 예언이 성취되고 있었던 것이다.

또 하나의 축소 모형이 마태복음 8장 18절에서 시작된다. 이 지점에서 이야기의 흐름이 끊긴다. 18절에는 "예수께서 무리가 자기를 에워싸는 것을 보시고 건너편으로 가기를 명하시니라"라고 되어 있다. 하지만 바닷가와는 거리가 먼 내용이며, 베드로의 장모 집에서 있었던 일이다. 위치에 관한 한 5~17절의 내용과 18절은 아무 관계가 없다. 이는 9장 34절에서 끝나게 될 새로운 축소 모형의 시작인 것이다. 마태복음 8장 18절~9장 34절에 나오는 이야기들은 시간 순서에 관한 짧은 설명들로 연결된다. 예수를 따른다는 것에 관한 대화, 호수를 건너다가 만난 갑작스런 풍랑, 가다라 지방에서 악한 영을 쫓아내신 일, 그리고 갈릴리로 돌아가 가버나움에서 중풍병자의 죄를 사하시고 그의 병을 고치신 일 등이 그것이다. 그 다음에 마태가 세금을 거두고 있는 곳에 이르게 되며 마태의 집에서 있었던 저녁 식사 자리에서 나누어진 금식에 관한 대화를 듣게 된다. 그 대화 중에 야이로가 자기 딸을 위해 예수에게 온다. 그 소녀는 고침을 받았고 예수는 야이로의 집을 떠났다. 그 때 두 명의 소경이 예수를 따라왔다. 그들이 고침을 받은 후 곧바로 귀신 들린 자가 등장한다. 마태는 지금 기억의 묵주를 자신의 손가락으로 돌리고 있는 것이다.

이러한 구체적이고 연속적인 일련의 사건들은 드디어 끝이 나고, 마태복음 9장 35절에서 다시 한 번 시간적인 순서를 잃게 된다. 마태복음 4장 23절에서 우리는 이미 예수가 갈릴리의 모든 회당을 방문했다는 것을 들었다. 그런데 마태는 9장 35절에서 이와 동일한 내용을 요약한다. 하지만 곧바로 이어지는 내용에는 차이가 난다. 마태는 여기서 무리를 향한 예수의 자비하심이 어떻게 열두 제자의 파송을 통해 '확장'되었는지를 추적한다. 10장에서 이를 상세히 묘사한 후에 마태는 다시 한 번 11장

1절에서 그의 낯익은 출발점으로 돌아온다. "그들의 여러 동네에서 가르치시며 전도하시려고 거기를 떠나 가시니라"(마 4:23; 9:23; 11:1). 제자 파송이라는 축소 모형이 완성된 것이다.

그 사이에 세례 요한에게는 무슨 일이 일어났을까? 마태는 4장 13~17절에서 요한의 체포 후에 예수가 그의 사역을 대신했다는 일반적인 언급을 한 후, 마태복음 11장 2절에서 감옥에 있는 요한에게로 돌아온다. 또다시 곁길로 나온 것이다. 하지만 이번에는 마태가 곁길에서 좀 오랜 시간을 보낸다. 요한의 질문에 대한 예수의 대답을 기록하고 난 다음에 마태는 즉시 예수에 대한 반발과 관련된 다양한 사건들을 차례대로 이야기하기 시작한다. 이와 같은 시기에, 즉 세례 요한은 질문을 하고 예수는 군중들이 요한도 자신도 영접하지 않는다고 나무랐을 때(마 11장), 안식일 논쟁이 일어났으며(마 12:1~14), 곧이어 예수가 바알세불을 힘입어 기적을 행한다는 비난이 일어났다(마 12:22ff.). 끝으로 마태는 예수에 대한 거부가 증가하자 예수가 비유로 가르치기 시작했다는 것을 보여준다. 점차 물러날 시기의 마지막 부분에 이르게 되며, 임박한 고난에 대한 선포를 듣게 된다. 마태가 갈릴리 시기에서 시간적으로 더 앞선 지점으로 다시 한 번 돌아가는지에 대해서는 분명한 표시가 없다.

요약하면 마태복음에서 다음과 같은 서사적 관점을 발견하게 된다.

갈릴리 사역에 대한 일반적 묘사 4:13~17
사람들이 예수께 관심 갖게 됨 4:18~8:17
예시석인 일련의 사건들 8:18~9:34
신교를 통한 예수의 사역 확장 9:35~11:1
다양한 반응 11:2~16:12
제자들에게 집중함 16:13~18:35

마가도 다른 복음서 기자들과 같이 갈릴리에서의 예수 사역에 대한 일반적인 묘사로 시작한다. 요한의 체포 이후 예수는 갈릴리로 가서 하나님 나라의 복음을 선포했다. "때가 찼고 하나님의 나라가 가까이 왔으니 회개하고 복음을 믿으라"(막 1:15). 그러고 나서 마가는 이 간단한 언급을 보충하며 첫 번째 축소 모형을 제시하는데, 여기에서 우리는 예수가 네 명의 '사람을 낚는 어부'를 부르시는 모습, 가버나움으로부터 시작해서 주변 마을의 회당을 방문하는 모습, 지역 사람들의 관심을 너무 많이 받게 되어 마침내는 한적한 곳으로 물러나야 했던 상황, 그리고 그곳에서조차 무리들을 영접하는 모습을 보게 된다(막 1:16~45).

가버나움에서 일련의 새로운 사건들이 시작되는데, 이는 앞의 1장과 시간 순서상 무관하다. 분명 이 일련의 사건들의 시작은 1장에 언급된 예수의 가버나움 방문 후의 일이다. 실제로 2장 1절에서 마가는 말하기를 "수 일 후에 예수께서 다시 가버나움에 들어가시니"라고 한다. 하지만 여기에 언급된 이 방문이 1상에 기록된 다른 모든 사건들(갈릴리 전역에 복음을 선포하고 나병환자를 고치신 일) 후에 있었는지는 분명하지 않다. 물론 가능한 일이기는 하지만 꼭 그럴 필요는 없다. 분명한 것은 이 시점(막 2:1) 이후로 마가가 시간적 순서에 집착한다는 것이다. 가버나움에서 중풍병자를 고치신 일 이후에 레위가 부르심을 받았으며, 레위 집에서의 저녁 식사 자리에서 있었던 금식에 대한 논쟁이 나온다(막 2:1~22).

또 다른 일련의 사건들이 마가복음 2장 23절에서 시작된다. 마가는 이제 시간 순서에 관련된 언급을 하지 않고, 단순히 '한 안식일에' 예수가 밀밭 사이로 지나갔다고 말한다. 그러고 나서 마가는 연속된 일련의 이야기들을 제공한다. 안식일 논쟁, 바다로 물러가심, 열두 제자 파송, 집에 들어가심(막 3:20), 그리고 비유들. 비록 그가 항상 시간 순서적인 연결고리를 명시하는 것은 아니지만(막 3:20에 관해서는 좀 불확실하다), 마가의 이야기는 기어 변속에 의해 더 이상 방해 받지 않는 역사적 연속성을 강하게 시사한다.

이는 마가가 대부분의 경우 사건의 시간적 순서를 따른다는 것을 의미하며, 단지 마가복음 2장 1~22절만 이야기의 흐름 속에 다소 느슨하게 끼워 넣어졌다는 것을 의미한다. 그러면 시간적 연속성으로부터 이렇게 이탈한 것에 대한 설명이 가능한가? 만약 다른 복음서들과의 비교를 통해 마가복음 2장 1~22절이 시간적으로 1장 16~45절 이후에 발생한 것이 밝혀진다면, 우리는 질문을 좀 바꿀 수도 있다. 마가가 이야기의 연속적 흐름 가운데 시간을 거슬러 올라가야 하는 한 지점을 포함시켜야 할 이유가 있는가?(막 2:22과 2:23 사이의 시간적 역행) 그 이유는 찾기 쉽다. 마가는 처음에 예수의 인상적인 사역의 진행을 따라간다(병 고침, 정결케 함, 죄 사함, 신랑의 연회). 그리고 나서 그는 반응, 반항, 그리고 고난으로의 전개 과정을 추적할 수 있는 지점으로 다시 돌아갔던 것이다. 마가복음 2장 23절에서 그는 시간을 거슬러 올라가야 했는데, 그 이유는 세례 요한 뒤에 오신 분에 대한 공격이 시작된 것이 안식일 논쟁 가운데서였기 때문이다.

요약하면 마가의 서사적 관점은 다음과 같다.

갈릴리 시기에 대한 일반적인 묘사 1:14~15
예수가 제시됨 : 병 고침, 자비, 축제 1:16~2:22
예수의 메시지에 대한 반응들 : 예수의 사역들 2:23~9:50

누가는 갈릴리 시기에 대한 일반적인 묘사를 정교하게 한다. 그는 예수가 어떻게 성령의 능력 가운데 갈릴리로 돌아왔는지, 그리고 그가 회당에서 가르칠 때 어떻게 그에 대한 소문이 퍼져나갔는지를 말해준다(눅 4:14~15). 그 뒤를 이어서 나사렛에서의 설교(눅 4:16~30)와 가버나움에서의 사역(눅 4:31~44)이라는 두 요소로 구성된 두 쪽으로 접는 그림판이 나온다. 그 그림판 끝 부분에서 누가는 다시 일반적인 묘사로 돌아온다. 예수는 갈릴리 회당들에서 가르쳤다(몇몇 사본들에는 '유대'라고 적혀 있다). 나사렛에서의 사건들과 함께 나사렛이 예수의 본부였던 그 시기는 끝이 난다. 누가는 2장에서 나사렛이 예수가 자란 고장이라는 사실에 무척 관심을 기울인다. 가버나움에서의 사역은 그곳이 예수 활동의 새로운 중심지가 되었음을 나타낸다. 나사렛에 관한 이야기가, 다른 복음서들에서는 나중에 나오는 사건을 예견하고 있는가 하는 문제는 잠시 접어두기로 하자.

마태복음이나 마가복음과는 달리 누가복음에서는 4장 이후의 이야기에서 시간적인 순서를 거의 찾아볼 수 없다. 누가복음에서는 각각의 단락에 고유한 배경이 있다. 따라서 각각의 단락은 그 이전의 단락들과 시간 순서상 연관성이 없다. 기적적으로 고기를 잡은 사건(눅 5:3~11)은 군중들이 예수의 말씀을 듣기 위해 몰려들었을 때 일어났다(눅 5:1). 하지만 바로 전 상에는 호수 근처에 군중들이 몰려왔다는 얘기가 없다. 상황은 분명하다. 다만 그것은 시간 순서에 묶여 있지 않을 뿐이다. 예수가 '한 동네에'(눅 5:12) 계실 때 일어났던, 바로 그 다음에 묘사된(눅 5:12~16) 한 나병환자를 고치는 사건에서도 상황은 마찬가지다. 그 사건은 특정한 한 날에 일어났다. 하지만 그 다음 단락은 이렇게 시작된다. '하루는 가르치실 때에'(눅 5:17). 매우 일반적으로 묘사된 이 사건의 배경은 우리로 하여금 그 사건이 이전 단락의 사건 전에 일어났는지 아니면 후에 일어났는지를 판단할 수 없게 한다.

가끔 누가도 사건의 순서를 나타내는 경우가 있다. 예를 들어 레위가 부르심 받은 사건은 중풍병자 이야기 뒤에 나온다(눅 5:27). 열두 제자 임명과 산상설교의 도입부 또한 매우 일반적이다. '이 때에'(눅 6:12). 이는 기껏해야 산상설교가 안식일 논쟁 기간 중에 전해졌다는 의미밖에 되지 않는다. 산상설교 후에 가버나움에서 백부장의 종을 고치신 사건이 발생했으며(눅 7:1), 그 후에 나인 성에서 과부의 죽은 아들을 살리셨다(눅 7:11). 우리는 이와 같이 몇 안 되는 단락들이 지엽적으로 연결되어 있는 것을 누가복음 8장 1, 22, 26, 40절에서도 볼 수 있다. 가이사랴 빌립보에서 있었던 베드로의 고백 이후까지 누가는 시간적 순서를 따르지 않는다(눅 9:18ff.).

갈릴리 시기에 대한 이와 같이 느슨한 구조의 묘사가 반영하는 사실은 무엇인가? 그 당시에 누가는 그 지역에 없었고, 따라서 그나마 남아 있는 잡다한 기록들을 사용했으며, 거기에 자신이 나중에 얻게 된 다른 정보를 보충하는 식으로, 분명한 시간적 순서도 없이 그 모든 것들을 그냥 엮어냈다는 것을 의미하는가? 마태복음과 마가복음의 경우처럼 여기에 요약을 제공하는 것은 별 의미가 없어 보인다. 하지만 우리는 다음 내용에서 빈약하나마 몇몇 구조적 요소들을 살펴보고자 한다.

복음서 비교

복음서 기자들이 분명히 같은 사건을 묘사하고 있는 경우에는 복음서들 간에 연결점을 찾는 것이 가능하다. 더구나 특정한 복음서 기자가 이러한 연결점들에다가 하나 혹은 그 이상의 사건들을 시간 순서에 따라 연관지을 때, 그 사건과 연결점들 사이의 시간적 순서는 다른 복음서 안에서도 참작될 수 있다.

마태복음 11장 2절~16장 12절에서 간단한 예를 찾을 수 있다. 이 축소 보형 안에서 복음서 기사는 시간적 순서를 따르고 있다. 우리는 손쉽게 마가복음 2장 23절~8장 21절을 마태복음의 이 부분 옆에 나란히 놓을 수 있다. 마태복음의 이 섹션은 마가복음보다 더 많은 자료를 포함하고 있다. 하지만 두 복음서 기자들이 공통적으로 가지고 있는 자료들의 순서는 다르지 않다. 그러나 마가복음 4장 35절~5장 43절에는 시간적으로 연결된 몇몇 사건들이 나오는데, 마태복음에서 이들은 다른 곳, 즉 11장 2절~16장 12절의 바깥에 위치한다. 호수의 풍랑, 가다라 지방의 귀신들린 자, 그리고 야이로의 딸. 마가는 2장 23절 이후로 시간적 순서를 따르고 있으므로, 우리는 마태가 이전의 축소 모형에서 이미 사용한 자료는 마태복음 13장 53절과 54절 사이에 놓여졌어야만 했을 것이라고 추정할 수 있다.

이러한 결론을 염두에 두고, 마가복음에 근거해서 이제는 마태가 자신의 복음서에서 시간적 순서를 표시해야 할 차례이다. 우리가 방금 언급했던 일련의 사건들(풍랑-가다라-야이로)은 마태복음 8장 18절~9장 34절의 축소 모형 안에 나오는 다른 사건들과 시간적으로 연결되어 있다. 가다라와 야이로 사건 사이에 중풍병자를 고치심, 마태를 부르심, 그리고 금식에 관한 논쟁이 나온다(마 9:1~17). 이 특정한 자료의 묶음은 마가복음에서 마가가 시간적으로 뒷걸음을 치는 지점(막 2:1~22) 전에 발견된다. 우리는 이미 마가복음을 분석하면서 2장 1~22절의 자료가 시간 순서에 입각해서 보았을 때, 2장 23절 이후의 어떤 기간에 속했을 수도 있다는 것을 생각해 보았다. 마태복음과 마가복음의 비교를 토대로, 마가복음 2장 1~22절을 시간 순서에 맞게 위치시킨다면 5장 20절(가다라) 이후에 그리고 5장 21절(야이로) 이전에 놓아야 한다는 것을 알 수 있다. 반대로 마가복음의 시간적 순서를 토대로 마태복음 8장 18절~9장 34절의 축소 모형은 비유를 말씀하셨던 날 이후에 와야 한다. 왜냐하면 마가복음에서 가다라로 건너가신 일이 비유로 말씀하신 날 후에 나오기 때문이다(막 4장). 따라서 우리는 마태복음 8장 18절~9장 34절에 기록된 사건들이 마태복음 13장 1~53절의 내용보다 나중에 발생했음을 알 수 있다(비록 마태복음에서는 앞서 나오지만).

이러한 비교는 또 다른 점에서 우리에게 도움이 된다. 마태복음에서 우리는 예수의 자비가 열두 제자를 파송함으로써 확장되는 것을 보여주는 별도의 축소 모형을 보았다(마 9:35~11:1). 그리고 그 파송이 실제로 비유들에 앞서 발생했는지에 대해 의문을 제기하였다. 그 대답은 마가복음이 제공한다. 비유들-파송(각각 마가복음 4장과 6장)의 순서 역시 명백히 시간적 순서에 따른 것이다. 마태는 파송을 시간적 순서를 고려하지 않고 별도의 축소 모형에 담았다. 하지만 마가복음에 근거해서 마태복음 10장에 나오는 파송이 마태복음 13장에 나오는 비유들 이후에 발생했다는 것을 추정할 수 있다. 다음 장에서 마태복음 8장 18절 이후와 마가복음 2장 1절 이후 내용의 이러한 통합을 더 자세히 살펴볼 것이며, 또한 누가복음에서 느슨하게 연결된 이야기들도 통합해 볼 수 있을 것이다.

   마태, 마가, 누가복음에 나오는 갈릴리 시기의 처음 부분은 개별적인 논의를 요한다. 우리가 봉착한 문제는 동일한 것으로 보이는 사건들이 실제로 동일한 사건들인가 하는 것이다. 앞에서 우리는 단순히 가정하기를 야이로의 딸을 고친 사건은 단 한 번밖에 없었으며, 가다라에서 귀신을 쫓아낸 사건도 한 번, 그리고 비유의 말씀을 하신 것도 단 하루라고 보았다. 우리가 만약 오시안더(Osiander)와 그 외의 학자들이 내세운 조화적 접근법을 고수하며(p.117 참조), 각각의 복음서 기자는 '언제나' 시간적 순서에 입각하여 기사를 썼다고 가정한다면, 우리는 몇몇 거의 동일한 사건들이 반복적으로 일어났다고 결론 내릴 수밖에 없다. 이렇게 모순된 결론에 이르게 되는 이 접근법에 대한 주된 반론은, 그 기본 전제 자체가 복음서들에 의해 지지받고 있지 못하다는 것이다. 복음서들이 보여주는 것은 이야기의 순서가 항상 시간적 순서를 따르는 것은 아니라는 사실이다. 그리고 또한 동일한 사건인지, 구분해야 할 사선인시가 좀 밀분명한 경우들도 있는데, 이러한 문제들부터 먼저 논의해 보기로 한다.

   먼저 고려해 보아야 할 문제는 누가복음 6장의 가르침이 마태복음 5~7장에 좀 더 상세히 나오는 산상설교와 동일한 것인가 하는 점이다.

그 둘은 많은 동일한 주제를 다루고 있다(팔복, 원수 사랑, 판단하지 않기, 반석 위에 지은 집). 사실 누가복음 6장에 있는 내용 중 마태복음 5~7장에 나오지 않는 것은 없다. 산상설교의 장소가 다를 수 있다는 가능성(p.290에서 논의함)은 마태복음과 누가복음의 일반적인 일치를 손상시키지 않는다. 이는 하나의 설교이며, 누가복음보다 마태복음에 더 상세히 기록되어 있다. 누가는 열두 제자 임명이 그 설교보다 앞선다는 것을 말해 준다(눅 6:12~16). 마가복음에서는 제자 임명이 3장 13~19절에 나온다.

마가는 산상설교를 언급하지 않는다. 하지만 그는 열두 제자의 임명이 안식일 논쟁이 일어난 후에 있었다는 것을 분명히 보여 준다. 이 모든 사실이 보여 주는 것은 산상설교가 안식일 논쟁 뒤에 위치해야 한다는 것이다. 안식일 논쟁은 잘라 먹을 이삭이 있던 이른 봄에 발생했기 때문에 산상설교 또한 봄에 있었음이 틀림없다. 봄은 또한 많은 사람들이 야외에서 모이기에 가장 좋은 계절이기도 했기 때문이다. 마태복음의 구조상 이는 세례 요한의 질문과 이어지는 안식일 논쟁들에 대한 축소 모형의 일부가(마 11:2ff.) 산상설교 이전의 시기로 거슬러 올라간다는 것을 의미한다. 다른 말로 하면 마태의 처음 축소 모형(마 4:12~8:17)이 상당히 긴 기간에 걸쳐 있다는 것이다. 그리고 그러한 사실은 충분히 예견된 것이다. 단 며칠 만에 그 많은 군중이 예수에게로 몰려들지는 않았기 때문이다. 이에 대한 부분적인 확증을 누가복음에서 찾을 수 있다. 누가 역시 산상설교를 안식일 논쟁 후에 제시하고 있기 때문이다(눅 6:1~11; 6:12). 열두 제자를 임명하는 장면에서 누가는 설명하기를 그 임명이 '이 때에'(One of those days), 즉 안식일 논쟁이 있던 시기에 행해졌음을 보여 준다.

산상설교 후에 누가는 그의 복음서에서는 드물게 하나의 시간적인 연결 고리를 제공한다. 가버나움에서 백부장의 종을 고치신 사건은 산상설교 뒤에 일어났다는 것이다(눅 7:1~10). 우리는 마태복음에서 동일한 인상을 받게 된다. 비록 예수가 산에서 내려온 후에 있었던 일이라고 마태가 명시한 사건은 나병환자를 고치신 일(마 8:1~4)밖에는 없지만 말이다. 하지만 마태가 그 나병환자를 예수가 고치신 사건 바로 직후에 가버나움에 들어가셔서 백부장의 종을 고치신 사건을 기록한 것을 볼 때(마 8:5~13), 그 사건 또한 산상설교 후에 있었다고 추정하는 것이 타당하다.

이제 직면하게 되는 어려운 문제는 다음과 같다. 백부장의 종에 관한 기사 후에 마태는 베드로의 장모를 고친 이야기를 하고 있는데(마 8:14~15), 그 병 고침은 날이 저물 때 행해졌다(마 8:16~17). 이 사건도 역시 산상설교 뒤에 위치시켜야 하는가? 병을 고치는 예수의 능력은 그가 병자를 고쳤던 그 특별한 안식일에 분명히 나타났으므로, 이 사건 역시 가장 초기에 있었던 사건 중의 하나로 여겨야 하는 것은 아닌가?

이러한 일반적인 질문은 마가복음과 누가복음을 살펴보면 그 초점이 분명해진다. 누가는 베드로의 장모 이야기를 일찌감치 4장에서 하고 있다. 물론 앞부분에 기록된 어떤 사건이 실제로 나중에 일어났을 가능성도 있지만, 이 경우는 그렇게 간단한 문제가 아니다. 누가 역시 예수가 나사렛에서 쫓겨나 가버나움에 정착하게 된 것에 관해 이야기하고 있다. 누가는 그때 예수가 가버나움을 처음 방문한 것 같은 인상을 준다. 그러한 인상은 그곳에서 가장 먼저 발생한 사건이 회당에서 악한 영과 맞닥뜨린 일이라는 점을 통해 확인된다. 그 악한 영은 가버나움 사람들로 하여금 이 '나사렛' 사람을 대적하게 하고자 한다(눅 4:34). 예수는 귀신을 쫓아내고 그의 권세로 사람들을 놀라게 한다. 베드로의 장모를 고친 것은 예수가 그 회당에서 나와서였으며, 그 후에 저녁이 되었을 때 모여든 많은 다른 사람들도 고침을 받았다. 그 다음 날 예수는 다시 회당들을 찾아다니기 시작했다.

잠시 뒤로 물러나 이 사건들을 음미해 보면, 그것들은 예수 사역의 초기에 더 들어맞는다. 초기에 예수는 이 회당에서 저 회당으로 다니셨으며, 그 이후의 시기에는 군중들이 그에게로 몰려들어 그는 한적한 곳으로 물러났기 때문이다. 한적한 곳 중의 하나는 산상설교를 전했던 바로 그 산이었다.

마가복음에서도 동일한 인상을 받는다. 네 명의 제자가 부르심을 받은 후에, 우리는 곧장 그들과 함께 가버나움으로 가게 된다(막 1:16~20; 1:21ff). 그 다음에 나오는 내용은 회당에서 귀신 들린 자와 마주친 사건이며, 그 뒤에는 베드로의 장모를 고친 일, 저물어 해가 질 때 몰려온 많은 병자들을 고친 일, 그리고 그 다음 날 다시 회당 방문 사역을 계속하신 일이 나온다(막 1:21~39). 이런 일들 '후에' 예수가 한적한 곳에 머물 수밖에 없게 된 경위에 대해 마가는 상세히 설명한다(막 1:40~45). 그리고 누가는 백부장에 관한 사건을 이 사건들로부터 분리하여 완전히 다른 장소(눅 7장)와 시간(산상설교 이후)에 위치시킨다. 이것을 고려해 볼 때, 처음에 가버나움에서 있었던 일들(회당, 장모, 저물 때의 병 고치심)은 네 명의 제자가 부르심 받은 직후에 두고, 백부장의 종을 고친 사건은 나중, 즉 예수가 산상설교를 끝내고 마을로 돌아온 시점으로 돌리는 것이 타당해 보인다.

이 해결책은 누가복음과 마가복음에서는 잘 들어맞는다. 하지만 마태복음에서는 그렇지 않다. 마태 역시 백부장의 종을 고친 사건을 산상설교 뒤에 위치시킨다. 하지만 그는 베드로의 장모를 고친 일이나 저물 때 병 고치신 일(회당에서 귀신 들린 자의 이야기는 '제외' 하고) 역시 그곳에 위치시킨다. 어떤 조화론자들은 베드로의 장모가 산상설교 전과 후에 두 차례 열병에서 고침 받았다는 식으로 구별함으로써 이 문제로부터 벗어나고자 한다. 물론 그것 또한 가능할 수 있지만, 그것은 인위적인 해결책이다. 병 고침의 상황은 구체적으로 묘사되어 있다(안식일, 열병, 손을 만지심, 베드로의 장모가 즉시 일어나 수종듦). 따라서 우리는 베드로의 장모가 고침을 받은 하나의 사건이 그 두 기사들에 의해 묘사되고 있다고 추정해야 한다. 차라리 해결되지 않는 문제로 남겨 두는 것이, 한 사건을 두 개로 구별하는 도저히 납득이 불가능한 해결책을 제시하는 것보다는 낫기 때문이다.

석의적으로 볼 때 마태복음 8장 5~17절에 있는 가버나움 단락의 내부적 논리를 더 찾아 볼 수도 있을 것이다. 누가복음과 마가복음에서 베드로의 장모를 고친 사건은 (안식일에) 회당에서 귀신 들린 자와 맞닥뜨린 사건 뒤에 나온다. 마태는 회당에서 있었던 이 중요한 사건을 생략하고, 대신에 백부장에 관해 이야기한다(누가는 이 이야기를 다른 곳에 독자적으로 위치시킨다). 마태가 이렇게 하는 데는 편집상의 이유가 있었던 것일까? 마태복음에서는 저물 때 병 고치신 이야기 뒤에 회당에서 전도를 계속하셨다는 기록이 나오지 않는다(마가복음과 누가복음에서처럼). 그 대신 이사야 53장에서 인용한 예언 성취에 관한 구절이 나온다. 이 예언적인 장의 핵심은 "그가 우리 연약한 것을 친히 담당하시고 병을 짊어지셨도다"라기보다는 오히려 그 노력에도 불구하고 아무도 여호와의 종을 믿지 않았다는 것이다. 반면에 이방인들은 이스라엘이 인정하기를 거부했던 그것을 받아들일 것이라는 것이다(사 52:15; 53:3; 또한 롬 10:16; 15:21도 참조할 것).

이제 백부장의 경우와 관련하여 예수는 말한다. "이스라엘 중 아무에게서도 이만한 믿음을 보지 못하였노라"(마 8:10). 이스라엘에 대한 이러한 책망을 지지하기 위해 마태는 지금 예수가 바로 그 마을에서(백부장과 같은 믿음을 가지지 못했던 자신의 백성들에게) 행했던 일들을 '상기시키고' 있는 것인가? 이사야 53장의 성취는 저물 때 온갖 병든 자를 고치신 일뿐 아니라, 예수가 그들의 질병을 지고 간다는 증거에도 불구하고 이스라엘이 그의 위엄을 인정하기를 거부했다는 것에도 관련된다. 그런 의미에서 이방인이었던 백부장이 그들보다 앞섰던 것이다. 이것이 만약 실세로 마태복음 8장 5~17절의 문맥상의 취지였다면, 8장 14~16절에서 복음서 기자는 예수가 베드로의 장모를 방문했을 때 가버나움에서 일어났던 그 사건을 '되돌아' 보고 있음이 분명하다.

이야기의 순서와 공관 복음 문제

복음서들에 나타난 갈릴리 시기에 관해 논의한 본 장을 결론 지음에 있어, 복음서들에서 이야기의 순서가 바뀌는 문제에 대한 매우 다른 접근법 한 가지를 간략하게 검토해 볼 것이다. 19세기 전반 이후부터 제기된, '마태복음과 누가복음은 마가복음 안에서 발견되는 더 오래된 복음서를 편집한 것'이라는 이론은, 무엇보다도 그 복음서 기자들이 기술하는 이야기의 순서를 비교한 것에 토대를 두고 있다.

칼 라흐만(Karl Lachmann)은 마가복음이 다른 두 복음서들의 자료가 되었으며, 동시에 출발점이 되었다고 보아야 한다고 지적한 최초의 학자였다. 그가 자신의 견해의 토대를 삼은 것은 세 복음서가 주로 동일한 사건의 순서를 따르지만, 때때로 그 순서가 다를 때도 있다는 사실이었다. 만약 마가복음을 다른 두 복음서의 자료가 된 이야기라고 간주한다면, 마태복음과 누가복음이 가끔 마가복음에 나타난 사건들의 순서에서 이탈한다는 것을 발견할 수 있다. 특이한 것은 마태복음과 누가복음이 모두 마가복음과 다른 경우, 그 둘 역시 서로 다르다는 것이다. 따라서 이는 마가복음이 다른 두 복음서의 기초가 되었음을 보여 준다는 것이다.

최근 들어 이 가설은 상당히 심한 비판을 받아 왔다. 원시 마가복음의 존재를 인정하지 않는 한, 이 가설만으로는 설명할 수 없는 몇 가지 예외의 경우가 있기 때문이다. 하지만 그 이론의 핵심적 주장이 한편으로는 우리가 가지고 있는 것과 같은 마가복음에 근거를 두고 있고, 다른 한편으로는 가상의 원시 마가복음 혹은 알려지지 않은 어떤 역사적 자료, 즉 정경 마가복음과 맞지 않는 어떤 사실들을 설명하기 위해 사람들이 가정한 자료에 근거를 두고 있다면, 우리가 어떻게 이성적으로 그 이론을 신뢰할 수 있겠는가? 그 알려지지 않은 자료는 우리에게 익숙한 현상들을

매우 다르게 설명해 줄 정보를 포함하고 있었을 수도 있다.[167]

현대에 들어와서 이야기의 순서에 관한 이 문제가 전적으로 문학적인 관점으로만 접근되고 있다는 것은 놀라운 일이다.[168] 마치 복음서 기자들이 자신들의 작업을 실제 사건이 아니라 엄격하게 문학적 자료들에만 토대를 둔 것처럼 말이다. 그들의 목표가 역사를 기술하는 것이었다는 점에 만약 동의한다면, 가장 우선적으로 역사적인 순서를 다루어야 한다. 서로 완전히 독립된 상태에서 쓰인 책들도, 만약 그것들이 역사적으로 확정된 사실들의 순서에 바탕을 두고 있다면, 서로 유사한 묘사들을 포함하고 있을 수 있다. 복음서 기자들이 예수 생애의 사건들을 시간적 순서에 따르고 있는 한, 그들은 상호 의존하지 않으면서도 여전히 이야기의 순서에서 서로 가까운 일치를 보일 수 있다. 복음서 간의 상호 의존이나, 공통된 자료에 대한 의존의 가능성을 고려해 볼 수 있는 유일한 근거는 내용은 동일한데 시간적 순서가 다른 경우일 것이다. 이런 경우는 같은 자료를 사용했다는 것을 시사할 수 있다. 비록 그러한 판단 또한 역사적 순서로부터 그러한 유사한 이탈이 얼마나 자주 일어나는가, 그리고 그 이탈은 어떤 특성을 가지고 있는가에 달려 있긴 하지만 말이다.

복음서들에 나타난 역사적 순서와 서사적 순서의 관련성(본 장에서 살펴본 바와 같이)에 근거하여 어떤 결론을 내릴 수 있을까? 이 문제에 대한 답을 찾기 위해 우리는 시간적 순서가 중단되거나 그 순서로부터 이야기가 이탈하는 부분에서(이 책 끝의 도표 11을 참조하라) 복음서들을 비교해 볼 것이다.

마태는 일련의 축소 모형을 보여 수는 방식으로 역사직 자료들을 제공

---

167) 예를 들어, H. H. Stoldt, *History and Criticism of the Marcan Hypothesis*, trans. D. L. Niewyk(Macon, Ga.: Mercer University Press, 1977)를 참조하라.

168) 또한 C. M. Tuckett, "Arguments from Order: Definition and Evaluation", in *Synoptic Studies: The Ampleforth Conference of 1982 and 1983*, ed. C. M. Tuckett(Shefield: JSOT Press, 1984), 197~219를 참조하라.

하기 때문에 시간적 순서에 따른 흐름이 흐트러질 때가 있다. 하지만 축소 모형들 중 처음 세 개는 넓은 의미에서 시간적 순서를 따른다. 두 번째 축소 모형에 사용된 역사적 자료(마 8:18~9:34)는 첫 번째 축소 모형에 나온 사건들 이후의 기간에 속한다(4:18~8:17). 또한 세 번째 축소 모형의 역사적 내용(9:35~11:1)은 두 번째 축소 모형에 나온 사건들 이후에 속한다. 우리는 네 번째 축소 모형에서 초기의 시점으로 '역행'하는 것을 보게 된다(11:2ff.). 이러한 현상을 마가복음이나 누가복음과 비교해 볼 때, 처음 세 축소 모형의 시간적 경계는 다른 복음서들에서 유사한 경우(시간적 흐름의 중단이나 경계)를 찾아 볼 수 없다는 결론에 이르게 된다.

마태복음 11장 2절에 나타난 시간적 역행의 경우 누가 역시 세례 요한의 질문이 기록된 부분(눅 7:18)에서 시간적으로 역행하고 있음을 볼 수 있다. 하지만 그 바로 앞부분(7:1~17)은 마태복음과 상응하지 않는다. 모든 복음서 기자들은 예수의 갈릴리 사역을 묘사하기 시작하면서 세례 요한을 무대 밖에다 둔다. 하지만 분명 그들은 나중에, 세례 요한의 반응을 다루는 부분에서 다시 그에게로 돌아와야 할 것이다. 마태복음과 누가복음에서 발견하게 되는 시간적 순서의 끊김이나 비약은 단순히 우연일 수도 있겠지만, 그보다는 각각의 복음서 기자들이 자료를 정리하는 데 있어 저마다의 독특한 방식을 가지고 있었기 때문이라고 보는 것이 더 타당할 것이다.

마가복음에는 단 한 번의 시간적 역행의 경우가 있는데, 이는 2장 23절에 나타난다. 이는 마태복음에 반영되지 않았지만, 누가복음에는(너무나 놀랍게도) 반영되어 있다. 정확히 같은 시점에서(레위를 부르신 일과 그와 관련하여 일어난 금식에 관한 대화 이후), 마가복음과 누가복음 모두 그 시간적 순서에 있어 첫 번째 안식일 논쟁의 시점으로 돌아간다(막 2:18~22과 2:23~28; 눅 5:33~39과 6:1~5). 정확히 같은 시점에서 일어난 이러한 기어 변속이 과연 우연의 일치인지 생각해 볼 수 있다. 두 복음서 기자 모두 점점 적대적으로 변해가는 상황에 대한 설명을 제시하기 위해 각자 독립적으로 안식일 논쟁의 시점으로 되돌아 가기로 결정했을 수도 있다. 하지만 어떻게 두 사람 모두가 금식에 관한 부분까지는 각자의 이야기를 지속할 수 있었는가? 여기에 나타난 마가복음과 누가복음의 유사성은 공통된 배경이나 상호 의존을 시사한다. 하지만 그것은 마가복음과 누가복음의 전체적인 비교의 관점에서 볼 때에도 가능한 결론인가?

누가의 기사는 우리가 본 바와 같이 분명한 시간적 순서에 따른 구조를 가지고 있지 않다. 하지만 다른 복음서들과 비교해 보면 누가복음이 그 안에 나타난 시간에 관한 표시들(혹은 그러한 표시들의 부족)이 암시하는 것보다는 시간적 순서를 더 많이 따르고 있다는 것을 알 수 있다. 결론적으로 보면 진정한 시간적 역행은 두 번밖에 없다는 것이다. 4장 16절~5장 39절에 묘사된 상대적으로 느슨하게 연결된 사건들은 실제로는 시간상 연속적으로 일어난 것으로 보인다. 하지만 누가복음 6장 1절에서 우리는 마가복음에서 보았던 것과 동일한 시간적 역행을 보게 된다. 누가는 6장 1~7, 17절에서 일련의 사건들을 이야기하면 시간적 순서에 따라 연결시킨다. 하지만 그 후에(마가와는 달리, 마태와는 동일하게) 7장 18절에서 시간적으로 되돌아가서 세례 요한의 질문과 함께 다시 시작한다.

이들 장에서 나타난 누가의 자료 선택은 마가의 방식과는 완전히 다르다. 마가복음에는 없는 내용들이 누가복음에는 많이 있다. 그리고 비슷한 내용이라 할지라도 누가복음에서는 굉장히 다르게 다뤄지고 있다(예를 들어 마가복음 3장 13~19절과 누가복음 6장 12~16절에 나오는 열두 제자를 세우시는 장면을 비교해 보라). 이 모든 사실이 의미하는 바는 누가복음과 마가복음 사이의 놀라운 한 유사점이, 그 두 복음서를 전체적으로 비교해 보았을 때는 예외적인 경우에 불과하다는 것이다. 그러므로 이러한 예외적인 경우를 토대로 누가가 마가를 사용했다거나, 혹은 그 반대로 마가가 누가를 사용했다는 가설을 주장하는 것은 타당하지 않다. 이러한 우연한 유사점에 대해 더 개연성이 있어 보이는 설명은 마가복음과 누가복음 배후에 어떤 공통적인 영향들이 있었다는 것이다. 예를 들어 교리문답을 통해 발전되었던 이야기의 순서 같은 것 말이다.

공관 복음 문제의 모든 부분을 논의하는 것이 본 장의 의도는 아니었다. 따라서 언어적 유사성이나 일부(모든 혹은 대부분이 아니라) 단락들의 차이점을 설명하려는 그 어떤 시도도 하지 않았다. 복음서들의 문학적 의존에 관한 현대의 가설들은 복잡한 논증에 기초하고 있다. 1장에서 전승의 기능에 대해 논의했으며, 본 장에서는 단락의 순서에 근거한 논거들을 확인하는 일에만 집중했다. 비록 그것이 현대의 복음서 비평이 토대를 두고 있는 유일한 논거는 아니지만, 중요한 위치를 차지하고 있는 것은 분명하다. 따라서 이야기의 순서에 관해 논의한 본 장에서, 이야기의 순서가 마태복음과 누가복음이 예수의 지상 생애 역사에 관한 이차적 자료(적어도 마가복음에 의존한)라는 가설을 지지하는 실제적인 근거가 되는지 살펴본 것은 유용한 일이었다고 여겨진다.

결론은 부정적이다. 이야기의 순서가 역사적 사건의 순서에 어떤 관계가 있는지 눈여겨 봄으로써 우리는 각각의 복음서가 가지는 독자적이고 독특한 구성을 이해하게 되었다. 세 복음서 기자 모두 자신들이 역사적으로 결정된 사건의 순서를 이탈하여 이야기하고 있다는 것을 인식하고 있었으며, 그러한 사실을 반복적으로 암시하고 있다. 그들은 많은 양의 자료를 자신들의 독자적인 계획을 따라 정리하고 있다. 따라서 처음 세 복음서를 갈릴리에서의 그리스도 사역의 역사에 관한 일차적 자료로 여기는 것이 타당하다.

8장

갈릴리(I)
열두 제자를
세우기까지

갈릴리로 돌아옴

가버나움을 위해 멀리서 행한 기적

나사렛이 스스로 예수와의 관계를 끊다

네 명의 제자를 부르심

가버나움에서의 활동

사람을 낚는 일

세례 요한의 염려

안식일의 주인에 대한 음모

열두 제자 – 회복된 기초

갈릴리(I)
열두 제자를 세우기까지

갈릴리로 돌아옴

갈릴리에서의 예수 그리스도 사역은 세례 요한의 설교의 연장 선상에 있다고 볼 수 있다. 세례 요한이 체포되었을 때, 예수는 그의 메시지를 이어갔다. 나사렛 사람 예수는 그 자신이 '요한의 뒤에 오실 분'이었다는 사실을 강조했다. 그는 위대한 회개의 선지자가 선포했던 '더 큰 능력을 가지신 분'이었다. 갈릴리에서 예수님이 행하신 사역은 바로 이러한 사실을 온 이스라엘 앞에 증명할 것이었다.

이 갈릴리 시기 역시 준비 기간이 있었다. 예수는 이미 전면에 나서 있었고, 가나의 혼인 잔치에서 행한 기적과 그 후 예루살렘에서 유월절 동안에 행한 표적을 통해 사람들의 관심을 끌고 있었던 것이다. 유대 사람들은 이미 그의 제자들이 세례를 베풀고 있다는 사실과 또한 사람들의 흥미를 불러일으키고 있다는 사실도 알고 있었다. 예수는 이미 알려지신 분이었으며, 따라서 그가 갈릴리로 물러난 사건 역시 눈에 띄지 않을 수 없었다. 예수는 아무 주의도 끌지 못한 채 북쪽으로 옮겨 가서 가버나움에서 처음부터 새로 전도하기 시작한 것이 아니었다. 그가 갈릴리로 들어갔을 때, 사람들은 이미 그를 기다리고 있었다. 새로운 것은 그의 공적 사역 자체가 아니라, 그가 이제는 외딴 지역인 갈릴리에서 사역한다는 사실이었다. 그리고 거기에는 그가 바로 세례 요한이 선포하고 사람들이 학수고대했던 '장차 오실 분'이라는 기대가 있었다.

복음서 기자 요한은 예수가 유대를 떠나 사마리아를 통한 여행 끝에 갈릴리로 돌아온 것은 겨울이었다는 것을 말해 준다(요 4:43~44). 요한은 또한 갈릴리 사람들이 그로부터 뭔가를 기대하고 있었다는 것을 보여 준다. 일 년도 채 안 된 유월절 기간 중에 그가 행했던 표적에 대한 기억이 아직 그들의 마음에 생생했기 때문이다. 이제 그들은 그를 환영하며 맞이한다(요 4:45, 참조, 2:23). 누가 역시 예수의 귀환이 조용하고 시선을 끌지 못한 사건이 아니었음에 주목한다. 그는 성령의 능력 가운데 왔으며, 그에 관한 소문이 갈릴리 전역에 퍼졌다. 그가 회당에서 가르칠 때 모두가 그를 칭송했다(막 4:14~15). 그가 갈릴리로 돌아간 사건은 '화려한 입장'이었다고 여기기에 충분했다.

따라서 마태복음 4장 12~17절에 근거해서 예수가 먼저 가버나움에 조용히 정착했으며 그 후에 사역을 시작했다고 가정하는 것은 정확하지 않다. 우리는 7장(p.242)에서 마태가 묘사하고자 했던 바가 그러한 내용이 아니었음을 보았다. 그가 말하고자 했던 바는 예수가 찾고 있던 곳이 정확히 스불론과 납달리 지역과 같이 외진 곳, 즉 포로로 잡혀가 가장 먼저 사람이 살지 않게 된 곳이었다는 사실이다. 이제 예언이 성취되었다. 갈릴리의 어둠 속에 빛이 찾아와 비치게 되었다. 이러한 사실은 예수가 자신의 갈릴리 사역 동안 '가버나움'에 정착했다는 사실을 통해서도 알 수 있다. 갈릴리의 최북단에 위치한 도시, 예전에 납달리 지파가 살았던 바로 그 도시 말이다.

예수가 나사렛에서 갈릴리로 옮겨 간 것은 갈릴리 사역 동안이었다.

하지만 이것이 갈릴리 사역의 '시작'은 아니었다. 예수의 전도는 이미 그가 갈릴리 남부에 처음으로 나타났을 때 시작됐었다. 세례 요한의 뒤에 오셔서 그의 전도를 이어 간 '능력이 더 많으신 분'은 회개의 선지자처럼 한 곳에만 머물러 있지 않았다. 세례 요한이 관원들에게 넘겨지고 나서 예수는 갈릴리의 오지를 여행했다. 그는 어둠을 찾아 나선 빛이었다. 능력이 더 많으신 분 예수는 겸손함 가운데 물러났지만, 바로 그 때문에 유대와 예루살렘의 저명한 사람들은 그를 가리켜 '갈릴리인' 혹은 '나사렛인'이라고 부르며 경멸하고 비웃었다.

가버나움을 위해 멀리서 행한 기적

요한은 초기의 제자들 중 한 명이었으며, 예수가 갈릴리에 도착한 후에 처음으로 행한 그 중요한 기적, 즉 가버나움에서 왕의 신하의 아들을 고치신 일을 분명히 기억한다. 이 기적에서 놀라운 것은 그것이 먼 거리에 있는 가나에서 행해졌다는 사실이다. 예수의 첫 번째 기적, 즉 결혼식에서 물을 포도주로 만들되 비정상적이리 만큼 많이 만드신 그 사건 또한 가나에서 일어났다. 그 사건이 있은 지 이미 일 년이 다 되어 가는 시점이었다. 이제 예수는 가나로 다시 돌아왔다. 하지만 아무도 모르게 도착한 것이 아니었다. 이번에는 기대를 가지고 그에게 주의를 기울이는 사람이 그의 어머니만은 아니었다. 예수가 가나의 혼인 잔치에서 기적을 행한 후에 잠시 머물렀던 가버나움의 사람들이 이제 그를 만나러 찾아왔다. 그 왕의 신하는 예수가 돌아왔다는 것을 단지 '들었을' 뿐이다(요 4:47). 그는 예수가 그 다음에 무엇을 하실지 기다리지 않고, 자신의 병든 아들을 도와달라고 아뢰기 위해 그를 만나러 왔다. 예수는 즉시 그의 아들을 고쳐 주었다. 나중에 밝혀진 사실은 예수가 가나에서 말씀하셨던 바로 그 순간에 가버나움에 있던 그 아들의 병이 나았다는 것이다. 이는 강한 인상을 주는 기적이다. 병을 고치는 사람들이 당시에도 없었던 것은 아니었다. 하지만 말하면 그대로 되는 이 사람은 도대체 누구인가? 누구길래 명령하면 즉시 그 일이 이루어지는가?

갈릴리로 돌아온 후 처음으로 행한 기적은 다른 복음서 기자들에 의해서는 기록되지 않았다. 이후에도 많은 기적들이 행해졌으므로 그들은 이 처음 기적에 대해 쉽게 잊어버렸을 수도 있다. 그런데 사도 요한은 고령의 나이가 되었을 때 그의 기억의 깊숙한 곳에서부터 이 사건을 떠올렸던 것이다. 그것은 분명 "너희로 예수께서 하나님의 아들 그리스도이심을 믿게" 하기 위해 기록할 만한 중요한 시작이었던 것이다. 세례 요한이 스스로를 가리켜 말하기를 자신의 뒤에 오실 자의 신발끈을 풀기에도 합당치 못한 자라고 한 것은 과연 옳은 말이었다.

나사렛이 스스로 예수와의 관계를 끊다

나사렛은 가나로부터 멀지 않은 거리에 위치해 있다. 자신의 고향을 저버리는 것이 예수의 의도는 아니었다. 그는 나사렛을 자신이 세상에 온 것의 일부로 받아들이셨다. 그는 안식일에 나사렛의 회당에서 여호와의 해가 도래할 것에 대해 설교했다. 주의 성령이 그에게 임하셔서 그로 하여금 가난한 자에게 복음을 전하게 하셨으며, 포로 된 자에게 자유를, 눈 먼 자에게 다시 보게 함을 선포하며, 눌린 자를 자유케 하셨다(사 61장). 나사렛에서의 그 설교는 세례 요한 이후에 갈릴리에서 그가 펼칠 사역의 청사진이었다(막 4:16~30).

나사렛 사람들 역시 다른 모든 갈릴리 사람들과 같은 기대를 가지고 있었다. 그들은 가버나움에서 일어난 일들에 대해 들었다. 이제 그들은 예수가 자신의 고향에서도 동일한 일들을 행하기를 기대했다(막 4:23). 회당에 있는 모든 사람의 눈길이 그에게로 쏠려 있었다(막 4:20). 하지만 그들은 예수가 그들에게 주고자 하는 것들을 거절했다. 그는 그들에게 자신이 이사야 61장에 기록된 약속의 성취, 즉 성령이 함께 하시는 그리스도라고 했다. 이제 여호와는 그를 통해 그의 백성을 구속하실 것이었다. 예수는 바로 자기 자신에 관해 설교했다. 요한은 언제나 자신이 아닌 다른 인물, 즉 '장차 오실 그분'에 관해 설교했었다. 이제 예수가 바로 그분이었던 것이다. 그랬기에 예수는 심지어 나사렛 사람들을 향해서도 자신의 의미에 관해 설교했다.

하지만 나사렛 사람들은 요셉의 아들(눅 4:22b)을 병을 고치는 능력이 있는 한 사람으로서는 얼마든지 칭송하기를 원했지만, 인간 그 이상의 어떤 분으로는 경의를 표하기를 원하지 않았다. 그들은 자신의 마을에서 나온 한 유명인의 영광에 빌붙어 덕을 보기를 원했지만, 자신과 동급의 한 인간 앞에 머리를 숙이고자 하지는 않았다. 그들은 예수를 상당히 잘 알고 있었다. 하지만 그가 하는 말들은 신성 모독으로 들렸다. 그랬기에 즉시 그를 죽이고자 하는 결심이 섰던 것이다. 그러나 예수는 그들이 어쩌기에는 능력 있는 분으로 자신을 드러냄으로써 그의 권세를 나타냈다. 그는 그들 가운데로 곧장 뚜벅뚜벅 걸어서 그곳을 떠났다(눅 4:30).

예수가 고향에서 경험한 일은 이후에 그가 이스라엘에서 활동하면서 겪을 일들을 상징적으로 보여주는 것이었다. 나사렛의 반응은 장차 나라 전체에서 계속적으로 발전될 예수에 대한 정서 그 자체였다. 하나님의 기름 부음을 받은 자가 그들에게는 너무 평범해 보였다. 그는 계속해서 자신이 진정 주님이시고, 장차 오시기로 되어 있던 '더 큰 능력을 가진 자'라고 주장했지만, 그의 친백성은 결국 그를 거절하고 말았다. 누가가 자신의 기사를 나사렛에서의 예수의 사역으로부터 시작한 것은 의미심장한 일이다. 여러 모로 그것은 복음서 전체의 표제 음악과 같았다.

누가복음 4장 14~30절은 흔히 한참 뒤에 일어난 사건의 기술이라고 여겨진다. 이러한 해석에 의하면 이 사건이 마태복음 13장 53~58절과 마가복음 6장 1~6절에 기록된 나사렛에서의 전도 사역과 시간을 같이 함에도 불구하고, 누가는 그것을 이곳에다 놓음으로써 어떤 주제를 강조하고자 했던 것이다. 그런데 위의 논의에서 우리는 그 사건이 갈릴리 사역의 처음 몇 주 동안에 발생했고, 따라서 나사렛에서 했던 초기의 전도 사역은 마태복음과 마가복음에 기록된 그 이후의 나사렛 방문과는 시간적으로 차이가 난다는 가정을 하고 있다. 우리가 이런 가정을 하는 데는 몇 가지 이유가 있다.

1. 누가복음 4장에서 보면 나사렛에서는 아무 기적도 행해지지 않았다. 반면 나중에 방문했을 때 나사렛 사람들은 그곳에서 '일어났던' 기적들에 대해 놀라움을 표했다(마 13:54; 막 6:2).
2. 누가복음 4장에서 예수는 그곳에서 설교를 한 뒤에 쫓겨나다시피 했다. 반면 나중에 방문했을 때는 그들의 믿음 없음을 보고 몇몇 기적을 행한 후에 스스로 그곳을 떠났다.
3. 누가복음 4장에서 사람들은 가버나움에서 일어났던 일들에 관해 분명하게 언급했다. 만약 예수가 표적과 기사를 광범위한 지역에서 행하고 있었다면 왜 굳이 그들은 가버나움이라는 특정한 마을에서 떠도는 소문들만 얘기했겠는가? 마가복음 6장 2절에서는 많은 사람들이 '그가 받은 지혜'에 대해 이야기한다. 누가복음 4장에서 그들이 가버나움에서 행한 일에만 국한하여 이야기하는 것은 예수 사역의 초기 상황과 더 잘 맞는다. 예수가 갈릴리에 들어간 후 곧 행한 그 놀라운 표적은 가버나움 사람들도 보았다. 우리는 흔히 그것을 가나에서의 두 번째 기적이라고 부른다. 하지만 실제로 그것은 가버나움에서의 기적이었다. 왜냐하면 왕의 신하의 아들이 고침 받

은 것은 가버나움에서였기 때문이다. 그리고 그 아이가 나은 시간(예수가 "네 아들이 살았다."라고 그에게 말했던 정확한 시간)을 확인한 것도 가버나움에서였다. 또한 그 놀라운 사건에 관한 소문이 퍼진 곳도 가버나움에서부터였다. 나사렛 사람들은 이미 그에 관해 들었고, 일종의 시기심에서 이제 '자신들의' 차례라고 기대했던 것이다.

4. 나사렛을 두 차례 방문했을 때 사람들이 그 두 번 모두 그의 지혜의 출처가 어딘지에 대해 의아해했다는 것은 문제의 소지가 있다. 어찌 됐건 그들은 그의 가족을 알고 있지 않았는가? 하지만 그들이 반복적으로 그의 지혜에 관해 의아하게 생각했다는 것은 놀랄 일이 아니다. 나사렛 사람들의 믿음의 결여를 고려해 볼 때, 그것은 그들이 '계속해서' 예수에 관해 제기할 전형적인 질문이었다. 그것은 나사렛 사람들이 자신들의 일반적인 불신을 나타냈던 하나의 구체적인 형태에 불과했다. 거기에는 또한 약간의 차이점들이 있다. 누가복음 4장 24절에서 예수는 선지자가 자신의 고향에서는 '환영' 받지 못한다고 이야기했다. 이런 식의 표현은 갈릴리로 돌아온 후 초기 단계에 더 잘 어울린다. 마태복음과 마가복음에서는 선지자가 자신의 고향에서 '존경' 받지 못한다는 표현이 사용되었다. 이러한 표현은 예수가 이미 갈릴리의 다른 곳에서 인정과 거절을 모두 경험하고 난 시기에 걸맞다. 또한 예수가 누가복음 4장에서 나사렛에서 쫓겨난 후에 또다시 그곳을 방문했다는 사실도 놀랄 일이 아니다. 그는 단지 그곳을 지나가고 있는 중이었으며, 이제는 그를 따르는 제자들도 많아졌고 군중들도 커졌다. 예수는 예루살렘도 한 차례 이상 방문했다. 그를 죽이려는 반복적인 시도들에도 불구하고 말이다(요 5:18; 7:19, 30 등).

결론을 내리자면, 예수는 갈릴리에 '화려한 입장'을 한 후에 나사렛에서 쫓겨났고(눅 4장), 그 후에 그 마을을 다시 방문했지만 여전히 큰 성과는 없었다는 것이다(마 13장; 막 6장).

네 명의 제자를 부르심

세례를 받고 난 후부터 갈릴리에 입성하기까지의 시간 동안에도 예수의 주변에는 이미 제자들이 있었다. 최초의 제자들은 세례 요한의 추종자들 중에서 그에게로 온 사람들이었다. 요한이 암시하는 바에 의하면 그들은 예수를 찾아왔고, 그가 자신들의 랍비나 선생이 되어주기를 희망했다(요 1:39). 비록 예수가 신학을 공부한 것도 아니고 율법의 전문가도 아니었지만, 그들은 그를 알아보았으며 그의 가르침을 받기 원했다. 이는 이스라엘에서 흔히 볼 수 있는 일이었다. 랍비가 자신의 제자들을 모집하는 것이 아니라, 제자들이 그를 선생으로 선택할 때 그가 받아들이는 것이었다. 그렇게 문하생을 두는 것이다.

우리가 듣는 바로 예수의 최초 제자들은 안드레와 시몬이었다. 그 다음에는 요한과 야고보, 그리고 그 후에는 빌립과 나다나엘이었다(요 1:35~52). 비록 처음에 제자들은 평범하게 그에게 다가왔지만, 그들은 모두 금방 예수가 범상한 랍비가 아니라는 것을 감지하게 되었다. 세례 요한은 그를 세상 죄를 지고 가는 '하나님의 어린 양'이라고 불렀다. 예수가 한낱 학생들이 찾아오기를 기다리는 선생이 아니라는 사실은 금세 명백해졌다. 세례 요한은 단순히 밀랍에 그를 따르라고 명했다. 그리지 빌립은 그가 모세와 선지자들이 기록한 비로 그 약속된 분이라는 것을 믿었다. 나다나엘은 예수의 '전지함'을 직접 경험했다("빌립이 너를 부르기 전에 네가 무화과 나무 아래 있을 때에 너를 보았노라"). 그는 이 랍비가 하나님의 아들이며 이스라엘의 왕이라는 사실을 인정했다.

예수의 첫 제자들이 가나의 혼인 잔치에 그와 함께 했다. 그리고 예수가 그의 첫 표적을 행했을 때 그들은 그를 믿었다(요 2:2, 11). 그들은 그와 함께 가버나움으로, 예루살렘으로, 그리고 유대로 여행했다(요 2:12, 22; 3:22). 그들은 세례를 베풀었다(한때 세례 요한의 제자였던 그들이 말이다). 그리고 예수의 제자로서 세례 요한의 추종자들과는 구분되었다(요 3:26~4:3). 하지만 그것은 그들이 예수를 영구적으로 따랐다는 것을 의미하지는 않았다. 세례 요한이 항상 그의 제자들과 함께 다녔던 것은 아니다. 예수의 제자들 또한 항상 그와 함께 있지는 않았다.

그들이 갈릴리로 돌아온 후, 그들 중 네 명은 다시 활발하게 자신들의 생업, 즉 어업에 종사하고 있었다. 고기잡이 철이 시작되었고, 분명 그들은 잠시 선생을 떠나 생계를 위해 일했을 것이다. 이는 아마도 갈릴리로 돌아오고 난 후에 있었던 일인 듯하다. 사마리아를 통해 여행하는 동안에도 제자들은 여전히 예수와 함께 했다(요 4:8, 27ff.). 가나에서 행한 기적(왕의 신하의 아들을 고친 일)과 나사렛에서 있었던 사건들 중에 제자들이 함께 있었는지에 관해서는 아무런 정보가 없다. 예수가 자신의 고향 나사렛을 방문하는 동안 그들 역시 일시적으로 자신들의 집에 가 있었을 가능성도 있다.

나중에 예수가 갈릴리 바다를 끼고 그 북쪽 해안을 여행하고 있었을 때, 그는 해변에서 시몬과 안드레가 고기를 잡고 있는 것을 보았다. 그때 야고보와 요한은 거기서 조금 떨어진 곳에서 부친과 그의 선원들과 함께 그물을 깁고 있었다. 예수는 즉시 그들을 부르시며 생업을 버리고 따르도록 했다. 마치 엘리야가 엘리사를 부를 때 그의 쟁기를 버려두고 곧장 섬기도록 했던 것과 같이 말이다.

예수의 능력은 대단했다. 그가 말씀하시면 이루어졌다. 아무런 주저함도 없이, 네 명의 제자는 모든 것을 버리고 그를 따랐다. 이미 제자였던 사람들에 대한 이러한 부르심은 특별한 의미를 가지고 있었다. 예수는 이제 영구적으로 따를 자들을 부르고 있는 것이었다. 그는 제자들을 '끌어들이는' 랍비였을 뿐만 아니라, 한 걸음 더 나아가 자신의 일을 맡기기 위해 종들을 '부르시며' 자신에게로 오도록 명령하는 왕이기도 했다. 갈릴리 사람들은 이제 곧 그가 영구적인 수행원들과 함께 여행하는 것을 보게 될 것이었다. 그는 아무런 구속력이 없는 그런 메시지를 선포하지 않았다. 그는 뭔가를 조직하는 일을 시작하고 있었다. 그가 마음속에 무슨 생각을 품고 있는지는 시간이 가면서 점점 드러날 것이었다.

가버나움에서의 활동

네 명의 제자로 이루어진 새로운 수행단과 함께 예수는 가버나움에 도착했다(눅 4:31~44; 막 1:21~39; 참조, 마 8:14~17). 이는 그가 유대에서 돌아온 후 첫 방문이었을 것이다. 그리고 이제부터 가버나움은 그의 영구적인 본거지가 될 것이었다. 예수는 아마 머물 공간이 충분한 베드로의 처가에서 지냈을 것이다. 그가 회당을 떠나서 당연히 찾아갔던 곳이 바로 이 집이었으며, 또한 사람들이 병을 고쳐달라고 찾아올 때 그가 있을 것이라고 기대했던 곳도 바로 이 집이었다.

그가 가버나움에 도착한 것은 아무도 모르게 일어난 일이 아니었다. 다시 한 번 예수는 사람들에게 다가가며 회당에서 그들에게 말씀하심으로써 가버나움에 입성한 것이었다. 그의 가르침에는 권세가 있었고 듣는 사람들은 두려워했다. '사람이 정말 이런 식으로 말할 수 있는가? 마치 자기 자신이 하나님인 것 같은 그런 어조로?' 그 때 더러운 영으로 인해 소동이 벌어졌다. 그 더러운 영은 가버나움 사람들로 하여금 나사렛으로부터 온 이 낯선 사람에게 반감을 갖게 하고자 했다. 이곳에서 예수가 도대체 무엇을 하고 있는 것인가? 가버나움은 가버나움 사람들이 알아서

하도록 내버려 두라. 그 더러운 영은 예수의 권세 있는 가르침이 바로 그의 기원에 토대를 두고 있음을 잘 알고 있었다. 그는 하나님의 거룩한 자였던 것이다. 하지만 동시에 그 악한 영은 사람들의 마음을 오염시켜 이 거룩한 자가 자신들을 멸망시키기 위해 왔다는 관념을 불러일으켰다. 그 악한 영은 그들의 당황하는 마음을 공포와 혐오로 바꾸려고 했다. 하지만 예수는 그 영을 가장 인상적인 방법으로 쫓아냈다. 그 악한 영은 결국 예수가 선한 뜻을 가지고 오셨다는 증거(귀신 들렸다가 고침 받은 그 사람)를 남기고 물러났다.

그가 집에 도착했을 때, 회당에서의 승리자가 자기가 머무르고 있는 집 마당에서는 패자가 될 상황이 발생했다. 그 집 여주인이 갑자기 심각한 열병으로 앓아 눕게 된 것이다. 하지만 예수는 그 열병을 명하여 떠나가게 했고, 안식일의 기쁨이 회복되었다. 베드로의 장모는 곧 안식일 저녁 식사를 대접했다. 예수를 따르는 자들은 이 집에서 희망을 주는 표적을 보게 되었다.

그러는 동안에 회당에서 있었던 일에 대한 소문이 사방으로 퍼져나갔다. 해가 져서 안식일이 채 끝나기도 전에 각색 병든 사람들과 귀신 들린 사람들이 예수에게로 왔다. 그는 몇 개 안 되는 안식일 등불 아래서 그들을 모두 고쳐 주었고, 그 등불들은 밤 늦도록 잘 버티어 주었다.

하지만 그 다음 날 아침 예수가 가버나움만을 위해 오신 것이 아니라는 사실이 분명해졌다. 이른 아침 시간에 그는 아버지께 기도할 수 있는 한적한 곳을 찾기 위해 마을을 나왔다. 놀란 제자들이 선생을 찾았을 때, 그는 그들에게 모든 도시와 마을에 자신의 사역을 확장해야 한다고 했다. 가버나움에서 있었던 일은 온 갈릴리에 걸친 사역으로 발전되어야 했다. 이 시점부터 시작해서 갈릴리에서 상대적으로 조용하게 시작된 예수의 활동이 하나의 대중적인 운동으로 퍼져나갔다.

사람을 낚는 일

복음서 기자들은 예수가 여러 회당에서 설교한 일에 대한 정확한 기사를 제공하지 않는다. 하지만 그들이 분명하게 주지하는 사실은 사람들이 더 이상 그 유명한 선생이 자신들에게로 오기를 기다리지 않게 되었다는 것이다. 오히려 그가 있는 곳으로 나아갔다. 이러한 사실이 의미하는 바는 갈릴리 지역을 여행하면서 예수가 더 이상 네 명의 수행원만(그리고 아마도 추가적인 몇몇 추종자들)을 거느리지 않게 되었다는 것이다. 그는 이제 그에게 관심을 가진 온갖 사람들을 몰고 다녔으며, 사람들은 그가 기적을 행하고 병을 고치기를 열망했다. 눈 멀고, 귀 먹고, 귀신 들고, 중풍병 걸렸다가 고침 받은 사람들의 숫자가 어마어마했기에, 호기심을 가진 더욱 많은 사람들이 그에게로 몰려들었다. 이제 "무리가 몰려와서 하나님의 말씀을 들었다"(눅 5:1). 이 기간 동안 예수는 무리들을 물리치지 않았던 것으로 보인다. 간혹 그가 기도하기 위해 한적한 곳으로 물러가긴 했지만 말이다. 그는 사람들이 다가오도록 허락했고, 그들과 어울렸다. 그렇게 함으로써 그는 진실로 그가 '모든 사람들'을 위해 오셨음을 나타냈다. 탄력을 받고 있었던 그 대중적인 사역이 그의 의도와 일치했던 것이다. 하지만 어떻게 그럴 수 있었을까?

예수는 그의 제자들에게 어렴풋이 대답하고 있다(눅 5:1~11). 이 기간 중 한 시점에 그는 갈릴리 바다 근처에서 무리들과 함께 있었다. 그가 선택한 수행원들은 그 전날 밤 자신들의 생업에 열심을 내어 고기를 잡을 수 있는 기회를 얻었음이 분명하다. 주님이 그들을 불러 사신을 따르라고 했을 때 그들은 아직 고기잡이를 마치지 못한 상태였다. 절호의 찬스가 왔을 때, 그들은 자신들 속에 흐르는 어부의 피가 부르는 대로 그날 밤 호수로 나아갔던 것이다. 아침에 그들이 그물을 정리하고 있을 때, 예수는 그들에게 도움을 청했다. 그는 시몬 소유의 배 한 척을 강대상으로 삼아 호숫가에 몰려든 사람들을 가르쳤다. 가르치기를 마치고 나서, 예수는 시몬과 그 동료들을 위해 환한 대낮에 고기를 잡는 기적을 행했다. 창조주로서 그는 고기들을 명했던 것이다. 이를 깨닫고 시몬은 예수의 발 아래 엎드렸다. "주여 나를 떠나소서. 나는 죄인이로소이다!"

하지만 예수는 베드로와 야고보와 요한에게 그의 위엄 때문에 그들이 예수를 떠나야 할 이유는 없다고 했다. 오히려 그 반대로 예수는 자신의 위엄을 통해 그의 수행원들을 변화시켜 사람을 낚는 어부들로 만들 것이었다. "이제 후로는 네가 사람을 취하리라"고 그가 그들에게 말했다. 이는 흥미진진한 표현이다. 예수는 이미 외관상으로 상당히 많은 사람들을 얻지 않았던가? 해변을 메운 수많은 사람들을 보더라도 말이다. 하지만 그는 마음속에 뭔가 다른 생각을 하고 있는 것처럼 보인다. 그 많은 사람들 모두 예수를 위해 '낚여야' 할 사람들이란 말이다. 그들은 주변에서 헤엄치고 있었지만, 여전히 그물 밖에 있는 사람들이었다. 그들은 들은 말씀에 대해 선혀 순종의 모습을 보이지 않았다.

그럼에도 불구하고 예수는 미래를 바라보며 일하고 있었다. 시몬처럼 많은 사람들이 그 앞에 엎드리며, 하나님의 아들의 신적인 권세 앞에 굴복하게 될 그 날을 위해서 말이다. 예수에 대해 관심이 있는 것만으로는 부족했다. 그에게 복종하는 데까지 나아가야 했다. 그러한 복종은 그의 제자들의 사역을 통해서 일어날 것이다. 고난과 모욕의 시간이 끝나고, 오순절이 오면 예수는 이 사람들을 수천 명씩 모아 시몬의 그물에 끌어들일 것이다. 예수가 기적적으로 고기를 잡은 사건을 통해 열리게 된 이러한 시야는 갈릴리 사역 중에 관심과 필요를 가지고 몰려든 군중들의 기대와 흥미의 지평선을 훨씬 넘어서는 것이었다.

누가복음 5장 1~11절에 나오는 고기를 잡은 사건에 관한 이야기는 네 명의 제자를 부른 사건과 동일시된다(막 1:16~20; 마 4:18~22). 이는 당연한 일이다. 이야기의 배경(고기잡이와 바다)이 같기 때문이다. 등장 인물

중 세 명이 같다. 시몬, 야고보, 그리고 요한. 이야기의 결말 또한 같다. 그들은 모든 것을 버리고 예수를 따라나섰다. 하지만 차이점이 유사점보다 훨씬 많다. 그 차이점들은 네 명의 제자를 부른 사건과 기적적으로 고기를 잡은 사건을 구분하는 결정적인 증거가 된다. 누가복음 5장의 사건이 네 명의 제자를 부른 사건과 구분되는 이유는 다음과 같다.

1. 예수가 배에서 무리를 가르치셨다. 따르는 사람 하나 없이 해변을 걸어다닌 것이 아니었다.
2. 제자들은 지난 밤에 사용했던 큰 그물들을 씻고 있었다. 해변에서 그물을 던져 고기를 잡거나 그물을 깁고 있는 것이 아니었다.
3. 즉시 그물을 버려 두고 간 것이 아니라, 그물에 고기가 가득한 기적을 경험했다.
4. 고기를 잡는 장면에서는 안드레가 등장하지 않는다. 경쟁업자 세베대를 위해 일하던 야고보와 요한이 이제는 '시몬의 동업자'로 불린다(눅 5:10). 이는 예수를 따르는 자로서 동역 관계를 가리키는 말임에 틀림없다.
5. 고기를 잡은 후에 예수는 그들에게 자신을 따르라는 명령을 하지 않는다. 반면에 시몬은 예수에게 죄인인 자신을 떠나달라고 간청한다. 이때 예수의 명령은 "무서워하지 말라!"는 것이었다.
6. 네 명의 제자를 부를 때, 예수는 그들을 일종의 실습생으로 불렀다. "내가 너희를 사람을 낚는 어부가 되게 하리라"(마 4:19). 누가복음 5장 10절에도 유사한 언급이 나오지만, 그 경우의 뉘앙스는 훈련 기간이 아니라 약속된 결과를 가리키는 표현이다. 사람을 낚는 어부로 부르심을 받은 자들에게 "이제 후로는 네가 사람을 취하리라"고 말씀하신 것이다. 시몬이 자신은 죄인이며 예수를 따를 자격이 없다는 것을 인정하자, 예수는 한 걸음 더 나아가 자신의 제자들

에게 이러한 약속을 준 것이다.

7. 어부로 살았던 배경을 고려할 때, 예수가 그들에게 고기잡이와 관련된 말씀이나 행동을 보이신 경우가 최소 한 번 이상이었을 것은 당연한 일이다. 그런 일은 부활 이후에도 발생했다. 또다시 기적적으로 고기를 잡게 된 일은 여전히 압도적인 일이었으며, 그것은 사도들에게 자신들이 계속 수행해야 할 사명을 다시 일깨워주는 계기가 되었다(요 21장).

8. 마가복음과 마태복음에서 제자들이 부르심을 받았을 때, 네 명 모두는 배와 그물을 버려 두고 따라나섰다. 하지만 누가복음 5장 11절의 내용은 다르다. 거기에서 그들은 모든 것을 버려 두고 예수를 따라갔다. 우리는 그 모든 것에 그들이 잡은 엄청난 양의 고기들도 포함된다고 이해해야 한다. 그들은 얼마간의 고기를 잡으려고(먹기도 하고 팔기도 하기 위해) 한밤의 단잠을 기꺼이 희생하던 사람들이었다. 하지만 이제 그들이 밤에 잡을 수 있을 것이라고 생각했던 것보다 훨씬 더 많은 고기를 대낮에 잡는 경험을 하게 되자, 그들은 모든 생업을 버리고 떠난 것이다. 뛰어난 어부와 경력이 쌓인 사업가들로서는 큰 희생이었다. 하지만 그들이 잡은 그 많은 고기를 버리고 예수와 함께 여행을 하게 된 것은 사람, 즉 예수에 대한 믿음을 통해 하나님 나라에 초대될 사람들을 낚는 더 큰 어획을 위한 것이었다.

세례 요한의 염려

전도와 병 고침과 늘어나는 무리들로 특징지어지는 이 질풍 같은 시기에, 감옥에 있던 세례 요한은 한 가지 질문을 제기함으로써 뭔가가 **빠져**

있었다는 것을 상기시켜 준다. 예수는 '요한의 뒤에 오실 분'으로서 갈릴리에 들어갔다. 따라서 궁극적으로 볼 때 예수의 사역은 당시에 그가 누리고 있던 인기에 의해 평가될 것이 아니라, '장차 오실 이'로서의 사역에 대해 세례 요한이 가르쳤던 내용을 기준으로 평가될 것이었다.

세례 요한은 여호와 자신이 성육신하여 이 세상에 오실 것에 대해 선포했었다. 그리고 그는 자신이 그분의 신발끈을 풀기에도 합당치 못한 사람이라고 말했다. 자신의 뒤에 오실 분은 하나님의 일, 즉 성령으로 세례를 베푸는 일을 하실 것이다. 그는 손에 키를 들고 하나님의 심판을 집행하실 것이다. 사람들은 장차 오실 여호와의 사자 앞에 겸손히 엎드릴 것이다.

이제 그 선구자는 감옥에 있다. 그는 갈릴리에서 그리스도가 하고 있는 일들에 관해 들었다. 세례 요한의 제자들은 그로 하여금 불안과 염려를 느끼게 만드는 그런 소식들을 가져왔다. 이런 식의 사역을 펼치고 있는 예수가 진정 오실 그분이 맞는가? 아니면 그 뒤에 오실 또 다른 분이 있는 것인가? 그것은 예수의 전도와 병 고침의 축제가 벌어지고 있는 상황에서 다소 침울한 문제 제기였다. 하지만 그것은 뭔가 중요한 것이 빠져 있음에 대해 모든 이의 관심을 기울이게 만드는, 충분히 이해할 만한 질문이었다. 예수는 진정 예언을 성취하고 있었다. 소경이 눈을 뜨며, 죽은 자가 일어나고, 복음이 가난한 자들에게 선포되고 있었다(마 11:2ff.; 막 7:18ff.).

한 가지 빠진 것은 사람들의 측면에서 합당한 반응이었다. 감탄은 찬양이 아니었다. 요한이 들었던 하늘로서 있었던 그 소리는 "이는 내 사랑하는 아들이요"라는 것이었다. 그런데 하나님의 아들 예수 앞에 질하는 사람은 극소수였다. 나사렛 예수가 하나님의 아들이며 이스라엘의 왕이라는 나다나엘의 고백(요 1:49)에 동참하는 사람은 얼마 되지 않았다. 왜 예수는 믿지 않는 자들에게 예언된 심판을 쏟아 붓지 않는 것인가? 세례 요한은 예수를 의심하지는 않았다. 하지만 그가 의구심을 갖고 있는 부분은 예수가 그의 뒤에 올 또 다른 누군가를 위해 자신의 일을 얼마 정도 남겨 두려는 것은 아닌가 하는 것이었다.

그 질문은 예수로 하여금 중간 평가를 할 수 있는 기회를 주었다. 세례 요한은 고무적인 대답을 들었다. 그렇다, 예수는 진정 오시리라고 선포된 바로 그 여호와의 사자였다. 그리고 누구든 그를 인하여 실족하지 않는 자는 복이 있었다(마 11:6). 동시에 예수는 세례 요한의 의문에 대한 대답의 과정에서 무리들을 관련시켰다. 그들에 관해서도 중간 평가가 내려져야 했다. 예수에 대한 그들의 태도는 일찍이 세례 요한이 '능력이 더 많으신 분'에 대해 가르쳤을 때 그들이 보인 반응과 상응하는 것인가? 그렇지 않다면 예수가 기적을 행했던 마을, 즉 가버나움과 고라신과 벳새다에는 돌이킬 수 없는 심판의 먹구름이 드리워져 있었다.

세례 요한의 물음에 대한 대답은 하나님 아버지에 대한 감사의 기도로 이어졌는데, 그 감사를 통해 예수는 자신과 아버지가 하나이며, 아버지 하나님께서 모든 것을 그에게 주셨다는 것을 공개적으로 고백했다. 그는 성전보다 크신 분이었으며, 언약궤보다 더 크신 분이었다. 하나님은 이런 사실을 어리석은 자들, 즉 '어린 아이들'에게는 드러내셨고, 지혜롭고 슬기 있는 자들에게는 숨기셨다(마 11:25~27).

이러한 중간 평가는 놀라운 방법으로 끝이 난다. 무리들은 예수를 둘러싸고 있었다. 그들은 각지에서 몰려든 사람들이었다. 그곳에 있는 그들에게 예수는 "나에게로 오라"고, "나의 멍에를 지라"고 초대하고 있는 것이다. 그들은 분명 그 자리에 함께 하고 있었지만, 예수가 원하는 방식으로는 아니었다. 그들은 선생이자 기적을 행하는 분이 눈앞에 있었지만, 자신들이 하나님의 아들을 보고 있다는 사실에 대해서는 무지했다. 세례 요한의 직관은 옳았다. 하지만 그는 예수가 아버지께서 주시기로 계획하신 모든 것을 기다릴 줄 아는 인내를 가지고 있음을 이해해야 했다. 자신을 진정으로 알아주는 사람들이 그토록 적다는 실망스런 현실에 대한 예수의 반응은 그가 다가오는 고난을 맞을 준비가 되어 있다는 사실을 증명했다.

안식일의 주인에 대한 음모

이 기간 동안 이스라엘의 지도자들이 예수를 죽이려고 논의하고 있다는 사실 역시 분명해졌다. 예수의 행동은 그들로 하여금 그렇게 반응할 수밖에 없도록 만들었다. 그는 안식일에 관해 대단히 자유롭게 행동했는데, 이는 정상적인 이스라엘 사람에게는 부적합한 일로 여겨졌다. 그것은 안식일에 관한 여호와의 분명한 계명을 어기는 범죄로 간주되었으며, 따라서 사형에 해당되었다. 이는 원칙적으로 하나님의 율법에 순종하는 한 인간의 입장에서 볼 때 도발적인 행위였다. 하지만 그것은 도발이 아니라 계시였다. 예수는 자신이 누구인가를 드러냄으로써 사람들에게 충격을 준 것이다. 그는 다름 아닌 여호와 자신이었다. 율법 아래 구속되는 것이 아니라, 그것을 자신이 원하는 방식으로 다루는 하나님의 아들이었던 것이다.

그러한 대립은 예수가 제자들에게 곡식 이삭을 잘라서 먹도록 허용한 것을 두고 바리새인들이 그를 비난했던 안식일에 발생했다. 그것은 안식일에 음식을 준비하는 행위로 간주되었다. 안식일에 음식을 준비하는 행위는 광야에서 방황하던 시대에도 죄로 여겨졌었다. 바리새인들의 이러한 개입은 소송을 위한 공식적인 예비 단계였던 것으로 보인다. 그것은 죄인으로 하여금 자신의 죄를 깨닫도록 하는 필수적인 경고였다. 그러면 그 다음 단계에서 죄인은 법을 몰라서 그랬다는 항변을 할 수 없게 되는 것이다. 그러한 이유로 그들은 제자들이 저지른 위법 행위를 골랐던 것이다. 그 선생의 견해가 다른 사람들에게 부정적인 영향을 주고 있는 것으로 보였기에, 이는 더욱 재판을 받아야 할 문제였다. 예수는 법을 어겼다는 사실을 부정하지 않는다. 하지만 그는 자신의 특별한 권세를 주장한다. 인자는 주님이시며, 또한 안식일의 주님이시기도 하다. 유대인에게 있어서 그러한 표현은 신성 모독이었다. 만약 그가 진정 성육신한 하나님의 아들이라고 그들이 인정하지 않는 한 말이다(마 12:1~8과 그에 상응하는 다른 구절들).

그 다음 단계는 안식일에 덫을 놓는 것이었다. 유대 지도자들은 한쪽 손 마른 사람이 있었던 회당에서 예수를 시험했다. 그들은 안식일에 사람의 병을 고치는 것이 합법적인지 물었다. 증인들 앞에서 명백하고도 불필요한(그 사람의 목숨이 위험한 상태는 아니었다) 위법 행위를 하게 해서 그를 체포하기 위한 의도였다. 마가는 분명하게 바리새인들이 그를 송사할 구실을 찾고 있었다는 사실을 말하고 있다(막 3:1~6). 갑자기 죽음의 위협이 가까워졌다. 하지만 예수는 그러한 위협을 피하지 않고 그 사람을 고쳐 주었고, 그 결과를 직면했다. 바리새인들은 이제 헤롯당(헤롯 안디바의 지지자들, 즉 세례 요한을 제거한 자들)과 함께 공모했다.

예수를 율법의 위반자로 정죄하고 처형하고자 하는 이러한 초기의 계획들은 오해에서 생긴 일이 아니었다. 그것은 예수가 그 지도자들을 양자택일의 상황으로 몰아붙였던 한 사건에 대한 반응이었다. 그는 자신이 하나님의 아들이며 안식일의 주인이라는 사실을 믿는지에 대해서 그들로 하여금 공개적으로 진술하도록 몰아붙였다. 회당에서 그는 안식일에 구덩이에 빠진 양을 구하지 않을 것인지 물었다. 예수는 안식일에 사람을 구했다. 그 사람의 목숨이 위험에 처해 있었는지는 문제가 아니었다. 왜냐하면 그 손 마른 사람의 경우는 목숨의 문제는 아니었기 때문이다. 문제는 예수가 자신이 모든 인간의 주인이라는 사실을 나타냈다는 것이다. 마치 목자가 그 양을 돌보기 위해 있듯이 그도 또한 인간을 구원하기 위해 있었던 것이다. 모든 인간의 주인으로서 그는 안식일에 그들을 돌볼 자유가 있었다. 하나님께서 안식일을 주신 이유는 '자신의' 백성에게 좋은 선물을 주기 위함이 아니었던가? 하나님의 아들 또한 안식일에 그와 같이 행했던 것이다.

예수가 자신을 안식일의 주인으로서 나타낸 놀라운 사건은 메시야와 이스라엘 지도자들 간 대립의 핵심이었다. 이러한 사실은 예루살렘에서 있었던 유대 명절 동안에 명백해지는데(요 5장), 이는 아마도 얼마간의 시간이 흐른 뒤에 있었던 예루살렘 방문과 관련된 일인 듯하다. 왜냐하면 그 명절에 관한 기사는 안식일에 관한 논쟁이 몇 개월 사이에 중요한 이슈가 되었다는 것과, 또한 예루살렘 사람들도 그것에 관해 알고 있었다는 것을 보여 주기 때문이다.

반면 예수는 성전의 도시 예루살렘에서도 역시 자신을 안식일의 주인으로 나타냈다. 그 명절 동안 주님은 38년 된 병자를 고치셨다. 우리 생각에는 이 사람이 하루만 더 기다렸다면, 안식일이 지나고 그 다음 날에 고침을 받게 되었으리라는 가정을 해볼 수 있다. 하지만 예수는 의도적으로 안식일을 택하여 베데스다 연못가에 누워 있던 이 사람을 고쳤다. 그리고 심지어 그에게 명하여 자리를 들고 걸어가라고 하였다(또 다른 율법 위반 행위였다). 그러자 그 사람은 자리를 들고 일어나 걸어갔다. 율법을 위반한 이 행위는 그냥 아무도 모르게 진행될 수 없었다. 당국자들이 그에게 몇 가지 질문을 했고, 결국 사건은 예수에게로 이어졌다.

요한은 유대인들이 이미 예수를 죽이기 위해 핍박하고 있었다는 사실에 주목한다. 왜냐하면 그가 '안식일'에 그러한 일을 했기 때문이나(요 5:16). 또한 예수가 38년 된 병자를 안식일에 고쳤다는 사실뿐만 아니라, 그가 수배자가 되었으며, 상습적인 안식일 위반자인 그를 죽일 계획이 만들어졌다는 사실까지도 지적한다. 예수는 또다시 아버지의 아들로서 일주일 중 어떤 날이든 일할 수 있는 자신의 권리를 분명히 나타냈다. 안식일에 행한 이 일은 율법에 대해 의심을 품게 하는 것이 아니라, 오히려 예수가 진정 누구인가를 드러내는 것이었다.

따라서 사람들은, 흥미를 가진 사람이든 의심을 품은 사람이든 간에 이제 선택을 해야 할 상황이 되었다. 사람들이 만약 예수가 세례 요한이 선포한 바로 그 더 큰 능력을 가지신 분, 즉 여호와의 사자라는 사실을 알아보지 못한다면, 그것은 예수의 잘못이 아니었다. 주님은 또한 말씀 중에 세례 요한의 증거를 가리켰나(요 5:31~35). 요한은 자신은 사람들이 '주님'의 길을 예비하도록 광야에서 외치는 소리라고 증거했다. 예수가 안식일에 행했던 일은 또한 그가 아버지, 즉 이제까지도 일하기를 쉬지 않으시는 분의 아들이라는 것을 보여 준다(요 5:17ff., 36ff.).

예수에 대한 거부가 어떤 사소한 일이나 혹은 오해 때문에 시작된 것이 아니라는 것을 이해하는 것은 중요하다. 예수가 안식일에 했던 일은 당시 이스라엘 사람들에게는 허용되지 않았다는 것은 의심의 여지가 없이 분명한 일이다. 그의 두드러진 행동은 사람들로 하여금 결정을 내리도록 강요했다. 세례 요한은 사람들이 자신의 뒤에 올 주님 앞에 경배해야 한다고 했다. 하지만 현실은 달랐다. 사람들은 그에게 지대한 관심을 가졌지만 거리를 두고자 했다. 그들은 예수가 하나님의 아들이라고 인정하는 단계까지는 가지 않았다. 예수는 사람들이 실존적인 선택을 영원히 피해 갈 수는 없다는 사실을 분명히 했다. 안식일에 행한 행동들을 통해 예수는 평범하고 수용 가능한 한계 밖으로 나갔다.

영적인 지도자들은 이제 예수에 대한 그들의 반응을 통해 본을 보여주어야만 했다. 그들은 예수를 거부했고, 그를 사형에 처하는 길을 선택했다. 이제 사람들은 자신들이 꼼짝 없이 갇히게 된 신세라는 것을 발견하게 되었다. 예수가 하나님의 거룩한 아들이라고 부르짖는 귀신들과, 그를 안식일 위반자라고 낙인을 찍는 종교 지도자들과, 종교 지도자들에 반대하며 동시에 악한 영의 승인을 거절하는 예수 자신 사이에서 말이다. 군중들은 이제 스스로 선택해야만 했다. 예수가 관심을 가지고 있는 것은 그들의 믿음이었다. 이 사실은 이 시기에 그가 무리들을 대하는 방식이 달라졌다는 것에서도 명백히 나타난다.

열두 제자 – 회복된 기초

예수에 대한 첫 번째 음모가 있었던 때에(눅 6:12), 예수는 기도하기 위해 산으로 갔다. 예수가 자주 물러가서 머물렀던 특정한 한 산이 있었는데, 갈릴리 바다 북동쪽 해안에 위치한 산으로 보인다. 가버나움에서부터 시작해서 해안을 따라 북동쪽으로 여행하다 보면 금세 벳새다에 도착하게 되는데, 벳새다는 요단 강이 갈릴리 바다의 북쪽 끝으로 흘러들어가는 지점의 바로 동쪽에 위치해 있다. 그 산은 남동쪽으로 약간 떨어진 곳에 있다. 가버나움에서부터 바다를 건너면 쉽게 도달할 수 있는 곳이기도 하다.

이 '물러감'이 특별한 이유는 예수가 기도로 밤을 지새웠다는 데 있다(눅 6:12). 예수가 밤을 꼬박 새워 기도했다는 내용이 나올 때는 뭔가 중요한 일이 일어나기 직전이었다. 그 다음 날 예수는 그의 제자들을 불러 모으고, 그들 가운데 열둘을 선택했다. 그리고 그들을 '사도'라고 불렀다. 그들은 이제 항상 그와 함께 있어야 했다. 그들은 전도하도록 파송될 것이었고, 악한 영들을 내어 쫓도록 능력을 받을 것이었다(눅 6:13; 막 3:14~15, 참조, 마 10:1). 예수가 열두 제자를 파송하여 이스라엘 선역으로 전도 여행을 떠난 사건은 나중에 나온다(마 10장; 막 6장; 눅 9장). 이 날 아침에 특별한 것은 그들이 임명되었다는 사실과 그들의 숫자였다. 네 명이었던 수행단이 이제 열두 명으로 확대되었다. 이스라엘에서 열둘이라는 숫자는 기초를 의미한다. 이스라엘은 열두 족장의 기초 위에 세워졌고,

열두 지파로 구성되었다. '열두' 사도를 선택했다는 것은 지대한 의미를 가진 사건이다.[169]

열두 사도를 임명한 사건은 예수가 무리를 다루는 방식에 변화가 일어난 특별한 순간과 때를 같이 한다. 지금까지는 무리가 그에게로 왔다. 그들은 그를 찾았고, 그에게로 몰려들었다. 하지만 지도자들의 적개심이 커지자, 예수는 무리를 데리고 다녔고, 그들의 지도자로서 그들 앞에서 행했다. 그는 그들을 그 산으로 안내했고, 뭔가 특별한 계획을 가지고 있는 것 같았다(좀 더 자세한 논의를 위해서는 p.290을 보라). 요세푸스는 대중적인 지도자들이 주로 어떤 모종의 행동을 준비하기 위해 사람들을 데리고 광야로 들어간 몇몇 사례들을 보여준다. 정부 당국은 그러한 집단적인 은둔을 의심스러워하는데, 마치 클라우디우스 리시아스(Claudius Lysias)가 바울에게 "그러면 네가 이전에 소요를 일으켜 자객 사천 명을 거느리고 광야로 가던 애굽인이 아니냐?"라고 했던 경우와 같다(행 21:38).

예수가 무리들을 데리고 한적한 산으로 갔을 때, 그는 공식적인 수행단을 확장했다. 그가 '열두' 사도를 선택한 것은 계획적인 의도에 따른 것이다. 그는 새로운 기초를 놓고 있었고, 동시에 옛 것을 회복시키고 있었다. 열두 지파의 후손들은 세례 요한에 의해 주님의 오심을 위해 준비되었다. 이제 예수가 표적과 복음을 가지고 왔다. 하지만 여전히 많은 사람들이 무관심하게 남아 있는 길을 선택했고, 지도자들은 이미 그를 거부하기로 결정했다. 그들은 안식일의 주인을 재판에 회부하려는 과정을 밟고 있었다.

---

169) 열두 사도에 대한 좀 더 자세한 논의를 위해서는 저자의 *Ambten in de apostolische kerk Een exegetisch mozaiek*(Kampen: Kok, 1984), 12~15를 참조하라.

이제 예수는 사람들을 모으고 그들에게 자신을 나타내며 열두 명의 종신 참모들을 선보였다. 이 또한 의도된 것이었다. 열두 지파의 후손들이 주님께서 친히 선택하신 열두 사도들과 함께 그에게로 오도록 초대받은 것이다. 예수는 핵심 그룹의 중심이 되었고, 이제 그는 열두 지파의 중심이 되고자 하는 것이었다. 일종의 재편성 작업이 일어나고 있는 것이었다.

더 이상 시온 산이나 대제사장에게로 나아갈 필요가 없었다. 이제부터는 이 위대한 왕의 산으로 나아가야 하는 것이었다. 열두 사도는 회심한 이스라엘 사람들의 선봉에 서야 했다. 예수를 거부하는 자들은 스스로 하나님의 백성의 울타리 밖으로 나가는 것이었다. 열두 족장의 계보는 열두 사도를 통해 이어졌다. 이는 모두가 이제 전면으로 나서야 한다는 부르심이었다.

그것은 또한 하나님의 백성을 예수로부터 떼어 놓으려는 지도자들에 대한 위협적인 전조였다. 야곱의 아들들을 잃게 될 자들은 예수가 아니라 바로 그들이었다.

우리는 마태복음 10장 1~4절, 마가복음 3장 16~19절, 누가복음 6장 14~16절, 그리고 사도행전 1장 13절(사도행전 1장에는 가룟 유다의 이름이 빠져 있다)에서 열두 사도의 '이름'을 볼 수 있다. 이 명단은 완전히 일치하지는 않으며, 다 같은 이름들을 포함하고 있지도 않다. 그들 중 일부는 하나 이상의 이름을 가지고 있었던 것이 분명하다. 하지만 그 명단에는 분명히 나타나는 특정한 구조가 있다. 그들 모두 네 명씩 구성된 세 그룹을 포함하고 있는데, 그 세 그룹은 결코 섞이지 않는다는 것이다.

네 명으로 구성된 첫 번째 그룹은 항상 시몬(시몬 베드로 또는 베드로)의 이름으로부터 시작한다. 다음으로 야고보와 요한이 나온다(항상 이 순서이다. 아마도 야고보가 둘 중 형이었던 것 같다). 마지막으로 안드레가 나오는데 그는 시몬의 형제였다. 그는 세베대의 아들들 앞에 나올 때도 있고 뒤에 나올 때도 있다. 이들(두 쌍의 형제들)은 초기에 부르심을 받아 네 명으로 구성된 수행단을 이루었던 인물들이다.

네 명으로 구성된 두 번째 그룹은 항상 빌립으로 시작한다. 그 나머지는 정해진 순서가 없다. 바돌로매, 도마, 마태가 그들이다. 네 개의 명단 중 세 개에서 바돌로매의 이름은 빌립의 이름 바로 다음에 나오는데, 어떤 학자들은 요한복음 1장에서 빌립과 관련되어 언급된 나다나엘(요 1:46~52; 21:2)이 바돌로매와 동일한 인물이라고 생각한다. 하지만 나다나엘이 열두 사도 중 한 명이었는지는 확실하지 않다. 만약 그랬다면(바돌로매라고 추정할 수 있는 가능성이 있는 만큼) 그가 가나의 시몬이었다고도 추정할 수 있다. 왜냐하면 나다나엘이 그 고장 출신이기 때문이다.

네 명으로 구성된 세 번째 그룹은 항상 알패오의 아들 야고보로 시작해서 가룟 유다로 끝난다. 열 번째와 열한 번째 사도의 이름에 관해서는 불확실한 면이 없잖아 있다. 누가복음과 사도행전에서 누가는 셀롯인 시몬(열심당원 시몬)과 야고보의 아들 유다의 이름을 언급한다. 전자는 아마도 마태복음과 마가복음에서 열한 번째로 나열된 가나의 시몬과 동일 인물이었을 수 있다. 그들은 다대오를 열 번째에 언급하고 있다(대부분의 사본에 의하면 마태는 여기에 레배우스라고 적고 있는데, 그의 성은 다대오였다). 이 다대오(일명 레배우스)가 야고보의 아들 유다와 동일 인물이었을까? 그것이 불가피한 결론으로 보인다.

열두 사도를 이스라엘 전역으로 파송할 때 둘씩 짝을 지어 보냄으로써 그들 사이에 특별한 관계가 만들어졌다. 따라서 그렇게 두 사람씩 두 그룹을 묶어 네 명씩 한 그룹으로 열두 사도의 명단에 나열되었을 가능성도 배제할 수 없다.

우리는 잘 알려지지 않은 한 명의 사도, 즉 시몬에게 특별한 관심을 기울일 필요가 있다. 그는 '셀롯'(the Zealot; 열심당원) 혹은 '가나나인'이라는 수식어로 인해 시몬 베드로와 구분된다. 그는 흔히 열심당원(출신)으로 여겨진다. 그리고 예수가 열심당이라는 특정한 집단으로부터 자신의 제자를 모집한 이유에 대한 추측들이 있었다. 어쨌든 사도들 중에 바리새인 출신은 없지 않은가? 그렇다면 예수는 열심당원으로 알려진 애국적인 해방운동에 특별한 호감을 가지고 있었다는 말인가? 두 개의 복음서에서 시몬은 가나나인이라고 알려져 있다. 그것은 '가나나 출신'이라는 의미임에 틀림없다.

어떤 사본에는 '카나나이오스'(Kananaios)라고 적혀 있는데, 이는 '가나나에서 온'이라는 의미로 이해될 수 있다(참조, '나자레노스'[Nazarenos]와 '나자라이오스'[Nazaraios]는 '나사렛 출신'을 의미한다). 어떤 학자들은 '카나나이오스'와 '젤로테스'(Zelotes)가 모두 열심당원(a Zealot)을 가리킨다고 믿는다. 하지만 역사적인 연구의 결과가 보여주는 것은 '셀롯'이라는 명칭은 예수의 사역 이후까지는 급진적인 해방운동 집단을 가리키는 말로 사용되지 않았다는 것이다. 이 용어에 관해서 다음과 같이 정리할 수 있다.

1. 랍비 문헌에 사용된 '콰나임'(Qannaim)은 열심당의 명칭이라고 볼 수 없다. 따라서 신약 성경에 나오는 '카나나이오스'를 랍비 문헌에 사용된 '콰나임'에 비추어 '열심당'이라고 해석할 근거는 없다.[170]

2. '셀롯'이 열심당의 명칭으로 사용된 것은 예수의 시대 이후였다.[171]

---

170) B. Salomonsen, "Some Remarks on the Zealots with Special Regard to the Term Qannaim in Rabbinic Literature", *New Testament Studies* 12(1965~1966): 164~176.
171) M. Borg, "The Currency of the Term Zealot", *Journal of Theological Studies* 22(1971): 504~512.

3. 열심당은 1세기의 전반부에는 존재하지 않았다.[172]

그러므로 우리는 '젤로테스'라는 호칭을 그 사도의 별명으로 이해해야 한다. '노력주의자(the Striver) 시몬'(참조, 세베대의 아들들은 '우레[보아너게; Boanerges]의 아들들' 이라고 불렸다). 그리고 우리는 '카나나이오스'에 대한 해석으로서 가나나 출신의 사람이라는 의미 이외의 것은 배제할 수 있다. 따라서 이 시몬은 출신지가 추가적으로 표시됨으로써 시몬 베드로와 구분되며, 그의 별명은 아마 그의 열정적인 성품을 가리키는 표현이었을 것이다.

사도들이 배출된 환경에 관해서 특별한 결론을 도출해야 할 이유는 없다. 예수는 자신이 원하는 자들을 불렀고, 그 선택은 그의 자유였다. 특별한 것이 있다고 하면, 높은 지위나 부유한 배경에 대한 언급이 전혀 없다는 것이다. 예를 들어 회당장 야이로, 율법 선생 니고데모, 공회원이었던 아리마대 요셉 등등의 인물과 관련된 호칭 같은 것들 말이다. 사회적 신분에 관한 유일한 언급이 있다면 그것은 예수의 자비가 얼마나 큰 것이었는가를 보여 주는 경우다. 한 명단에서 마태는 '세리'로 언급되어 있다(마 10:3).

---

172) M. J. J. Menken, "Dezealoten': Een overzicht", *Vox Theologica* 45(1975): 30~47; 참조, R. A. Horsley, "Josephus and the Bandits", *Journal for the Study of Judaism* 10(1979): 37~47; H. Guevara, *La resistencia judia contra Roma en la epoca de Jesus*(Meitingen: Meitingen, 1981); R.A.Horsley, "The Zealots: Their Origin, Relationships and Importance in the Jewish Revolt", *Novum Testamentum* 28(1986): 159~192. 열심당(Zealots)에 대해 더 많은 자료를 보려면, 저자의 자매 편, *Het evangelie van Gods zoon*(Kampen: Kok, 1996; 영어 번역 출판 예정), sec. 1.2.3을 참조하라.(* 영어로는 이미 *Jesus the Son of God* 이라는 제목으로 출판되었으며[Grand Rapids: Baker Books, 1999], 한국어로도 곧 출판될 예정이다.- 감수자)

9장

갈릴리(II) 산상설교에서 열두 사도 파송까지

산상설교 – 이스라엘의 새로운 헌법
소외된 자에게 생명주심
예루살렘에서 율법사들이 예수를 매도함
비유 – 들을 귀 있는 자와 없는 자
데가볼리에서의 선교 사역
공개적으로 죄를 사한 첫 번째 경우
죄인들을 위한 새 시대
믿기만 하라!
열두 사도 파송

갈릴리(II)
산상설교에서 열두 사도 파송까지

산상설교 – 이스라엘의 새로운 헌법

 새로운 수행단, 즉 열두 사도(열둘이라는 숫자는 중요한 의미를 가진다)를 구성한 후에, 예수는 산으로 올라가 무리에게 긴 설교를 하는데, 이는 산상설교로 알려져 있다(마 5~7장; 눅 6:20~49). 예수는 이후에 그 가르침을 반복하는데, 이는 복음서들이 보여 주는 바와 같이 산상설교가 길고 짧은 많은 단락들로 구성되어 있기 때문이다. 또한 산상설교를 구성하는 요소들을 이미 예수가 회당에서 가르칠 때 사용했다는 것을 의심할 여지가 없다. 심지어 가버나움의 회당에 그가 처음 나타났을 때에도, 그의 가르침을 들은 사람들은 권세 있는 그의 새로운 가르침에 놀랐다. 산상설교가 그토록 특별한 이유는 그 내용 자체 때문이 아니라, 예수가 그 가르침의 총체를 요약하면서 강조했던 바와, 또한 그 가르침을 제시했던 형태와 장소 때문이었다.
 예수는 이제 지역의 지도자들에 둘러싸인 채 회당에서 가르치고 있는 것이 아니었다. 여기에서 그는 자신이 임명한 '장로들'을 불러 모았고,

특별한 한 장소, 즉 한 산을 택했다. 이 사건은 흔히 시내 산에서 율법을 수여한 장면에 비교된다. 그리고 실제로 거기에는 많은 유사점이 있다. 예수는 무리들을 데리고 산으로 인도했다. 그는 권세를 가지고 자신의 계명을 선포했으며, 사람들은 그의 가르침에 놀라 떨었다. 그리스도는 자신을 입법자요 재판관으로 나타냈다. "나더러 주여 주여 하는 자마다 다 천국에 들어갈 것이 아니요 다만 하늘에 계신 내 아버지의 뜻대로 행하는 자라야 들어가리라 그 날에 많은 사람이 나더러 이르되 주여 주여 우리가 주의 이름으로 선지자 노릇하며 주의 이름으로 귀신을 쫓아 내며 주의 이름으로 많은 권능을 행하지 아니하였나이까 하리니 그 때에 내가 그들에게 밝히 말하되 내가 너희를 도무지 알지 못하니 불법을 행하는 자들아 내게서 떠나가라 하리라"(마 7:21~23).

세례 요한은 이미 말하기를 그의 뒤에 오시는 분은 그 손에 키를 들고 있으리라고 했다. 이제 예수는 온 세상과 이스라엘과 자신의 제자들에게 있어서 재판관이라는 사실이 증명되었다. 사람들은 그의 계명을 들어야 할 뿐만 아니라 순종해야만 한다(마 7:24). 그는 복과 저주를 선포할 권리를 가지고 있었다(눅 6:20~26). 병 고침을 받기 위해 여전히 그에게 오고 있었던 무리는(눅 6:18~19) 이제 그들 앞에 서 계신 분이 바로 주님 자신이라는 사실을 배워야만 했다. "내가 너희에게 진리를 말하노니"라는 말 속에서 그들은 여호와의 호흡을 느꼈으며, 경외심으로 떨었다. 하지만 거기까지가 그들의 반응이었다. 예수는 여전히 그들이 자신을 알아보지 못하고 이해하지 못하는 것을 견뎌야 했다. 그는 제자들이 자기 때문에 핍박을 받게 될 것이라고 가르쳤다(마 5:11). 그리고 그것이 바로 그들이 하늘의 상급을 향해 그를 따르며 가야 할 길이라고 설명해 주었다.

산상설교의 '장소'에 관해 마태복음과 누가복음은 서로 상충되는가? 흔히 마태는 산상설교를, 누가는 평지설교를 기록했다고 주장된다. 이는 두 복음서 기자의 서로 다른 편집의 관점과 관련이 있다. 추측컨대 마태는 시내 산과의 유사점을 보여주는 반면, 누가는 예수가 평범한 사람들의 수준으로까지 내려왔다는 사실에 더 많은 관심을 둔다는 것이다. 이 견해에 의하면, 산상설교의 역사성은 급속히 그 빛이 바래게 되며, 그 나머지 모든 내용은 마태와 누가에 의해 기록된 편집물에 불과한 것으로 전락한다. 그러므로 산상설교의 '역사적' 위치를 강조하는 것은 중요한 일이다.

누가는 열두 제자를 임명한 후에 예수가 "그들과 함께 내려오사 평지에 서시니"라고 기록하고 있다(눅 6:17). 이 표현은 산 기슭을 가리키는 것일 수도 있지만, 산 중턱의 평원을 연상시키기에 충분하다. 예수는 그 전날 밤을 한적한 곳에서 기도로 지샜다. 따라서 그는 산에서 내려와야 했는데, 그 이유는 산 꼭대기에는 무리들을 다 모을 수 있는 충분한 공간이 없었기 때문이다. 그뿐만 아니라 산악 지역에서 큰 무리 앞에서 연설을 하려면 반드시 그들 아래 쪽에 서야 한다. 청중이 경사면에 앉고 연설가가 그들보다 낮은 지점에서 연설을 해야 목소리가 멀리까지 전달되어 대규모의 청중들이 들을 수 있게 된다. 시내 산의 경우는 그 반대의 형국이었다지만 거기에서는 하나님의 목소리가 크고 놀라운 능력 가운데 울려 퍼졌다. 예수가 하나님의 말씀을 인간의 목소리로 전달할 때, 그는 낮은 지점으로 내려가 그곳에 모인 무리들에게 들리도록 설교해야 했다.

마태는 그 상황을 반대로 제시하는 것 같다. 영어 성경 NIV에 의하면 마태복음 5장 1절은 이렇게 시작한다. "예수께서 무리를 보시고 산중턱(mountainside)에 오르시니." 하지만 헬라어 성경을 문자적으로 옮기면 이러하다. "그가 산으로 올라가셨다." 마태복음 4장 끝 부분에서 마태는 어떻게 예수가 갈릴리 지역을 여행하고 다녔으며, 어떻게 무리들이 사방에서 그에게로 왔는지를 묘사하고 있다. 이를 본 예수는 이제 군중에게 말씀을 전해야 할 순간이 왔음을 감지했다. 마치 사람들이 명절을 지키기 위해 예루살렘으로 올라가듯이, 예수 또한 이제 그 산으로 올라갔다. 마태의 의도는 예수가 등산을 했다는 것을 말하고자 함이 아니라, 단지 그가 산으로 갔다는 것을 말하기 위함이었다. 이는 설교자의 정확한 위치를 묘사하는 표현이 아니라, 설교를 위해 선택된 환경을 묘사하는 것이다.

간단히 말하자면 예수는 이스라엘을 위한 그의 새로운 헌법을 공표할 시간이 왔다는 판단이 섰을 때, 의도적으로 자신의 제자들과 무리들을 모으기 위한 장소로 '산'을 선택했다는 것이다. 설교 자체는 산 위에서 전해지지 않았으며, 산기슭이나 또는 낮은 경사지 어딘가에서 전해졌다.

소외된 자에게 생명주심

산에서 '내려와서' 갈릴리의 시골지역에서 그의 사역은 계속되었다. 복음서들은 이 기간 중에 있었던 몇몇 특징적인 기적을 묘사한다. 첫째로 예수는 마을로 들어와 회당에까지 들어온 한 나병환자를 정결케 해 주었다. 나병환자가 마을과 회당에 들어오는 것은 율법에 어긋나는 행위였지만, 예수는 그를 그냥 보내지 않고 만져서 고쳐 주었다. 그를 만짐으로 예수 자신이 부정하게 되었으며, 그것을 통해 예수는 그의 부정함을 감당한 것이다. 그는 고침 받은 나병환자를 제사장에게로 보냈다(마 8:1~4; 막 1:40~45; 눅 5:12~16).

율법에 의하면 나병에 걸린 사람은 누구든지 공동체 바깥으로 나가야만 했다. 율법은 그러한 운명으로부터 그들을 구원해 줄 수 없었다. 그들이 할 수 있는 것이라고는 하나님께서 그 질병을 제거해 주실 때까지 기다리는 것이었다. 그렇게 된 경우에만 제사장은 합법적인 질차를 거쳐 그 나병환자가 정결케 되었다는 것을 확증하고 필요한 제사를 드리도록 했다. 나병환자를 그토록 신속히 정결케 함으로써, 예수는 자신이 율법과 선지자들이 말한 바를 성취하기 위해 왔다는 것을 증명했다(사 53장).

이스라엘 공동체 안으로 새롭게 받아들여진 것은 추방되었던 나병환자만이 아니라 이방인도 마찬가지였다. 산상설교 후에 예수가 가버나움으로 들어갔을 때, 그는 한 백부장으로부터 자신의 종을 고쳐달라는 간청을 받게 된다. 백부장이 한 말은 그의 깊은 믿음을 드러냈다. 예수가 굳이 자신의 집으로 오실 필요가 없다는 것이었다. "말씀만 하사 내 하인을 낫게 하소서." 백부장은 예수가 '더 강하신 분'이라는 것을 인식했다. 그가 말씀하시면 그대로 이루어진다는 믿음이었다. 예수는 백부장의 믿음에 놀랐고, 이스라엘 전체에서 그만한 믿음을 본 적이 없다는 사실을 인정했다. 그는 이 사건을 "동서로부터 많은 사람이 이르러 아브라함과 이삭과 야곱과 함께 천국에 앉으려니와 그 나라의 본 자손들은 바깥 어두운 데 쫓겨나 거기서 울며 이를 갈게 되리라"고 한 약속과 연관지었다. 백부장의 종을 고친 사건은 미래를 향한 의미를 지닌 하나의 표적이었던 것이다.

예수는 하나님의 나라에 부정한 나병환자뿐만 아니라 이방인도 영접할 것이다. 율법은 특정한 그룹의 사람들을 배제시켰다. 하지만 예수는 율법보다 크신 분으로 죄인을 정결케 하는 그의 행위와 자비를 통해 장차 도래할 천국에 들어가는 문을 모든 믿는 자들에게 열었다(마 8:5~13; 눅 7:1~10).

율법의 마지막은 죽음이며, 성전에서 드리는 그 어떤 제사도 아직까지 하나님의 백성을 죽음에서 건져내지 못했다. 그것을 위해서는 다른 어떤 제사가 필요했다. 예수는 자신이 죽음으로써 하나님의 백성들에게서 분리된 사람들을 회복시키며, 그들에게 새로운 삶을 주기 위해 왔다는 것을 보여 주었다. 누가는 어떻게 예수가 산상설교 직후에 관 속에 누워 실려 가던 나인 성 과부의 죽은 외아들을 살렸는지를 말해 준다(눅 7:11~17). 사람들은 두려움에 사로잡혔고, "하나님께서 자기 백성을 돌보셨다"라고 하며 하나님을 찬양했다. 예수가 그 청년을 살린 이야기는 유대와 팔레스타인 전역으로 퍼져나갔다.

예수가 열두 사도를 부른 것은 물러나기 위해서가 결코 아니었다. 그가 무리를 산으로 데리고 간 것은 다른 이들로부터 스스로를 단절시키기 위함이 아니었다. 그의 기적은 계속되었다. 그리고 예수는 자신을 공개적으로 이스라엘의 새로운 중심으로 나타내었다. 하지만 그는 동시에 자신이 그렇게 하는 이유가 믿는 자는 누구든 그의 나라로 받아들이기 위해서임을 보여 주었다. 이 왕이 나병환자들과 이방인들과 죽은 자들에게 행한 일은 그가 이스라엘과 모든 족속에게 '생명'을 주기 위해서 오신 분임을 나타낸다.

예루살렘에서 율법사들이 예수를 매도함

8장에서 우리는 안식일의 주인이신 예수의 활동에 대한 바리새인들과 율법사들의 적개심이 얼마나 신속히 그가 하는 활동에 대한 항거로 표출되었는지를 논의했다. 그들은 안식일 위반 혐의로 그를 고발하고 또한 사형으로 몰아가고자 했다. 그러는 와중에도 무리의 숫자는 늘어갔다. 산상설교 후에는 상황이 고조되어 예수는 더 이상 공개적으로 나타날 수 없었고, 한적한 곳을 찾아다녀야 했다. 하지만 그런 가운데서도 많은 사람들이 어떻게든 그를 찾아 왔다(막 1:45). 그가 나인 성 과부의 아들을 살렸을 때 그의 명성은 지속적으로 높아져만 갔다. 이제 사람들을 그에게서 떼어 놓는다는 것은 어려운 상황이 되었다. 안식일을 지키지 않는다는 이유로 예수를 고발하는 것은 더 이상 적절한 무기가 될 수 없었다. 무리들은 그가 하는 일에 대해 대단한 경외심을 가지게 되었기 때문에 주님께서 안식일에 자신들에게는 금지된 일을 하신다는 것을 받아들이는 것이 어렵지 않았을 것이다. 이 기간 동안 사람들은 그가 메시야가 아닐 수도 있는지, 혹은 다윗의 자손이 아닐 수 있는지 계속해서 자문했다(마 12:23). 그가 만약 메시야라면 그는 모세의 율법에 관해 자유할 수 있는 권리가 있었기 때문이다.

이 기간 동안 예수를 향해 겨누어진 두 번째 무기는 예루살렘의 율법사들에 의해서 만들어졌다(막 3:22). 그들은 부정할 수 없는 예수의 행위를 이용하여 그것을 신학적으로 왜곡함으로써 예수를 공격하는 방편으로 삼았다. 이 사람이 메시야일지도 모른다는 가능성에 대한 대안으로서, 그들은 귀신을 제압하는 예수가 가진 우월한 능력은 그가 마귀와 타협했기 때문이라고 했다. 다른 말로 하면, 그는 바알세불, 즉 더러운 영들의 우두머리의 힘을 빌어 능력을 행한다는 것이었다. 나사렛에서 온 한 사람과 모든 귀신들의 왕이 맺은 협정만이 그의 휘황찬란한 기적들을 설명할 수 있다는 것이다. 그렇게 그들은 사람들에게 주의를 주었다. 예수가 행하는 일들이 놀랍게 보일 수 있을지언정, 그것은 그 악한 인수에게서 나오는 것이라고.

갈릴리에서 온 신학자들에 의해 갈릴리 전역에 퍼지고 바리새인들이 서슴없이 받아들인 그에 대한 이러한 매도를 예수는 피하지 않았다. 오히려 그는 적절한 순간에 그 문제를 무대의 중심으로 끌어냈다. 그는 가버나움 집에 있었다(막 3:20). 또다시 무리들이 그에게로 몰려왔고, 예수는 귀신 들리고, 눈 멀고, 벙어리 된 자(그야말로 최악의 경우였다)를 고치셨다. 이것을 본 사람들은 제정신이 아니었다. "이는 다윗의 자손이 아니냐"(마 12:22~23).

하지만 예루살렘에서 온 율법사들과 바리새인들은 그 기적을 바알세불로부터 온 것으로 매도했다(마 12:24; 막 3:22). 따라서 예수는 그들을 불러 그들이 매도하고 있는 바에 대해 논의했다(막 3:23ff.). 그들이 비방하는 내용은 그들의 동기와 상충되었다. 사탄이 사탄을 쫓아내고 있다면 그들이 기뻐해야 할 상황이 아닌가? 그러한 내부적인 갈등이 있다면 사탄의 왕국은 금방이라도 파멸하지 않겠는가!

그러나 그 일의 내막은 정반대였다. 예수는 해방자였던 것이다. 그는 사탄의 포로가 된 자들을 사탄의 집에서 구출해 내고, 이스라엘에게 그 노획물을 보여 주고 있었다. 더 강한 분이 귀신들의 왕국을 점령했고, 귀신들은 그 앞에서 무장해제되었다. 그의 노획물은 다름 아닌, 이제는 온전케 된 사람들이었다. 예를 들어 귀신 들렸다가 이제는 보게 되고 말할 수 있게 된 그 사람 말이다.

예수는 자신에 대한 매도를 공공연하게 대면함으로써 자신에 대한 증오가 커지고 있다는 사실을 인지하고 있음을 드러냈다. 그러나 그는 그것을 참았다. 귀신들은 쫓겨났다. 하지만 그 적대적인 율법사들은 더 머무르면서 예수의 가르침과 훈계를 받도록 허용되었다. 그것은 바로 자신을 에워싸고, 위협하고, 모략하는 자들에 대해 다윗의 후손이 베푼 호의였다.

비유 – 들을 귀 있는 자와 없는 자

이 기간과 관련하여 놀라운 사실은 예수가 자신을 지지하는 사람들의 집단 속으로 물러나지 않았다는 것이다. 그는 자신에 대한 적대감에 반응하여 저항 운동을 펼치는 일은 하지 않았다. 그는 말씀과 행위를 제자들과 구경꾼들과 대적자들에게 계속해서 베풀었다. 여전히 모든 백성이 그의 관심의 대상이었다. 경계선은 예수와 그의 대적자들 사이에 있지 않았다. 오히려 그 경계선은 예수가 사람들에게 계속해서 분명한 결정을 내리도록 도전하는 것 때문에 만들어졌다. 상황을 장악하고 통제하고 있는 것은 예수 자신이었다. 이는 바알세불 논쟁 이후에 예수가 무리들을 데리고 갈릴리 바닷가로 가서 그들에게 비유로 말씀하시는 것을 볼 때 분명해진다(마 13:1~53; 막 4:1~34; 눅 8:4~18).

    이러한 방식으로 그는 말씀 듣기를 원하지 않는 자들과, 그 말씀을 마음속에 새기는 자들을 분명하게 구분했다. 이미 깨달음을 가진 자들은 진리를 일깨우는 이야기들을 통해 더 많은 것을 얻게 될 것이었다. 그렇지 않은 자들은 이 이해할 수 없는 비유들을 빤히 쳐다보다가 마침내는 아무것도 보지 못할 것이었다. 예수가 말씀하신 비유는 진리를 감추기 위한 것이 아니었다. 오히려 교수법적으로 볼 때 그것은 듣고자 하는 자들을 구별하기 위한 테스트였다.

    제자들은 하나님 나라의 비밀을 아는 지식을 얻었다. 하지만 이제 그들은 거기 머무는 것이 아니라 앞으로 더 나아가야 했다. 예수가 하는 일에 경탄하면서도 그의 권위를 받아들이기를 거부하는 구경꾼들이 보게 된 것은 처음에는 활짝 열려 있는 것 같았던 그의 가르침의 문이 이제 보니 거의 닫혀 있다는 것이었다. 그 문을 통해 들어가고자 하는 자는 누구든 진지하게 집중하지 않으면 안 되었다.

    하나님의 말씀(예수가 지금 가르치는 대로의)을 듣고 그것을 '행하는 자들' 둘레에 테두리가 그려지고 있었다. 이는 예수의 어머니와 형제들과 자매들이 가버나움에 있는 그를 찾아 왔을 때 분명해졌다. 그들은 예수가 살고 있는 집에 이르러 그들의 도착을 알렸다. 그 집은 사람들로 붐비고 있었다. 우리는 그가 그의 가족을 우선시할 것이라고 기대하지만, 예수는 그의 제자들을 가리키며 가장 중요한 그룹은 바로 그에게로 모인 사람들이라고 말했다. 이는 어머니와 형제들과 자매들을 귀하게 여기는 사람의 입에서 나오는 말이라고 하기에는 뜻밖의 선언이 아닐 수 없다. 하지만 예수는 가족들에게 무관심하라고 권하는 것이 아니었다. 오히려 예수는 하나님께 나오기를 원하는 사람들 사이에 만들어진 친밀한 관계에 관해서 말하고 있는 것이었다. 바울이 장차 그것에 관해 이야기하게 될 믿는 자들의 모임, 즉 그리스도의 몸의 실체가 드러나기 시작하고 있는 것이었다.

누가는 예수의 가족이 도착한 사실을 비유가 나온 다음 부분에서 서술하고 있는데(눅 8:19~21), 그것은 아마도 말씀을 듣는 태도에 관한 비유의 결론 역할을 하는 것 같다(참조, 눅 8:18과 8:21b). 예수가 비유로 가르친 날의 끝에 어떻게 바다 저편으로 건너갔는지에 대한 묘사는 누가복음보다는 마태복음과 마가복음이 더 상세하다. 따라서 가족들의 도착은 분명 그날 아침 혹은 그 전날 저녁이었을 것이다. 마태와 마가는 그 사건을 비유들 앞에 놓고 있기 때문이다(마 12:46~50; 막 3:31~35).[173]

데가볼리에서의 선교 사역

예수가 오직 비유로만 가르치신 그 긴 하루가 끝났을 때, 그는 제자들에게 호수 저편으로 건너가라고 했다. 제자들이 호수를 건너는 이 사건에는 상징적인 어떤 의미가 있었다. 무리들은 집요했다. 하지만 오직 예수와 함께 배를 타고자 하는 자만이 그를 따를 수 있었다. 율법사들 중 한 명이 그에게 청하기를 주님이 가는 곳이면 어디든지 함께 가게 해 달라고 했다. 하지만 예수는 그에게 인자는 마치 쫓기는 사슴과 같아서 머리 둘 곳도 없다고 말했다. 자신의 아버지를 먼저 장사 지내기를 원했던 또 다른 어떤 제자 역시 예수를 따르는 데 필요한 절대적인 선택이라는 장애물에 부딪혔다(마 8:18~22). 결국 군중은 오직 예수와 그 제자들만을 실은 작은 배가 떠나가는 것을 바라보기만 해야 했다. 그들의 목석지는 어디였을까?

---

[173] 예수를 찾아온 사람들이 진정 예수의 가족이었는가 하는 의문이 제기되는 것은 그들이 예수를 미쳤다고 했기 때문인데, 이에 관해서는 저자의 마가복음 3:22에 관한 주석을 참조하라(*Marcus: Het evangelie volgens Petrus*, 2d ed., Commentaar op het Nieuwe Testament, 3d series [Kampen: Kok, 1992]).

그날 밤 풍랑이 몰아치고 주님은 주무시고 있을 때 제자들도 아마 같은 질문을 던졌을 것이다. 그들은 겨우 풍랑을 만나 죽기 위해 바다로 나갔던 것인가? 하지만 그들이 예수를 깨우자 그는 파도를 잔잔케 했고, 그들에게 아무것도 두려워할 것이 없음을 보여 주었다. 예수는 자연의 힘에 예속되지 않았다. 그리고 그는 제자들이 그를 따라서 도달하고자 했던 목적지까지 그들을 인도했다(마 8:23~27; 막 4:35~41; 눅 8:22~25).

그들이 이른 목적지는 이방인들이 살던 지역, 즉 데가볼리에 있는 거라사인의 땅의 해안으로 보인다. 열 개 도시의 연합으로 이루어진 이 지역은 예전에 길르앗으로 알려졌던 곳이며, 한때 이스라엘의 열두 지파 중 일부가 차지하고 있던 지역이었다. 하지만 당시는 수많은 돼지 떼, 즉 부정한 짐승들을 키우는 곳이었다. 그곳에는 군대 귀신 들린 한 사람으로 인해 귀신들의 압도적인 힘이 나타나고 있었다. 이 귀신 들린 자를 그 누구도 제어할 수 없어서 그 지역 사람들은 길을 다니기에도 불안했다.

하지만 예수가 나타났을 때, 그 악한 영은 예수의 우월한 힘을 알아보고 그에게 간청하기를 돼지들에게로 들어가게 해 달라고 했다. 예수가 그에게 이름을 말하라고 명하자, 그는 대답하기를 군대라고 했다. 그 귀신 들린 자가 놓임을 받았을 때, 사람들이 그곳으로 몰려왔다. 하지만 그들은 예수의 독특한 능력에 감명은 받았지만, 그의 임재를 달갑게 여기지 않았다. 예수는 그 지역 사람들이 자신을 쫓아내는 것을 허용함으로써 거절의 고통을 감내했다. 그는 방금 군대 귀신을 쫓아내었기에 그 자리에 모인 사람들도 쉽사리 쫓아버릴 수 있었다. 하지만 예수는 자신이 모든 사람(심지어 데가볼리의 그 사람들까지도)의 생명을 구하기 위해서 왔다는 것을 나타내 보였다.

그 고침 받은 사람은 예수와 함께 가기를 원했다. 하지만 예수는 그에게 명하기를 돌아가서 데가볼리의 모든 사람들에게 그가 고침 받은 일에 대해 말하고, 그것이 주께서 행하신 표적이었음을 나타내라고 했다. 예수는 이스라엘에게는 잃어버린 바 된 이 지역 전체에 한 명의 선교사를 파송한 것이다. 이는 장차 약속의 땅의 경계를 넘어 일어나게 될 이방인 선교 사역에 대한 하나의 예표였다.

마가복음(5:1~20)과 누가복음(8:26~39)의 경우 거라사인의 땅에서 있었던 예수의 사역에 관한 이야기는 군대 귀신 들렸던 사람의 사역에 관한 언급으로 끝이 난다. 이 두 복음서에서 이야기의 초점은 이곳에서 준비되고 파송된 그 놀라운 선교사에 맞춰져 있다. 마태복음에서는 이곳에서의 예수의 사역과 관련하여 두 명의 귀신 들린 자들에 대한 내용을 읽게 된다(8:28~34). 하지만 마태는 군대 귀신에 관한 부분은 포함하고 있지 않으며, 또한 그 고침 받은 사람이 한때 자기가 공포로 떨게 했던 그 지역에서 전도하게 되었다는 것에 관해서는 아무런 언급도 하지 않는다. 마태는 그 이야기를 예수가 이방인의 지역에서도 귀신 들린 자들을 고치는 능력이 있었다는 증거로 삼는다. 그리고 그는 그 이야기를 사람들에게 거절 당하는 것을 참는 예수의 인내에 관한 묘사로 끝낸다. 따라서 우리는 같은 지역에 군대 귀신 들렸던 자 외에 또 다른 귀신 들린 자가 있었으며, 그 또한 고침 받았다고 결론 낼 수 있다.

하지만 이 이야기의 주인공은 전도자가 된, 그 귀신 들렸던 사람이다. 마가복음과 누가복음에서는 초점이 온전히 이 사람에게 맞춰져 있다. 따라서 그들은 같은 날 고침을 받은 그의 친구에 관해 기록해야 할 아무런 이유가 없었다. 반면 마태는 군대 귀신 들린 자와 그의 친구를 한꺼번에 언급함으로써(두 사람이 동시에 고침 받았다.) 자신의 이야기를 보강하고 있다. 이야기 제시 방법의 차이는 그 이야기에 담긴 저자 의도의 사이로 설명될 수 있다.

예수가 왜 비유의 말씀을 전하고 나서 호수를 건너갔는지 분명해진다. 이스라엘에게 선택의 기회가 주어지고 있었다. 이제 그들이 들어야 할 때이다. 인근 이방인 지역의 사람들도 하나님께서 예수를 통해 이 땅에서

하고자 하시는 일이 무엇인지 깨달았다. 하나님의 말씀을 가지신 분은 다시 이스라엘 지경으로 돌아갔다. 하지만 이제 데가볼리 사람들은 그가 자신의 사역 기간 중에 이방인의 지역에도 복을 내려주시기로 계획했다는 것을 알게 되었다. 만약 이스라엘이 그리스도의 말에 조금도 귀를 기울이지 않기로 결정한다면, 그는 이에 반응하여 국경 너머 이방인의 땅에 자신의 자비를 펼칠 것이었다. 그곳 이방인들은 비록 옛적에 유대에 속했던 지경에서 살고 있기는 했지만 여전히 '이방인'이었다. 그 백부장도 예외는 아니었다.

공개적으로 죄를 사한 첫 번째 경우

놀라운 것은 갈릴리 사역 시기 동안 무리 중에 죄를 사해 달라고 한 사례를 볼 수 없다는 것이다. 만약 그들이 예수가 세례 요한이 선포했던 주님이시라고 진정으로 받아들였다면, 그에게 나와 용서의 은혜를 구했어야 했다. 어쨌든 세례 요한은 '죄 사함을 받게 하는' 세례를 사람들에게 베풀었다. 사람들이 기대하게 된 메시야적 은사는 성령으로 세례를 받는 것이었다. 그는 기적과 권세 있는 가르침을 통해 자신이 진정 세례 요한이 했던 약속의 성취, 즉 '더 강한 분'이라는 것을 분명히 보여주었다. 기적적으로 고기를 잡은 사건 후에 시몬 베드로는 예수의 발 앞에 엎드려 자신이 죄인이라고 선언했다. 하지만 무리들도 그렇게 했다는 얘기는 없다. 아무도 예수께 나아와 용서를 구하지 않았다. 세례 요한의 후에 있을 것이라고 사람들에게 약속되었던 그 큰 복을 말이다.

우리는 하나의 예외적인 사건을 알고 있다. 예수가 한 바리새인 집에 손님으로 초대 받았을 때, 한 죄 많은 여인이 와서 그의 발에 기름을 부었다. 그 여자는 눈물로 그의 발을 적신 후에 머리카락으로 닦아 냈다.

누가는 그녀의 이러한 행동이 그 집 주인을 놀라게 했다고 기록하고 있다. 그는 그 여자가 어떤 사람인지 예수가 모르고 있다고 생각했다(눅 7:36~50). 그녀는 죄인이었기에 죄인의 신분으로 회개와 사랑 가운데 예수를 공경했다. 그녀의 기대는 수포로 돌아가지 않았다. 예수가 그녀의 죄를 사해주었던 것이다.

다른 손님들은 놀란 나머지 그가 누구길래 심지어 죄를 용서할 수 있는지 수군거렸다. 이 사건이 언제 일어났는지를 판단하는 것은 어려운 일이다. 아마도 산상설교와 비유로 가르친 사건 중간에 있었던 것 같다. 그것은 독립적으로 발생한 사건이었다. 병을 고쳐 달라는 간청은 계속되지만, 세례 요한이 약속했던 죄 사함에 대한 간청이 있었던 사례는 보이지 않는다.

가버나움에서 지붕을 뚫고 달아 내려져 예수의 발 앞에 뉘여진 중풍병자에게, 예수는 그가 구하지 않았음에도 불구하고 공개적으로 그리고 단호히 죄 사함의 선물을 내린다(마 9:1~8; 막 2:1~12; 눅 5:17~26). 그 자리에 있었던 율법사들은 충격에 휩싸였다. 그것은 명백한 신성 모독이었기 때문이다. 하나님 외에 누가 죄를 사할 수 있다는 말인가? 그들은 옳았다. 하지만 예수를 주로 받아들이지 못하게 하는 그들의 편견 때문에 그들은 복을 받지 못하는 것이었다. 하지만 예수는 죄를 사하는 자신의 권세를 나타내는 표적으로써 그 중풍병자를 일으켜 집으로 가게 했다. 그 병 고침은 특별한 표적이었던 것이다. 이제부터 그 사람은 예수에게 죄를 사할 권세가 있다는 것을 나타내는 살아 있는 증거로서 가버나움 전역을 다닐 것이었다. 이제 그를 통해서 예수는 자신이 신성, (그가 세례를 받을 때) 세례 요한이 했던 약속을 성취하기 위해서 왔다는 사실을 그 마음 전역에 매일 상기시킬 수 있게 되었다.

이 사건은 또한 분명히 예수의 모욕과 고난의 여러 측면 중의 하나였다. 그 자신은 죄 사함의 약속에 사람들이 관심을 쏟도록 애쓰고 있었지만, 아무도 그에게 그것을 구하지 않았다. 예수가 신성 모독을 저지르고 있다는 두려움 때문에 그들은 의심스런 눈초리로 죄 사함의 선물에 대해 그냥 고려 정도만 해 볼 뿐이었다.

죄인들을 위한 새 시대

예수가 공개적인 죄 사함과 직결되어 있었던 것은 그가 자주 자신을 '긍휼'을 베푸시는 분으로 나타냈다는 사실이다. 네 복음서는 모두 예수가 가버나움과 그곳에 모였던 무리들을 떠난 지 얼마 안 되어 레위의 집에서 세리와 죄인들과 함께 식사를 한 사건에 주목한다. 예수는 그 세리를 자신의 제자가 되도록 부르셨고, 레위는 그 부르심에 순종했다. 이것을 본 무리는 놀랐다. 예수에게 흥미를 가진 사람은 레위 말고도 많지 않았는가? 하지만 예수가 보여 주고자 했던 것은 그는 군중의 호의적인 반응에 의존하지 않는다는 것이었다. 그는 자신이 부르기를 원하는 모든 자를 부르셨으며, 그들은 그에게로 왔다. 그가 명하시면 그대로 되었다. 그래서 한 세리가 무대에 등장하게 되었고, 그는 예수를 초대해 식사를 함께 했다. 조심스런 유대인들은 세리나 죄인들과 함께 식사를 하지 않았는데, 그 이유는 음식이 율법에 따라 준비되지 않아서 부정할 수 있었기 때문이었다. 게다가 그 시기는 금식 기간이었다. 따라서 문제는 그가 세리와 죄인들과 함께 식사를 한다는 것뿐만 아니라, 그가 바리새인들이나 세례 요한의 제자들처럼 금식을 하지는 않고 오히려 먹고 마신다는 사실이었다(마 9:9~17; 막 2:13~22; 눅 5:27~39).

금식 기간 동안 사람들은 이스라엘의 구원과 메시야의 오심을 위해 기도했다. 하지만 나중에 그가 설명하는 바와 같이 예수는 잔치에 참석해서 사람들과 식사를 함으로써 그 자신이 바로 그들의 금식과 기도했던 바의 성취라는 것을 가르쳤다. 신랑이 여기에 있고, 은혜의 시대는 도래했다. 약속되었던 잔치가 시작되었는데 왜 금식을 해야 한다는 말인가? 신랑이 떠난 후에는 사람들이 그가 돌아오기를 기다리므로 다시 금식과 기도의 때가 될 것이다. 하지만 지금은 예수가 여기에 와 있고, 기도는 응답되었다. 금식하고 기다리며 미래에 시선을 둘 때가 아니라, 응답된 기도를 믿음으로 보아야 할 때이다. 예수에게로 나온 세리들과 죄인들은 은혜를 나누어 받았다. 그것은 이제 막 동이 튼 새 시대의 표적이었다. 죄 사함을 위한 세례 요한의 세례가 성취되고 있었다.

예수가 불러 제자를 삼았던 레위라고 하는 세리는 흔히 사도 마태와 동일인으로 여겨진다. 마태복음 10장 3절에서 마태는 '세리'라고 불리며, 마태복음 9장 9절에서 레위는 마태라고 일컬어진다. 하지만 이러한 동일시에는 다음과 같은 약점이 있다.

1. 마가는 세관에 앉은 '알패오의 아들 레위'에 관해 말하고 있다(2:14). 이 이름은 열두 사도의 명단에 나타나지 않는다. 따라서 마가복음 3장 18절에 나오는 마태와 2장 14절에 나오는 레위는 관련이 없다. 게다가 사도들의 명단에는 '알패오의 아들 야고보'가 포함되어 있는데(3:18), 이는 그 야고보가 알패오의 아들 레위, 즉 세관에 앉아 일하고 있던 그 사람의 형제였음을 암시한다. 마가가 이러한 관련성을 언급했다는 것은, 알패오의 둘째 아들 역시 열두 제자 중 한 명이었다면 그것을 언급하지 않았을 리가 없다는 것을 의미한다.

2. 누가는 예수가 '레위라 하는 세리'에게 말을 걸었던 것을 기록하고 있다(5:27). 그 나머지 내용은 마가복음과 같다. 누가의 열두 사도 명단에는 마태와 알패오의 아들 야고보가 포함되어 있는데(6:15; cf. 행 1:13), 레위와의 관련성은 전혀 암시되어 있지 않다.

3. 마태는 사도 마태를 가리켜 '세리'라고 부른다. 하지만 부르심을 받

은 또 다른 마태에 관해서는 '세관에 앉은 이'라는 묘사를 할 뿐이다. 마태복음 9장 9절과 10장 3절의 표현 사이에 존재하는 차이점은 경미하다. 하지만 마태복음만을 읽어보면 과연 그 두 표현이 같은 사람을 일컫는 것인지 의아해진다. 게다가 5장 1절에 보면 마태는 제자들을 이미 존재하고 있던 그룹으로 취급한다. 물론 10장에서 제자들을 파송하기까지 마태가 열두 제자의 이름을 말하지 않는 것은 사실이다. 하지만 이 열두 제자가 이미 함께 하고 있었다는 것과, 산상설교의 시작에 언급되었던 이들이 바로 그들이라는 사실은 명백하다. 8장 18절과 8장 23절에서 마태는 '제자들'을 이미 존재하고 있는 그룹으로 표현하고 있다(참조. 9:11, 14, 37). 마태복음 5~9장을 읽어보면 '제자들'(그들의 명단은 10장에 나온다)의 그룹이 아직 형성되지 않았고 미확정 상태라는 결론을 내리기가 어렵다. 따라서 우리는 세관에 앉아 있던 그 마태는 열두 제자 그룹에 들지 않았다고 전제해야 한다. 마가복음과 누가복음에서처럼 마태복음에서 레위/마태가 부름 받은 사건이 기록된 것은 바로 뒤에 이어지는 잔치와 금식에 관한 얘기와 그 가운데 표현된 메시야의 기쁨 때문이었다. 그가 열두 제자 그룹에 포함되었다는 암시는 찾아볼 수 없다. 이와 유사한 경우는 나중에 세리 삭개오가 예수에게 부름 받는 장면에서 볼 수 있다.

그러므로 비록 첫 번째 복음서에서 두 사람이 같은 이름으로 언급되고 있기는 하지만, 부르심을 받았던 레위는 알패오의 아들이자 사도였던 야고보의 형제였으며, 사도 마태와는 다른 인물이었다고 결론 지을 수 있다. 레위가 두 개의 이름을 가지고 있었던 것은 분명하다. 신약 성경에 등장하는 수많은 사람들이 그랬듯이 말이다. '마태'(헬라어로 '하나님의 선물'이라는 의미)라는 이름은 이스라엘에서 흔한 이름 중 하나였다. 세관에 앉아 있던 레위/마태에 대한 언급은 그가 열두 사도 중 한 명이었기 때문이 아니라, 세리와 죄인들에 대한 그리스도의 자비에 대한 증거였으며, 신랑이 와 있다는 사실을 나타내는 하나의 표적이었다.

믿기만 하라!

이 기간 동안 예수는 사람들의 병을 고치면서 믿음의 필요성에 대해 더 많이 강조했다. 이에 대한 가장 놀라운 사례는 야이로의 딸을 고친 사건이었다. 그 사건은 혈루병 걸린 여인을 고친 이야기와 함께 엮여 있는데(마 9:18~26; 막 5:21~43; 눅 8:40~56) 이 여인의 경우는 믿음의 좋은 예가 된다. 그녀는 병에서 낫기 위해 단지 예수의 옷자락만이라도 만지기를 원했다. 하지만 아무도 모르게 그렇게 할 수는 없었다. 예수는 그녀를 불러서 그녀의 믿음을 칭찬했다. 오직 그녀의 믿음만이 그녀를 구원할 수 있었다. 그것은 둘러싸고 있던 무리에게 좋은 교훈이 되었다.

예수가 그 여인과 이야기하고 있을 때 야이로는 자기의 자식이 죽었다는 전갈을 받았다. 예수는 그에게 똑같은 말씀을 적용했다. "두려워하지 말고 믿기만 하라." 그것은 분명 모든 사람들이 들어야 할 메시지였다. 그 어린 소녀를 살리신 후에 예수는 그 일을 아무도 알지 못하게 하라고 경계했다. 그것은 이상한 명령이었다. 그 아이가 살아서 돌아다니는 것을 보게 될 모든 사람들이 무슨 일이 있었는지 알게 될 것이었다. 그 기적 자체는 말하지 않아도 알려질 수밖에 없었다. 그 아이의 부모에 아이를 살린 사건에 대해서 함구하도록 명령함으로써, 예수는 자신을 선전해 줄 사람을 모집하고 있지 않다는 것을 암시한 것이다. 그 대신 혈루병에서 나은 여인과 죽었다가 살아난 소녀는 예수가 말씀하신 그 진리, 즉 "두려워하지 말고 믿기만 하라"는 말씀을 조용히 증거하는 증인의 삶을

살아야 했다.[174]

혈루병 걸린 여인을 고친 사건과 야이로의 딸을 살린 사건이 함께 엮인 그 이야기의 본질, 즉 믿음은 이제 두 소경에게 필요한 것이었다. 그들은 예수가 야이로의 집을 떠난 후 그를 따라왔다. 그들은 외쳤다. "다윗의 자손이여, 우리를 불쌍히 여기소서"(마 9:27~31). 예수가 집에 들어가자 그들이 그에게로 나아왔다. 그가 그들에게 물었다. "내가 능히 이 일 할 줄을 믿느냐?" 그들의 믿음은 그들이 고침 받는 데 결정적인 역할을 했다.

하지만 이러한 사실은 믿음이 곧 모든 일을 성취하는 힘이라는 것을 의미하지는 않는다. 그 두 맹인은 고침 받은 직후에 귀신 들려 벙어리 된 자를 예수께 데려왔다. 그런 사람과의 교통은 불가능한 것이었다. 그에게 믿음을 요구할 수도 없고, 그가 믿음을 표현할 수도 없는 일이었다. 하지만 예수는 그를 고쳤고, 사람들은 놀라서 그러한 일은 본 적이 없다고 말했다. 사실 예수는 그 순간 그 자리에 있던 모든 사람에게 믿음을 호소하고 있었다.

하지만 바리새인들은 또다시 불신의 씨앗을 뿌림으로써 이러한 믿음을 방해했다. "그가 귀신을 쫓아내는 것은 귀신의 왕을 힘입었기 때문이다." 백성들에게 좋은 목자들이 없는 것은 분명했다. 하지만 선한 목자이신 메시야가 그들 앞에 서 있었다.

이 기간 동안 예수는 나사렛을 한 번 더 방문했다(마 13:54~58; 막 6:1~6). 하지만 사람들의 믿음의 결여로 인해 그곳에서 많은 표적을 행할 수 없었다. 또다시 믿음의 중요성이 드러났다. 믿음의 결여를 통해서 말이다. 메시야가 베푸는 복의 문들은 오직 믿음을 통해서만 열린다. 하지만 사람들은 믿음이 없어서 생명을 얻지 못했다. 이곳에서 분명해진 것은 왜

---

174) 야이로의 딸이 살아난 시점에 관하여 복음서들이 서로 상충되는지의 문제에 관해서는 마태복음 9장 18~26절에 관한 저자의 주석을 보라(*Matteüs: Het evangelie voor Israël*, Commentaar op het Nieuwe Testament, 3d series[Kampen: Kok, 1994]).

그토록 많은 나사렛 사람에게 믿음이 없는가 하는 것이다. 그들은 예수가 나사렛 출신의 목수 아들이라는 것을 알고 있었다. 그들에게 있어서 주님이 이러한 모습으로 그들에게 오는 것은 이해할 수 없는 일이었다.

열두 사도 파송

이스라엘 백성에게는 메시야이신 예수에게로 인도해 줄 선한 지도자들이 없었다. 그들에 대한 긍휼의 마음으로 예수는 열두 사도를 온 이스라엘로 파송했다. 둘씩 짝을 지어 여행하면서 그들은 병을 고치고 악한 영들을 내쫓는 능력을 가지고 도시와 마을들을 다녔다. 예수와 달리 그들은 이런 일을 자신의 권세로 행하지 않았다. 오직 '예수의 이름'으로 행했을 뿐이다. 그들의 사역은 예수가 성령의 능력을 다른 사람들에게도 부여할 수 있다는 사실을 보여 주었다. 열두 사도를 파송한 것은 이스라엘에서 예수의 사역을 확장하는 일이었다. 하지만 사도들은 우선 불신의 저항이 있을 것이라는 말씀을 들었다. 그것은 그들의 운명과 같은 것이었으며, 그 결과로 그들은 박해와 차별을 받을 것이었다(마 10장; 막 6:7~13; 눅 9:1~6).

열두 제자의 파송은 예수가 어떻게 새롭게 된 이스라엘을 자신의 주변에 불러 모을 것인가를 보여 주었다. 그들을 보냄으로써 예수는 그가 사람들로부터 자신을 단절시키고자 하는 것이 아니며, 또한 소수의 추종자 집단 속으로 숨어들 것도 아님을 암시했다. 반대로 그는 모든 백성이 그를 따르기를 바랐다. 예수를 통해 하나님 나라를 찾는 모든 사람에게 열두 문이 활짝 열려 있었다. 사도들은 이 도시에서 저 도시로, 이 마을에서 저 마을로 여행하며 가가호호 방문했다. 심지어 갈릴리에 가 본 적이 없는 사람들도 복음을 듣게 되었고, 예수의 신성한 위엄에 대한 증거를 들었다.

이제 아무도 결정을 미루거나 방관자적인 위치에 머물 수 없었다. 요한 뒤에 오신 분이 이제 모든 집의 문을 두드리고 계셨다. 그가 모든 백성을 상대로 호소하고 있다는 것 자체가 그의 주장을 뒷받침하는 증거였다. 그는 단순히 자신을 따르는 제자들이나 모으고, 관심 있는 자들을 끄는 치료사가 아니었다. 그는 다윗의 후손으로서 모든 사람들을 불러 믿게 하고, 하나님 나라를 섬기도록 촉구했다. 아버지나 어머니, 아들이나 딸, 그 누구도 메시야의 말씀보다 더 중요할 수 없었다. 누구든 가족을 예수보다 더 사랑하는 자는 그에게 합당치 않았다. 같은 원리가 사도들에 관하여도 적용되었다. 누구든지 그들을 영접하는 자는 예수를 영접하는 것이었다.

이러한 믿음에 대한 보상은 확실했다. 그것은 믿음을 향한 커다란 초청이었다. 우리가 여기에서 다른 어떤 경우보다 더 분명하게 볼 수 있는 사실은, 예수가 산으로 물러간 것은 결코 사람들에게서 등을 돌리고자 했기 때문이 아니라는 것이다. 새로운 헌법과 산상설교가 이제 모든 사람들에게 선포되고 있었다.

열두 사도(하나님의 열두 지파를 연상시키는)는 이스라엘 집의 잃어버린 양에게로 나아감으로써 그들의 숫자에 내재된 메시지를 성취하고 있었다. 이사야 40장에서 약속되고 광야에서 외치던 소리에 의해 예고된 그 선한 목자는 자신의 흩어진 양 떼를 돌보고 있었다. 세례 요한이 백성을 준비시키는 역할을 했다면, 열두 사도는 기쁨의 메시지를 가지고 왔다. "보라 주 여호와께서 장차 강한 자로 임하실 것이요 친히 그의 팔로 다스리실 것이라 보라 상급이 그에게 있고 보응이 그의 앞에 있으며 그는 목자 같이 양 떼를 먹이시며 어린 양을 그 팔로 모아 품에 안으시며 젖먹이는 암컷들을 온순히 인도하시리로다"(사 40:10~11).

10장

갈릴리(III)
고난 주간을 위한 준비

요한의 살해자가 예수를 위협함
물러나심
임박한 고난에 대해 가르치심
예수의 고난이 예루살렘에 선포됨

갈릴리(III)
고난 주간을 위한 준비

요한의 살해자가 예수를 위협함

제자들이 둘씩 짝을 지어 온 나라를 종횡으로 다니며 예수의 이름을 점점 더 많은 사람들에게 전파하고 있을 때, 요한을 살해했던 자의 어두운 그림자가 예수의 길 위에 드리워졌다. 헤롯 안디바가 잔치 석상에서 회개의 선지자를 죽이고 얼마간의 시간이 지났지만, 복음서 기자들은 그 이야기를 지금에서야 열두 제자의 파송과 연관지어 기록하고 있다. 그들이 이렇게 하는 데는 특별한 이유가 있었다. 헤롯 안디바가 예수의 사역에 관심을 갖기 시작한 것이다. 그의 호기심은 고조되었다. 온 백성에게 이야깃거리가 되는 것이라면 그것이 무엇이든 왕의 흥미를 끄는 것은 당연하다.

하지만 헤롯이 그의 중신들에게 표현한 바대로 예수에 관한 그의 견해는 순전히 그의 악한 마음에서 나온 것이었다. 그는 세례 요한이 살아난 것이 아닌가 계속 의아해했다(눅 9:7~9). 그리고 그러한 의심은 거의 확신으로 자리잡았다. '요한이 돌아왔다. 예수 안에 능력이 역사하는 이유도 바로 그 때문이다'(막 6:14~16; 마 14:1~2). 예수는 살해된 요한의 화신이므로, 죽음을 넘어서는 초자연적인 능력을 가지고 있다.' 예수에 관해 들은 것들을 기초로 헤롯은 그의 사역의 특정한 부분들이 사람의 영역을 넘어서는 것임을 알아차렸다. 하지만 헤롯의 반응은 위협적이었다.

이 시점에서 헤롯이 어떻게 세례 요한을 다루었는지를 아는 것이 중요하다. 그래서 두 명의 복음서 기자는 이 시점에서 시간적으로 거슬러 올라가 세례 요한의 죽음에 관한 이야기를 기록하고 있는데, 이는 헤롯이 예수와 세례 요한을 연관지어 생각했다는 사실이 내포하는 의미를 설명하기 위해서이다(마 14:3~12; 막 6:17~29; cf. 눅 3:19~20).

어제의 살해자가 또다시 그의 희생 제물을 찾고 있다. 바리새인들은 이미 헤롯당원들과의 접촉을 시도하고 있었는데, 이는 예수가 안식일의 주인이라고 주장하는 것과 관련하여 그를 죽일 계획을 짜기 위해서였다(막 3:6 참조). 따라서 헤롯이 예수에 대해 의심스러워하게 되었을 때 그것은 실제적인 살해의 위협이 되었다. 그의 아버지는 하나님께서 세우실 왕이 초래할 모든 도발의 가능성을 사전에 제거하기 위해 베들레헴의 모든 아기들을 살해한 바 있다. 그 아버지의 그 아들로서 그는 이 왕의 사자를 죽였다. 그리고 이제 예수에 대한 의심이 그의 마음에 자라나고 있었다.

예수의 생애에서 이 시기에 헤롯 안디바가 했던 부정적 역할은 흔히 과소 평가된다. 하지만 얼마 가지 않아 바리새인들은 베레아에서 예수를 몰아내기 위한 시도의 일환으로 헤롯이 그를 죽일 계획을 하고 있다고 그에게 경고했다(눅 13:31). 그리고 헤롯은 예수의 재판 과정에 결정적인 역할을 할 것이었다. 빌라도는 예수를 헤롯에게 보내 그에게 예수를 석방할 수 있는 기회를 주지만 헤롯은 그 기회를 사용하지 않고, 예수를 죽이고자 혈안이 된 자들의 손에 그를 다시 넘겨 준다(눅 23:5~12).

세례 요한이 돌아와 예수 안에서 역사하고 있을 것이라는 헤롯의 의심과 예루살렘에서의 예수의 처형 사이에는 관련성이 있다. 예루살렘에서 바리새인들과 지도자들은 이미 오랜 시간 동안 예수를 죽일 계획을 짰다. 하지만 이제 비종교적인 권위가 개입하게 되었고 위협은 강화되었다. 예수의 고난이 어떻게 펼쳐질지 그 윤곽이 잡혀가고 있었다.

열두 제자가 돌아온 후 예수는 그들과 함께 물러났다. 제자들의 입장에서 보았을 때 그것은 용두사미였다. 그들은 자신들이 예수의 이름으로 행했던 그 막강한 기적들 때문에 기쁨에 차 있었다. 하지만 예수는 그들을 한적한 곳으로 데리고 갔다(마 14:13; 눅 9:10; 막 6:30~32). 그리고 그들에게 자신을 위협받는 한 사람으로 나타내었다. 쉼을 얻기 위해 물러난 것이기도 했지만 그것은 또한 안전을 위해 물러난 것이기도 했다.[175]

하지만 무리가 그를 따라오겠다고 우겼을 때 예수는 그의 자비마저 거두지는 않았다. 거기에 모인 수천 명의 사람들을 먹일 만한 음식을 사기에는 너무 늦은 시간이 되자, 그는 오병이어로 그들을 먹였다. 예수가 그 위대한 기적을 행했을 때, 그것은 광야의 만나를 기억나게 했다.

하지만 사람들은 그것에 대해 정확히 이해하지 못하고, 예수를 왕으로 삼고자 했다. 예수가 오병이어의 기적을 행한 것은 헤롯에 대응하여 자신의 능력을 과시하기 위함이 아니었다. 그는 무리에게서 거리를 두기 위해 그들을 집으로 돌려 보내고 산에서 기도에 몰두했다(막 6:33~46; 요

---

175) "예수께서 들으시고"(마 14:13; NRSV)라는 표현은 바로 앞에 나온 세례 요한의 죽음에 관한 기사를 가리키는 것처럼 보인다(마 14:10~12). NIV는 유감스럽게도 이러한 관련성을 명시적으로 나타내고 있는데, 이는 그 의역에 나타난다. "예수가 그 일어난 일에 대해 들었을 때." 하지만 그것은 여기에서 의도된 의미일 수 없다. NRSV에 의하면 예수가 "거기에서 물러났다"고 되어 있는데, 이 표현 속에서 떠오르는 장면은 요한의 죽음이 아니다. 예수는 심지어 요한이 죽을 때 현장에 있지도 않았다. "그가 거기에서 물러났다"라고 표현함으로써 마태는 헤롯이 공공연하게 예수가 요한의 화신이라는 자신의 믿음을 나타냈던 시점으로 우리를 되돌아 가게 한다(마 14:1~2). 마태복음 14장 3~12절은 과거 장면으로의 순간적 전환으로서, 요한의 죽음에 대한 회고이다. 요한의 죽음은 초기에 발생했지만, 헤롯이 나중에 예수가 누구인지 이해하는 데 중요한 배경이 된다. 따라서 마태복음 14장 13절 "예수께서 들으시고"라는 표현은 요한의 죽음이 아닌 헤롯 안디바의 생각, 즉 자신이 죽인 요한이 살아 돌아와 예수 안에서 역사한다는 그의 생각을 가리킨다.

6:1~15; 마 14:13~23; 눅 9:11~17).

그날 밤 예수는 물 위를 걸어서 풍랑을 만난 제자들의 배를 따라갔다. 이 사건은 구세주에 대한 제자들의 경외심을 고조시켰다. 그들은 배 안에서 예수 앞에 무릎을 꿇고 그가 진실로 하나님의 아들임을 고백했다(마 14:24~33; 막 6:47~52; 요 6:16~21). 오병이어로 오천 명을 먹이는 동안 달아났던 그들의 통찰력이 이제 강력하게 다시 그들을 사로잡았다.

사도 요한에 의하면 그 후 얼마 안 되어 예수는 가버나움의 회당에서 이른바 '생명의 떡' 설교를 했다. 그 설교에서 예수는 그의 손에서 만들어진 그 떡의 의미를 분명히 가르쳤다. 그는 떡을 주었을 뿐만 아니라 그 자신이 떡이었다. 그는 사람들이 먹어야 할 생명의 떡이었다. 사람들이 그를 먹고 살 수 있는 이유는 바로 그가 밀가루처럼 그들을 위해 부서질 것이기 때문이었다. 그는 이 세상을 살리기 위해 그 자신의 몸을 내어 줄 것이었다. 사실 그 설교는 위대한 고난 설교였다.

이제 우리는 헤롯의 위협이나 유대 지도자들의 적개심이 제거되어야 할 파괴적인 요소가 아니었다는 것을 보게 된다. 오히려 그것들은 예수의 계획에 딱 들어맞았다. 헤롯이 그의 어두운 그림자를 드리웠을 때, 예수는 무리를 향해 그것이 바로 자신이 이 세상에 온 목적(그는 죽기 위해서 왔다)이라고 선포했다. 그의 생애의 목적은 군림하는 것이 아니라 세상을 위한 음식이 되어 섬기는 것이었다. 그는 이 세상에 생명을 주기 위해, 세상에 의해 섭취되어 소화되어야만 했다. 그것이 하늘에 계신 아버지의 뜻이었다(요 6:26~59).

물러나심

예수의 갈릴리 사역에서 세 번째와 네 번째 기간은 방해와 물러나심으로 특징지어진다. 첫 번째 기간에 그는 모든 회당에서 지속적으로 전도하셨다. 그리고 두 번째 기간에 사방에서 몰려온 무리에게 계속 가르쳤다. 세 번째 기간에도 예수는 여전히 전도하고 가르쳤다. 하지만 한편으로는 전등이 더욱 밝게 빛나지만, 또 다른 한편으로는 그것이 차츰 꺼져가는 것을 보게 된다. 예수가 나타난 곳에서 그가 행하는 일들은 이전에 보았던 그 어떤 것들보다도 더욱 인상 깊었다. 하지만 점차 그가 나타나지 않는 경우가 많아졌다. 그는 왕으로 추대되어 승리의 절정을 누리려는 꿈을 추구하고 있지 않는 것이 분명했다. 오히려 그는 점점 자신을 숨겼다. 그것은 고난 받기 위해 곧 떠나야 한다는 것과 그 후에 아버지에게로 돌아가야 한다는 것을 암시하는 하나의 징표였다. 사도들은 그러한 예수의 행동이 가지는 의미를 배워 갔다. 왜냐하면 이 기간 중에 예수는 자주 그들을 따로 불러 가르치셨기 때문이다. 드디어 예루살렘에서의 초막절 기간 중에 그리고 그 후에 예수는 장차 자신에게 일어날 일에 대해 공개적으로 나타냈다.

하지만 이 기간 중에도 예수가 '인상적인 일들'을 행하지 않은 것은 아니었다. 오히려 무리가 그의 옷자락이라도 만지게 해 달라고 간청할 정도였다(혈루병 걸렸던 그 여인을 모방하는 사람들이 많아진 것이다). 게네사렛에서 있었던 병 고침의 역사는 예수가 그 손으로 고치기도 했지만, 그의 뒤에서 일어나기도 했다(마 14:34~36; 막 6:53~56).

지도자들의 저항으로 인한 대치 상황은 이 기간 동안에도 계속되었다. 바리새인들과 율법사들이 그를 모함하기 위해 예루살렘으로부터 왔다. 안식일의 주인에 대한 공격(첫 번째 기간 중에 있었던)은 더 이상 무리에게 파급 효과가 없었는데, 이는 예수가 무리에게 깊은 인상을 심어 주었기 때문이다. 그가 바알세불의 힘을 입었다는 중상모략(두 번째 기간 중에 있었던)도 사실 바라던 효과를 내지 못했는데, 그 이유는 사람들이 예수가 행하는 모든 일로 인해 하나님을 찬양하고 있었기 때문이다.

세 번째 기간에도 여전히 예수에 대한 술책들이 있었다. 그는 유대인답지 않다고 비난 받았다. 그의 제자들은 손 씻는 관습을 따르지 않았다. 이는 당시 사회에서 예수와 그의 제자들이 '정결'하지 않으며, 종교 의식상 부정하다고 여겨질 수 있었다. 그러한 비난은 그와 경건한 이스라엘 사람들 사이에 틈이 생기게 하는 것이었다. 누가 이런 기적을 행하는 한 사람 때문에 유대인으로서 자신의 정체성을 포기하고 싶어 하겠는가? 그들이 듣기에 예수는 정함과 부정함에 대해 사람들이 익숙하지 않은 방식으로 설명하는 듯했다. 내적인 정함에 대한 강조는 구약 성경과 상응하는 것이긴 했지만, 입으로 들어가는 것은 무엇이든 사람을 부정하게 할 수 없다는 가르침은 사실상 율법의 음식 규정을 전면적으로 부정하는 것이었다. 여기에서 예수는 자신이 마치 모세의 율법을 메시야의 시대에 맞추어 개정하는 입법자처럼 행동했다. 문제가 안식일에 관한 것이었을 때는 특정한 한 가지 율법에만 이의가 제기된 것이었지만, 지금은 장로들의 유전 전체와 모세 율법의 핵심에 이의가 제기된 상황이었다.

이러한 새로운 공세에 있어서 예루살렘에서 온 지도자들은 부분적으로는 옳았다. 그런 그들에게 유대인의 고유한 생활 양식이 위태로워진 것이다. 하지만 예수는 자신이 하나님의 백성에게 새로운 삶의 방식을 가르칠 권세가 있다고 선포했다. 그의 대답은 오직 그가 진정한 하나님의 아들(모세가 예언한 그 위대한 선지자, 즉 모든 사람들이 그의 말을 들어야만 하는 바로 그분)이라고 인식하는 사람들에게만 받아들여졌다(마 15:1~20; 막 7:1~23).

하지만 우리는 동시에 예수가 물러나는 것도 보게 된다. 예루살렘에서 파견된 지도자들과 정결 예법에 대한 문제로 대립한 후 예수는 누보와 시돈 지경으로 물러났다. 귀신 들린 딸을 둔 한 이방 여인이 이내 그의 오심으로 인해 은혜를 입게 된다. 그녀는 이스라엘 사람들이 경솔하게 생명의 떡을 부스러뜨리고 있으며, 그런 이유로 예수가 그의 고향을 떠났다는 것을 깨달았다. 그녀는 믿음으로 그 떡의 부스러기를 주웠고, 그녀의 딸은 고침을 받았다. 그것은 이스라엘에게는 하나의 표적이었다. 생명의 떡은 이런 태도로 영접해야 하는 것이었다(마 15:21~28; 막 7:24~30).

그 후에 예수는 우회로를 택해 둘러갔다. 그는 마침내 갈릴리 바다 동쪽 해안의 데가볼리에 도착했다. 그리고 그 비유대 지역에서 귀먹고 어눌한 자를 고치셨는데(막 7:31~37), 그를 고치는 방식까지도 물러남의 연장선상에 있었다. 그는 그 사람을 따로 데리고 가서 눈에 띄지 않는 곳에서 고쳐 주었으며, 사람들에게 그 일에 대해 아무에게도 이르지 말라고 경계하셨다. 물론 그 사실이 사람들에게 알려지지 않을 리가 없었다. 그것을 감추고자 하는 예수의 시도는 그 사건의 배경에 신비의 장막을 친 것이다. 그가 정말 원하는 것은 무엇인가? 위대함과 비천함을 동시에 취하려는 것인가?

예수는 다시 유대 지경으로 돌아왔다. 하지만 그는 국경 지역에 있는 산에서, 말하자면 뒷 문간에서 지냈다. 그것은 힘이 없어서 내린 결정이 아니었다. 무리가 그를 찾아내면 그는 많은 사람을 고쳐 주었고, 그들은 이스라엘의 하나님을 찬양했다. 그리고 다시 한 번 그는 얼마 안 되는 떡과 생선으로 그를 찾아 온 수천 명의 사람들을 배불리 먹게 했다(이번에는 여자들과 아이들을 빼고 사천 명이었다). 그의 능력이 약해졌거나 그에 대한 사람들의 관심이 식었다는 징후는 찾아볼 수 없다(마 15:29~39; 막 8:1~10). 하지만 또다시 무리들이 원하는 방향으로부터의 이탈이 있었다. 식사 후에 예수는 사람들을 보내고 다른 지역으로 여행했다. 마가는 달마누다 지방을 언급하고 있고, 마태는 마가단(Magadan) 지경을 언급하고 있다(어떤 사본에서는 막달라[Magdala] 혹은 막달란[Magdalan]으로 읽힌다). 이는 아마도 갈릴리 바다의 서쪽 해안 지역이었을 것이다.

예수는 계속 눈에 띄지 않는 곳에 머물렀다. 그의 적들이 그를 만나려면 와서 찾아야 했다. 이제 바리새인뿐만 아니라 사두개인들도 그의 대적이 되었다(마 16:1~4; 막 8:11~12). 분명 그에게 적대적인 지도자들의 범위가 확장되고 있었다. 사람들은 예수가 노골적으로 정결 예법이나 음식 규정의 실효를 선언하는 것에 대해 놀랐다. 그 어떤 사람도 그렇게는 할 수 없는 일이었다. 만약 그가 위로부터 권세를 받은 자가 아니라면 말이다. 그 때문에 그는 지금 하늘로부터 오는 표적을 보이라는 요구를 받고 있었다. 그것도 예수가 직접 행하는 표적이 아니라, 그가 개입되지 않고 하늘로부터 바로 내려오는 표적이라야 그가 자신에 관해 주장하는 바를 증명할 수 있다는 것이었다.

예수가 정확히 무슨 의미로 요나의 표적을 언급했는지에 관한 문제는 차치하고서라도(그것은 해석학적인 문제이다), 분명한 것은 예수는 말씀을 끝내고 또다시 물러났다는 것이다. 그 지도자들에게 수수께끼 같은 대답을 남기고 그는 사라졌다. 다시 그는 제자들과 함께 바다 건너편 벳새다로 배를 타고 갔고 그곳에서 한 소경을 고쳤다. 그는 눈에 띄지 않는 곳에서 일했고, 아무에게도 말하지 말라는 명령을 했다(막 8:13~26; 마 16:5~12). 길에서 예수는 제자들에게 바리새인과 사두개인에 대해 경고했다. 그리고 자신이 기적을 베풀어 무리들을 먹인 사건을 상기시키며 그들의 믿음을 굳건하게 했다. 그의 가르침은 그가 행하는 이러한 일들을 통해 확증되었으므로 그들은 그를 온전히 신뢰할 수 있다는 것이다. 예수는 사람들로 하여금 율법의 한계를 넘어가도록 했다. 그가 모세를 대체하고 있었기 때문이다. 그의 제자들은 바리새인과 사두개인들의 가르침에 머물러 있어서는 안 되는 것이었다.

갈릴리에 도착한 지 얼마 안 되어 예수는 곧 다른 지역, 즉 가이사랴 빌립보 지경으로 옮겨 갔다. 한때 이스라엘의 영토였고, 바산으로 불렸던 이 지역은 그 후 한 번도 유대인의 지배 아래 있지 않았다. 그 땅은 당시 헤롯 대왕의 아들 빌립의 통치하에 있었다. 이곳에서 제자들은 처음으로 임박한 예수의 고난에 대한 가르침을 받았다. 최근에 반복된 예수의 물러나심의 목적이 바로 거기에 있었던 것이다.

임박한 고난에 대해 가르치심

가이사랴 빌립보에서 예수는 잠시 멈추었다. 사람들이 그에 대해서 어떻게 여기고 있는가? 사람들은 예수가 인상 깊은 인물임에는 동의했다(세례 요한이나 엘리야나 예레미야와 같이 말이다). 하지만 그들은 예수가 원하는 식으로 그를 바라보지 않았다. 그들은 나사렛 예수, 즉 인자가 세례 요한이 선포한 것과 같이 능력이 더 많으신 분, 즉 주님 자신이라고 여기지 않고 있었다. 이는 그들이 예수의 사역에 대해 가지고 있는 존경심에도 불구하고, 결과적으로 심각한 오해를 초래했다. 그러나 시몬 베드로는 제자로서의 믿음을 보여주었다. 제자들은 하나님의 가르치심으로 인해 예수가 메시야이며 살아 계신 하나님의 아들이심을 인식했다.

그럼에도 불구하고 이제부터 제자들은 더 이상 이 사실에 대해 공개적으로 말해서는 안 되었다. 우선 그들은 훈련이 더 필요했다. 그들은 메시야의 '사역'에 대한 새롭고 폭넓은 시야가 필요했다. 그렇지 않으면 비록 그들이 예수가 하나님의 아들이라는 것을 사람들에게 정확히 설명할 수 있을지는 몰라도, 이스라엘의 미래에 관해서는 전적으로 부정확한 인상을 줄 것이기 때문이었다. 따라서 그들은 가르침을 더 받기 위해 그들이 가지고 있던 지식을 잠정적으로 휴면 상태에 두어야 했다(마 16:13~20; 막 8:27~30; 눅 9:18~21).

이제 예수는 제자들에게 성경을 근거로 "자기가 예루살렘에 올라가 장로들과 대제사장들과 서기관들에게 많은 고난을 받고 죽임을 당하고 제삼일에 살아나야 할 것"을 가르쳤다(마 16:21). 그들은 이 가르침을 이해하지 못했고 오히려 저항했다. 그리고 주님은 부활 이후에야 그들의 마음을 열어 주셨고, 그들은 모든 일들에 대해 온전히 깨닫게 되었다. 처음 그 가르침을 접했을 때 그들은 그것을 받아들인 것이 아니라 단지 기억 속에 저장해 둔 것이었다(눅 24:44~47). 당시의 물러나심은 이 세상에서의 목숨을 내어놓는 더 위대한 물러나심에 대한 서론에 불과했던 것이다. 제자들 또한 예수를 따라 자신들의 십자가를 질 준비를 해야 했다. 그의 고난이 그들에게 요구하는 것은 믿는 자들로서 그를 본받는 것이었다(마 16:21~28; 막 8:31~9:1; 눅 9:22~27).

그 후 얼마 안 되어 세 명의 가장 두드러진 제자들(베드로, 야고보, 요한)이 예수의 고난에 대한 위로부터의 확증을 받았다. 변화산상에서 그들은 모세와 엘리야(율법과 선지자들)가 예수와 함께 그가 별세하실 것에 대해 이야기하는 것을 보았다. 당분간 그들은 이 사건에 대해 함구해야 했다. 하지만 나중에 그들은 그 일을 증거하며 십자가에 못 박혀 돌아가신 그 분의 위엄에 대한 사람들의 믿음을 북돋우었다(벧후 1:12~21). 하늘로부터의 소리("이는 내 사랑하는 아들이요")는 바로 그 순간, 즉 예수가 고난을 선택하고 제자들에게도 그것을 가르치고 있었던 그 때에, 하나님께서 그 아들을 사랑하고 계시다는 것을 드러냈다. 예수가 기꺼이 예루살렘에서 죽기로 선택한 것은 곧 아버지의 뜻이었으며, 모세와 엘리야가 친히 나타낸 것과 같이 그것은 또한 율법과 선지자들이 말한 바와 일치했다(마 17:1~13; 막 9:2~13; 눅 9:28~36). (마태와 마가는 예수의 변화되심을 그가 최초로 임박한 고난을 선포한 후 6일 뒤로 잡고 있는 반면, 누가는 약 8일 뒤로 잡고 있다. 그러한 계산상의 차이는 고난에 대해 가르쳤던 날을 전체 날 수에 포함하느냐 아니냐에 기인한다.)

세 제자가 변화산에서 돌아와 다른 제자들과 합류했을 때, 상황은 마치 예수의 고난에 대한 가르침 때문에 그들의 병 고치는 능력이 사그라져 버린 것 같았다. 그들은 간질로 고생하는 한 소년을 고치지 못하고 있었다. 하지만 예수는 임박한 고난이 그의 위임을 악화시키지 못한다는 것을 보여 주었다. 문제는 그리스도의 고난이 아니라 제자들의 믿음이 부족했던 것이다. 예수는 곧 죽을 것이었지만 여전히 생명의 주님이었다. 그리고 제자들은 계속해서 기도와 금식 가운데 이 세상에서 귀신들과의 싸움을 해 나가야만 했다(마 17:14~21; 막 9:14~29; 눅 9:37~42).

이 모든 사건 후에, 예수는 다시 한 번 갈릴리 바다를 건너 가버나움으로 갔다. 그는 마치 자신의 오래되고 익숙한 영토로 돌아오는 것 같았지만, 실상은 모든 것이 변해 있었다. 최근까지도 그곳에서 수천 명의 사람들이 그에게 몰려왔었는데, 이제 예수는 조용히 여행했고, 아무도 그가 어디 있는지 알기를 원하지 않았다. 바로 그곳에서 아무도 모르게 여행하려고 하는 그의 의도는 그의 임박한 고난에 대한 두 번째 선언을 통해 이해할 수 있다.

인자가 넘겨질 것이다. 이는 새로운 요소였다. 첫 번째 선언은 예루살렘으로 가서 고난을 받고 지도자들에게 거절 당해야 할 필요성을 강조했다. 이제 뭔가가 더해졌다. 예수가 그의 원수들에게 넘겨질 것이라는 사실이다. 이번에는 원수들이 누구인지 명시되지 않고(장로들, 제자장들, 율법 선생들) 일반적으로 묘사되었다(사람들). 따라서 초점은 전적으로 예수가 배신을 당하고 넘겨질 것이라는 선언에 있었다. 조만간 제자들의 관심은 "누가 주님을 배신할 것인가?"에 맞추어질 것이다. 그리고 나중에 그들은 예수를 배신한 자가 가룟 유다라는 사실을 알게 될 것이다.

예수는 그가 첫 번째 선언에서 강조했던 고난의 필요성이 성취되기 위해서는 두 번째 선언에서 언급한 배신이 있어야 한다는 것을 처음부터 분명히 했다. 배신은 반드시 있을 것이다. 이제 우리는 왜 예수가 제자들과 함께 갈릴리 지역을 여행하면서 전보다 더 근심으로부터 자유롭지 못했는지 보게 된다(마 17:22~23; 막 9:30~32; 눅 9:43~45).

가버나움에 도착해서 예수는 제자들에게 천국에서 누가 가장 크냐 하는 문제에 관해 가르친다. 그들의 포부와 기대는 완전히 새롭게 변화되어야 했고, 구주의 고난에 그 방향을 맞추어야 했기 때문이다. 천국을 향해 가는 여정에서 야심에 찬 유행 선도자들은 아이들과 같이 되어야 하고, 섬김과 고난의 길을 따르는 법을 배워야 하기 때문이다. 정녕 천국에 들어가고 싶다면 말이다(마 18장; 막 9:33~50; 눅 9:46~50). 예수가 베드로에게 명하여 물고기의 입에서 동전을 취하여 오도록 함으로써 자신이 동물 세계의 주님이심을 드러낸 사건은 그가 가버나움에 마지막으로 머물렀던 이 시기에 있었다. 하나님의 아들은 성전세 걷는 자들에게 순응했다. 마치 왕의 아들도 세금을 내야 하는 것처럼 말이다. 예수는 겸손하게 그들의 요구에 응했다. 그것은 다른 이들을 섬겨야 한다는 자신의 가르침에 대한 예시였다(마 17:24~27).

예수의 고난이 예루살렘에 선포됨

요한복음 7~10장에서 요한은 초막절 기간 중 예루살렘에서 예수가 행했던 사역과 날 때부터 소경이었던 자를 고친 일에 관해 기술하고 있다. 이 부분에 기록된 사건들은 갈릴리 시기의 끝에 일어났음이 분명하다.

이러한 사실은 이야기의 시작에서 분명히 나타난다. 갈릴리에서 예수의 형제들은 그를 책망한다. 그가 큰 일을 행하고 있는지는 몰라도, 유대와 예루살렘에서 인기를 끄는 데는 실패했다는 것이다. 처음에 예수는 초막절에 올라가기를 거절한다. 다른 사람들이 명절을 지키려고 올라갈 때 예수는 갈릴리에 남았다. 그것은 물러남과 피함의 시기에 어울리는 행동이었다. 예수는 지도자들이 그를 찾아서 죽이려 한다는 것을 알고 있었다. 그는 죽음을 받아들이고 있었지만 아직 그 때가 아니었다(요 7:1~9). 나중에 그가 예루살렘으로 올라가기로 결심했을 때, 그는 공개적으로 하지 않고 조용히 비밀스럽게 올라갔다. 그리고 명절이 반쯤 지나갔을 무렵에서야 성전에 나아가 그를 기다리며 찾았던 사람들을 가르치기 시작했다(요 7:10~14).

그러고 나서 왜 사람들이 자기를 죽이려 하는가에 대해 문제를 제기했다. 비록 절기에 참석하고 있는 군중은 누군가가 그에게 해를 가하려 한다는 것이 미친 생각이라고 여겼지만, 예루살렘 거민들은 무슨 일이 진행되고 있는지 똑똑히 알고 있었다는 것이 곧 명백해진다. 하지만 예수가 공개적으로 이야기하며 다니고 있었으므로, 그들은 지도자들이 예수가 메시야라는 결론에 도달한 것은 아닌가 의아해하기 시작했다. 하지만 예수가 사람들의 의심에 맞서 자신이 직접 하나님께로부터 왔다는 것을 선포했을 때, 그를 체포하고자 하는 시도가 있었다. 그들이 자신을 죽이려고 한다는 예수의 말이 옳았던 것이다.

하지만 그의 때가 아직 오지 않았다. 순례자의 무리 중에서 많은 이들이 그를 믿게 되었을 때, 바리새인들은 사람들을 보내어 그를 체포하려 했지만 그를 체포하러 왔던 사람들은 빈 손으로 돌아갔다(요 7:15~52). 이제 모든 면에서 예루살렘은 예수에게 적대적인 도시가 되었다. 비록 예루살렘 밖에서 온 많은 사람들이 그가 메시야라는 사실을 믿기는 했지만 말이다.

이 시점에서 많은 사본은 간음 중에 잡힌 여인의 이야기를 포함하고 있다(요 7:53~8:11). 율법 선생들과 바리새인들은 이 사건을 이용하여 예수를 시험하고자 하는데, 이는 이 후기의 시점에 들어맞는다. 일찍이 갈릴리에서 있었던 것과 같은 종류의 공격들이 일어났다. 예수가 비유대적이라는 사실을 드러내기 위해 이용된 정결 예법에 관련된 논란들 말이다. 세리들과 죄인들에 대한 예수의 태도는 모두가 알고 있는 바였다. 또한 율법도 허용하고 있는 이혼의 문제에 관해 예수가 얼마나 엄격했는지도 잘 알려져 있었다. 이러한 정황에서 간음 중에 잡힌 여인을 율법에 따라 죽여야 하는가라는 문제를 제기함으로써 율법 선생들과 바리새인들이 예수를 함정에 빠뜨린 것처럼 보인다. 하지만 예수는 그들이 자신에게 겨누었던 무기를 도리어 그들 자신을 향해 겨누도록 했다. "죄 없는 자가 먼저 돌로 치라."

이어지는 담화들(요 8:12~59)의 초점은 예수의 떠나심에 있다. 사람들이 다시 한 번 그가 가는 곳이 어디인지 알고 싶어 했는데, 예수가 의미했던 바는 고난과 죽음을 통해 아버지에게로 돌아가겠다는 것이었다. 유대인들은 돌을 들어 그를 죽이려고 했지만 그는 성전을 떠났다.

예수가 날 때부터 소경이었던 자를 고쳤을 때 대립은 더욱 심해졌다(요 9장). 그가 공공연하게 자신을 고쳐준 분이 하나님으로부터 왔다고 고백하자 그는 회당에서 출교되었다. "누구든지 예수를 그리스도로 시인하는 자는 회당에서 출교"되리라(요 9:22b)는 그 전에 선포되었던 규정이 발효된 것이었다. 예수에게 고침을 받고 그를 하나님의 그리스도라고 고백했던, 날 때부터 소경 되었던 자를 출교한 것은 지도자들이 복음을 억압하기 위해 만반의 준비가 되었다는 것을 보여 주는 중요한 표지였다.

이 사건은 예수가 자신의 양들을 위해 목숨을 내려놓는 선한 목자라는 것을 예루살렘에서 설교할 수 있는 계기가 되었다(요 10:1~21). 그러한 설명은 예루살렘에서 일어났을 수도 있는 그 어떤 오해도 불식시킨다. 예수를 죽이려는 계획이 꾸며지고 그대로 진행되었을 때, 그것은 이 이스라엘을 위해 죽었던 예수의 소명과 전적으로 일치했다. 메시야는 성전에서 선포하기를, 다가올 자신의 고난은 사실 예정된 일이라고 했다. 그는 또한 자신이 하나님의 뜻을 따라 그 시기를 결정한다는 것을 보여 주었다. 예수의 죽음은 뜻밖에 일어난 사건이 아니며, 제자들만 비밀리에 알고 있었던 사건도 아니었다. 나중에 재판이 열리게 되면, 예루살렘 사람들은 예수의 메시야 됨이 정확히 그의 죽음에 있다는 사실을 인식할 수 있게 될 것이었다. 그들이 만약 그를 알아보지 못한다 해도 잘못은 그의 설교에 있지 않았다.

예루살렘에서 임박한 고난을 위해 이렇게 준비한 다음 예수는 다시 한 번 갈릴리로 돌아간 듯하다. 그는 가버나움에서 짧은 시간을 보냈다. 그리고 (앞에서 논의한 바와 같이) 제자들에게 그의 마지막 가르침을 주었다.

임박한 고난을 위한 준비는 이제 갈릴리로 물러나심, 제자들을 가르치심, 그리고 예루살렘에 공개적으로 나타나심을 통해 온전히 마무리되었다.

11장

베레아와 유대 지방을 경유하여

갈릴리를 떠남
예루살렘에서의 간주곡
베레아에서 가르치심
유대 지경에서

베레아와 유대 지방을 경유하여

갈릴리를 떠남

갈릴리에서 출발하여 예루살렘에 도착하기까지의 여행 기간에 대해 광범위한 기록을 제공하고 있는 복음서 기자는 누가이다(이 기간에 대한 전체적인 논의를 위해서는 p.169를 보라). 갈릴리에서의 체류가 끝날 즈음에 예수는 점점 사람들의 이목을 피하는 경향이 있었고, 또한 어떤 경우에는 완전히 뒤로 물러났다. 하지만 이러한 경향은 그가 죽음을 맞기 위해 성전이 있는 도시로 출발하면서부터는 완전히 바뀌었다. 그는 더 이상 비밀리에 여행하지 않았다(초막절에 예루살렘으로 갔을 때처럼). 이제 그는 자신의 행보를 완전히 공개했고, 점점 더 많은 사람들이 몰려드는 것을 허용했다. 무리의 숫자는 수천에 달했다(눅 12:1; 14:25).

이는 우연한 일이 아니었다. 예수는 사전에 갈릴리에서부터 예루살렘까지의 그의 여행에 대해 널리 알렸다. 그는 70명의 제자(아마도 정확히는 72명)를 둘씩 짝을 지어 파송하여 그가 장차 여행하게 될 모든 도시와 마을에 그가 올 것을 선포하도록 했다(눅 10:1~24). 이는 열두 제자가 둘씩 짝을 지어 이스라엘 전역을 여행했던 때를 상기시킨다. 하지만 지금은 훨씬 더 많은 자들이 보내심을 받았다. 예수는 사람들을 더욱 본격적으로 초청했다. 그리고 여행하며 지나는 장소들에 집중했다. 구속자는 모든 사람들이 그의 오심에 대해 알기를 원했다. 그는 사람들의 마음속에 질문을 일으켰다. '예수가 여행의 끝에 이루려고 하는 것은 무엇인가?'

예수가 자신의 임박한 고난에 대해 말했음에도 불구하고, 제자들은 여전히 예루살렘에서 웅장한 대단원의 막이 내려질 것을 암암리에 기대하고 있었다. 예수가 예루살렘으로 가는 여정에 대해 강조했다는 사실이 제자들에게는 임박한 하나님 나라의 도래에 대한 전조인 것으로 해석되었다. 하지만 예수가 반복해서 제자들에게 가르쳐 준 바는, 비록 그가 구원을 이룰 거대한 계획을 가지고 있는 것은 사실이지만, 그 계획은 사마리아인, 죄인, 그의 말을 경청했던 여인들, 그리고 낮고 천한 자들을 위한 은혜와 용서를 포함하는 것이었다. 따라서 구경꾼들은 예수가 자신의 여행에 두고 있는 강조점과 베레아와 유대 지역에서 그가 관심을 기울이는 일들 사이에 영구적인 긴장 관계가 있다는 것을 알아채기 시작했다.

이러한 사실은 처음부터 나타난다. 사마리아인의 한 촌에서 예수가 묵을 곳을 예비하기 위해 먼저 갔던 사자들은 그곳 사람들이 예수의 목적지가 예루살렘이라는 이유로 그를 받아들이지 않는다는 것을 경험했다(눅 9:51~53). 야고보와 요한은 이 사실을 알고서 하늘에서 불을 내려 그 마을을 태워버려 그 여행의 위엄과 중요성을 나타내기를 원했다. 하지만 예수는 그 마을을 용서하고 묵을 수 있는 다른 곳을 찾음으로써 그 여행의 정신을 나타냈다(눅 9:54~56). 분명 이 이야기는 예수가 사마리아를 통과하며 여행하고 있을 때가 아니라, 오히려 사마리아와 유대 사이의 경계 지역을 통과하고 있을 때 일어난 것으로 보인다. 그곳에서는 사마리아인의 마을뿐만 아니라 유대인의 마을도 찾기 쉬웠다. 그들은 갈릴리를 막 떠나서, 사마리아와 갈릴리 사이의 경계를 따라 여행하며 베레아 지역을 향해 가고 있었다.

그들 앞에 놓인 목표는 위대한 것이었다. 어떤 사람이 예수와 함께 여행하고자 했다. 하지만 그는 먼저 가족들에게 작별 인사를 하고 싶어 했다. 예수는 그에게 지금은 뒤를 돌아볼 때가 아니라고 말했다. 하나님의 나라를 위해서는 아무런 조건도 없이 헌신해야 하는 것이다(눅 9:61~62). 누가는 아마 여기에서 예루살렘을 향해 가는 이 여행에 있어 예수를 따르는 일의 특수한 성격을 강조하고 있는 듯하다. 앞에 나온 다른 두 사람의 유사한 질문과 연관해서 말이다(눅 9:57~60). 마태복음 8장 18~22절에 의하면 예수를 따르는 것에 관한 이 두 질문은 갈릴리 바다의 풍랑 전에 있었던 것으로 보인다. 누가는 정확한 시간을 말해주지 않는다. 다만 그는 이 위대한 여행에서 예수를 따른다는 것의 의미를 주제로 하여 비슷한 몇 가지 이야기를 결합하고 있다.

예수의 여행이 가지는 특수한 성격을 알아차리지 못할 사람은 없었다. 한 율법사는 영생을 얻기 위해 무엇을 해야 하는지 그에게 물으면서 반응을 보였다(눅 10:25~37). 다른 말로 하면 이런 질문이었다. "어떻게 하면 저도 당신이 지금 시작하려는 그 위대한 미래에 동참할 수 있습니까?" 대답은 선한 사마리아인이라는 비유의 형태로 주어졌다. 일반적으로 보면 이 이야기는 긍휼을 강조하는 것으로 보인다. 하지만 그것은 예수에게 순수하지 못한 의도를 가지고 나아온 그 율법사를 향한 매우 엄중한 교훈이기도 했다. 예수는 곧 강도들의 손에 빠져들어갈 것이다. 그를 사랑하는 자는 모두 그의 이웃이다. 하지만 그 율법사는 이야기 속의 그 사람이 예수라는 것을 알고 피하여 지나갔다.

이 사건은 마르다의 집에서 보여 주었던 마리아의 경청하는 태도와 확연한 대조를 보인다(눅 10:38~42). 마리아의 언니는 예수가 그 위대한 목표를 이루기 위해서 가장 필요로 하는 것은 많은 도움과 섬김이라고 믿었다. 하지만 예수는 그들에게 가르치기를, 단지 한 가지만 필요한데, 그것은 바로 '그로' 하여금 그 위대한 목표를 이루도록 자리를 내어드리며, 그의 말씀을 경외심 가운데 경청하는 것이었다. 그것은 매우 특별한 여행이었다. 모든 사람의 관심을 끌어들이는 그런 여행이었다. 그 여행에서 그를 따르고자 하는 사람들은 철저한 헌신을 해야만 했다. 하지만 궁극적으로 예수는 그 누구의 도움도 필요로 하지 않았다. 그는 단지 사람들이 그의 가르침과 행하시는 일에 주목하기를 요구했다.

예루살렘에서의 간주곡

예루살렘을 향해 서서히 다가가는 그의 여행 중에 예수는 많은 시간을 베레아 지역에서 보내는데, 특별히 요단 강 건너편 베다니(즉 요한이 세례를 베풀던 곳)에서 많은 시간을 보냈다. 그곳은 특별한 의미를 가진 곳이었다. 곧 일어나게 될 중요한 사건들과, 세례 요한 사역의 시작의 관련성(예언자와 순교자)을 상징했기 때문이다. 이 지역으로부터 예수는 수전절에 예루살렘을 잠시 방문했다(요 10:22~42).

언제 정확히 이 간주곡 기간이 있었는지 말하기는 어렵다. 수전절 방문은 아마도 누가복음 10장 38~42절(p.169를 보라)에 나오는 마르다와 마리아의 집을 방문했던 사건과 같은 시기에 일어났을지도 모른다. 하지만 이에 대한 확실한 근거는 없다. 두 자매가 만약 예루살렘 근처 베다니에서 살고 있었다면, 그들의 집을 방문한 사건과 수전절에 예루살렘으로 여행한 사건을 결합시키기는 쉬울 것이다. 하지만 마리아가 다른 어떤 곳(예를 들어 베레아 지역)에서 살고 있었고, 마리아와 그의 오라비 나사로는 베다니의 부족 마을에서 살고 있었을 가능성도 있다. 사실 누가가 구체적으로 표현하기를 마르다가 예수를 영접했다고 한 것은 놀라운 일이다(눅 10:38; 많은 다른 사본에는 '그녀의 집'이라는 표현이 사용되었다). 이는 마르다가 다른 지역에 따로 살고 있었으며, 아마도 결혼한 상태였을 것임을 암시한다. 많은 여자들이 자신의 소유로 예수를 섬기며 따라다녔으므로(눅 8:1~4), 유대 베다니 출신인 마리아가 그들 중의 한 명이었다 해도 이상한 일은 아니었을 것이다. 반면에 요한복음 11장 45절에서 요한은 구체적으로 기술하기를 나사로가 죽었을 때 많은 유대인들이 마리아를 보러 갔다고 한다. 이는 베다니에서 살고 있던 사람은 마르다가 아니라 마리아였음을 암시한다. 누가가 그 장소의 이름을 제공하지 않는 관계로 우리는 이 문제에 관해 독단적인 결론을 내릴 수는 없다. 따라서 마르다의 집을 방문한 사건과 수전절에 예루살렘을 방문한 사건 간의 관계는 추측의 수준에 머물 수밖에 없다.

하지만 분명한 사실은 예수가 솔로몬 행각에서 다닐 때, 예루살렘은 그가 갈릴리에서 옮겨 온 일로 인해 팽팽한 긴장 상태에 있었다는 것이다. 사람들은 그에게 물었다. "당신이 언제까지나 우리 마음을 의혹하게 하려 하나이까(요 10:24)", "그는 정말 메시야인가, 아닌가? 만약 그렇다면 그로 하여금 우리에게 말하게 하라". 예수는 자신에 대해 증거해 주는, 자신이 행했던 일들을 그들에게 상기시켜 주었다. 그리고 도시 전체를 지배하고 있는 위협에 대해 암시적으로 언급했다. 날 때부터 소경이었던 자는 회당에서 출교되었다. 그에 반응하여 예수는 자신은 잃어버린 양들을 찾아서 우리 속으로 다시 영접하는 선한 목자라고 했다.

그는 또한 자신을 하나님의 아들로 나타냈다. 그리고 바로 그러한 이유로 인해 지도자들이 자신을 죽이고자 한다는 것을 지적했다. 그것은 사실임이 입증되었다. 그를 체포하고자 하는 새로운 시도가 있었지만 그는 빠져나갔다. 긴장은 여전했다. 그가 마침내 자신을 위협하는 자들을 제압할 것인가, 아니면 그의 적들이 그를 돌로 치거나 또는 다른 방식으로 죽일 것인가? 새로운 일은 아무것도 일어나지 않았다. 이 방문은 그 상황 속에서 사람들에게 분명한 도전을 주었던 하나의 간주곡이었다. 심지어 예루살렘도 그렇게 가까워진 장엄한 클라이막스를 위해 준비되고 있었다. 예수가 먼저 요단 강 건너편 베다니로 물러나기로 결정한 까닭에 예루살렘은 불확실성과 적개심 가운데 놓였다.

하지만 강 건너편에서는 수천 명의 사람들이 그를 믿었다. 한때 요한이 그곳에서 세례를 베풀었었다. 그리고 그가 장차 오실 분에 대해 그리고 그의 능력에 대해 증거한 모든 것은 이제 예수 안에서 성취되었다(요 10:40~42). 주님의 제자들은 이제 적대적인 두 세력 사이에서 찢겨진 자신들을 발견했다. 한편으로 세례 요한의 정신이 여전히 살아 있었고, 여전히 그들과 다른 많은 사람들을 예루살렘을 향해 몰아가고 있었다. 하지만 또 다른 한편으로는 예루살렘 지도자들의 위협이 그들로 하여금 예수를 따르고자 하는 열정을 방해했다. 나중에서야 제자들은 이 적대적인 두 세력이 바로 십자가의 길을 형성했다는 것을 이해하게 된다. 그리고 갈릴리로부터의 여행을 임박한 고난에 대한 예수의 선언의 맥락에서 이해해야 했는데, 자신들이 받아들이지 못했다는 것을 깨닫게 된다.

베레아에서 가르치심

베레아 체류 기간의 특징은 무리와 제자들을 위한 많은 가르침이 있었다는 것이다. 예수의 말씀에는 많은 반복이 있었다. 마태복음과 마가복음에 따르자면 갈릴리에서 예전에 했던 말씀이 이곳에서 반복된다. 비록 그 맥락은 다르지만 말이다. 누가복음에서 배우게 되는 바는 예수가 이 지역에서 베풀었던 가르침은 막연하게 시간을 때우기 위함이 아니었다는 것이다. 거기에는 분명한 목적이 있었다. 예수는 70명(또는 72명)을 파송함으로써 사람들의 관심을 자신에게로 이끌었으며, 이제 사람들은 다시 그에게로 몰려들었다. 그의 목적은 군중을 조직해서 예루살렘이나 로마에 대항하는 세력으로 삼고자 함이 아니었다. 그의 목적은 그가 행하는 일을 이해하기 위해서는 그의 '가르침'이 유일한 열쇠라는 것을 무리로 하여금 알게 하는 것이었다.

요한이 한때 그의 제자들에게 장차 오실 더 강하신 분, 성령으로 세례를 베푸실 분을 위해 기도하라고 가르친 바로 그곳에서, 예수는 제자들의 요청으로 그들에게 기도하는 법을 가르쳤다. 그것은 산상설교(주기도문)를 일부 반복하고, 특별히 어린아이와 같은 믿음을 강조한 놀라운 가르침이었다. 그들이 아버지께 구하면 약속하신 성령을 반드시 주실 것이었다(눅 11:13).

율법사들은 이미 갈릴리에서 예수와 사람들 사이를 갈라놓기 위해 애를 썼다. 그들은 예수가 요구하는 존경과 경외심은 의심스럽다고 했다. 그는 바알세불과 관계가 있음이 틀림없다는 것이었다(p.295 참조). 어떤 사람들은 율법사들과 바리새인들의 이러한 가르침을 받아들였다. 이제 군중 사이에서 사람들이 외치기를 예수가 귀신 들렸다고까지 했다(눅 11:14~36). 다른 이들은 그에게 하늘로부터 오는 표적을 구했는데, 이는 예수가 아직 논쟁의 중심에 있다는 것을 의미했다. 이에 대하여 예수는 믿지 않는 자들에게 임할 심판에 대해 다시 한 번 경고했다. 동시에 그는 하나님의 말씀을 받고 지키는 사람들에게 주어진 약속에 대해 가르쳤다.

사실 이러한 심판 선언은 세례 요한의 뒤에 오신 분으로서 합당한 처사였다. 그는 손에 키를 들고 타작마당을 정하게 하는 분이셨다. 마찬가지로 예수는 한 바리새인의 집에 있을 때 율법사들과 바리새인들에게 말씀하셨지만(눅 11:37~54) 그들은 그의 말씀을 받아들이지 않았다. 반대로 이제부터 율법사들과 바리새인들은 그에게 지독한 반감을 가지고 어떻게든 그의 말의 꼬투리를 잡기 위해 혈안이 될 것이었다(눅 11:53~54). 예루살렘에서 느낄 수 있었던 위협을 이제는 베레아에서도 느낄 수 있었다.

예수는 이러한 위협적인 상황에 대해 제자들에게 말씀하셨다. 무리도들을 수 있는 거리에서 그는 제자들에게 장차 다가올 핍박과 그들이 가져야 할 인내에 대해 말씀하셨다(눅 12:1~13:9). 참 이상한 일이 아닌가? 예수의 입지는 어느 때보다도 더 강해졌다. 무리는 예루살렘에서 펼쳐질 위대한 미래에 동참하고자 그를 따라나섰다. 그럼에도 이 순간 그는 고난과 모욕에 대해 말씀하시고 있는 것이다. 제자들을 위한 이 가르침을 통해 그리스도는 무리로 하여금 그들이 생각하는 바와 예수의 계획이 얼마나 다른지를 일깨워 주었다. 제자들은 다가올 핍박에 대해 단단히 준비하고 있어야 했다. 반면 예수에게로 돌아오지 않는 자들은 다가올 심판에 직면할 준비를 하고 있어야 했다(눅 12:1~48; 12:49~13:9). 갈릴리로부터 시작된 행진은 십자가와 최후의 심판을 향한 여행이 되고 있었다.

안식일에 예수가 꼬부라져 조금도 펴지 못하는 여인을 고친 사건(눅 13:10~17)으로 인해 그의 권세에 대한 논의가 재개되었다. 회당장은 안식일에 행한 이 병 고침으로 인해 분개했다. 왜냐하면 그 여인의 경우는 분명 응급 상황이 아니었기 때문이다. 하지만 예수는 자신이 이스라엘의 주인이며, 농부가 안식일에도 자신의 가축에게 물을 먹이듯 자신도 자신의 소유인 이스라엘을 돌보는 것이라고 분명히 말했다.

무리와 함께 예루살렘을 향하여 가고 있는 중에, 어떤 사람이 예수께 나아와 그가 가고 있는 길이 결국 구원에 이르게 될 것인지 물었다(눅 13:22~30). 예수가 그토록 확고하게 심판과 고난에 관해 이야기하고 있으니, 그것은 곧 구원을 얻을 자가 적다는 의미냐는 것이다. 그 질문에 대한 답으로 예수는 다시 한 번 자신을 가리켰다. 많은 사람들에게 이르기를, 주인이 그들을 알지 못하기 때문에 천국에는 그들을 위한 자리가 없을 것인데, 이렇게 말씀하실 주인이 바로 예수라는 것이었다. 이방인들이 이스라엘보다 먼저 천국에 들어갈 것이다. 숫자는 중요한 것이 아니었다. 결정적인 것은 예수에 대한 믿음이었다.

그것은 바리새인들에 대한 최후통첩이었다. 그들은 헤롯이 예수를 죽이고자 한다고 위협했지만 그 위협은 예수를 위축시키지 못했다. 그는 그들에게 자신은 예루살렘에서 죽을 것이며, 유대를 향해 떠날 것이라고 했다. 며칠 후에 예수는 베레아 지역을 떠날 것이다. 도망가는 것이 아니라 합당한 장소에서 죽기 위해서이다(눅 13:31~35).

우리가 누가복음 14장에서 읽게 되는 사건, 즉 안식일에 그것도 바리새인의 집에서 병을 고친 또 다른 사건은 그가 베레아에 머문 마지막 며칠 동안에 일어났다. 초대 받은 식사 자리에서 예수는 겸손과 하나님의 부르심에 청종하는 자세에 대해서 이야기했다. 그 다음 날 여행 중에도 같은 주제가 대화의 중심이 되었다. 무리에게는 십자가를 지고 예수를 따르는 것 외에 다른 선택의 여지가 없었던 것이다. 예루살렘으로의 여행은 장엄하고 인상적인 것이었다. 하지만 베레아에서 가르쳤던 예수의 말씀을 피상적으로만 들었던 자들에게 그것은 위험천만한 일에 불과했다.

유대 지경에서

그 후에 예수는 요단 강을 건넜다. 그의 뒤에는 세례 요한을 죽인 자의 위협이 있었고, 그의 앞에는 며칠 전에 죽은 나사로가 기다리고 있었다. 나사로가 병들었으므로 마리아와 마르다는 주님을 부르기로 결심했다. 하지만 그는 나사로가 죽었다는 소식을 들을 때까지 그곳에 가기를 미루었다. 제자들이 보기에는 나사로가 이미 죽었기 때문에 유대로 들어가는 것은 불필요한 위험을 감수하는 것밖에 되지 않았다. 그곳 지도자들이 그를 죽이고자 했기 때문이다. 도마는 상황을 험악하게 인식했다. 예수가 제자들에게 나사로가 죽었다고 말씀하시자, 도마는 "우리도 주와 함께 죽으러 가자"고 했다(요 11:1~16).

하지만 예수의 의도는 정반대였다. 그는 나사로가 살기를 바랐다. '그들과' 함께 말이다. 죽은 나사로를 무덤에서(나흘째 되는 날에) 살린 것은 지금까지의 모든 표적을 능가하는 것이었다. 예수의 승리는 죽음에 대한 것뿐만이 아니라, 물질적인 쇠퇴와 육신의 부패에 대한 것이기도 했다. 이제 유대의 많은 사람들이 믿음을 고백하게 된 것은 당연한 일이었다. 나사로가 죽었다가 살아난 일로 인해 많은 사람들은 예수에 대한 자신들의 견해를 바꾸었다(요 11:45; 12:9).

산헤드린은 이제 공식적인 모임을 개최했다. 이렇게 높은 기관에서 예수를 죽이기로 공식적으로 협의한 것은 이번이 처음이었다(요 11:47~53). 지금까지 예수를 죽이고자 하는 많은 계획과 시도가 있었지만, 이제 그 모든 것들이 결집되어 대법원의 공식적인 결정에 이른 것이다. 심지어 최근에 사람들에게 그토록 큰 반향을 불러일으킨 예수의 능력에 대한 증거를 인멸하고자 하는 대화도 오고 갔다. 그들은 나사로를 죽이는 일까지도 고려했던 것이다(요 12:10~11).

유대 지경에서 예수에 대한 많은 사람의 의견이 호의적으로 바뀌었으므로, 예수는 심지어 그곳에서도 사역하고 가르칠 기회를 얻게 된다. 사람들은(아마도 베다니에 있었던) 그를 찾아 나섰다(요 11:45). 비록 이 기간이 길지는 않지만, 그 짧은 막간을 통해 예수는 한 곳에서 사람들을 영접하고 자신을 지지하는 사람들뿐만 아니라 대적자들과도 대화를 나눈다. 칙칙하고 우울했던 여행이 결국에는 개선 행진으로 바뀌는 것 같은 느낌마저 들었다. 예수가 잃어버린 양과 동전과 탕자에 관한 비유를 말씀하신 것은 아마 이 짧은 기간 동안이었을 것이다(눅 15장). 그는 이 비유를 통해 왜 그가 세리들과 죄인들이 그에게 나아오는 것을 허락하며, 왜 그들과 함께 이야기하는지에 대해 불만에 가득 찬 율법사들과 바리새인들에게 설명했다. 부자와 나사로의 비유(눅 16:19~31)는 심지어 나사로를 죽은 자 가운데서 돌려보낸다고 해도(그의 이름은 우연이 아니었다), 이스라엘이 율법과 선지자의 말씀을 가슴에 새기기를 거절하는 한 아무

소용이 없을 것임을 보여 주었다.

  누가는 이 시기에 있었던 다른 담화와 비유들도 기록했다(눅 16~18). 마태복음과 마가복음에서는 이 시기에 대한 자료가 조금밖에 없다(아이들을 축복하심, 부자 청년, 예수를 따르는 자들에 대한 상급). 이 복음서 기자들은 또한 이혼에 관한 논쟁을 포함하고 있다. 마태는 포도원 일꾼들에 관한 비유를 추가적으로 기록한다(마 19:2~20:16; 막 10:2~31).

  이제 예루살렘과 유대 사람들이 떼를 지어 예수에게 몰려 오고 있었기 때문에 산헤드린은 그를 죽이기로 결정했고, 예수는 알려지지 않은 한 장소로 물러났다. 무리는 그가 빈들 가까운 곳인 에브라임이라는 동네에 은거하고 있다는 사실을 몰랐다(요 11:54). 그러는 동안에 유월절을 준비하기 위해 예루살렘으로 들어오는 많은 사람 사이에 보기 드문 긴장이 발생했다(요 11:55~57). 모든 사람의 눈에 띄었던 예루살렘을 향한 예수의 여행, 죽은 나사로를 일으키심, 그리고 갑자기 미지의 장소로 사라지심과 같은 행보는 사람들의 기대뿐만 아니라 적대감도 고조시켰다. 이제 모두가 그를 찾고 있었다.

  그가 어떤 식으로 입성할 것인가? 어디에 나타날 것인가? 그들은 그가 움직이고 있다는 것은 알았지만, 그가 어디에 있는지 놓치고 말았다. 또한 그들은 예수가 계속해서 그의 목표와 그 목표에 이르기 위한 길에 관해 말씀하셨던 바를 이해하지 못했다. 그들은 예수가 예루살렘에 도착할 것에만 초점을 맞춘 나머지 그가 하나님의 아들이며 이스라엘의 구속자라고 가르친 것에 대해서는 깨닫지 못했기 때문이다.

12장

예루살렘으로 올라가심

고난 주간 – 순종으로 높아지심
여리고에서의 안식일
일요일 – 기름 부음
월요일 – 승리의 입성
화요일 – 성전 정화
수요일 – 마지막 설교

예루살렘으로
올라가심

고난 주간 – 순종으로 높아지심

갈릴리에서 여행을 시작했을 때 예수는 이미 예루살렘을 그의 목적지로 결정했다(눅 9:51). 하지만 그가 마침내 성전이 있는 예루살렘에 당도하게 되는 그 여행의 마지막 구간을 시작하기까지는 많은 시간이 걸렸다. 우회로를 택하거나 계획이 지연된 것도 아닌데 말이다. 갈릴리에서 출발하여 베레아 지역을 거쳐 예루살렘에 이르는 여행의 마지막 부분에서 나타나는 특징은 복음서 기자들이 이제 명시적으로 예수가 예루살렘으로 '올라간다'라고 표현하고 있다는 사실이다. 유대 산지를 통해 난 그 길은 시온을 향해 나 있는데, 예루살렘 성전을 향해 가는 여행에 대한 일반적인 표현은 '올라간다'는 것이었다. 예수에게 있어서 실제적인 '올라감'의 순간은 그가 에브라엠에서의 은거를 끝냈을 때 시작되었다. 예수는 이제 명절을 지키러 거룩한 성에 가기 위해 요단 강을 건너 유대 산지를 통해 가는 모든 사람들의 행렬에 동참했다(마 20:17~19; 막 10:32~34; 눅 18:31~34; 참조, 요 11:54~55).

예수는 자신의 임박한 고난에 대한 세 번째 선언과 이 올라감을 연관 짓는다. 열두 제자를 따로 만나서 그는 비밀리에 이번에 예루살렘에 올라가는 것이 자신의 죽음과 부활로 끝날 것임을 말했다. 그리고 또한 자신이 어떻게 죽게 될 것인지를 설명했다. 유대인들이 그를 정죄하고 이방인들에게 넘겨줄 것이며, 그들의 손에 죽임을 당할 것이다. 이번에 올라가는 것이 결정적으로 중대한 사건이라는 사실을 깨달은 다른 사람들도 있었다. 예를 들어 세베대의 아들들의 어머니는 이 기간 중에 예수에게 그의 나라가 오면 자신의 아들들이 영광의 자리를 차지할 수 있는지를 물었다(마 20:20~28; 막 10:35~45).

성전의 도시로 올라가기 위해 예수는, 갈릴리나 베레아 지역에서 유월절을 지키기 위해 오는 대부분의 사람들이 택하는 주된 도로, 즉 여리고에서 예루살렘까지의 도로를 선택했다. 분명 그 전에 예수는 에브라임에서 여리고로 갔을 것이다. 그리고 여리고에서 성전으로 가는 무리들에 합류했을 것이다(참조, 마 20:29; 막 10:46; 눅 18:35~36).

여리고에서부터 시작해서 예수의 고난과 죽음까지 걸린 기간은 7일이다. 복음서 기자들은 이 짧은 한 주간에 대해 기록할 것이 많았는데, 이때가 바로 예수의 지상 생애에서 절정의 시간이었기 때문이다.

이 기간은 복음서들에 언급된 몇 가지 세부사항들로부터 추론할 수 있다. 예수는 유월절 엿새 전에 베다니에 도착했다(요 12:1). 그는 여리고에서부터 바로 왔다(눅 19:28~29). 만약 예수가 금요일에 베다니에 도착했다면(안식일을 위해서), 그의 도착에서부터 유월절까지의 기간은 금요일에서부터 그 다음 금요일까지의 날 수를 어떻게 계산하느냐에 따라 6일(7일 혹은 8일) 이상이 되었을 것이다. 안식일(토요일)에는 여행을 하지 않았을 것이다. 이는 예수가 베다니에 도착한 날이 그 주의 첫날(일요일), 즉 유월절 주간의 첫날(금요일)로부터 6일 전이었다는 것을 의미한다. 여기에는 첫째 날(일요일)과 마지막 날(금요일)이 모두 계산되었다. 마치 예수의 죽음과 부활 사이의 3일이 계산되었듯이 말이다. 유월절의 날짜에 관한 문제에 대해서는 13장을 보라.

여리고에서의 안식일

만약 예수가 일요일에 여리고에서 베다니로 여행했다면, 그는 죽기 전의 마지막 안식일을 여리고에서 보냈다는 얘기가 된다. 이 사실은 삭개오 이야기를 해석하는 데 도움을 준다. 예수는 세리 삭개오에게 이렇게 말했다. "내가 오늘 네 집에 유하여야 하겠다"(눅 19:5). '유한다'라는 동사와 "저가 죄인의 집에 유하러 들어갔도다"(눅 19:7)라는 표현은 예수가 삭개오의 집에서 '하룻밤 묵었다'는 것을 암시한다. 예수는 자신의 마지막 안식일을 세리의 집에 구원과 기쁨을 주기 위해 겸손히 보내셨던 것이다. 이는 예루살렘으로 올라가려는 그의 계획과 일맥상통했다. "인자가 온 것은 잃어버린 자를 찾아 구원하려 함이니라"(눅 19:10).

주님이 여리고에 머무는 기간의 처음과 끝은 눈 먼 자들을 고치시는 일로 이루어졌다. 먼저 마을에 들어가면서 길가에 앉아 있는 한 맹인의 시력을 회복시켰다. 그리고 안식일 후에 마을을 떠나면서 두 명의 맹인을 고쳤는데, 그 중 한 명의 이름은 바디매오였다. 이 사건들은 논쟁의 여지가 있으므로 우리는 본 장의 나머지 부분을 이에 대한 논의에 할애할 것이다.

세 명의 복음서 기자들이 예수가 여리고에서 맹인을 고친 일을 기록하고 있다. 그 이야기들은 매우 유사하지만 몇몇 분명한 차이점을 보인다. 많은 학자들은 이 기사들이 동일한 맹인과 동일한 고침을 가리키고 있다는 데 의견을 같이한다. 따라서 복음서 기자들이 차이를 보이고 있는 부분들은 복음서들이 어떻게 사실과 불일치하는지를 단적으로 보여주는 사례라고 치부된다. 마태는 예수의 여리고 체류 이후에 두 명의 소경을 언급하고 있고, 마가는 한 명의 맹인(바디매오)에 대해 기록하고 있다. 누가의 경우는 한 명의 맹인만을 언급하는데, 그를 고친 이야기는 여리고로 들어가기 전에 일어난 것으로 기록되어 있다.

하나의 사건인가, 두 개의 사건인가? 여리고로 들어가기 전, 후, 혹은 그곳에서 체류 중에 일어난 사건인가? 그리고 한 걸음 더 나아가 어떤 이들은 맹인을 고친 일이 실제 있었는지를 의심한다. 그들에 의하면 그것은 엄격히 말해서 상징적인 이야기로서 나중에 편집되었을 가능성이 있다는 것이다. 하지만 이러한 비평은 설득력이 약하다. 마가가 바디매오라는 이름을 언급했을 때, 그의 독자들은 그를 알아보지 못했을까? 그렇지 않다면 왜 마가가 그 사람의 이름을 언급했을까? 그렇게 하는 것이 일반적인 관행도 아니었는데 말이다. 만약 바디매오가 아직 살아 있었다면 그가 모든 문제를 깨끗이 풀어 주었을 것이다. 그는 자신이 얼마 동안 앞을 보지 못했는지, 그리고 지금은 함께 믿는 그리스도인 형제자매들을 얼마나 잘 볼 수 있는지 분명히 알고 있었다. 마가의 독자들 또한 그것을 알고 있었다. 문제는 마가뿐만 아니라 마태와 누가의 증언도 있다는 것이다. 그리고 실제로 그 중 한 명은 그 이야기를 잘못 전하고 있는 것으로 보인다. 하지만 여리고 길에서 맹인을 고친 일이 두 번 이상 있었다고 추정하는 것은 불가능한 일인가?

1. 마태복음 21장 14절에 맹인과 저는 자들이 성전에서 예수께 나아오니 그가 그들을 고쳐주었다는 내용이 나온다. 여기에서 분명 예수의 담화 이전에 고침 받은 자들과 그 후에 고침 받은 자들이 있었다는 것을 미루어 짐작할 수 있다. 예루살렘에서 주님이 한 명 혹은 두 명의 맹인만 한정적으로 고쳐준 것이 아니듯이, 여리고에서도 그가 한 명뿐만이 아니라 그 이상의 맹인 거지들의 눈을 뜨게 해 주었

을 가능성은 분명히 있다.
2. 여리고 주변의 길가에 많은 맹인들이 있었다는 것도 놀랄 일은 아니다. 사람들이 명절을 지키기 위해 예루살렘으로 여행하기 시작하면, 그 때는 바로 가난한 맹인들로서는 손을 내밀어 구걸하기에 완벽한 시간이었다. 무리를 지어서 그들을 지나치는 사람들은 적어도 명절 때 여행을 할 만큼 경제적 여유가 있는 신자들이었으므로, 가난한 맹인들로서는 그들로부터 동정의 손길을 충분히 기대할 수 있었다. 여리고는 갈릴리나 베레아 지방으로부터 오는 순례자들에게 유대로 들어가는 출입문이었기에, 거지들에게는 길가를 따라서 자리를 잡고 구걸하기에는 딱 좋은 장소였다.
3. 여리고 주변에 있던 맹인들이 예수에게서 많은 것을 기대했다는 것은 충분히 이해할 만하다. 예루살렘에서 그가 지난 번에 행한 기적은 바로 나면서부터 맹인 된 자를 고친 일이었다(요 9:1~7). 그 기적은 광범위하게 사람들에게 회자되었고, 예수에 대한 찬반 논의에서 핵심적인 역할을 했다(요 9:21). 예루살렘과 그 인근 지역에서 그는 저는 자를 고친 일(요 5장)과 나면서부터 맹인 된 자를 고친 일(요 9장)로 매우 잘 알려져 있었다. 따라서 성전에서 그에게 나아온 자들은 바로 저는 자들과 맹인들이었다(마 21:14). 나면서부터 맹인 된 자를 고친 사건에 대한 소문은 여리고에서도 사람들의 관심을 (특별히 맹인들 사이에서) 끌었음이 분명하다. 예루살렘에서부터 여리고까지는 소문이 금방 퍼졌다.
4. 마태가 두 명의 맹인에 대해 이야기하고 있고, 마가는 '한 명'(바디매오)에 대해 이야기하고 있다는 사실은 전혀 모순되지 않는다. 몇몇의 경우에 마태는 전반적인 개관을 기록하고 있는 반면, 마가는 자신의 이야기를 생생하고 구체적으로 전달하기 위해 한 사람에게 집중한다. 바디매오는 베드로와 그의 청중에게 잘 알려진 인물이었음

에 틀림없다. 그렇지 않았다면 그의 이름이 언급되지 않았을 것이다(복음서에서 병 고침 기사에 등장하는 인물들은 일반적으로 익명이다). 따라서 바디매오의 이야기를 청중과 독자들에게 들려주어야 할 이유가 있었던 것이다. 두 번째 맹인도 역시 같은 시각에 고침 받았다는 것에 대해서는 아무런 언급이 없다. 하지만 마태는 바디매오에 대해 특별한 관심을 기울이지 않고 기록하고 있다. 그의 기사는 더 일반적인 동시에 더 포괄적이다. 그는 예수에 의해 눈을 뜨게 된 두 명의 맹인에 대해 이야기하고 있다. 이와 유사한 비교를 해 볼 수 있는 경우는 마태복음 8장 28절(가다라 지방의 귀신 들린 자 둘)과 마가복음 5장 1~20절(데가볼리 지방에서 전도자가 된 귀신 들렸던 자)이다.

5. 누가는 예수가 여리고에 들어가기 전에 행했던 또 다른 병 고침에 대해 기록하고 있다. 그의 이야기와 비교했을 때 여리고에 머무신 후에 병을 고치신 것에 관한 마태와 마가의 기록은 얼핏 보기에 놀라운 유사성(심지어 단어 선택에서까지)을 가지고 있다. 하지만 자세히 살펴 보면 차이점 또한 발견하게 된다. 그리고 그 유사점은 그리 구체적이지 않다는 것도 보게 된다.

그 차이점은 사건들의 세부 사항과 관련되어 있다.

1. 사방에서 무리들이 밀고 당기는 가운데 예수가 여리고에 이르자, 그 맹인은 먼저 무슨 일이냐고 물었다. 그는 나사렛 예수가 지나가고 있다는 것을 들었다(눅 18:36~37). 예수가 여리고를 떠날 때는 그런 서론적인 정보가 언급되지 않는다. 맹인들은 이제 지나가는 분이 예수라는 것을 스스로 들어 알 수 있었다. 그들은 예수가 그 지역에 있었다는 것을 이미 알고 있었기 때문이다. 이와 관련하여 누가복음에 나오는 맹인(여리고에 들어가기 전에)은 '앞서 가는 자들'에

의해 조용히 하라고 핀잔을 듣는다. 그 사람은 어떤 무리들이 다가오고 있느냐고 물었고, 심지어 그가 앉아 있는 곳에 예수가 이르기 전부터 소리를 지르기 시작했다. 마가복음과 마태복음에서는 상황이 다소 다르다. 그 맹인들은 지나가는 무리가 하는 얘기 가운데 예수가 지나가고 있다는 것을 들었고, 그를 향해 소리를 질렀다.
2. 마가복음에는 다른 복음서에서 발견되지 않는 몇 가지 세부 사항이 포함되어 있다. 예수가 그 맹인을 불렀을 때, 그 주변에 있던 사람들이 그를 격려했으며, 그는 겉옷을 내어버리고 벌떡 일어나 예수에게로 나아왔다(막 10:49~50).

반면에 유사점은 차이점보다는 덜 구체적이다.

1. 대부분의 병 고침에 관한 이야기에서는 사람들이 도움과 자비를 요청하는 것을 볼 수 있다(참조, 마 9:27; 15:22; 17:15; 눅 17:13). 맹인에게 원하는 것이 무엇이냐고 물었을 때, "랍비여, 보기를 원하나이다"라는 대답 말고 어떤 대답이 나오겠는가? 고침 받은 사람의 믿음이 그를 구했다는 예수의 표현은 유사한 상황에서 자주 볼 수 있는 것이다(마 9:22; 눅 7:50; 17:19).
2. 가장 구체적인 유사점은 '다윗의 자손'이라는 호칭이다. 우리는 이미 그 호칭을 다른 두 맹인(마 9:27)과 가나안 여인(마 15:22)이 사용한 것을 들었다. '다윗의 자손'이라는 호칭은 그가 약속된 메시야라고 인식하고 있음을 암시한다(눅 20:41). 사람들은 예수가 행한 병 고침의 기적에 깊은 감명을 받을 때마다 이 호칭을 사용했다(마 12:22~23). 날 때부터 맹인 된 자를 고치고 죽은 나사로를 살린 후에, 유대 지경에는 예수가 메시야라는 것을 인정하는 사람들과 더욱 거세게 부정하는 자들 사이에 뜨거운 논쟁이 일어나기 시작했

다(요 7:31, 41; 9:22; 11:27; 12:34). 그 논쟁은 마침내 산헤드린 앞에서 대제사장이 직접 심문하는 상황으로까지 발전된다. "네가 하나님의 아들 그리스도인지 우리에게 말하라"(마 26:63). 이 기간 동안 많은 사람들이 예수를 메시야, 즉 다윗의 자손(마 21:9, 15)으로 인식했다. 하지만 예수는 어떻게 다윗의 자손이 동시에 다윗의 주님이 될 수 있는지 문제를 제기했다(마 22:43~45). 이 모든 사실들을 고려해 볼 때 '이 마지막 주간' 동안 맹인들이 예수를 가리켜 '다윗의 자손'이라고 부른 것은(그들은 예수가 메시야라는 것을 믿었다) 결코 유별난 일이 아니었다. 따라서 이는 누가의 이야기를 마가와 마태의 이야기와 동일한 것으로 간주하는 결정적인 근거가 될 수 없다. 며칠 후 그가 예루살렘에 입성할 때 수천의 사람들이 "다윗의 자손이여"라고 외쳤다. 왜 한 명이 아닌 두 명, 혹은 그 이상의 맹인들이 "다윗의 자손이여"라고 여리고에서 외쳤다는 것이 불가능한 일인가?

일요일 – 기름 부음

대부분의 복음서 기자들은 예수가 베다니에서 하룻밤 묵은 것에 대해서 거의 관심을 기울이지 않는다. 하지만 요한은 이에 대해 상세히 기록한다. 그곳에 도착해서 예수는 식사를 대접 받고, 그 자리에서 마리아는 예수에게 기름을 부었다. 그녀가 그의 장사를 염두에 둔 것은 분명하다(요 12:1~8). 그 다음 날에는 예루살렘에 입성했는데(요 12:12), 그것은 유월절 엿새 전이었다(요 12:1).

다른 복음서 기자들 역시 기름을 부은 사건을 기록하고 있다. 그들은 그 식사 자리가 예수를 위해 마련되었고(요 12:2), 나병환자 시몬의 집에서 있었다고 기록하고 있다(마 26:6; 막 14:3). 나사로 역시 식사 자리에 앉은 자들 중 한 명이었다는 요한의 언급으로 미루어 볼 때 그곳은 나사로의 집이 아니었던 것으로 보인다. 물론 마르다가 식사 준비를 돕고 있기는 했지만 말이다. 분명 나사로는 집 주인이 아니었으며 초대 받은 손님들 중 한 명이었다(요 12:2).

얼핏 보면 마태와 마가는 이 식사와 기름 부음이 유월절 엿새 전이 아니라 '이틀' 전에 있었다고 기록하고 있는 것처럼 보인다(참조, 마 26:2; 막 14:1). 하지만 이는 명백히 날짜 계산상의 차이일 뿐이다. 마태와 마가는 이 식사에 관한 이야기를 예수의 고난 주간에 관한 이야기의 서론 부분에 위치시키고자 했다. 산헤드린의 음모(마 26:1~5; 막 14:1~2)와 열두 제자 중 한 명이 변절한 사건(마 26:14~16; 막 14:10~11) 사이에, 복음서 기자들은 예외적인 한 인물의 덕을 기리는 공간을 마련한다. 그녀는 모든 사람들의 비난을 받으며 미리 예수의 장례라는 현실과 그 참된 가치를 받아들였다. 구주 자신도 그의 죽음과 장사됨의 복음이 전파되는 곳이면 전 세계 어디서든지 이 여인이 한 일이 기억될 것이라고 말씀하지 않았던가?(마 26:13; 막 14:9) 마리아가 한 행위에 경의를 표하고자 했던 복음서 기자들의 의도는, 왜 그 이야기가 시간적 순서를 이탈하여 예수의 죽음과 장사에 관한 복음의 서론 부분에 위치하는지를 설명해준다.[176]

위의 설명에 대해 추가적으로 증거가 되는 사실은 마태와 마가가 기름 부음 사건이 실제 그들의 복음서에 언급된 그 시점보다 전에 일어났음을 지적하고 있다는 것이다. 이는 그들이 이 이야기를 소개하기 위해 사용한 표현들에서 명백해진다. "예수께서 베다니 …… 집에 계실 때"(마 26:6)와 "예수께서 베다니 …… 집에서 식사하실 때"(막 14:3). 그때, 즉 유월절 이틀 전에는 예수의 베다니 방문이 끝났을 때였고, 이미 지난 일이었다. 마태와 마가가 말하고자 하는 것은 예수가 다시 '베다니로 돌아갔다'는

---

176) 저자의 마가복음 14장 3~9절에 대한 주석을 참조할 것(*Marcus: Het evangelie volgens Petrus*, 2d ed., Commentaar op het Nieuwe Testament, 3d series[Kampen: Kok, 1992]).

것이 아니라, 최근에 예수가 '베다니에 있었던' 때를 가리키는 것이다. 그것은 주초에 예수가 여리고에서부터 도착했을 때(마 21:1; 막 11:1), 승리의 입성이 있었던 날 밤(막 11:11~12), 그리고 성전을 정화했던 날(마 21:17; 또한 막 11:19, 참조, 막 11:12~13, 20~21)을 가리킨다.

비록 두 복음서 기자 모두 예수가 성전을 오가며 가르친 것이 며칠 정도 된다는 것을 암시하고 있기는 하지만(마 26:55; 마 14:49), 그가 마지막으로 다시 베다니에 돌아갔다는 언급을 하고 있지는 않다. 그러므로 기름 부음이 '예수가 베다니에 계실 때' 있었다는 표현은 그 주의 초반(요한복음에는 유월절 엿새 전이라고 명시되어 있다)을 가리킨다. 예수는 그의 마지막 밤들을 야외에서, 즉 감람 산에서 보냈다(눅 21:37). 그 때문에(눅 22:39) 가롯 유다는 예수를 배반한 날 밤 그를 찾을 수 있었던 것이다(요 18:2). 예수가 세상의 끝에 관한 위대한 담화를 전달하기 위해 제자들과 함께 물러간 곳이 바로 그 산이었다(마 24:3; 막 13:3). 그리고 그곳은 바로 최후의 만찬 후에 갔던 곳이기도 하다(마 26:30; 막 14:26).

예수가 그의 마지막 며칠을 예루살렘 주변에서 보냈으므로, 그 '베다니 사건'(기름 부음)은 명백히 그 주 초에 일어난 일로 여겨진다. 하지만 예수의 체포와 고난과 죽음의 이야기 시작 부분에 그 사건을 위치시킨 것은 그렇게 함으로써 그 진정한 의미를 나타내려 했던 것이다.

월요일 – 승리의 입성

주요한 사건들의 순서를 따르는 복음서 기사들은 승리의 입성을 예수가 베다니에 도착한 직후에 위치시킨다. 하지만 요한복음 12장 12절로부터 그 사이에 시간적인 공백이 있으며, 그 시간은 바로 예수가 베다니에서 묵었던 밤이었다.

승리의 입성 때 특별한 역할을 했던 나귀에 관해서 요한은 간략히 언급한다. 그는 예수가 나귀 한 마리를 '만나서' 타셨다고 간단히 기록했다(요 12:14). 반면 다른 복음서 기자들은 그가 '어떻게' 나귀를 구하게 되었는지를 말해 준다. 그는 제자들을 특정한 장소에 보내어 그 나귀를 찾게 했다(마 21:2; 막 11:2; 눅 19:30). 요한의 간략한 기록과 다른 복음서 기자들의 상세한 이야기 사이에 모순을 찾아내려고 하는 시도는 타당성이 없다.

마찬가지로 타당성이 없는 주장은 "아직 아무도 타 보지 않은" 나귀(막 11:2; 눅 19:30)를 묘사하고 있는 복음서들과, 나귀와 그 새끼를 동시에 끌고 왔다고 기록하고 있는 마태복음 사이에 모순이 있다고 하는 것이다. 나귀 새끼를 그 어미로부터 떼내어 그것에 타는 일이 얼마나 어려운 일인지 아는 사람이라면, 왜 마태가 사람을 태워 본 적이 없는 그 나귀 새끼를 끌고 오기 위해 그 어미까지도 함께 끌고 왔다고 설명하고 있는지 이해할 것이다. 어떤 비평 학자들은 마태복음 21장 7절에 대해 농담하기를, 스가랴의 예언이 성취된 것으로 보이기 위해 마태는 예수가 나귀와 그 새끼를 동시에 탄 것으로 암시하고 있다고 했다. 그 구절은 이렇다. "나귀와 나귀 새끼를 끌고 와서 자기들의 겉옷을 그것들 위에 얹으매 예수께서 그것들 위에 타시니."(저자 번역) 예수가 두 마리의 짐승을 동시에 탔다고 함으로써, 마태는 자신이 인용한 스가랴 9장 9절의 말씀에 상황을 맞추려고 필사적인 노력을 하고 있다는 것이다. "네 왕이 네게 임하나니, 그는 공의로우시며 구원을 베푸시며, 겸손하여서 나귀를 타시나니 나귀의 작은 것 곧 나귀 새끼니라." 하지만 실상은 그렇지 않다. 마태는 단지 제자들이 그 겉옷들을 어리고 사람을 태워 본 적이 없는(안장을 얹어 본 적이 없는) 나귀 새끼의 등에 얹었고, 예수는 그 '겉옷들 위에' 앉았다고 말하고 있는 것이다. 헬라어 원문에는 '그것들 위에'(on top of these)라고 되어 있다. 이 표현은 짐승들을 탔다는 의미가 될 수 없다. 짐승 '위에'(on top of; epan) 탔다고 하지 않고, 짐승을(on; epi) 탔다고 말하는 것이 정상적이기 때문이다(참조, 마 21:5; 막 11:7; 요 12:14~15). 그와는 대조적으로 안장을 대신하기 위해 나귀 새끼 위에 올려놓은 여러 장의 겉옷들 '위에'(on top of) 앉았다고 말하는 것은 문제가 없다.

 비평 학자들은 또한 승리의 입성 때 예수를 따라갔던 무리에 관해서도 모순점들이 있다고 주장한다. 처음 세 복음서 기자들에 의하면 군중은 예수가 예루살렘을 향하여 나귀 새끼를 탔을 때 호산나를 외치기 시작했다. 그들은 겉옷을 벗어 예수가 행하는 길 위에 펴고, 또한 나뭇가지를 베어 길에 폈다. 그리고 그의 앞에서 뛰어가고 뒤에서 따라갔다(마 21:8~9; 막 11:8~10). 누가복음에 의하면 "주의 이름으로 오시는 왕이여"라는 찬양은 그가 감람 산을 내려가기 시작하면서부터, 즉 예루살렘이 시야에 들어오면서부터이다(눅 19:36~38). 그런데 요한복음에서는 상황이 상당히 다른 것으로 추정된다. 요한복음에 의하면 먼저 무리들이 호산나를 외치며 등장한다. 그리고 나서야 예수는 나귀 새끼를 타고 예루살렘을 향한 짧은 여행을 시작한다(요 12:12~13과 12:14~16).

 여기에서 간과되고 있는 사실은(아마도 복음서 대조[synopsis]를 가지고 작업한 결과인 것 같다) 요한은 공관복음서 기자들이 '다루지 않은' 내용들에 대해 일부 이야기하고 있다는 것이며, 따라서 그가 더 많은 자료들을 제공하고 있다는 사실이다. 다른 복음서 기자들은 예수와 함께 '베다니에서부터' 예루살렘까지 여행했던 무리들만을 다루고 있는 반면, 요한은 전혀 다른 무리들에 대해 이야기하고 있다. 이 무리들은 '예루살렘으로부터' 와서 예수와 또한 그와 함께 있던 사람들을 영접하여 다시 예루살렘으로 들어가려는 자들이었다(요 12:12~13). 이 사람들은 종려나무 가지를 들고 맞으러 왔다. 그들이 그 나뭇가지들을 오는 길에 길가에서 잘라 왔을 가능성은 없다. 왜냐하면 예루살렘 주변에는 종려나무가 없었기 때문이다. 그 종려나무 가지들은 도심에 있는 상점에서 사온 것이거나 혹은 초막절 명절을 위한 물품을 보관하는 장소에서 가지고 왔을 것이다. 사람들이 종려나무 가지들을 가지고 왔다는 사실은 그들이 '승리자'를 영접하기 위해 나왔다는 것을 의미한다(유다 마카베우스[Judas Maccabeus]가 예루살렘과 성전을 재탈환했을 때 사람들이 종려나무 가지를 흔들었던 경우와 비교해 보라; 마카비서 하 10:7).

요한은 무리들이 예루살렘을 떠나 예수를 맞으러 간 장면을 묘사한 후에(12:12~13), 12장 14절에서부터 그 반대편에서는 무슨 일이 일어나고 있었는지(어떻게 예수가 나귀 새끼를 찾아서 탔는지) 설명한다. 요한은 나귀 새끼를 탄 예수와 함께 예루살렘 방향으로 오고 있었던 또 다른 무리들에 대해 알고 있었던 것이다. 그 무리들은 예수가 죽은 나사로를 살리는 것을 목격한 자들이었다(요 12:17). 나사로를 살린 일은 또한 그를 영접하기 위해 예루살렘에서부터 오고 있는 그 무리들에게 영감을 준 사건이기도 했다(요 12:18). 이렇게 양쪽에서 서로를 향해 움직이고 있는 두 무리를 보고서 바리새인들이 한숨을 쉬며, "보라, 온 세상이 저를 따르는도다"(요 12:19)라고 했던 것은 이해할 만한 일이다. 예수를 맞이하기 위해 가고 있던 무리들이 외쳤던 호산나가, 그와 함께 감람 산에서부터 내려오고 있던 무리들에게 영감을 주었던 것 같다. 그래서 그들도 같은 소리로 호산나를 외치게 되었을 때, 이는 예수에게로 올라가는 자들과 그와 함께 내려오는 자들이 번갈아 부르는 웅장한 노래가 되었다(눅 19:37~38).

마태복음 21장 1~17절과 누가복음 19장 28~48절에 의하면 승리의 입성이 있은 후 곧바로 같은 날에 성전 정화가 있었던 것처럼 보인다. 이러한 이야기 전개 방식은 낯설지 않는데, 왜냐하면 승리의 입성 후에 예수가 처음으로 행한 중요한 일이 바로 성전 정화였기 때문이다. 하지만 마가복음 11장 11~19절에 의하면 이 두 사건, 즉 승리의 입성과 성전 정화 사이에 예수가 베다니에서 하룻밤 묵었던 이야기가 나온다. 승리의 입성이 있던 날 예수는 성전을 둘러보고 상황을 파악했으며, 그 다음 날에도 그의 사역은 계속되었다.

화요일 – 성전 정화

예수의 사역 초기에 있었던 성전 정화(요 2:13~25)와 마지막 주간에 있었던 성전 정화(마 21:12~16; 막 11:15~18; 눅 19:45~48)의 차이점에 대해서는 이미 상세히 논의한 바 있다.

성전 정화는 하루 종일 걸린 사건이 아니었다. 시간이 좀 걸릴 수 있었던 것은 성전 뜰로 지나가는 사람들의 모든 통행을 저지하는 일이었다. 모든 일이 중지되었다(막 11:16). 이제 모든 관심이 성전에서 예수가 어떤 행동을 하는지에 맞추어졌다. 그는 많은 저는 자들과 맹인들을 고쳤으며(마 21:14), 무리를 가르쳤고(막 11:17), 어린아이들이 외치는 호산나 찬양을 받으셨다. 그 전날 어른들이 외치는 호산나 찬양을 받으셨듯이 말이다(마 21:15~16).

이 날뿐만 아니라 그 다음 날까지 관련되는 한 사건은 바로 베다니에서 예루살렘으로 가는 길에 무화과나무를 저주한 일이다. 마태와 마가는 승리의 입성과 성전 정화 사건을 결합하고 있는 관계로 이 이야기를 할 수 없었다. 하지만 마가는 이 사건을 11장 12~14절에서 기록하고 있다. 화요일 아침 성전 정화 사건이 있기 전, 예수는 한 무화과나무를 저주했는데, 이는 열매를 맺으려는 기미가 없었기 때문이다. 마가가 언급하는 것처럼 아직 무화과 열릴 철이 아니었으므로, 그 무화과나무를 저주한 것은 부당한 처사로 보일 수 있다.

하지만 마가가 그 언급을 통해 설명하고자 했던 것은 예수가 그 나무를 향해 '다가가서' 열매를 맺을 징후가 있는지, 과실을 맺기 시작했는지를 살펴 보았다는 것이다. 아직 무화과기 열릴 철이 아니었으므로 그러한 징후는 볼 수 없었다. 예수는 다 익은 무화과를 기대한 것이 아니었다. 그는 가서 '그 나무에 조금이라도 열매가 있을까' 살펴 보았던 것이다. 그러나 그 나무에 결실의 기미(작은 단추만한 열매라도)가 전혀 없다는 것을 확인하고, 예수는 그것을 예루살렘을 상징하는 표적으로 삼았다. 그 무화과나무가 표적으로서 보여주는 것은 예루살렘이 예수를 향하여 아무런 열매를 맺지 못했듯이, 세상을 향하여서도 아무런 열매를 맺지 못할 것이라는 사실이었다. 제자들이 다음 날 아침(성전 정화가 있었던 그 다음 날), 그 무화과나무가 완전히 말라버린 것을 보았다. 그 사건은 그 전날 예수가 하신 말씀을 기억한 베드로에게 상당한 충격을 주었다(막 11:21~22).

누가는 이 사건을 완전히 생략한다. 마태는 평소처럼 그 사건도 역사적인 세부 사항들을 빼고 간단히 요약한다(마 21:18~22). 마태가 '즉시 그 나무가 시들었고' 제자들은 놀랐다고 말한 표현을 통해 예수가 그 나무를 저주한 시점과 제자들이 그 시든 나무를 보고 놀란 시점 사이에 하루가 지났을 가능성을 유추해볼 수 있다. 그런데 한 나무가 오늘은 잎이 무성했다가 그 다음 날에는 완전히 말라버렸다면, 우리는 분명 뭔가 비정상적인 일이 진행되고 있다고 말할 수 있다. 그 나무가 완전히 죽는 데는 얼마간의 시간이 걸렸을 것이다. 문제는 그것이 갑자기 시들어버렸다는 것이다.

수요일 – 마지막 설교

월요일에 있었던 승리의 입성, 화요일에 있었던 주권적인 성전 정화 사건, 그리고 그 밖에 예수의 가르침과 기적들로 인해 많은 사람들의 관심이 예수에게 쏠리게 되자, 그의 대적들은 극도로 자극되었다. 산헤드린은 죽은 나사로가 살아난 날로부터 시작해서 예수를 죽일 계획을 세우고 있었다(요 11:47~53). 하지만 예수는 에브라임에 잠시 은거함으로써 잠시나마 원수들의 감시를 피할 수 있었다(요 11:54). 그리고 다시 사람들 가운데 모습을 드러내었을 때, 그의 대적들은 항상 그를 둘러싸고 있는 수많은 지지자들로 인해 방해를 받았다. 그러는 중에 수요일이 되자 불신에 찬 지도자들은 예수를 궁지로 몰아 대답을 강요했으며, 순례자들 중에 그를 따르는 사람들을 그에게서 떼어놓으려고 이간질을 시도했다. 수요일은 날선 대립의 날이었으며, 예수를 말로 책잡으려는 질문들이 쇄도한 날이었다. 그날은 또한 예수가 다시 한 번 그의 가르침 가운데서 공개적으로 그에 대한 거절과 증오에 대해 말씀하신 날이었다.

예수의 권위에 대해 의혹이 제기된 것은 그날 아침이었다. 예수는 이 도전에 대해 두 가지 비유를 말씀하심으로써 대응했다. 그 비유들은 분명하게 그가 바리새인들과 백성들의 지도자들에게 거부당하고 있는 문제에 관한 것이었다(마 21:23~46). 이로 인해 그들은 매우 화가 나서 그를 체포하려고 했다. 하지만 결국 그들은 무리가 어떻게 반응할까 두려워 그 일을 단념했다(마 21:46; 막 12:12; 누가복음 20장 19절에는 서기관들과 대제사장들이 구체적으로 언급되어 있다).

대결의 두 번째 라운드는 주님께서 한 비유를 말씀하시면서 시작되었다. 그 비유는 하나님의 진노가 회개하지 않는 그 도시에 내릴 것이며, 세계 각국에서부터 사람들이 와서 천국 혼인 잔치에 참여할 것이라는 내용이었다(마 22:1~14). 그러자 바리새인들과 또 다른 지도자들은 예수에게 어려운 질문을 함으로써 말로 그를 책잡으려는 작전을 펼쳤다. 가장 핵심적인 질문은 '가이사에게 세금을 내는 것이 가하냐'는 것이었고, 그 다음 질문은 사두개인들이 한 것인데 '죽은 자의 부활에 관한 것'이었다. 그리고 마지막으로 한 서기관이 '가장 큰 계명이 무엇이냐'는 질문을 했다. 세 가지 질문 모두 그를 궁지로 몰아넣기 위한 것이었으며, 무리들 가운데 그에 대한 의심을 일으키기 위한 것이었다(참조. 마 22:15~40). 질문한 자들이 수치를 당하고 잠잠해졌을 때, 예수는 그들에게 그 위대한 반문을 제시한다. '어떻게 다윗의 자손이 또한 다윗의 주님이라고 불릴 수 있는가?' 이 질문은 그들의 심문에 종지부를 찍었다. 그 순간 이후부터는 "감히 그에게 묻는 자도 없었다"(마 22:46; 참조, 막 12:34; 눅 20:40).

예수가 수요일에 했던 사역의 세 번째 부분은 그가 사람들과 그들의 지도자들과 또한 자신의 제자들에게 전했던 결론적인 말씀들로 구성되어 있다. 과부의 헌금에 대한 언급(마가복음과 누가복음에 나옴)을 제외하면, 이 부분은 두 개의 긴 설교로 이루어졌다고 볼 수 있다. 우선 예수는 무리들과 제자들에게 동시에 말씀하셨다. 말씀의 주제는 바리새인들과 서기관들이 주도하는 예루살렘의 불신이었다(마 23장). 이는 예수가 성전에서 전한 고별 설교였다. 이렇게 엄한 설교를 끝으로 그는 성전을 떠나 다시는 돌아가지 않았다. 그리고 그는 사람들로부터도 물러났다(마 23:39~24:1). 그의 두 번째 긴 설교는 제자들만을 위한 것이었다. 그는 이 설교를 감람 산에서 전했는데, 그곳은 바로 그가 제자들과 함께 마지막 며칠 밤을 보낸 곳이다. 그 설교는 복음의 미래와 유대인들의 미래에 관한 것이었다(마 24장; 막 13장; 눅 21:5~38). 그 설교 뒤에는 몇몇 비유의 말씀이 나오는데, 이는 우리가 주님의 재림을 고대해야 하는 시기에 관한 것이었다(마 25장).

승리의 입성에 관한 기사에 이어 요한은 예수가 만난 어떤 헬라인들에 대한 반응으로 했던 일련의 말씀들을 기록하고 있다(요 12:20~36). 이 말씀들은 이제 예수의 '때'가 왔음을 암시한다(요 12:23, 27). 이 말씀들을 마친 후에 예수는 그곳을 떠나 사람들로부터 자신을 숨긴다(요 12:36). 이를 계기로 요한은 사람들의 믿음 없음을 되돌아 보며(요 12:37~41), 또한 예수를 따르는 자들의 두려움에 대해서도 기록했다(요 12:42~50; 12:44~50에 나오는 예수의 말씀은 아마도 같은 날 더 이른 시각에 했던 말씀인 것 같다). 모든 점을 고려해 볼 때, 요한복음 12장 20~50절은 예수가 그 마지막 수요일에 성전을 떠나 자신의 제자들과 함께 물러나기 전에 했던 일련의 말씀으로 보는 것이 옳다.

이 마지막 수요일의 네 번째 부분은 짧지만 중요한 부분이다. 이는 예수가 그의 고난과 죽음에 대해 이미 반복해 온 말씀인데, 이번에는 '구체적인 날짜'가 명시된다. 예수는 설교를 마치고 그의 제자들에게 말씀하셨다. "너희가 아는 바와 같이 이틀이 지나면 유월절이라 인자가 십자가에 못 박히기 위하여 팔리리라"(마 26:2). 이는 흔히 예수의 고난에 대한 네 번째 선언으로 불린다. 하지만 마가와 누가가 이 네 번째 선언에 대해 언급하지 않고 있다는 것은 놀라운 일이다. 그들은 처음 세 번의 선언에 대해서는 마태와 마찬가지로 주의 깊게 기록하고 있다. 복음서 기자들은 네 번째 고난 선언을 언급하지 않기를 원했던 것 같다.

사실 마태복음 26장 2절에 나오는 고난 선언은 단순히 세 번째 선언의 반복에 불과하다. 새로운 내용은 아무것도 없으며(십자가 처형에 의한 죽음은 세 번째 선언에도 언급되었다), 완전하지도 않다(부활에 대한 언급이 없다). 그렇다면 왜 반복되었을까? 예수는 지금 세 번째 고난 선언이 이틀 후에 성취될 것임을 계시하고 있는 것이다. 수요일이 끝나가고, 이제 내일이면 무교절의 첫날이다(마 26:17). 그리고 모레는 유월절이다. 금요일에 예수는 죽을 것이다. 수요일은 그렇게 예수의 죽음에 대한 선언으로 마감되었던 것이다.

13장

마지막 유월절 만찬

목요일 – 제자들의 발을 씻으심

요한과 유월절 식사의 시점

마지막
유월절 만찬

목요일 – 제자들의 발을 씻어 주심

마지막 설교를 하신 수요일 다음 날은 무교절의 첫날이었다(마 26:17). 이날은 바로 유월절 양을 잡는 날이었다(막 14:2; 눅 22:7). 무교절은 니산월 15일에서 21일까지였으며(참조, 요세푸스, *Antiquities* 3.10.5, p.249), 그 7일 동안 성전에서는 유월절 제사를 드렸다(민 28:16~25). 하지만 어떤 경우에는 니산월 14일도 포함되었다. 이날은 준비일이었는데, 사람들은 집에서 모든 유교병을 제거하고, 저녁 상에 무교절 양을 올렸다. 그럴 경우 무교절 명절은 총 8일이 된다(참조, 요세푸스, *Antiquities* 2.15.1, p.317). 처음 세 복음서 기자들은 분명 후자의 방식을 따른다. 유월절 양을 잡는 목요일의 시작에 관해 기록하고 있기 때문이다(마 26:17; 막 14:12; 눅 22:7). 다른 말로 하면 그들이 목요일, 즉 니산월 14일을 염두에 두고 있다는 말이다.

유월절과 무교절에 관련하여 사용된 용어들은 복잡하다. 니산월 14일은 준비일로 이날 모든 유교병을 집에서 제거하고, 양을 잡으며, 저녁에는 유월절 식사를 한다. 이 저녁 식사 때문에 니산월 14일은 간혹 유월절이라고 불린다(레 23:5; 요세푸스, *Jewish War* 6.9.3, p.423; *Antiquities* 2.14.6, p.313).

니산월 15일은 무교절의 시작이다. 이 명절은 7일간 계속되며, 그 기간 동안 많은 희생 제사를 성전에서 드린다(레 23:6; 민 28:17~25; 참조, 요세푸스, *Antiquities* 3.10.5, p.249; 9.13.3, p.271; 11.4.8, p.110). 따라서 니산월 15일은 첫째 날로 간주된다(니산월 16일은 둘째 날이다. 참조, 요세푸스, *Antiquities* 3.10. 5, p.250). 니산월 15일은 실제로 이스라엘이 해방된 날이었다(요세푸스, *Antiquities* 2.15.2, p.318). 유대인들은 또한 무교절(니산월 15~21일)을 가리켜 유월절이라고 부르기도 한다(참조, 눅 22:1; 요세푸스, *Jewish War* 2.1.3, p.10; *Antiquities* 10.4.5, p.70; 14.2.1, p.21; 17.9.3, p.213; 18.2.2, p.29; 20.5.3, p.106).

유교병을 집에서 제거하는 날은 니산월 14일이므로, 이날 또한 무교절로 불리기도 한다(요세푸스, *Jewish War* 5.3.1, p.99). 만약 이날(니산월 14일)을 그 명절(니산월 15~21일)의 일부로 계산한다면, '무교절 기간'은 8일이 되는 것이다(요세푸스, *Antiquities* 2.15.1, p.317; 참조, 막 14:21; 눅 22:7).

마태복음 26장 2절에서 이틀이 지나면 유월절이라고('기네타이'; *ginetai*) 할 때, 우리는 니산월 15~21일을 생각해야 한다. 거기에는 유월절 양을 잡는다는 언급이 없다. 오히려 마태는 '유월절'이라는 말을 다가오는 명절, 즉 무교절에 대한 정식 용어인 것처럼 사용하고 있다.

마가복음 14장 1절의 경우도 마찬가지이다. "이틀이 지나면 유월절과 무교절이라"는 설명은 니산월 15일이 유월절(유대인들 사이에) 혹은 무교절(주로 헬라인들 사이에)이라고 불리는 명절의 첫날이라는 것을 암시한다. 이 모든 사실이 의미하는 바는 고난 주간의 목요일은 마가복음 14상 1절의 수요일 다음 날이었으며, 유월절 이전이었고(유월절은 수요일 기준으로 이틀 후였다), 니산월 14일이었다는 것이다. 니산월 14일 저녁에 예루살렘 거민들과 수천 명의 순례자들은 유월절 양을 함께 먹었다.

이날 예수가 성전에 나타났다는 언급이 없는 것은 당연한 일이다. 그는 수요일에 성전에서 고별 설교를 했다. 그뿐만 아니라 목요일은 특별한 날이었다. 그날 아침에는 모든 사람들이 집을 치우고, 집안 구석구석에서 모든 유교병 반죽이나 음식 찌꺼기나 곰팡이 같은 것들을 제거했다. 오후에는 유월절 식사를 위한 음식 재료들을 준비해야 했다. 이 식사에서 가장 핵심적인 부분은 그날 오후 세 시부터 시작해서 성전에서 수천 마리의 양을 잡는 것이었다. 모든 사람들이 집을 청소하느라 바쁘고, 그러고 나서는 제사장이 자신의 양을 잡아 줄 차례를 기다리느라 성전에서 어떤 가르침을 받을 시간이 없었다.

해결해야 할 또 다른 문제들이 있었다. 제자들은 어디에서 유월절 식사를 준비해야 할지 주님께 물었다(마 26:17; 막 14:12). 이에 예수는 베드로와 요한에게 성내로 들어가 저녁 식사를 위해 모든 것을 준비하도록 했다. 그 시점에 주님은 성 밖 감람 산에 있었고, 그가 보낸 제자들은 예루살렘에 들어갔다(마 26:18). 거기서 그들은 깨끗하게 정리된 한 다락방을 구했다. 그곳은 이미 모든 유교병이 제거되었고, 예수와 제자들이 유월절 만찬을 나눌 수 있도록 정결하게 준비되어 있었다. 그 집 주인은 예수의 계획을 알고 있었다. 아마도 주님께서 그 다락방을 쓸 수 있도록 사전에 조용히 준비해 두었는지도 모른다. 가룟 유다에게 알리지 않기 위해 말이다. 그는 그 배신자가 밀고를 하기 전에 방해 받지 않고 제자들과 함께 유월절 식사를 하고 싶었던 것이다.

베드로와 요한은 모든 것을 준비했다. 양을 샀고, 그날 오후 성전 뜰에서 제사장을 통해 그 양을 잡았다. 아울러서 그들은 약초와 빵과 포도주, 그리고 아마도 감사제물에서 남은 고기도 준비했을 것이다. 예수는 저녁이 되기까지 성내에 들어오지 않았다. 유월절 식사 시간이 되었을 때(눅 22:14), 그는 제자들과 함께 식사를 하기 위해 왔다. 그는 죽기 전에 제자들과 이 유월절 식사를 함께 하기를 "원하고 원했다"(눅 22:15). 유월절 식사가 끝날 무렵, 죄 사함을 위한 그의 죽음을 기념하는 주의 만찬이 제정되었다. 긴 작별의 말씀이 전해졌고 기도가 올려졌다. 드디어 예수는 겟세마네로 가서 어둠 가운데 체포되었다. 네 명의 복음서 기자 모두 이러한 일련의 사건들을 기록하고 있는데, 그것은 곧 세족식이 있던 목요일의 끝이었고, 성금요일에 있었던 재판과 십자가 처형에 대한 서론적인 사건들이었다.

요한과 유월절 식사의 시점

처음 세 복음서 기자들에 의하면 목요일 저녁은 니산월 14일, 즉 유월절 양을 먹는 시간이었다. 이러한 사실은 요한복음에도 적용되는가? 많은 학자들은 주장하기를 요한은 목요일을 니산월 13일로 생각하고 있으며, 그의 기사에 의하면 니산월 14일은 금요일에 시작된다고 한다. 따라서 사람들이 유월절 양을 먹은 때는 예수가 십자가에 처형된 날 저녁이었다는 것이다. 다른 말로 하면 예수가 주의 만찬을 제정하고 제자들과 함께 먹었던 마지막 식사는 유월절 식사가 아니었다는 것이다.

서로 다른 날짜 매김이 가지는 의미는 중요하다. 게다가 그렇게 결정적인 날의 날짜에 관하여 모순이 있다고 한다면, 복음서들의 신뢰성을 의심할 수밖에 없다. 복음서들에 나타난 것처럼 만약 그 저자들이 그 자리에 있었다면, 그들은 예수의 죽음이 성전에서 유월절 양을 잡는 것과 같은 시간에 일어났는지, 또는 그들이 그 유월절 식사를 한 것이 그 전날 저녁이었는지 분명히 알고 있었을 것이다. 많은 비평학사들은 요한이 성금요일의 날짜를 다르게 매기는 것을 증거 삼아 복음서들은 신학적 해석을 제공할 목적으로 기록되었으며, 실제 사건들은 부차적인 역할을 한다고 주장한다. 예를 들어 요한이 최후의 만찬 시기를 다르게 잡고 있는 이유는 예수의 죽음과 유월절 양을 잡는 시간을 맞추기 위해서였다는 것이다. 예수의 죽음에 대한 요한의 해석은 예수가 이스라엘을 위해 희생된 한 어린 양이었다는 사실에 기초한다.

우리가 먼저 주목해야 할 사실은, 검증 가능한 사실들을 정확하게 기록하는 일을 매우 중요하게 생각했던 요한(요 19:35; 21:24)이 만약 십자가 처형 날짜(모두가 알고 있거나 쉽게 알아낼 수 있는 그 날짜)를 하루 옮겼다고 한다면 그것이 얼마나 이상한 일인가 하는 것이다. 명절날 혹은 그 바로 전에 일어난 일들은 우리가 잘못 기억하게 될 확률이 매우 낮다. 게다가 요한복음은 명시적으로 예수와 유월절 양을 동일시하지 않는다. 그리고 우리가 요한복음을 그냥 읽는다고 해서 그러한 결론에 도달할 것도 아니다. 그러한 연관성은 요한이 날짜를 다르게 매기고 있는 것 같다는 흥미로운 사실을 설명하기 위해 학자들이 주장한 것이다. 하지만 왜 요한이 그러한 자신의 진정한 의도를 숨기고자 했겠는가? 왜 예수가 유월절 양과 동일시되어야 한다는 주장을 단지 이야기의 날짜를 바꾸는 것을 통해 펼쳐야 했겠는가?

하지만 요한복음 본문이 고난 주간 동안의 날짜에 관하여 몇 가지 의문을 불러일으키는 것도 사실이다. 지금까지 제시된 설명에 대한 상세한 연구는 이 책의 범주를 넘어선다. 또한 예수와 그 제자들은 공식적인 유대 달력과 다른 어떤 종교력(아마도 엣세네 공동체의 달력)을 따라서 유월절 식사를 했다는 최근의 이론 또한 간과할 것이다(만약 그것이 사실이라면 요한은 유대 지도자들과 성전에서 사용되는 달력을 따랐고, 다른 복음서 기자들은 예수와 그 제자들이 사용한 달력을 따랐다는 말이 된다). 복음서들 안에는 그러한 가설을 뒷받침할 만한 아무런 근거가 없다. 또한 성경 외적 자료들에 근거하여 이 시기에 예루살렘이라고 하는 하나의 성전 도시에서 두 개의 달력이 사용되었다는 것을 증명할 수 있을 것인가 하는 문제 역시 언급할 가치가 없다고 본다. 복음서들이 일관되게 지지하는 견해는 예수가 당시 절기들의 시기에 관한 한 서기관들이나 제사장들과 완전한 일치를 보았다는 것이다.

우리는 이 논의와 관련하여 복음서들 자체가 제공하는 핵심적인 사실들에만 집중할 것이며, 빌버벡(P. Billerbeck)이 이 주제에 관해 쓴 논문(이는 여전히 이 분야에서 권위를 가진다)을 반박할 것이다.[177] 우리는 이 문제에 관해 세부 사항을 논의하지 않을 수 없다. 이 논의에 대해 흥미가 없는 독자들은 이를 부록으로 여기고 다음 장으로 넘어가도 좋다.

여기에서 문제가 되고 있는 날짜들에 대하여 요한이 다른 복음서 기자들과는 다른 계산 방식을 사용하고 있음이 명백하다고 보는 것이 빌버벡의 견해이다. 반면에 우리가 주장하는 바는 요한은 분명 목요일을 니산월 14일(13일이 아니라)로 잡고 있고, 금요일을 니산월 15일(14일이 아니라)로 잡고 있다는 것이다. 이 논의와 관련하여 다음의 사항들이 고려되어야 한다.

1. 세족식과 식사에 관한 이야기는 요한복음 13장에서 시작된다. 이 부분의 시작은 이러하다. "유월절 전에". 저자가 말하고자 하는 바는 무엇인가? 그는 분명 니산월 15일부터 시작되는 명절 기간을 의미하고 있다. 그가 이야기하는 것은 유월절 양을 먹는 그 저녁이 아니다. 그는 지금 니산월 15일에 시작해서 21일에 끝나는 명절에 관해 이야기하고 있다. 만약 요한이 니산월 14일이 끝날 무렵에 있는 축제 행위를 가리키는 것이었다면, 그가 13일 저녁을 묘사하면서 '유월절 전에'라고 했을 리 없다. 13일의 다음 날(14일)은 그 자체로 '유월절 명절'이라고 표현될 수 없다. 그러므로 세족식과 최후의 만찬은 니산월 15일이 시작되기 전의 저녁, 즉 니산월 14일의 끝에 있

---

[177] "Die Angaben der vier Evangelien über den Todestag Jesu unter Berücksichtigung ihres Verhältnis zur Halakha", in H. L. Strack and P. Billerbeck, *Das Evangelium nach Markus, Lukas und Johannes und die Apostelgeschichte*, vol. 2 of *Kommentar zum Neuen Testament aus Talmud und Midrasch*(Munich: Beck, 1924), 812~853.

었다. 심지어 요한복음에서도 최후의 만찬은 여전히 유월절 만찬인 것이다.

2. 요한복음 13장의 몇몇 세부 사항이 이러한 해석을 지지한다. 떡을 찍어 먹었다는 것(요 13:26)은 어떤 종류의 소스가 있었다는 것을 시사한다. 쓴 약초로 만든 소스는 유월절 식사의 일부였다. 가룟 유다가 밤중에 자리를 떴을 때, 제자들은 그가 '명절에 쓸 물건을' 사러 나간다고 생각했다(요 13:29). 이는 결코 유다가 니산월 13일과 14일에 걸쳐 있는 그 전날 밤에(유대인의 하루는 해가 질 때 시작되므로 그 전날 저녁은 13일의 끝과 14일의 시작에 걸쳐 있다.-역자 주), 그 다음 날 저녁에 있을 유월절 식사를 준비하기 위해 무언가를 사러 간 것이라고는 볼 수 없다. 유다가 그렇게 하기 위해서는 하루의 반을 더 기다려 14일 아침에 집의 구석구석에서 유교병을 제거한 후라야 했기 때문이다. 이 구절이 또한 말해 주고 있는 것은 유다가 명절에 쓸 것을 사러 나갔을지도 모른다는 것이다. 다시 한 번 여기에 유월절 명절이 실제로 시작되는 시점은 니산월 15일, 즉 유월절 식사가 끝난 후라는 개념이 등장하는 것이다. 유월절 주간의 첫날(15일)은 21일과 마찬가지로 성회로 모이는 날이었으며, 그 주간에는 필수적인 일 외에는 엄격하게 아무런 노동도 허용되지 않았다(민 28:16~25). 유다가 자리를 뜬 것에 대한 제자들의 추측으로 미루어 볼 때, 그 시점은 이미 니산월 14일에서 15일로 넘어가고 있는 시각이었던 것이다.

3. 요한복음 19장 14절에서 빌라도가 사람들에게 예수를 그들의 왕으로 소개했을 때, 그날은 '유월절 주간의 예비일'(It was the day of Preparation of Passover Week; NIV)이었다. 헬라어 본문은 이러하다. '앤 데 파라스큐애 투 파스카'(*en de paraskeue tou pascha*; It was now the Preparation of Passover; 이날은 유월절의 예비일이요). 이 표현은 또한 '유

월절을 위한 준비'(Preparation for Passover)라고도 번역될 수 있다. 하지만 '유월절의'(of Passover)로 번역하는 것이 문자적 번역이며 분명한 의미를 전달한다. 그날은 유월절 '기간 중'(during Passover)에 속한 예비일이었다. 만약 그 표현을 '유월절을 위한 준비'(Preparation *for* Passover)라고 번역한다면, 이는 준비 행위가 니산월 14일에 있었고, 또 그 준비는 그날 저녁에 유월절 양을 먹는 저녁 식사를 위한 것이었다는 말이 된다. 빌버벡의 주장은 이 해석이야말로 개연성 있는 유일한 해석이라는 것인데, 이유는 그 표현이 랍비 문헌에 사용된 전문적 용어인 '에렙 페사크'(*eereb pesah*, 유월절 식사를 위한 준비)를 번역한 것이기 때문이라고 한다.

비록 이에 대해 그가 강하게 주장하고 있기는 하나, 그 논거는 충분치 않다. '파라스큐애 투 파스카'(*paraskeue tou pascha*)라는 헬라어 표현이 '에렙 페사크'(*eereb pesah*)에 상응한다는 주장도 타당성이 없다. '에렙'(*eereb*)이라는 단어는 '저녁'을 의미한다. 독일어 '하일리히 아벤트'(Heiligabend)가 교회 절기의 전야를 가리키고, 영어 단어 '이브'(eve)가 크리스마스 이브나 새해 전야에서와 같이 특정한 공휴일의 전야를 가리키듯이, '에렙 페사크'(유월절 저녁) 역시 니산월 14일의 오후와 저녁, 즉 사람들이 유월절 식사를 준비하고 먹는 그 시간을 가리킨다. 그것은 니산월 15일에 시작하는 유월절 명절에 선행하는 저녁이었다. 그 저녁은 유월절 명절의 전주곡 역할을 하는 매우 중요한 시간이었으므로 그것을 가리키는 특별한 용어들이 만들어져 왔던 것이었다.

헬라어 단어 '파라스큐애'(*paraskeue*)는 '저녁'이라는 단어와 아무런 상관이 없다. 그것은 '준비'를 의미한다. 그러한 의미로 그 단어는 '금요일'이라는 특별한 기능적인 의미를 갖게 되었다. 안식일을 위한 예비일이었다는 말이다. 안식일에 먹을 음식들을 바로 이 예비일, 즉 금요일에 준비했던 것이다. 마가복음 15장 42절에서 그 단어는 '안식일 전날'로 번역되었다. 같은 번역을 마태복음 27장 62절에서도 볼 수 있는데, 거기에서는 예수가 죽은 날을 예비일 다음 날, 즉 금요일 다음의 안식일로 언급하고 있다. 누가복음 23장 54절에서도 '파라스큐애'(*paraskeue*)는 안식일 전날을 가리키기 위해 사용되었다. 요한은 그 단어의 사용 방식을 바꾸지 않았다. 요한복음 19장 31절에서 '파라스큐애'(*paraskeue*)는 안식일 전날을 의미한다(참조, 요 19:42). '파라스큐애'는 저녁(에렙)을 의미하지 않기 때문에, '파라스큐애 투 파스카'(*paraskeue tou pascha*)라는 표현이 그 어디에서도 '유월절 전야'라는 의미로 사용되었다는 것을 증명할 수 없다. 그리고 '파라스큐애'(*paraskeue*)라는 단어가 네 복음서에 모두 나오고 항상 '안식일을 위한 예비일'(즉 금요일)을 의미하기 때문에, 요한복음 19장 14절의 해석은 당연히 이러하다. "이 날은 유월절 주간의 금요일이요."

이 간단한 문장은 우리에게 두 가지 사항을 말해 준다. 첫째, 그날은 금요일이었고, 안식일이 다가오고 있었다. 시간이 급박하므로 빌라도는 더 이상 지체하지 않고 결정을 내려야 했다. 둘째, 그날은 유월절(니산월 15일), 즉 이스라엘 백성들이 '해방된 날'이었다. 빌라도는 이 특별한 날에 유대인들에게 '왕'을 되돌려 주는 것은 훌륭한 선전 행위라고 생각했다. 이 문장이 요한복음 19장 11~16절의 문맥에서 하고 있는 기능은 바로 그런 것이다. 빌라도는 예수를 풀어 주려고 했지만, 유대인들은 그 계획에 대해 결사적으로 반대했다(19:12). 따라서 빌라도는 바로 그날에, 즉 안식일 전에 판결을 내려야만 했다(그 다음 날까지 판결을 연기하는 것은 불가능했다. 19:13). 이날은 해방의 날이었기에 빌라도는 예수를 왕으로 세워주었지만(19:14), 백성들은 이 '왕'을 즉시 십자가에 처형하도록 요구했다(19:15). 그래서 총독은 그를 십자가에서 처형하도록 내어주었다(19:16). 빌버벡은 이러한 타당한 해석을 간과한다. 왜냐하면 그는 '유월절 주간의 안식일을 위한 예비일'이라는 번역에 동의하지 않기 때문이다. 빌버벡은 자신이 제시했던 가능한 번역들의 선택의 폭을 너무 좁게 잡았다. 그가 '유월절 주간의 금요일'이라는 번역 가능성을 고려하지 않았다는 것은 유감스런 일이다.

4. 마지막으로 우리는 요한복음 18장 28절을 살펴볼 필요가 있다. "그들은 더럽힘을 받지 아니하고 유월절 잔치를 먹고자 하여 관정에 들어가지 아니하더라". 이 문장을 보면 유대 지도자들이 아직 유월절 식사를 먹지 않았으며, 시간은 여전히 니산월 14일이었다는 것이 분명해지지 않는가? 만약 '유월절 식사를 먹는다'는 표현이 단지 유월절 양을 먹는 그 저녁 식사만을 가리킨다면 이는 분명히 사실이다. 하지만 빌버벡조차도 그러한 전제를 받아들이지 않는다. 신명기 16장 2~3절과 역대하 35장 7~9절에 의하면 이 구절은 유월절 주간의 7일 동안 드려지는 희생 제사를 의미한다고도 볼 수 있기 때문이다. 따라서 빌버벡에 의하면 문맥상 이 구절에서 '유월절 식사'는 유월절 양을 가리키는 것이 아니라 유월절 희생 제물들을 가리키는 것이 명백하다(민 28:16~25). 그러므로 요한복음 13장이 말하는 바가 유월절 양은 이미 그 전날, 즉 목요일 저녁에 먹었다는 것이라면 (위의 1, 2번에서 논의한 바와 같이), 요한복음 18장 28절은 명백히 유월절 희생 제물과 무교병을 먹는 것을 가리킨다고 볼 수 있다.

요한복음 18장 28절이 유월절 양을 가리킬 수 '없다'는 견해를 뒷받침하고 명확히 하기 위해서 더 많은 얘기를 할 수 있다. 어쨌든 18장 28절의 사건들은 아침에 일어났다. 만약 지도자들이 총독 본부에 들어감으로써 부정하게 되었다면, 그들은 저녁에 유월절 양을 먹기 전까지 쉽게 자신들을 정하게 할 수 있었을 것이다. 부정하게 될까 두려워하는 것은 같은 날에 먹는 식사와 관련된 것이어야 한다. 따라서 그것은 니산월 15일에 가져온 희생 제사로부터 나온 식사였을 수밖에 없다. 빌버벡은 이 상황이 이방인의 집에 들어가는 경우에 해당되며, 따라서 이는 7일 동안 부정해지는 결과를 초래했을 것이라고 주장하는데, 그의 주장이 정확하다면 위의 추론은 틀린 것이라고 해야 할 것이다.

저자의 생각으로는 예루살렘 '성내'에 있었던 총독 본부(구체적으로는 안토니아 요새)는 건축 구조상 성전 단지(temple complex)의 일부였으며, 또 그곳에는 대제사장들의 의복들이 보관되어 있었으므로, 이방인들의 '소유'인 집들에 적용되는 것과 똑같은 규정은 적용되지 않았을 것으로 여겨진다. 그 장소는 방대한 성전 단지의 '일부'였다. 그러나 그곳은 이방인들이 사용하던 곳이었다. 이는 그곳이 유교병으로부터 완전히 깨끗해지지 않았다는 것을 의미한다. 때는 이미 유월절이었고, 지도자들은 이미 유교병으로부터 자신들을 정결케 했으므로, 그들은 다시 부정케 되는 위험을 감수하고 싶지는 않았다. 그러한 위험에 노출됨으로 인해 이 특별한 날에 유월절 희생 제물과 무교병을 먹는 특권을 박탈당하고 싶지 않았던 것이다.

만약 총독 관저에 들어가는 것이 7일간의 부정함을 초래했다면, 심지어 특별한 경우가 아니라 해도 아무도 그 건물에 들어가려 하지 않았을 것이다. 하지만 사실은 그렇지 않았다. 요한복음 18장 28절에 묘사된 것은 그날의 예외적인 특성 때문에 발생하는 예외의 경우였다. 총독이 사람들을 영접한 곳이 안토니아 요새가 아니라 헤롯 궁이었다고 주장한다 해도 상황은 마찬가지이다. 헤롯 궁은 로마 정부의 건물이 아니었으며, 헤롯 문에 속한 궁전이었다. 그리고 특별한 경우에 로마 총독의 관저로 사용될 수 있었다.

요한복음에서 '유월절을 먹는다'(eat the Passover)는 표현(*한글 성경은 이를 "유월절 잔치를 먹는다"로 의역하고 있다.–감수자)이 다른 복음서들보다 좀 더 넓은 의미로 사용되었다는 사실은 놀랄 만한 일이 아니다. 요한은 '파스카'(*pascha*)라는 단어를 결코 '유월절 양' 혹은 '유월절 식사'를 가리키기 위해 사용하지 않았다(마 26:17~19; 막 14:12~16; 눅 22:7~15과는 대조적이다). 요한에게 있어서 그 단어의 의미는 항상 '유월절 명절 기간'이었다(요 2:13, 23; 6:4; 11:55; 12:1; 13:1; 18:39). '유월절을 먹는다'라는 표현은 단순히 '유월절 명절의 일부였던 희생 제사 음식을 먹는다'라는 의미로 정의될 수 있다.

5. 마지막으로 볼 구절은 요한복음 18장 39절이다. 여기에서 빌라도는 사람들에게 '유월절이 되면' 죄수 한 사람을 놓아주는 전례를 상기시킨다. 그는 올해에는 예수를 놓아주면 어떻겠느냐고 제안한다. 빌라도의 말이 전제하는 바는 해마다 행해지는 특별 사면의 시기가 바로 지금이라는 것이다. 이는 곧 그 금요일은 이미 '유월절' 중이었으며, 또한 유월절 주간(니산월 15~21일)의 한 날일 수 있음을 의미한다. 니산월 14일(특별히 그날 이른 아침)은 결코 '유월절 명절의 한 날'에 포함될 수 없었다. 요한복음 18장 39절은 요한에게 있어서 이 금요일은 분명히 니산월 14일이 아니라 15일이었다는 것을 확증해 준다.

요약하면 요한복음에서도 역시 유월절 식사는 목요일 저녁에 행해졌다고 할 수 있다. 재판이 있었던 금요일은 유월절 주간의 첫날(니산월 15일)이었으며, 이스라엘 백성이 해방된 날이기도 했다. 따라서 예수의 고난 주간에 관한 날짜 매김에서 요한과 다른 세 복음서 기자들 사이에는 아무런 모순이 없다.

14장

산헤드린은 사형 집행 권한이 있는가?

예민한 질문 한 가지
요한복음 18장 31절
유대 관할권 주장
사형 제도와 로마법
투석형에 의한 사형 집행
반론
결론

산헤드린은
사형 집행 권한이 있는가?

　재판과 십자가 처형이 있었던 금요일에 발생한 복잡한 사건들에 대해 선명하게 이해하기 위해서는 먼저 그 배경을 이해해야 한다. 특별히 두 가지 문제를 따로 논의해야 한다. 첫째, 당시의 산헤드린 공의회가 사형 집행 권한이 있었는지, 그래서 빌라도의 도움이 없이도 예수를 죽일 수 있었는지에 대한 문제이다. 둘째, 산헤드린이 수요일 저녁까지 내부적으로 합의한 전략은 무엇이었으며, 그 전략은 어느 정도까지 금요일에 있었던 사건들에 대한 설명을 제공하는가에 대한 문제이다.

　첫 번째 질문은 본 장에서 논의할 것이고, 두 번째 문제는 다음 장에서 논의할 것이다. 첫 번째 질문에 대답하기 위해서는 이 책의 다른 어떤 곳에서보다 더 많은 세부 사항을 다루어야 한다. 예수의 생애에 관한 전반적인 그림을 보고 싶은 독자라면 본 장과 다음 장을 건너뛰어 16장으로 바로 가도 좋다. 16장은 성금요일을 다루고 있다. 14장과 15장에 나오는 배경 지식과 세부적인 논의 사항은 나중에 살펴볼 수도 있을 것이다.

예민한 질문 한 가지

　로마 총독 본디오 빌라도 치하에서 유대인들은 사형을 선고하고 집행할 권한을 가지고 있었는가? 이 질문은 고도로 감정적인 차원의 질문이다. 이는 비기독교적 유대인과 기독교인 사이의 논의에서 점점 더 자주 제기되는 질문이다. 누가 진정 예수의 죽음에 책임이 있는가? 기독교인들은 쉽게 유대인들을 향해 손가락질을 할 수 있다. 하지만 만약 진정 유대인들이 사형을 집행할 권한이 있었다고 한다면, 그럼에도 불구하고 그 사형을 집행한 것이 그들이 아니라 로마인들이었다는 사실은 중요한 의미를 가진다. 유대인들은 비난으로부터 자유로운가? 그렇다면 예수는 그가 '로마'의 관원들에 의해 십자가에서 처형되었다는 사실이 보여주듯 정치적으로 위험한 인물이었는가? 또는 유대인들은 사형 집행 권한이 없었고, 단지 '자신들의' 분노를 로마인들의 손을 빌어 발산했을 뿐인가? 예수가 진정 메시야로서 거부된 적이 있기나 한 것인가?

　이러한 질문들이 항상 명시적으로 제기되는 것은 아니다. 하지만 유대인 저자 폴 윈터(Paul Winter; 1961)가 저술한 책을 통해 많은 사람들이 이러한 문제들에 대해 알게 되었다.[178] 그의 책은 아우슈비츠, 이즈비카, 마이다네크, 그리고 트레블린카 수용소의 희생자들에게 헌정되었는데, 그들 중에는 저자의 소중한 친지들(어머니와 누이)도 포함되어 있었다. 그는 이 분야에 관한 연구에 진정으로 몰입했던 사람이었다. 그는 책을 쓰기 위해 수년간 작업하면서 런던에서 은둔자처럼 생활했다. 얼마 안 되는 생계비를 벌기 위해 밤에 지하철에서 일하거나 간질 환자들을 돌보는 경비원으로 일했다. 폴 윈터는 말하자면 유대인들에게 내려진 부당한 판결을 떨쳐버리고자 한 사람이었다.

---

178) P. Winter, *On the Trial of Jesus*, 2d ed., rev. and ed. T. A. Burkill and G. Vermes, Studia Judaica 1(Berlin: De Gruyter, 1974).

그는 학술적인 연구를 통해 예수는(혁명을 일으키려 한 것이 아니었음에도 불구하고) 로마 당국의 주도로 체포되었으며, 로마인들에 의해 처형되었는데, 그 이유는 왕이 되고자 했던 그의 야심이 사람들 사이에 너무 많은 긴장을 유발시켰기 때문이라고 했다. 윈터의 책은 오래된 논의에 다시 불을 붙였으며, 새로운 열기를 더했다. 그 책에 대한 반응이 줄을 이었다. 십여 년 뒤에 캐치폴(Catchpole)은 예수의 재판을 다룬 1770년 이후의 유대 역사 문헌들에 대한 훌륭한 개관서를 썼다.[179] 그의 어조는 초연하다. 그 책은 다양한 논의들을 제시하지만 감정적인 정황에 개입되지는 않는다.

그럼에도 산헤드린의 권한에 관한 문제를 다루고자 하는 사람은 그 문제가 가지는 감정적인 측면을 주지해야 한다(특별히 이러한 감정들과는 무관하게 이 문제를 다룰 수 있는지 판단하기 위해). 그 당시의 유대인들에게 죄가 있느냐의 문제는 산헤드린에 권한이 있었느냐의 문제에 달려 있지 않다. 그리고 十주께서 십자가 위에서 자신을 못 박은 사들의 죄 사함을 위해 기도했는데, 무엇 때문에 이제 와서 책임의 소재를 찾기 위한 의도로 산헤드린이 그의 죽음에 어떤 기여를 했는지(혹은 할 수 있었는지) 연구를 수행해야 한다는 말인가? 우리는 비기독교적 유대인들에 대한 입장을 정리하기 위한 목적으로 산헤드린의 권한에 대한 문제를 연구하지 않을 것이다. 이 연구의 목적은 복음서들을 해석함에 있어서 우리가 어떻게 자료들을 해석해야 하고, 또 그 자료들의 역사적 배경은 무엇인가에 대한 이해를 위해서이다.

예수 당시의 산헤드린은 사형 집행 권한이 전혀 없었다는 입장을 견지하기 위해 권위 있는 자료들을 찾는다면 예레미아스(Jeremias), 블린츨러(Blinzler), 셔윈-화이트(Sherwin-White), 혹은 캐치폴(Catchpole)과 같은 학

---

[179] D. R. Catchpole, *The Trial of Jesus: A Study in the Gospels and Jewish Historiography from 1770 to the Present Day*, Studia Post-biblica 18(Leiden: Brill, 1971).

자들의 저작을 참고하면 될 것이다.[180] 하지만 그 반대의 주장에 관심이 있고, 그러한 주장을 지지하기 위해 전문가의 도움이 필요하다면 저스터(Juster), 리츠만(Lietzmann), 윈터(Winter), 혹은 콘(Chon)과 같은 학자들을 따라가면 된다.[181]

흥미롭게도 상대적으로 더 많은 수의 유대인 학자들이 산헤드린에 사형 집행 권한이 있었다는 견해를 지지하고, 반대로 상대적으로 더 많은 수의 기독교 학자들이 그 권한이 없었다는 견해를 지지한다. 후자의 견해는 요한복음 18장 31절에서 유대 지도자들이 빌라도에게 "우리에게는 사람을 죽이는 권한이 없나이다"라고 말한 것을 읽어 볼 때 이해할 만하다. 유대인 학자들에게 이 복음서는 기독교 자료이므로 그 중요도가 떨어졌을 것이다. 그들은 분명 아주 많은 다른 자료들을 수집했을 것이며, 필연적으로 그 자료들에 근거하여 요한복음 18장 31절은 다르게 해석되어야 하거나 혹은 오류로 여겨져야 한다는 결론을 내렸을 것이다. 반면에 만약 기독교 학자들이 랍비 문헌들을 사용하여 로마 치하에서 산헤드린은 사형 집행 권한이 없었다는 것을 증명할 수 있다고 믿는다면, 처음부터 분명한 사실은 이에 관한 자료들이 엄청나게 많다는 것이다. 그리고 이러한 자료들에 대한 평가는 특정한 학자들의 '그룹들'이 가지는 편견이

---

180) J. Jeremias, "Zur Geschichtlichkeit des Verhörs Jesu vor dem Hohen Rat", *Zeitschrift für die neutestamentliche Wissenschaft* 43(1950~1951): 145~150; J. Blinzler, *Der Prozess Jesu: Das jüdische und das römische Gerichtsverfahren gegen Jesus Christus auf Grund der ältesten Zeugnisse dargestellt und beurteilt*, 3d ed.(Regensburg: Pustet, 1960; English translation: *The Trial of Jesus: The Jewish and Roman Proceedings against Jesus Christ Described and Assessed from the Oldest Accounts*, trans. Isabel and Florence McHugh [Westminster, Md.: Newman; Cork: Mercier, 1959]); A. N. Sherwin-White, *Roman Society and Roman Law in the New Testament*(Oxford: Clarendon, 1963); Catchpole, *Trial of Jesus*.

181) J. Juster, *Les Juifs duns l'Empire Romain*(Paris: Geuther, 1914); H. Lietzmann, "Der Prozess Jesu" and "Bemerkungen zum Prozess Jesu", *in Kleine Schriften*, vol. 2, *Studien zum Neuen Testament*(Berlin, 1958~1962), 251ff.; Winter, *On the Trial of Jesus*; H. Cohn, *The Trial and Death of Jesus*(New York: Harper & Row, 1971).

나 선입견이 개입되지 않는다고 하더라도 다양한 결론에 이를 수 있다는 것이다. 여기에서 우리는 모든 자료들을 다 다루려는 것이 아니라 핵심적인 자료들만 하나씩 논의해 보려 한다.

요한복음 18장 31절

유대 지도자들은 빌라도에게 "우리에게는 사람을 죽이는 권한이 없나이다"라고 했다(요 18:31). 하지만 그들이 말하는 것이 유대의 재판과 유대의 사형 선고에 근거한 집행을 가리킨다는 것이 의심할 나위 없이 확실한 것인가? 그렇다고 하는 것이 블린츨러(Blinzler)의 분명한 견해이다.[182] 요한복음 18장 32절에 근거하여("이는 예수께서 자기가 어떠한 죽음으로 죽을 것을 가리켜 하신 말씀을 응하게 하려 함이러라") 많은 사람들은 당시 사형은 반드시 십자가 처형일 필요가 없었으며, 돌로 쳐서 죽일 수 있는 유대인들의 권리 역시 하나의 가능한 선택이었다고 추론한다.

하지만 블린츨러가 주목하는 사실은 요한복음 18장 32절이 시사하는 죽음의 형태는 돌로 쳐 죽이는 형벌이 아니라 불법적인 살인이었다는 점이다. 블린츨러에 의하면 적절한 절차를 밟지 않고 예수를 그냥 죽이려고 하는 시도는 요한복음 8장 59절이나 10장 31절에 언급되었다. 따라서 요한복음 18장 32절이 의미하는 바는 예수가 자신의 죽음에 대해 살인이 아니라 사형 집행에 의해 죽을 것이라고 예언했던 말씀이, 유대인들이 그를 빌라도, 즉 당시 유대에서 사형을 집행할 수 있는 권한을 가진 유일한 사람에게 데리고 갔을 때 성취되었다는 것이다.

하지만 요한이 예수의 예언이 성취되었다고 선언하기 위해 선택한 시

---

182) Blinzler, *Prozess Jesu*, 165.

점은 블린츨러의 해석과 상반된다. 왜 요한은 그것을 더 일찍, 즉 산헤드린이 예수를 체포했을 때나 혹은 그를 빌라도에게 데려가기로 결정했을 때 선언하지 않았는가? 살인을 하지 않고 재판을 할 것이라고 결정한 순간은 그때가 아니었던가? 유대인들이 재판 과정에서 자신들에게는 누군가를 처형할 권한이 없다는 것을 말한 그 시점에 하필 예수의 예언이 기록된 이유는 무엇인가? 이것은 최소한 그 예언이 바로 이 '언급'의 순간에 성취되고 있다는 인상을 줄 뿐만 아니라, 대안으로 제시되는 돌로 치는 형벌이라는 것이 유대인들 '자신의' 종교법 때문에 '그 날에는' 사용될 수 없었던 것임을 시사하고 있다.

이를 지지하는 또 다른 논거는 다음과 같다. 블린츨러가 단지 요한복음 8장 59절과 10장 31절만을 인용하는 것은 놀라운 일이다. 그는 11장 53절을 간과하고 있는데, 그 구절을 보면 산헤드린은 예수가 나사로를 살린 후부터 그를 죽이려고 모의하기 시작했다. 그러한 모의가 산헤드린의 권한 범위 내에 있었다는 것은 명백하다. 그들이 모의한 것은 그가 죽임을 당하도록 만들 것인지('포뉴사이'; phoneusai)의 여부가 아니라, 그들 자신이 그를 죽일 것인지('아폭테이나이'; apokteinai)의 여부였다. 그를 총독에게 넘기는 문제에 관해서는 아무런 언급도 없었다. 그들에게 만약 사형을 선고하고 집행할 권한이 없었다면 총독에게 넘기는 것이 당연한 절차였을 텐데 말이다. 만약 산헤드린이 예수를 재판에 회부할 권한이 없었다면, 그 전날인 수요일에 그를 책잡기 위해 퍼부었던 그 모든 질문들이 무슨 소용이 있었겠는가? 요한복음 18장 31절과 대립되는 것은 8장 59절과 10장 31절에 나오는 살인의 시도들이 아니라, 산헤드린이 사체적으로 예수를 죽이려 했던 처음의 모의이다(요 11:53). 유대인들의 지도자들로서 이 시점까지는 선택의 권한이 여전히 그들의 손에 있었다. 하지만 이제(요 18:31) 그들은 재판의 권한을 빌라도에게 넘겼다. 그리고 바로 그 순간 예수가 십자가에 달려 죽으리라(로마의 사형 제도)는 예언이 성취된 것이다.

우리가 믿기로는 요한복음 18장 31절의 표현("우리에게는 사람을 죽이는 권한이 없나이다")은 즉석에서 문제를 해결해 주지도 않으며, 이 문제에 대한 추가적인 연구를 할 수 있도록 한다. 또한 유대인들에게 사형을 집행하는 권한이 있었다는 것으로 결론이 난다고 해도, 요한복음 18장 31절은 그러한 역사적 현실의 배경에서도 의미가 잘 통한다.

유대 관할권 주장

만약에 로마 치하 유대인들에게 사형 집행 권한이 없었다면(심지어 로마 당국의 허가를 받고도),[183] 그들에게 자체적인 사법 활동 권한이 있었는지를 판단해야 한다. 유대인들이 가진 사법 개념상 그들이 만약 사형을 집행할 권한이 없었다면, 사형 선고 권한(예를 들어 거짓 선지자의 경우)은 아무런 의미가 없는 것이다. 우리가 분명히 알고 있는 바는 로마 치하에서 유대인들이 사법적인 자치권을 가지고 있었다는 것이다. 물론 제한이 있기는 했지만, 부여받은 자치권 한도 내에서는 간섭받지 않았다. 유대인들의 법률적 자치는 헤롯 치하 때까지 계속되어 왔다. 그리고 만약 그 자치권이 취소되었다고 한다면, 그것은 단지 유대 지역에서였으며(A.D. 6년 이후 로마 총독들 치하), 갈릴리에서는 아니었다(헤롯 안디바 치하). 하지만 산헤드린이 유대 지역만을 위한 법정은 아니었다. 그것은 팔레스타인 전체뿐만 아니라 모든 유대인들을 위한 대법원과 같은 곳이었다.

우리는 산헤드린이 계속해서 사법권을 가지고 있었다는 것을 알고 있다(그 권한의 한계가 무엇이었든 간에). 이러한 사실은 산헤드린의 의장인 대

---

183) Cf. P. J. Verdam, *Sanhedrin èn Gabbatha*(Kampen: Kok, 1959), 32~33.

제사장을 선임하거나 해임하는 권한을 로마 당국이 보유했다는 점에서 확인된다. 이는 그 유대 공의회를 로마의 통제하에 두기 위해서였다. 그리고 공의회 의장은 물론 공의회가 지배 세력의 마음에 들지 않으면 즉시 해임되었다. 하지만 만약 공의회가 아무런 권한도 갖지 못한 채 단지 토론만 하는 그룹이었다면, 유대의 사법 활동에 대한 로마의 간섭(그 권위 아래에서 대제사장은 종신직을 수행했다)은 아무런 의미가 없다.

블린츨러는 산헤드린이 형사 사건을 재판할 수 있는 권한을 유지하고 있었다는 사실을 분명히 인정한다.[184] 콘(Cohn)은 지적하기를 로마 치하에서 유대인들의 내부적인 사법 체계 전체가 그대로 유지되었다고 한다. 산헤드린은 단지 특별한 사건들만을 담당했다. 대부분의 사건은 이른바 소산헤드린에서 처리했는데, 소산헤드린은 23명의 판사들로 구성되어 있었다. 요세푸스는 어떻게 가비니우스(Gabinius)라는 로마 총독이 B.C. 60년경에 다섯 개의 지방 소산헤드린을 창설했는지 기록하고 있다 (*Antiquities* 14.5.4, p.91). 콘은 주장하기를 예수가 재판을 받을 당시 이러한 소산헤드린은 유대와 갈릴리의 모든 큰 도시에 있었다고 한다.[185]

산헤드린이 법을 집행할 수 있는 권한이 있었다는 명백한 증거는 바울이 재판을 받은 이야기에서 찾을 수 있다. 거기에서 유대인들이 로마 당국에 바울을 보내어 "그의 사실을 더 자세히 알아보고"(행 23:15) 자신들의 법에 따라 그를 재판할 수 있게 해 달라고(행 24:6; KJV) 요청할 수 있었다는 데에서 충분한 증거를 볼 수 있다.[186] 바울이 황제에게 호소한 이유는 유대인들의 재판을 면하기 위해서였다. 베스도는 바울이 예루살렘으로 가서 자신이 보는 앞에서 산헤드린의 재판을 받게 되기를 원했다.

---

184) Blinzler, *Prozess Jesu*, 166~167.
185) Cohn, *Trial and Death of Jesus*, 32.
186) NIV와 NRSV의 본문에는 사도행전 24장 6b~8a절이 생략되어 있고, 난외주에 포함되어 있다. NASB는 이 구절들을 괄호로 표시하고 있다.

바울은 사형을 받을 죄가 있다면 굳이 그것을 모면할 의도는 없었다. 하지만 그는 베스도가 이미 자신이 처벌 받아야 할 아무런 죄를 범하지 않았음을 알고 있다는 것을 파악했다. 따라서 베스도가 유대인들에게 환심을 사기 위한 이유로 자신을 유대인들에게 넘기려는 것을 거부했다(행 25:9~11). 베스도가 유대인들에게 환심을 사기 위해 바울을 넘겨주려 했다는 사실은 산헤드린이 형사 사건을 재판할 '권한'이 있었다는 것을 전제한다. 하지만 로마 시민으로서 바울은 정당한 이유 없이 유대 법정에 넘겨질 수 없었다.

윈터(Winter)는 바울의 재판이 가지는 의미에 관해 상당히 자세하게 다루었다.[187] 그의 논의에 대해 캐치폴(Catchpole)은 의문을 제기한다. 캐치폴 역시 산헤드린이 법을 집행할 수 있는 자유를 가지고 있었다는 점은 인정하지만 윈터의 견해에는 동의하지 않는다. 캐치폴에 의하면 유대인들은 사형을 '선고'할 권한은 있었지만, '집행'할 권한은 없었다고 한다.[188] 바울 사건의 경우 이 두 가지 요소는 구분되어야 한다. 비록 산헤드린이 바울의 경우를 사형에 해당한다고 여긴 것은 분명하지만 말이다.

캐치폴은 사도행전 25장 9절을 해석하기를, 베스도가 유대인들에게 제안한 것은 '로마' 당국의 재판 장소를 예루살렘으로 옮기면 어떻겠느냐는 것이었다고 한다. 하지만 이러한 해석은 사도행전 25장 11절의 내용과 상반된다. 바울이 가이사에게 호소한 이유는 베스도의 재판을 피하기 위해서가 아니었다. 그는 황제에게 호소함으로써 '유대인의' 재판을 모면하고자 했다. 사도행전 25장 9절에서 '에프에무'(*ep'emou*)라는 표현은 공정한 재판을 담보하고 폭력적인 상황을 방지하기 위해 베스도가 산헤드

---

187) Winter, *On the Trial of Jesus*, 112~127.
188) Catchpole, *Trial of Jesus*, 250~254.

린 재판에 '참석'하겠다는 의미로 이해되어야 한다.[189] 캐치폴에 의하면 산헤드린 법정 배후에 로마 당국이 그런 식으로 참석했을 개연성은 없다고 한다. 하지만 우리는 정확히 그러한 사례를 사도행전 22장 30절~23장 10절에서 볼 수 있다. 그 구절들을 보면 천부장 루시아(Lysias)는 산헤드린이 바울을 심문하는 과정을 감시했고, 위급한 상황이 되자 자신의 군사들을 동원하여 바울의 피신을 도울 수 있었다. 아마도 이는 예외적인 경우였을 것이다. 그것은 결코 평범한 재판이 아니었기 때문이다.

---

189) 샬리트(A. Schalit, "Zu AG 25, 9[On Acts 25:9]", *Annual of the Swedish Theological Institute 6 [1968]: 106~113*)는 윈터(Winter)의 의견을 반박하며 강한 주장을 펼치는데, 그에 의하면 베스도가 의미했던 것은 로마 당국의 재판을 예루살렘으로 옮기겠다는 것이었다고 한다. 그가 이 주장을 증명하기 위해 제시하는 논거는 '크리태나이 에프 에무'(*krithenai ep'emou*)라는 헬라어 표현이 재판 상황과 관련하여 사용되었을 경우 '나의 재판을 받는다'는 의미로만 이해될 수 있다는 것이다. 샬리트가 제시하는 사례들은 '에피'(epi)가 소유격(genitive)과 함께 재판 상황과 관련하여 사용되었을 경우 형을 선고할 수 있는 권위(법정)를 가리킨다는 것을 (다시 한 번) 분명하게 보여준다. 하지만 그는 사도행전 25장 10절에서 고려해야 할 사항이 더 있다는 것을 간과했다. 그 구절은 "바울이 이르되, 내가 가이사의 재판 자리 앞에 섰으니 마땅히 거기서 심문을 받을 것이라. 당신도 잘 아시는 바와 같이 내가 유대인들에게 불의를 행한 일이 없나이다." 바울이 한 이 말은 황제에게 호소하겠다는 의미가 아니다(그는 25:11b~12에 가서야 그렇게 한다). 그가 말하는 것은 단지 그가 지금 황제의 법정에 서 있다는 사실이다(총독은 황제에게 속한 이 지방에서 황제를 대신하여 법을 집행하는 것이다). 이는 또한 그가 마땅히 재판 받아야 할 곳이기도 했다. 이 법정(가이사랴에 있는)에 상반되는 세력은 유대인들(예루살렘에 있는; '거기서')이었다. 황제의 권한을 위임받은 총독의 법정 대신에 유대인들의 법정에 선다는 것은 곧 (무죄가 입증된) 한 사람을 불공정한 판사들에게 (무조건 그에게 형을 선고할) 떠넘기는 결과가 되는 것이었다. "아무도 나를 그들에게 내줄 수 없나이다"(행 25:11)라는 표현은 그를 유대인들의 법정에 넘긴다는 의미로만 이해될 수 있나. 왜냐하면 아직까지 베스도가 바울 사도를 보호하지 않으려 한다는 징후는 없었기 때문이다(사실은 그 반대였다). 따라서 우리는 사도행전 25장 9절에서는 '재판을 받는다'는 동사와 전치사 '에피'(epi; 소유격과 함께 사용된)가 결합된 사례를 볼 수 없다. 오히려 우리는 다른 종류의 결합을 본다. 바울은 '거기서 재판을 받기를'(즉 예루살렘 법정에서; 저자가 여기서 말하고자 하는 결합은 '재판을 받는다'는 표현과 '거기서'라는 단어의 결합이다-역자 주) 원하지 않았다. 심지어 베스도가 그와 함께 가서, 유대인들의 재판이 베스도 앞에서 열린다고 해도 말이다.

사형 제도와 로마법

로마법을 자신들의 논거로 삼는 학자들은 산헤드린이 사형을 집행할 권리가 있었다는 사실을 불가능한 일로 치부한다. 셔윈-화이트(Sherwin-White)는 사형 집행 권한을 로마 사법 당국이 독점하고 있었다고 주장한다.[190] 또한 총독들은 시샘하듯 이 권한에 집착했으며, 결코 하급자들에게나 토착 사법 기관에게 그 권한을 위임하지 않았다고 한다. 유일한 예외는 자주적 도시 국가들이었는데, 예루살렘은 거기에 해당되지 않았다.

이 견해가 정확하다는 것은 부인할 수 없다. 하지만 문제는 사형을 집행할 수 있는 로마의 권한은 '로마의' 법률적인 문제들에만 해당된다는 것이다. 로마 당국이 산헤드린에게 그러한 일의 집행을 도와달라고 요청했을 리는 만무하다. 그렇다면 로마법이 적용되지 않는 사안들의 경우에 실제적인 관행은 어떠했는가 하는 것이다. 예를 들어 유대인들과 같은 특정한 집단이 로마법에서는 다루어지지 않는 문제들에 대한 법률과 처벌 조항을 구비한 자신들만의 고유한 법 체계를 여전히 가지고 있는 경우 말이다.

로마의 재판관이라면 엄격하게 로마법의 한계를 고수할 것이며, 자신의 사법적 판단에 결코 외부적인 요소를 개입시키지 않을 것이다. 이를 분명히 드러내는 좋은 예는 고린도에서 있었던 갈리오의 행동이다. 그는 바울에 관한 고소 내용이 유대인의 내부적 문제에 관한 것이고, 유대인의 경전에 관련된 사안들임을 발견한 즉시 그 사건에 대한 재판관 역할을 거부했다(행 18:15). 하지만 그는 그들이 법적 절차를 진행하는 것을 금하지는 않았다. "너희가 스스로 처리하라"고 그는 말했다. 이 말로만 봐서는 유대인들이 자신들의 법률적 문제에서 어느 정도의 자율권을 가지

---

190) Sherwin-White, *Roman Society and Roman Law*, 36. Cf. Blinzler, *Prozess Jesu*, 168~169.

고 있었는지를 알 수 없다. 하지만 법 집행에 대한 로마의 권한에 대해 논의함에 있어서 확실히 알 수 있는 것은, 로마의 법률과 형벌을 강제하고 집행할 권한을 가진 것은 오직 로마의 재판관밖에 없었으며, 다른 어떤 인물이나 기관들도 그런 권한을 부여받지 못했다는 사실이다.

따라서 당시 팔레스타인의 상황은 콘[191] 이 묘사하는 것과 유사했을 가능성이 높다. 유대인은 '자신들의' 종교 재판을 집행했는데(관련된 형벌도 포함해서), 이 일은 소산헤드린과 예루살렘에 있는 산헤드린이 감당했다는 것이다. 로마 당국은 팔레스타인 지역의 '로마' 법의 수호자였다. 그 두 사법 기관이 공존했으므로 로마법과 유대법에 의해 공통적으로 처벌 가능한 범죄가 발생했을 경우에 총독은 그 사건이 로마법에 의해 심리되도록 결정할 권한이 있었다. 따라서 유대인들이 사법적 관할권을 견지할 수 있는 사건들에는 숫적 한계가 있었다. 게다가 대제사장을 선임하는 과정에서 총독이 행사했던 영향력은 유대인들의 최고 사법 기관 기능을 통제하는 수단이 되었다.

로마 총독이 사형 집행 권한을 위임한 예가 한 번도 없다는 바로 그 사실 때문에, 우리는 빌라도가 했던 몇몇 언급을 통해 산헤드린이 사형을 집행할 수 있는 (제한된) 권한을 원래부터 가지고 있었다고 전제해야 한다. 우선 요한복음 18장 29~31절에 주목할 필요가 있다.

> 그러므로 빌라도가 밖으로 나가서 그들에게 말하되, "너희가 무슨 일로 이 사람을 고발하느냐?" 대답하여 이르되, "이 사람이 행악자가 아니었더라면 우리가 당신에게 넘기지 아니하였겠나이다." 빌라도가 이르되, "너희가 그를 데려다가 너희 법대로 재판하라."

---

191) Cohn, *Trial and Death or Jesus*, 33~34.

빌라도는 유대인들에게 그들의 고소 내용을 명확히 진술하라고 명했다. 하지만 그들은 빌라도가 심문을 진행하기를 원했다. 만약 범죄 행위에 대한 증거가 없었다면, 그들이 그를 빌라도에게 넘기지 않았을 것이라는 말이다. 유대인들은 예수 사건은 로마의 재판관이 직접 맡아서 해결하고 결론 내려야 할 사항이라고 간주했다. 범죄 행위의 성질 자체가 그것을 요구하고 있었다. 예수는 범죄자였다. 예수를 넘겨줌으로써 그들은 빌라도에게 로마법을 위반한 죄인을 다루고 있다는 것을 보여줄 수 있었다. 만약 그것이 사실이 아니라면 그들은 예수를 넘겨주지 않았을 것이며, 유대인들 내부의 송사는 내부적으로 해결했을 것이다.

하지만 빌라도는 그들의 연기에 넘어가지 않았다. 그는 상황을 꿰뚫어 보고 있었다. 그는 그것이 유대인들 내부의 문제라는 것을 너무도 잘 알고 있었다. 따라서 그는 심문을 떠맡기를 거절했다. 그리고 유대인들에게 예수를 넘겨주지 '않고', 그 대신 그들의 유대법을 따라 그를 재판할 수 있는 여지를 주었다. 만약 유대인들이 로마법에 저촉되는 범죄나 불법 행위가 아닌 사건들을 맡아서 자신들의 종교법을 따라 재판할 수 있는 권한이 없었다면, 어떻게 로마 총독인 그가 그러한 말을 할 수 있었겠는가? 그 유대인들은 그들이 법을 집행할 수 없다는 말을 한 것이 아니었다. 그들이 말했던 것은 자신들이 어떤 사람을 죽이는 것이 허락되지 않았다는 것이었다(즉 유월절 기간 중인 바로 그날에는 말이다).[192]

두 번째 진술은 요한복음 19장 6절에서 발견된다.

빌라도가 이르되, "너희가 친히 데려다가 십자가에 못 박으라. 나는 그에게서 죄를 찾지 못하였노라."

---

[192] 유대인들이 여기에서 빌라도에게 산헤드린은 사형을 집행할 권한이 없다는 것을 상기시키고 있는 것인지, 아니면 그들이 그날에는 재판을 하거나 사형을 집행할 입장이 아니라는 것을 알려주고 있는 것인지에 대한 논의를 위해서는 본 장의 두 번째 섹션(p.374)을 참조하라.

만약 산헤드린이 사형 집행을 할 수 있는 권한이 없었다면 빌라도로서는 그들에게 그 사건을 재판하고 심지어 사형을 집행하라고 부추긴다는 것은 상상도 할 수 없는 일이었을 것이다. 그랬다면 그는 총독으로서 불법적인 사형 집행을 허락하고 유발시킨 것이 된다. 또한 총독의 특별한 처분으로 주어진 사형 집행 권한을 유대인들이 즉시 사용하지 않았다는 것 또한 이상한 일이다. 빌라도의 말이나 유대인들의 태도가 증명해 주는 사실은 산헤드린이 로마법에 관련되지 않은 형사 사건들에 관하여 사형을 집행할 수 있는 제한된 권한을 가지고 있었다는 것이다. 빌라도의 제안에 대해 유대인들은 다음과 같이 대답했다(요 19:7).

우리에게 법이 있으니 그 법대로 하면 그가 당연히 죽을 것은 그가 자기를 하나님의 아들이라 함이니이다.

분명한 사실은 유대인들이 그 사안을 유대적인 범죄 사건으로 제시하고 있다는 것이다. 만약 팔레스타인 땅에서 사형을 집행할 수 있는 권한이 로마 당국에만 있었다면, 이제 예수의 사면은 어쩔 수 없는 사실이 되고 말았을 것이다. 하지만 빌라도는 유대인들의 내부적인 고소 사건(처음에 빌라도는 이를 억누르려 했었다. 요 18:28~32)을 사형에 해당하는 사건으로 신중히 다루고 있었다. 이는 당시에 로마법(사형을 포함하는) 외에 또 다른 법(처벌들을 포함하는)이 기능하고 있었음을 다시 한 번 보여 주는 것이다.

마지막으로 우리는 재판의 놀랄 만한 결과를 고려해 보아야 한다. 빌라도가 사건을 재판했다. 그는 예수가 로마법 앞에 무죄하다는 것을 선언했다. 그럼에도 불구하고 그는 예수를 십자가에 못 박으라는 명령을 내린다. 이 명령은 예수를 유대인들의 손에 넘겨주는 행위이며(요 19:16), 동시에 그들의 뜻에 굴복하는 행위였다(눅 23:25). 빌라도가 만약 무죄한 사람을 폭도들의 손에 넘겨주어 그들로 하여금 사형 집행이라는 명목으로 그를 부당하게 죽이도록 했다면, 빌라도 자신이 로마법을 위반한 것이 된다. 하지만 빌라도는 완전히 다른 어떤 행동을 한다. 그는 자신이 로마 법을 집행하는 것이 아니라고 한다. 그는 단지 유대법 집행에 협조할 뿐이라고 했다. 재판의 전 과정이 시사하는 바는 이것이 정상적이지 않다는 것이다. 총독은 유대인들의 사형 집행관이 아니었다. 하지만 이 특정한 날에 빌라도는 그 일을 하고 있었다. 만약 유대인들이 형사법을 집행할 권리가 없었다면 그는 결코 그런 일을 할 수 없었을 것이다. 또한 유대인들에게 사형을 집행할 권리가 없었다면, 빌라도는 불법 행위(로마법에 의하면 사형에 해당되지 않는 사건을 유대법에 근거하여 사형에 처함)를 허용하고 있는 것이 되며, 황제가 언짢아 하는 일을 함으로써 자신을 위험에 빠뜨리는 경우가 되었을 것이다(황제는 사형 제도의 적절한 시행에 대해 예의주시하고 있었다).

그러므로 단 한 가지의 결론만 가능하다. 그 특별한 날, 즉 유대인들에게 그 누구도 죽이는 것이 허용되지 않은 그날에 빌라도가 예수를 죽이는 일에 연루되었다는 것은 유대인들에게 형벌이나 사형을 집행할 권한이 있었으며, 이를 로마 당국도 인정하고 있었다는 사실을 말해준다.[193]

투석형에 의한 사형 집행

신약 성경에는 투석형이 유대인들의 형벌의 한 형태(그들이 자치적인 법 집행을 했던 상황에서)였음을 보여주는 다양한 사례들이 있다.

---

[193] 이러한 사실에 대한 독자적인 증거를 도출하기 위해 윈터(Winter)는 *On the Trial of Jesus*, 97~109에서 유대인들에 의해 집행된 다양한 사형의 사례들을 조사했다. 그는 주장하기를 A.D. 70년까지는 교수형이 사용되지 않는데, 그 이유는 당시 사형 집행이 금지되어 있었기 때문이며, 또한 비밀리에 집행 가능한 조용한 사형 방법이 필요했기 때문이라고 한다. 이 주장의 취약점들은 Blinzler, *Prozess Jesu*, 167~168과 Catchpole, *Trial of Jesus*, 245~247에 설명되어 있다.

사도 바울은 수차례 육체적으로 유대 형벌을 경험했는데, 여기에는 투석형도 포함된다. 고린도후서 11장 24~25절에서 그는 이렇게 기록하고 있다.

유대인들에게 사십에서 하나 감한 매를 다섯 번 맞았으며, 세 번 태장으로 맞고 한 번 돌로 맞고

사십에 하나 감한 매라고 하는 것과 같이 정확히 계산된 태형에 대한 언급이 보여 주는 사실은 그것이 법률에 의한 랍비적 형벌이었으며, 즉 흥적인 분노의 표출은 아니었다는 것이다. 만약 로마의 사형 제도와 병행하여 유대인들의 내부적인 랍비적 형벌 제도가 허용되지 않았다면, 바울이 종종 그러한 형벌로 인해 곤란을 당했다는 것은 이상한 일이다.

사도들이 산헤드린 앞에 서게 되었을 때, 공회원들은 베드로와 다른 사도들의 고집에 격분했다. 그리고 그들은 '그들을 죽이기로 상의했다'(행 5:33; KJV). 심지어 소수 사본들의 본문을 따른다고 하더라도 여전히 산헤드린은 '그들을 죽이기를 **원했다**'(NIV, NRSV[이탤릭체 추가됨]). 산헤드린이 사형 집행을 원하고 있었다는 사실은 또한 그들의 추가적인 모의를 통해서도 알 수 있다. 그 모의에 대해 가말리엘이 조언하여 사형을 결정하지 못하도록 하였으며, 그들이 그 조언을 받아들여 사도들을 채찍질하는 것으로 그쳤다(행 5:35~40). 만약 산헤드린에게 그럴 권한이 없었다면 어떻게 그들이 공의회를 열어 사도들을 죽일 것을 협의할 수 있었겠는가?

스데반의 경우에도 동일한 산헤드린이 그에게 사형시킬 혐의를 씌우고자 애쓰는 모습을 볼 수 있다(행 6:12~14). 투석형은 전체적인 흥분 상태의 영향으로 서둘러 진행되었고, 따라서 '형의 선고와 집행 사이에 하룻밤'이 지나야 한다는 규칙이 무시된 것처럼 보인다(행 7:57~58). 그럼에도

이 투석형은 법 집행의 테두리 안에서 발생한 사건이다. 이를 '증인들이' 그 사형을 집행했다는 데서 알 수 있다(행 7:58). 따라서 우리는 스데반 사건이 대중의 분노가 폭발하여 일어난 집단 폭력 사태였으며, 이를 로마 당국이 묵인한 것이라고 결론 내릴 수는 없다.[194]

바울이 유대인들 가운데 기독교인을 박해했던 일을 연구하다 보면, 유대 법정이 사형에 해당하는 범죄 행위들을 처벌할 수 있는 권한을 대대적으로 행사하는 사례들을 발견하게 된다. 바울은 주의 제자들을 향하여 "위협과 살기가 등등"했다(행 9:1). 그의 위협과 살기는 대단했다. 사도행전 26장 10절에서 우리는 그의 고백을 읽게 된다.

많은 성도를 옥에 가두며, 또 죽일 때에 내가 찬성 투표를 하였고.

이 구절에는 몇몇 놀라운 요소들이 있다. 첫째, 사울은 유대인들을 박해하고 체포할 수 있는 권한을 산헤드린으로부터 부여받았다. 둘째, 사형은 선고될 수 있었고, 사울은 투표를 했던 판사들 중 한 명이었다. 셋째, 바울은 이러한 사실을 아무런 주저함 없이 로마 총독인 베스도에게 말할 수 있었다. 그러면서도 그는 자신의 말로 인해 그 자신이나 산헤드린이 불법적인 권한를 행사한 사실이 드러나 처벌 받게 될지도 모른다는 식의 두려움은 전혀 없었다.

이러한 정보를 바탕으로 내릴 수 있는 유일한 결론은 이러하다. 예수의 재판이나 바울이 교회를 핍박할 당시, 유대인들은 로마법에 해당되지 않는 사건들을 자신들의 고유한 법 체계에 따라 처리할 수 있는 권한이 있었으며, 형벌을 집행할 수 있었는데, 그 형벌에는 사형도 포함되어 있었다.

---

194) 참조, Blinzler, *Prozess Jesu*, 173 외 다수.

반론

하지만 적어도 위에서 내린 결론을 약화시키거나, 혹은 정반대의 결론을 뒷받침하는 중요한 증거가 될 만한 많은 정보들이 돌아다니고 있지 않은가? 우리는 우리가 내린 결론의 타당성을 시험하기 위해 가장 중요한 몇 가지 반론에 대해 논의해 보고자 한다.

요세푸스가 기록한 야고보의 투석형

요세푸스는 그의 「유대 고대사」(*Antiquities*, 20.9.1, pp.200~203)에서 어떻게 대제사장 안나스가 아그립바 2세에 의해 선임된 지 얼마 안 되어 산헤드린을 소집하고, 주님의 동생인 야고보와 동료 기독교인들을 재판한 뒤에 투석형을 집행했는지를 기록하고 있다. 이는 산헤드린이 사형을 집행할 수 있는 권한이 있었다는 것을 지지하는 강력한 증거로 보인다.

하지만 많은 학자들은 그 사건 이후에 무슨 일이 일어났는지를 고려하면 그 이야기는 완전히 다른 의미로 해석된다고 믿는다. 그들은 이어지는 이야기를 보면 산헤드린의 행위가 사실은 불법이었다는 것을 나타낸다고 주장한다. 요세푸스는 말하기를 당시 총독 베스도는 죽었으며, 새로운 총독 알비누스(Albinus)가 예루살렘을 향해 오고 있는 중이었다고 한다. 안나스는 이를 야고보와 그의 동료 기독교인들을 처리할 완벽한 기회로 보았다. 하지만 그 일이 처리된 방식에 거부감을 가진 유대인들이 알비누스에게 불평을 했고, 그로 인해 알비누스는 대제사장에게 화가 났다. 아그립바 2세는 서둘러 상황을 중재했고, 안나스는 임명된 지 석 달도 못 되어 다른 대제사장으로 교체되었다. 이는 투석형이 불법이었고, 총독 부재 기간 중에 비정상적으로 처리된 사건임을 보여주는 사례가 아닌가? 따라서 이는 산헤드린이 사형 집행의 권한이 '없었음'을 보여 주는 완벽한 증거가 아닌가?

이에 대한 최종적 권위는 요세푸스가 기록한 본문으로부터 나온다. 우리는 이 문제에 대해 요세푸스가 「유대 고대사」(*Antiquities*, 20.9.1, pp.199~203)에서 어떻게 기록하고 있는지를 설명과 함께 직접 살펴보고자 한다.

> p.199 그 젊은 안나스는 우리가 이미 언급한 것처럼 대제사장에 임명되었는데, 그는 성미가 급하고 보기 드물게 무모했다. 그는 사두개파를 추종했는데, 저자가 이미 설명한 것처럼 사두개인들은 재판을 할 때면 그 어떤 유대인들보다 무자비했다.

'무자비하다'(문자적으로는 '무례한')는 표현은 형벌이 더욱 급하고 엄격했다는 의미인데, 이는 범죄 입증이나 반증을 위한 증거나 정황에 대해 충분히 고려하지 않았기 때문이다. 과정보다는 결과가 더 중요했던 것이다.

> p.200 그러한 성격을 가졌던 안나스는 (자신의 권한을 행세할) 호기를 만났다고 생각했는데, 이는 베스도는 죽었고 알비누스는 아직 도착하지 않았기 때문이었다. 그래서 그는 산헤드린의 재판관들을 소집한 뒤 그들 앞에 야고보라 이름하는 자와 어떤 다른 자들(혹은 그의 동료들 중 일부)을 불러 세웠는데, 야고보는 그리스도라 불리는 예수의 형제였다. 그는 그들의 위법 사실을 추궁했고, 투석형에 처하도록 넘겨주었다.

요세푸스의 표현을 볼 때 그들의 혐의는 충분한 증거를 통해 입증되지 않았다는 것이 분명해 보인다.

p.201 성내에 거주하는 사람들 중 가장 공평하며 법을 엄중히 준수한다고 여겨지는 자들은 이 일에 대해 분개했다. 따라서 그들은 비밀리에 아그립바 왕에게 사람을 보내 그에게 청하기를, 안나스는 공직에 올라 심지어 첫걸음도 제대로 떼지 못했으므로 그에게 더 이상 그런 행동을 하지 못하게 하라고 했다.

분개한 시민들은 그 사두개인이 '무정'하고 '무례'한 행동을 했다고 생각했으며, 그러한 날조된 재판은 용납될 수 없다고 여겼다. 그들의 반대는 본질적으로 유대교적인 것이었으므로, 그들은 자신들의 친구인 아그립바에게로 향했던 것이다. 그들은 말이 난 김에 안나스가 그의 '첫걸음' 조차 제대로 떼지 못했다는 것을 지적했다. 그 첫걸음의 내용은 p.200에 기록되어 있는데, 이는 그가 산헤드린을 '소집'했던 일과 관련된다. 이는 p.202를 보아도 알 수 있다. 그리고 그것은 단지 안나스의 무례한 행동에 대한 하나의 예를 들기 위해 말한 것이었다. 이런 유의 불평은 그 한 가지만으로는 아그립바에게 써 보낼 만한 사안이 아니었기 때문이다.

p.202 그들 중 어떤 자들은 심지어 알비누스를 만나러 갔다. 당시 알비누스는 알렉산드리아에서 오고 있는 중이었는데, 그들은 그에게 안나스가 그의 동의 없이 산헤드린을 소집할 아무런 권한이 없다고 알려주었다.
몇몇 맹렬한 시민들은 아그립바에게 편지를 쓰는 것으로는 만족할 수 없었다. 그들은 그 논쟁에 로마 총독도 끌어들였다.

몇몇 맹렬한 시민들은 아그립바에게 편지를 쓰는 것으로 만족할 수 없었다. 그들은 그 논쟁에 로마 총독도 끌어들였다. 그 논쟁은 아그립바에게는 별 흥미를 끌지 못하는 것이었지만, 총독에게는 매우 중요한 일이었다. 신임 대제사장이 산헤드린의 회합을 소집하면서 그의 허락을 기다리지 않았던 것이다. 이는 산헤드린이 '개회될 때마다' 총독의 허락을 받아야 했다는 것을 의미하는 것은 아니다. 안나스는 '신임' 의장이었던 것이다. 산헤드린 의장을 선임하는 권한은 로마에 있었다. 이번에 그 권한을 행사한 것은 로마와 우호 관계 가운데 있었던 아그립바 2세였다. 이는 유대인들로 봐서는 일이 한결 수월해진 경우였다. 하지만 아그립바에 의해 선임된 이 신임 의장은 그의 직무를 시작하고 산헤드린을 소집하는 권한을 행사하기 전에 로마 총독의 공식적인 비준을 기다려야만 했을 개연성이 상당히 높다. 따라서 이 일에서 안나스는 의례에 관한 한 부주의(무례)했던 것이다.

p.203 이 말을 듣고 확신을 갖게 된 알비누스는 화가 나서 안나스에게 편지를 써서 그를 응징하겠다고 위협했다. 아그립바 왕은 안나스의 행동으로 인해 그를 대제사장 직에서 파면했는데, 그가 그 직을 수행한 것은 석 달이었다. 아그립바는 안나스를 대신하여 담네우스(Damnaeus)의 아들 예수(Jesus)를 대제사장으로 삼았다.

비난을 받은 것은 산헤드린이 아니라 안나스였다. 비판을 받은 것은 새롭게 임명된 관원으로서 '그가' 한 행동이었지, 산헤드린이 사형 선고를 내리고 그것을 집행했다는 사실이 아니었다.

요세푸스의 책에 나온 이 본문을 전체적으로 살펴보면 문제가 되었던 것은 산헤드린이 재판을 수행했던 방식이 아니라, 신임 의장이 행동했던 방식이었음을 발견하게 된다. 이는 왜 요세푸스가 먼저 안나스가 속해 있었던 사두개파의 무자비함(무례함)에 대해 자세히 설명했는지, 또 왜 그가 안나스의 성품에 대해 언급했는지를 이해할 수 있는 유일한 해석이다. 이제 왜 유대법을 엄격하게 지키던 시민들이 동요하게 되었는지 분명해진다. 만약 안나스가 위반한 것이 산헤드린은 사형 집행을 할 수 없다는 일반적인 금지 사항이었다면 새로운 총독에게 안나스의 잘못을 그런 식으로 설명하는 것은 불필요한 일이었을 것이다. 만약 그랬다면 총독의 분노는 산헤드린 전체를 향한 것이었을 것이다. 그리고 성난 시민들이 아그립바에게 안나스가 다시는 그런 행동을 하지 못하게 해달라고 했을 때, 그것이 처형 자체의 불법성을 가리킨 것이라고는 보기 어렵다. 왜냐하면 처형 자체가 불법이라면 어차피 알비누스가 도착한 후에는 불가능한 일이었을 것이기 때문이다.

여기서 문제가 된 것은 종교적인 법률에 규정된 법적 절차를 수행함에 있어 안나스가 보인 부주의함이었다. 어쨌든 알비누스는 이 문제를 중요하게 여기지 않았고, 따라서 안나스를 임명했던 아그립바로 하여금 그것을 처리토록 하였다.

만약 요세푸스의 본문을 그 원래의 취지대로 읽는다면, 이 구절들은 결국 산헤드린이 진정 유대법을 집행함에 있어서 사형도 집행할 수 있는 권한이 있었음을 보여주는 강력한 증거가 되는 것이다.

아나니아의 아들 예수에 대한 대응

요세푸스는 그의 「유대 전쟁사」(6.5.3, pp.300~309)에서 A.D. 70년의 예루살렘 멸망 직전에 있었던 불길한 징조에 대해 기술하고 있다. 조막설 기간 중에 시골에서 한 보잘것없는 사람이 올라와 성내에 들어와서는 갑자기 외치기 시작했다. "동쪽에서 들려오는 소리여, 서쪽에서 들려오는 소리여, 사방에서 들려오는 소리여, 예루살렘과 거룩한 집을 대적하는 소리여, 신랑과 신부를 대적하는 소리여, 이 모든 백성들을 대적하는 소리여!" 그 순간부터 그는 외치는 소리를 멈추지 않았으며, 전쟁이 있기 전까지 4년 동안 밤낮으로 부르짖었고, 전쟁이 계속되는 3년 동안도 그렇게 했다고 한다. 그리고 예루살렘이 포위되어 자신의 예언이 성취되는 것을 보게 되었을 때, 그는 로마의 투석기에서 날아온 돌에 맞아 죽었다. 그의 마지막 말은 "화로다, 나여!"였다고 한다.

예루살렘 사람들이 인내의 한계에 도달하지 않고, 그가 7년 동안이나 멈추지 않고 부르짖었던 위협의 소리를 참고 견디었을 리가 없다. 하지만 유대 지도자들의 극한 응징도 소용이 없었다. 초자연적인 능력이 그에게 함께 한다고 믿어지는 상황이었으므로 그는 총독 앞에 불려가게 되었다. 총독은 그를 무자비하게 채찍질하도록 시켰다. 하지만 채찍이 한 번 내려쳐질 때마다 그의 입에서 나오는 소리는 "화로다, 예루살렘이여!"라는 외침밖에 없었다. 알비누스는 그가 귀신 들린 자라고 결론을 내렸고, 그를 석방했다. 그렇게 그는 놓임을 받은 후에 성내를 돌아다니며 그후 몇 년 동안 계속해서 외쳤다고 한다.

그의 외침은 예상치 않은 영향을 끼쳤다. 캐치폴(Catchpole)은 그것이 종교적인 문제였다고 주장한다(성전에 대하여 한 말이었기 때문에).[195] 하지만 그럼에도 불구하고 산헤드린은 그를 총독에게 넘겨주었고, 자신들은 사형 집행 권한이 없는 기관임을 분명히 했다는 것이다.

하지만 이 사건은 캐치폴의 결론의 정당성을 증명해 주지 않는다. 유대인들은 분명 그를 체포했고 처벌했다. 하지만 그가 재판을 받았다는 얘기는 없다. 그런데 왜 그를 총독 앞에 데려간 것인가? 사람들은 그 안에 악한 영이 역사하고 있다고 여겼고, 요세푸스는 그들의 판단이 옳다고 언급했다(*Jewish War* 6.5.3 p.303). 총독의 심문 역시 재판은 아니었다.

---

195) Catchpole, *Trial of Jesus*, 245.

간단히 말해서 여기에서 다루고 있는 인물은(유대와 로마의) 경찰 행위에 의해서도 제압될 수 없었던 사람이다. 그리고 유대인들이건 로마 당국이건 간에 그를 법정에 세울 수 없었는데, 그 이유는 그가 법적 책임을 질 만한 정신 상태가 아니었다고 생각했거나, 혹은 그를 사로잡고 있는 악한 영이 두려웠을 수도 있다.

따라서 아나니아의 아들 예수(Jesus Ben Ananaios)에게 취해진 조치로부터 당시 산헤드린이 사형 집행 권한이 있었는가 하는 문제에 대한 어떤 추론도 끌어낼 수 없다.

간음하다 잡힌 여인에 대한 투석형

예레미아스(Jeremias)는 산헤드린의 사형 집행 권한을 부정하는 강력한 증거를 요한복음 7장 53절~8장 11절에서 찾을 수 있다고 믿는다.[196] 거기에 나오는 이야기에 의하면 서기관들과 바리새인들이 간음 중에 잡힌 한 여인을 예수 앞에 데리고 와서, 모세의 율법에 의하면 투석형에 처해야 하는데 그는 어떻게 판단하는지를 물었다. 예레미아스는 산헤드린이 이미 그 여자에 대한 재판을 했지만, 로마 당국 때문에 사형을 집행할 수 없는 상태였다고 주장한다. 따라서 예수에 대한 그들의 질문은 "고발할 조건을 얻고자 하여 예수를 시험"하기 위함이었다(요 8:6). 그가 만약 투석형을 집행해야 한다고 말하면 그들은 로마 당국에 그가 선동적인 말을 했다는 이유로 고소할 수 있을 것이었고, 만약 투석형을 금하면 그는 모세의 율법에서 이탈하게 되는 것이었다.

이런 경우에 사건을 로마 당국에 회부했어야만 했다는 증거를 찾을 수 없다는 사실은 예레미아스의 해석과 상충된다. 그 질문은 예수가 유대인들의 법을 어길 것인지를 보기 위한 시험이었다. 실제로 그 질문을 한 사

---

196) Jeremias, "Zur Geschichtlichkeit des Verhörs Jesu vor dem Hohen Rat", 148~149.

람들 '자신이' 분명 그들의 법에 의하면 투석형에 처해야 한다고 했다. 그리고 만약 예수가 이에 동의했다면 아무런 특이한 일도 일어나지 않았을 것이다. 그들은 그에게 투석형을 정말 '집행'해야만 하냐고 물은 것이 아니다(예레미야스의 견해가 옳다면 그런 식으로 질문을 했을 것이다). 하지만 그들은 세리들과 죄인들에 대한 사랑을 나타내었고, 또한 모세의 율법에 대한 놀라운 말씀을 했던 예수에게 이 명확하고도 까다로운 문제에 관한 선택을 강요하고 있었던 것이다. 그것은 죄인들을 향한 사랑과 율법에 대한 신실함(양립할 수 없다고 여겨지는 두 가지) 사이의 선택이었다.

하지만 예수는 그 딜레마를 인정하기를 거부했으며, 단순히 모래 위에 무언가를 썼다. 그리고 드디어 그는 반문을 제기함으로써 그 딜레마를 헤쳐 나왔다. 이 사건을 그에게 가지고 온 자들 중에 죄 없는 사람은 누구인가? 이는 단순한 수사법적인 질문이 아니었다. 그 간음 사건을 목격한 사람들(첫 번째 돌은 그들이 던져야 했다)로 하여금 자신들의 양심을 돌아보도록 만드는 질문이었다. 그 여인과 그녀의 상황에 대한 그들의 태도에 관하여, 그리고 예수에 대한 그들의 태도에 관하여(그들은 그에게 정직하지 못한 동기로 질문을 제기했다) 말이다. 이 사건은 유대인들의 내부적인 문제와 관련된 것이므로, 산헤드린에게 사형 집행 권한이 있었는지 혹은 없었는지를 증명할 수는 없다.[197]

성전 안 뜰에 들어간 비유대인에 대한 사형

비유대인들이 성전의 이방인의 뜰에만 들어갈 수 있었다는 것과, 또한

---

197) J. D. M. Derrett, *Law in the New Testament*(London: Darton, Longman & Todd, 1970). 데렛(Derrett)은 당시 로마인들에 의해 율법의 말씀을 집행하는 것이 금지당한 상황이었으므로, 유대인들은 율법의 정신을 실현하고자 집단적인 불법 사형 집행을 준비하고 있었던 것으로 생각한다(166ff.). 셔윈-화이트(Sherwin-White)는 *Roman Society and Roman Law*, 42에서 이러한 간음 사건은 또한 로마법(*Lex Iulia de adulteriis*)의 범주 안에도 처리될 수 있었다는 사실을 지적한다.

성전의 안 뜰에 들어갈 경우 사형에 처해졌다는 것은 잘 알려진 사실이다. 신약 성경 시대에는 성전 안 뜰의 입구에 적힌 이러한 규정을 헬라어와 라틴어로 똑똑히 읽을 수 있었다. 예루살렘 포위 중에 유대인들로 인해 성전의 가장 안쪽 뜰에서까지 전투를 계속해야 할 상황이 되자, 오히려 로마 군의 디도(Titus) 장군이 유대인들로 하여금 정신을 차리게 하려고 애를 썼다. 그들은 이 거룩한 장소를 살육의 장소로 만들고 싶었던 것일까? 성전에 대한 출입 규정을 어기는 자는 '심지어 그가 로마인이라고 해도' 사형시킬 수 있는 권한을 그들에게 준 것은 바로 다름 아닌 로마 당국이었다. 이 마지막 말(Josephus, *Jewish War* 6.2.4, p.126)은 활발한 논쟁을 불러일으켰다.

한편 리츠만(Lietzmann)은 심지어 로마인도 사형시킬 수 있는 권한을 따로 언급한 것을 볼 때 유대인들을 사형시킬 권한은 정상적으로 허용되었음이 분명하다고 주장한다.[198] 만약 특수한 상황하에서 로마인들도 사형시킬 수 있었다면, 정상적인 상황하에서는 유대인들은 당연히 사형시킬 수 있었다는 말이다. 반면에 블린츨러(Blinzler)는 성전 출입에 관련된 사형 권한의 특권 '전체가 예외적'이라는 것을 주목했다.[199] 정상적으로 유대인들은 그 어떤 사형도 집행할 권한이 없었지만, 성전 안 뜰에 관련된 예외적인 경우에 한하여 '심지어' 로마인도 사형시킬 수 있었던 것이다. 캐치폴(Catchpole)은 '심지어 그가 로마인이라고 해도'라는 표현은 우리가 여기서 다루고 있는 문제에서 결정적인 요소라고 주장한다.[200] 최소한 산헤드린이 사형 집행에 관한 일반적인 권한을 가지고 있지 않았다는 것은 분명하다는 것이다.

하지만 캐치폴이나 블린츨러 그리고 다른 학자들이 내린 결론에는 중

---

198) Lietzmann, "Prozess Jesu" and "Bemerkungen zum Prozess Jusu", 272~273.
199) Blinzler, *Prozess Jesu*, 170~171.
200) Catchpole, *Trial of Jesus*, 240~241.

요한 한 가지 사실이 간과되어 있다. 당시에 세상에는 유대인들과 로마인들 외에도 많은 다른 사람들이 살고 있었다는 것이다. 다른 말로 하면 디도가 선언하기를 로마인들은 유대 성전을 보호하는 데 있어 매우 신중하며, 따라서 성전 안 뜰에 들어오는 자는 '누구든지' 사형시킬 수 있는 권한을 유대인들에게 부여한다고 하였을 때, 그 강조점은 사형 집행 권한의 '부여' 자체에 있는 것이 아니었다. 정상적인 상황하에서는 그 권한을 유대 사법 관할권에 예속되지 않는 비유대인들에게까지 '확장'해 준다는 사실에 있었다.

성전 안 뜰에 들어오는 것을 금지하는 법은 유대인 자신들에게는 적용되지 않았다. 유대인이라면 결코 성전 안 뜰에 들어가는 것 때문에 사형에 처해지지 않았다. 하지만 다른 국적을 가진 사람들은 이 금지 조항에 의해 처벌을 받았다. 심지어 로마인들이라 할지라도 말이다. 디도의 표현은 적어도 두 가지 예외적인 사항을 포함하고 있다고 한 캐치폴의 말은 지극히 타당하다. 그러나 그가 찾아낸 두 가지 사항은 잘못된 것이다. (1) 사형 집행의 권한 (2) 심지어 로마 시민들까지도. 실제로 그 두 가지 예외적인 특권은 다음과 같다. (1) 비유대인들에 대한 사형 집행 권한 (2) 심지어 로마 시민들이라 할지라도.

성전 출입에 관한 그 법규는 유대인들이 자신들의 시민을 사형시킬 수 있는 권한과는 아무런 관계가 없는 것이었다. 하지만 한편으로는 유대인들이 자신들의 고유한 사법 체계를 운용할 수 있는 권한을 부여받지 못했음에도 불구하고, 또 다른 한편으로는 특별한 경우에 한하여 로마인들을 사형시킬 수 있는 권한까지 부여받았다고 한다면 그것은 이상한 일이 아닐 수 없다.

따라서 성전 안 뜰에 들어온 비유대인들을 사형시킬 수 있는 권한을 유대인들에게 부여한 것은 그들이 정상적인 상황에서 동족이 범한 사형에 해당하는 죄들(그것들이 로마법의 범주 안에 들지 않는 한)을 처벌할 수 있는 권한을 예외적으로 확장한 것이었다고 보는 것이 더 타당하다.

부차적인 내용이기는 하지만 필로(Philo)의 '가이우스에게로의 사절'(*Embassy to Gaius* 39, p.307)을 언급하기로 한다. 거기에서 필로는 아그립바 1세가 성전 건물의 지성소에 관해 말한 내용을 인용한다. 유대인들이라 할지라도 성전의 지성소에는 들어갈 수 없었고, 심지어 제사장들도 그러했다. 오직 대제사장만 일 년에 한 번 들어갈 수 있었다. 이러한 규정을 위반했을 때는 사형으로 다스려졌다. 아그립바(A.D. 40년경)는 유대인들의 자체적인 형벌 체계를 인정하고 있다(사형 해당 범죄를 재판할 권한을 포함해서). 성전에 대한 유대인들의 경외심(그리고 그와 관련된 처벌 조항들)은 아그립바로 하여금 유대인들은 성전에 이방인의 신상을 세우게 하느니 차라리 죽음을 택할 것이라고 하는 언급을 하게 했다. 아그립바가 이 언급을 한 것은 비유대인들이 성전 안 뜰에 들어가지 못하게 하는 일반적으로 알려진 금지 규정(이는 성전이 얼마나 거룩한 곳인가를 암시했다)을 가리키는 것이라고도 볼 수 있다.

좀 덜 알려진 규정은 유대인들의 공동체에 지워진 것인데, 이는 지성소에 들어가는 행위를 엄격하게 금지하는 것이었다. 디도는 위반자가 유대인인 경우 사형을 부과할 권리에 대해서는 전혀 언급하지 않았다. 이는 어쨌든 내부적인 문제였고, 자명한 문제였으며, 또한 로마 당국이 베푸는 특별한 호의의 결과도 아니었기 때문이다. A.D. 40년경에 아그립바 왕이 한 말들에 대한 필로의 기록은 성전 출입 금지 규정에 대해 결론을 내리는 데 도움을 준다. 그것은 정상적인 상황에서 유대인들에 관하여만 허용되었던 재판의 권한과 사형 집행의 권한을 예외적으로 확상해 준 경우였다.

엘룰월 22일에 행악자들에 대한 처형을 재개함

예레미아스(Jeremias)에 의하면 로마 치하에서 유대인들에게 사형 해당 범죄를 처벌할 권한이 없었다는 것을 증명할 가장 중요한 증거는 유대 문헌인 메길랏 타아닛(Megillat Taanit)에서 찾을 수 있다고 한다.[201] 이는 국가적인 혹은 종교적인 기념일(이 날들 동안에는 금식이 금지되었다)의 목록 혹은 달력과 같은 것이었다. 소위 금식 두루마리(Fasting Scroll)라고 하는 이 문헌에서 우리는 다음과 같은 내용을 보게 된다. "(이 달, 즉 엘룰월) 17일에 로마인들이 예루살렘을 떠났다. 그리고 그 달 22일에 행악자들에 대한 처형이 재개되었다."[202] 예레미아스의 결론은 이러하다. 로마 군대가 철수하고 5일 뒤에(A.D. 66년 9월) 유대인들은 다시 범죄자들을 처형하기 시작했다. 다시 말하면 그때까지 그들은 사형 해당 범죄를 처벌할 권한이 없었다는 말이다.

예레미아스의 결론은 보기보다는 설득력이 떨어진다. 로마인들이 주둔하게 되고, 그들이 로마법을 집행하게 되면서, 유대인들의 법률적 문제들도 흔히 로마 당국의 처리되었다. 예수와 함께 못 박힌 '강도들'도 로마 당국에 의해 재판을 받았다. 이 주둔 세력이 떠나게 되면, 유대인들은 다시 한 번 범죄자들을 재판할 수 있게 될 것이었다. 종교적 재판뿐만 아니라 국가적, 사회적 법률 체계가(성내의 유대인들뿐만 아니라 외국인들도 처리할 수 있는) 다시 작용하게 된다는 것은 그 자체로 매우 중대한 사건이었다.

하지만 더 중요한 문제는 예레미아스가 엘룰월 17일에 대한 내용(로마군의 떠남)과 엘룰월 22일에 대한 내용 간의 연관성을 발견한 것이 과연 정확한가 하는 것이다. 그는 그 두 기억할 만한 사건들 간의 연관성을 '의심의 여지가 없다'고 말한다.[203] 그렇다면 금식 두루마리에 대한 후대 랍

---

201) Jeremias, "Zur Geschichtlichkeit des Verhörs Jesu vor dem Hohen Rat", 148.

202) 본문과 그 번역은 J. A. Fitzmyer and D. J. Harrington, *A Manual of Palestinian Aramaic Texts*, Biblica et Orientalia 34(Rome: Biblical Institute Press, 1978), 184ff., 248ff.에 나와 있다.

203) Jeremias, "Zur Geschichtlichkeit des Verhörs Jesu vor dem Hohen Rat", 150.

비들의 주석에서 그러한 관련성이 인정되고 있지 않다는 것은 이상한 일이다.[204] 사실 이는 정반대로 설명되어야 한다. 금식 두루마리에 나타난 다양한 자료들 간의 관계는 처음부터 의심스러운 것인데, 그 이유는 자료들이 달력에 의해(날짜와 달에 따라) 정리되었기 때문이다(연도를 따라 시간 순서대로 정리되지 않았다).[205] 금식 두루마리는 적어도 1세기에 유대인들에게 사형 집행 권한이 없었다는 것을 증명할 결정적인 논거가 될 수 없다. 왜냐하면 엘룰월 22일에 대한 내용은 다양한 해석의 여지가 있기 때문이다.

이에 대한 현존하는 해석들에 추가하여 우리는 다음과 같은 가설들을 제시하고자 한다. 금식 두루마리에서 '행악자들에 대한 처형을 재개'했다고 할 때 이는 사법적인 사형 집행인지, 전쟁 상황에서 죽이는 것인지를 표시하지 않는다. 그것은 그때까지 처형 당하지 않고 살아 있던 범죄자들을 죽인다는 것을 의미한다는 인상을 줄 수도 있겠지만, 사실은 많은 범죄자들이 로마의 재판관들에 의해 '처형되었다.' 금식 두루마리에 나타난 표현의 두 측면은 엘룰월 22일부터 시작해서 첫째, 행악자들은 더 이상 살아남을 수 없었으며, 둘째, 처형이 재개되었다는 것인데, 그 두 측면 모두에 부합하는 역사적 상황이 있었다.

그 역사적 상황이란 시리아 군사들의 명령을 따라 모데인(Modein) 제단에 희생 제물을 드리려 했던 한 유대인을 제사장 맛다디아(Mattathias)가 처형했을 때를 말한다(마카비상 2:24). 그 순간은 자유를 향한 마카비 투쟁의 시작을 알렸다. 마카비상의 저자는 이를 비느하스의 열정에 비교한다(민 25:6~15). 우리가 이해해야 하는 사실은 예루살렘이 바벨론에 멸

---

204) H. Lichtenstein, "Die Fastenrolle: Eine Untersuchung zur Jüdisch-Hellenistischen Geschichte," in *Hebrew Union College Annual* 8~9(1931~1932): 257~351, esp. 306.
205) Megillat Taanit이라는 제목하에 다음의 저자들이 쓴 설명들을 읽어 보라: J. Z. Lauterbach(*Jewish Encyclopedia*[New York: Funk & Wagnalls, 1925], 8:427~428); N. N. Glatzer(*Encyclopaedia Judaica*[New York: Macmillan, 1971], 11:1230~1231).

망한 후 4세기 이상의 시간 동안 유대인들은 오직 소극적인 저항만 해왔다는 것이다. 맛다디아의 행위는 행악자들에 대한 '처형의 재개'(그들이 유대인이든 아니든 간에)였다.

맛다디아의 행위는 엘룰월(9월)에 일어났을 가능성이 있는데, 그 이유는 다음과 같다. 안티오쿠스 에피파네스 4세는 키슬레브(Chislev; 대략 12월)월에 성전 제단을 더럽혔다. 그 뒤 '몇 개월' 동안 시리아 군사들은 시골 지역을 강제로 헬라화하려고 시도했다(마카비상 1:54~58). 그리고 나서 맛다디아가 등장한다. 맛다디아가 9월경에 등장했다고 보면, 어떤 행동들이 취해지기 전에 '1년' 이상의 시간이 경과한 것이 아니라, 엘룰월과 키슬레브월 사이의 몇 개월의 시간만 경과한 것이 된다. 만약 어떤 행동들이 취해지기 전에 '1년 이상'의 시간이 흘렀다면, 마카비상 1장 58절에는 '달마다'(month after month; NRSV)라는 표현이 아니라, '1년도 넘게' 혹은 '해마다'라는 표현이 사용되었을 것이다.

요세푸스가 제공하는 정보는 좀 더 정확하다. 그도 역시 키슬레브월에 있었던 성전 모독 사건과 그 뒤에 백성들에게 가해진 테러에 대해 기록하고 있다. 그리고 나서 사마리아인들에 대해 쓰고 있는데, 그들은 이 모든 일을 목격하고 나서 시리아 왕에게 편지를 써서 공표하기를, 그들의 성전과 종교와 문화는 유대인들과 상당히 유사하긴 하지만, 그럼에도 불구하고 헬라적인 것으로 간주될 수 있다고 했다. 그들은 미리 간청하기를 왕이 완고한 유대인들과 그들의 안식일과 할례와 기타 등등에 대해 했던 일을 자신들은 면하게 해달라고 했다. 그 편지에 대해 왕은 호의적으로 답장했다(Josephus, *Antiquities* 12.5.5, pp.257~264). 왕의 답신은 146년에 있었던 것으로 계산되며(셀루키드 왕조의 연대 계산), 이는 B.C. 166년에 해당한다. 구체적인 날짜는 헤카톰바이온 힐카니오스(Hekatombaion Hyrkanios)월 18일이다. 힐카니오스의 의미는 분명치 않다. 하지만 헤카톰바이온월은 우리의 7/8월에 해당한다.

요세푸스는 그의 이야기를 이렇게 계속한다. 이 무렵 유대 모다이(Modai) 마을에 맛다디아라는 이름의 한 사람이 살고 있었다(*Antiquities* 12.6.1, p.265). 따라서 요세푸스는 안티오쿠스가 사마리아인들에게 답장했던 시점 직후의 장면에서 맛다디아의 이야기를 시작한다(그 편지는 유대인들의 반란에 대한 언급은 하지 않고 있으나, 그들을 헬라화하려 했던 시도에 대해서는 언급하고 있다). 다시 말하자면 맛다디아가 등장한 것은 7/8월 직후였다. 따라서 엘룰월(9월) 22일은 이스라엘 안에 있던 행악자들에 대해 처음으로 무력을 사용했던 날이었을 가능성이 크다. 사실 맛다디아는 두 세기 후에 일어나게 될 유대 전쟁을 향한 첫 발을 내딛고 있는 것이었다.

금식 두루마리에 있는 엘룰월 22일에 관한 언급에 대한 이런 설명은 어디까지나 가설이다. 하지만 그것은 A.D. 66년에 산헤드린이 잃어버렸던 사형 집행 권한을 되찾았다고 하는 가설만큼이나 타당한(아니 그보다도 훨씬 타당성이 큰) 설명이다.

결론적으로 메길랏 타아닛(*Megillat Taanit*)에 나온 언급에서 로마 치하의 산헤드린이 가졌던 권한에 관한 문제를 푸는 데 결정적인 단서를 찾을 수 있다는 예레미아스의 주장은 부정확한 것이다.

랍비적 자료

마지막으로 우리는 다양한 랍비적 자료에 근거한 반론들을 살펴보아야 한다.

첫 번째 증인은 랍비 엘르아살 벤 사독(Eleazar ben Zadok)인데, 그는 1세기의 인물이다. 그는 간음을 저지른 한 제사장의 딸이 화형을 당한 적이 있다고 언급하고 있다.[206] 그의 언급은 사형, 특별히 화형을 집행하는 올바른 방법에 대한 논의 가운데서 나온다. 엘르아살이 제시한 사례에

---

[206] Mishnah, *Sanhedrin*, 7.2.

대한 반응은 이러했다. "당시 산헤드린은 상황을 잘 파악하지 못했다." 이는 유대 전쟁이 나기 전 한 세기 동안 사두개인들이 산헤드린을 통해 법체계에 상당한 영향력을 여전히 행사하고 있었다는 것을 암시한다.

여기에 인용된 구절은 주후 1세기 동안에 산헤드린이 사형 집행 권한을 가지고 있었다는 것을 시사한다. 예레미아스는 그 제사장의 딸이 화형 당할 당시의 엘르아살의 나이에 호소함으로써 이 결론을 피하려고 한다. 엘르아살이 그 놀라운 광경을 목격한 것은 아버지의 어깨 위에 앉아서였으며,[207] 또한 그가 젊은 나이에 다른 랍비와 함께 공부했다는 점을 생각해 볼 때(A.D. 47~49년경), 그의 유년기는 아그립바 1세의 시기에 상응한다. 따라서 그때는 예루살렘이 일시적으로 로마 총독으로부터 자유로운 시기였다(A.D. 41~44).

하지만 이러한 계산은 매우 가설적이다.[208] 더 중요한 사실은 아그립바가 예루살렘에서 다스린 짧은 기간 중에는 이렇다 할 정부 조직이나 법 집행에 관한 변화가 없었다는 것이다. 아그립바는 로마 총독과 같이 기능했을 뿐이다. 유대인들로서는 그들의 동류가 그 자리에 앉은 것이 유리한 일이었다. 하지만 이 유대 왕이 로마 총독 대신에 통치하던 그 몇 년 사이에 산헤드린의 권한에 변화가 있었다는 추론을 뒷받침할 만한 증거는 없다. 심지어 비록 예레미아스가 옳아서 그 화형이 A.D. 41~44년 사이에 일어났다고 하더라도, 다른 랍비적 자료들은 여전히 이에 대해 문제를 제기한다.

우리가 예루살렘 탈무드에서 읽게 되는 한 구절은 유대 전쟁 이전 수십 년 동안 산헤드린은 사형 집행 권한을 갖고 있지 않았다는 사실을 뒷

---

207) Tosefta, *Sanhedrin*, 9.11.
208) 엘르아살이 공부를 시작했을 때 그는 적어도 바르 미츠바(*bar mitzvah*; 열세 살)는 되었을 것이다. 따라서 그는 A.D. 34년 이전에 태어났다고 봐야 한다. 그렇다면 예루살렘에서 아그립바가 통치하던 시기에는 이미 7~10살의 소년이었을 텐데(A.D. 41~44), 그 때 아버지의 어깨 위에 앉았다는 말인가?

받침하는 증거로 자주 사용된다.

> 성전이 파괴되기 40년 전에 모든 사형 해당 범죄는 무효화되었다. 그리고 시므온 벤 쉐타크(Simeon ben Shetach) 시대에 재산법에 대한 관할권이 무효화되었다.[209]

이 인용문에 나오는 '40년'을 심각하게 받아들이는 경우는 거의 없다. 예레미아스는 이를 전체적인 기간을 가리키는 어림수로 간주하며, 구체적으로는 A.D. 6년을 가리킨다고 믿는데, 이는 로마 총독들이 유대 지방에서 다스리기 시작한 해이다.[210] 그 해로부터 시작하여 산헤드린은 사형 집행 권한을 상실한 것으로 추정된다.

여기에는 한 가지 문제가 있다. 사형 집행 권한이 A.D. 6년부터 시작해서 수십 년 동안(40년) 지속적으로 무효화되어 있었다는 것과, A.D. 41~44년에는 그 기능이 수행되었다는 두 가지 사실이 동시에 성립될 수 없다는 것이다.

40년에 대한 언급을 여기에서 더 상세하게 다룰 수는 없다. 이에 대해 관심 있는 독자들은 콘(Cohn)의 상세한 논의를 참고하기 바란다.[211] 그는 예루살렘 탈무드에서 인용한 구절과 그와 관련된 바벨론 탈무드의 구절은 산헤드린의 권한이 사라졌음을 의미하는 것으로 해석될 수 없다는 사실을 논증한다. 예를 들어 사형 해당 범죄와 재산권에 관련된 사안이 구분되어야 하는 이유는 무엇인가? 왜 후자의 경우는 150년 이전에 (시므온 벤 쉐타크 시대에) 무효화되었다는 말인가? 만약 그랬다면 누구에 의해서였는가?

---

209) Jerusalem Talmud, *Sanhedrin* 18a. 42~44.
210) Jeremias, "Zur Geschichtlichkeit des Verhörs Jesu vor dem Hohen Rat", 148.
211) Cohn, *Trial and Death of Jesus*, 346~350.

콘의 가설에 의하면 랍비들이 기독교인들의 비난으로부터 자신들을 변호하기 위해 주장하기를 A.D. 30년쯤에는(예수의 죽음 얼마 전에) 그들은 더 이상 사형 집행 권한이 없다고 했다는 것이다. 자신들에게 책임이 없음을 보이려고 말이다. 이 가설은 논쟁의 여지가 있다. 우리의 목적상 랍비적 자료들은[212] 서로 상충된다는 점을 언급하는 것으로 충분하다고 본다. 제사장의 딸을 처형한 사건에 관한 미쉬나(Mishnah)의 더 오래된 인용이 오히려 그 40년에 대해 언급한 탈무드의 언급보다 더 신뢰할 만하다. 40년에 대한 언급은 수세기가 지난 후에야 등장했으며, 따라서 우리가 요세푸스의 도움으로 1세기에 관해 알 수 있는 내용과는 통합될 수 없다.

결론

지금까지 논의한 내용에 근거하여 우리는 다음과 같은 결론을 내릴 수 있다.

1. 로마 치하에서 산헤드린이 사형 집행 권한을 완전히 상실했다는 주장을 뒷받침할 만한 결정적인 증거는 없다.
2. 비록 로마의 사법 체계가 공존함으로 인해 그 범위가 한정적이기는 했지만, 산헤드린은 여전히 사법권을 행사하고, 사형을 포함한 형벌 집행의 자유를 계속 유지했다는 결정적인 자료들이 존재한다.
3. 요한복음 18장 31절은 유월절 기간 중에 유대인들로서는 사형 집행이 종교적으로 받아들일 수 없는 일이었음을 가리킨다고 해석하는 것이 더 타당하다(또한 당시의 역사적 상황도 부분적인 원인으로 작용했을 것이다).

---

212) Mishnah, *Sanhedrin* 7.2; Jerusalem Talmud, *Sanhedrin* 18a. 42~44

15장

예수를 궤계로 잡아 죽이려고 의논함

명절에는 하지 말자!
유대 절기와 랍비 규정에 의한 사형 제도

예수를 궤계로
잡아 죽이려고 의논함

앞 장에서 우리는 산헤드린이 사형을 선고하고 집행할 권한이 있었는지에 관해 논의했다. 그리고 산헤드린에 그러한 권한이 있었다고 결론을 내렸는데, 그로 인해 새로운 문제에 봉착하게 되었다. 그렇다면 왜 산헤드린은 스데반의 경우처럼 예수를 자체적으로 투석형에 처하지 않았는가? 우리는 성금요일에 실제 어떤 사건들이 있었는지를 논의하기 전에 이 문제를 먼저 살펴보아야 한다. 왜냐하면 이 문제에 대한 해답을 수요일이 끝날 무렵에서 찾을 수 있기 때문이다. 그 순간은 바로 궤계를 써서 예수를 죽일 결정을 한 때였다. 성금요일에 일어났던 일들은 수요일 밤에 작성되었던 각본대로 진행되었다. 그러므로 우리는 본 장에서 산헤드린이 취했던 행동들의 배경에 대해 상세히 고찰할 것이다. 그리고 다음 장에서는 그 행동들을 직접 살펴볼 것이다.

앞 장에서와 같이 우리는 여기서 상세한 논의를 피해갈 수 없다. 사건의 큰 흐름을 살펴보기를 원하는 독자들은 본 장을 생략하고 성금요일을 다루고 있는 다음 장으로 넘어가도 좋을 것이다.

명절에는 하지 말자!

예수가 마지막 설교들을 전했던 수요일은 그의 죽음에 대한 예언으로 끝나는데, 그 예언에는 그가 죽을 날짜도 포함되어 있었다. 이는 같은 날, 즉 수요일이 끝날 무렵에 열렸던 산헤드린의 추가적인 회합과 밀접한 관계가 있다. 마태는 그 두 가지를 한꺼번에 언급하고 있다(마 26:1~5).

예수께서 이 말씀을 다 마치시고 제자들에게 이르시되, "너희가 아는 바와 같이 이틀이 지나면 유월절이라. 인자가 십자가에 못 박히기 위하여 팔리리라." 하시더라. 그 때에 대제사장들과 백성의 장로들이 가야바라 하는 대제사장의 관정에 모여 예수를 흉계로 잡아 죽이려고 의논하되 말하기를, "민란이 날까 하노니 명절에는 하지 말자" 하더라.

마가복음 14장 1~2절에서도 이 논의에 대한 짧은 내용을 읽을 수 있다. 마가는 예수가 십자가 처형을 예언한 부분은 기록하지 않지만 그 날 있었던 산헤드린의 모의는 언급한다.

이틀이 지나면 유월절과 무교절이라. 대제사장들과 서기관들이 예수를 흉계로 잡아 죽일 방도를 구하며 이르되, "민란이 날까 하노니 명절에는 하지 말자" 하더라.

얼핏 보기에는 한 배신자(유다)를 통해 예수를 체포하려는 계획만 있었던 것 같다. 하지만 이는 본문에 대한 올바른 해석이 아니다.

사실인즉 유다는 일요일에 베다니에서 있었던 기름 부음 후에 유대 지도자들과 이미 접촉을 했던 것이다. 유다와의 협상은 그들 모의의 일부였을 수는 있으나, 분명한 것은 그 협상이 모의의 토대는 아니었다는 사실이다. 복음서 기자들이 제시하는 사실은 유다와의 협상과 수요일 저녁에 있었던 회합은 서로 관련이 없다는 것이다(마 26:14~16; 막 14:10~11).

게다가 산헤드린의 회합에 관한 본문은 색다른 내용을 보여 준다. 마태복음과 마가복음에서 놀라운 것은 예수를 흉계로 잡아 죽이려는 계획이 얼마나 포괄적이며, 동시에 그것이 예수를 언제 죽일 것인가를 명시했다는 점에서 얼마나 세부적인가 하는 것이다. 그 계획은 예수를 '잡는' 것뿐만 아니라 '죽일' 것도 포함했으므로 포괄적이라 할 수 있다. 이는 헬라어 본문에도 분명히 나타나며, 또한 노선 변경의 이유를 통해서도 확실히 알 수 있다.

산헤드린이 이런 특정한 결론을 내려야만 했던 이유는 바로 달력 때문이었다. 두 복음서 기자는 시간이 정확히 유월절과 무교절로부터 이틀 전이라고 명시했다. 이러한 요인들은 예수를 법정에 세우고 재판을 하여 사형시키려 했던 산헤드린의 시도에 어떤 영향을 끼쳤는가? 그 전날 지도자들은 교묘한 질문을 통해 예수를 함정에 빠뜨리려고 안간힘을 썼다. 그리하여 그들은 하루 종일 수고했지만 아무런 소득이 없었다. 이제 그들은 시간에 쫓기고 있었다. 곧 명절이 시작될 것이었다. 예수를 죽이려면 흉계를 통해서 해야 한다. 그렇지 않으면 명절 중에 재판을 열어야 할 것이다. 그러므로 '흉계'와 '명절 중에는 하지 말자'와는 밀접한 관계가 있었다.

이는 곧 예수를 처형하되 정상적인 법적 절차를 밟아서는 안 된다는 계획을 모의했다는 것을 의미한다. 왜냐하면 이미 수요일이었으므로 그렇지 않을 경우에는 불가피하게 재판이 명절 중에 열릴 수밖에 없었기 때문이다. 누가복음 22장 1~2절에서 우리는 지도자들이 예수를 죽일 방법을 모의할 수밖에 없었던 상황이었음을 읽게 된다.

유월절이라 하는 무교절이 다가오매 대제사장들과 서기관들이 예수를 무슨 방도로 죽일까 궁리하니 이는 그들이 백성을 두려워함이더라.

누가는 예수의 '체포'를 언급하지 않는다. 핵심은 '처형'이었다. 누가에 의하면 문제는 명절이 다가오고 있었다는 사실이다. 그리고 그들이 찾고 있는 해결책은 바로 처형의 '방식'에 있었다.

산헤드린의 행동을 더 잘 이해하기 위해서 기억해야 할 것은 공식적인 사형 선고와 사형 집행은 결코 같은 날 발생할 수 없었다는 사실이다. 산헤드린이 만약 어떤 사람에 대해 사형을 선고했다면, 사형 집행이 있기 전 재고를 위해 반드시 하룻밤을 지내야 했다. 만약 대제사장들과 장로들이 총력을 기울여 수요일에 예수를 체포하여 재판하려 했던 계획이 성공했다면, 그들은 목요일 아침에 예수를 처형할 수 있었을 것이다. 하지만 이제 수요일은 지나갔고, 저녁이 되었다. 이는 산헤드린이 막다른 골목에 이르게 되었음을 의미한다. 그들은 예수를 처리하기 위한 작전을 수정해야만 했다.

만약 예수가 목요일에 체포되었다면, 그는 안식일이 지나기 전까지는 재판에 회부될 수 없었다. 왜냐하면 재판과 사형 집행 사이에는 오직 하룻밤의 공백만 있을 수 있었기 때문이다. 명절인 니산월 15일이나, 그 다음 날인 안식일에는 사형 집행이 허용되지 않았다. 따라서 목요일에는 아무것도 처리될 수 없었다. 예수를 감옥에 넣을 수는 있었지만 재판을 하기 위해서는 며칠을 기다려야 했고, 사형 집행을 위해서는 하루를 더 기다려야 했다. 이제 예수를 법적인 절차를 거쳐 처리할 수 있는 마지막 날인 수요일이 지나갔고, 지도자들은 전략을 논의하기 위해 회합을 가져야만 했다. 그들은 전략을 바꾸기로 결정했고, 예수를 흉계로 죽일 새로운 작전을 세웠다. 이는 안식일 후에 법률에 따라 재판을 해야 할 부담을 덜어 주었고, 예수를 동경하는 많은 순례자들과의 갈등도 피할 수 있게 해 줄 계책이었다.

성금요일에 일어났던 일련의 사건들을 살펴보면 산헤드린에 의한 재판에서 로마 총독에 의한 유죄 판결 쪽으로 전략이 바뀐 것을 알 수 있다. 유대 지도자들이 자신들의 법이나 전통 때문에 할 수 없는 일을 총독은 자유롭게 할 수 있었다. 재판의 형태가 바뀐다는 것은 예수의 사형 방식도 바뀌게 된다는 것을 의미했다. 투석형이 아니라 십자가형이 될 것이었다. 예수를 지지하는 자들에 의해 민란이 일어날 것을 두려워한 산헤드린이 사건 처리를 연기하려 들지 않았기 때문에 예수가 자신의 십자가 처형에 관하여 말했던, 도저히 이루어질 것 같지 않았던 예언이 성취되게 된 것이다.

이제 우리는 마태가 한꺼번에 말했던 그 두 가지 사항들 간의 관련성을 보게 된다. (1)임박한 '십자가 처형'과 그 날짜에 대한 예수의 예언(마 26:1~2) 그리고 (2)그와 동시에 진행되었던, 그를 '흉계'를 써서 체포하고 죽이려는 산헤드린의 음모(마 26:3~5). 수요일이 끝날 무렵 투석형이 십자가형으로 내지된 셈이다. 그것은 예수가 원하던 바였고, 그는 이미 그렇게 일들이 진행될 것이라고 선포했었다. 명절이 곧 시작될 시점이었으므로 산헤드린은 이 선택을 할 수밖에 없었다.

유대 절기와 랍비 규정에 의한 사형 제도

앞에서 간략하게 논의했던 내용은, 재판과 사형 집행에 관한 랍비 규정들이 유대 절기 및 안식일과 관련하여 어떻게 운용되었는지를 살펴보면 더욱 구체적으로 알 수 있다. 이제 우리는 이 문제를 추가적으로 살펴보고 난 후에, 다음 장에서 성금요일에 일어났던 일련의 사건들 가운데 예수를 흉계로 죽이고자 했던 계획이 어떻게 실행되었는지를 논의할 것이다.

명절 중에는 재판을 할 수 없었는가?

빌버벡(Billerbeck)은 예수가 죽은 날에 대한 그의 논문에서 당시에 유효했던 랍비 규정에 의하면 니산월 15일과 같은 명절 중의 한 날에 예수에게 유죄 판결을 내리고 사형을 집행하는 것이 가능했고 허용되었는지를 논의하고 있다.[213] 그가 논증하고 있는 사실은 안식일이나 명절 중에는 재판을 하는 것이 허용되지 않았는데, 그 주된 이유는 재판 행위의 일부인 '글 쓰는 노동' 때문이었다. 이는 중범들의 경우는 안식일이나 명절 전날에는 심지어 재판도 할 수 없었다는 의미가 되는데, 그 이유는 그러한 범죄는 사형 선고를 내려야 할 '가능성'이 있기 때문이며, 또한 사형은 그 다음 날까지 집행할 수 없었기 때문이다. 만약 그 다음 날이 안식일이나 명절일 경우 이러한 사건은 진퇴양난의 상황이 되었다. 따라서 안식일과 명절을 온전히 지키기 위해 안식일 전날이나 명절 전날에는 어떤 범죄도 재판에 회부되지 않았다는 것이다. 그렇다면 예수는 어떻게 명절인 니산월 15일에 재판을 받고 또한 '바로 그 날에' 처형될 수 있었던 것일까?

미쉬나(Mishnah)에 적히게 될 바리새적 규례들이 예수 시대에는 사두개인들의 영향력이 컸기 때문에 잘 지켜지지 않았던 것은 아닐까? 빌버벡에 의하면 예수 사건의 경우에 그것은 별 문제가 되지 않았을 것이라고 한다. 왜냐하면 사두개인들 자신도 안식일에 관해서는 매우 엄격했으며, 또한 명절에 형벌을 집행하는 것은 율법에 저촉된다고 여겼기 때문이다. 빌버벡은 또한 1세기 초의 유대 저술가인 필로(Philo)가 제공하는 증서도 언급한다. 그에 의하면 안식일에 고소를 하거나 재판을 하는 것은

---

213) P. Billerbeck, "Die Angaben der vier Evangelien über den Todestag Jesu unter Berücksichtigung ihres Verhältnis zur Halakha", in H. L. Strack and P. Billerbeck, *Das Evangelium nach Markus, Lukas und Johannes und die Apostelgeschichte*, vol. 2 of *Kommentar zum Neuen Testament aus Talmud und Midrasch*(Munich: Beck, 1924), 812~853, esp. 815ff.

금지된 행위였다.

이 특정한 문제에 관해 빌버벡이 내리는 결론과는 직접적인 관계가 없기는 하지만, 그는 몇 가지 다른 사항들을 추가적으로 논의하고 있다. 그것은 예수의 재판과 랍비적 규례 사이에 존재하는 모순점을 드러내 보일 수 있는 요소들이다. 이것들을 비평적인 해설과 함께 나열해보기로 한다.

1. 산헤드린은 야간 회의 중에는 중범죄를 다루는 것이 허용되지 않았다. 하지만 바로 그 때문에 비공식적인 야간 회의 후에 공식적인 아침 회의를 짧게 개최했다(16장을 보라).
2. 산헤드린은 단 한 차례의 회의나 단 하루만에 중범죄를 처리하는 것이 허용되지 않았다. 하지만 이것 역시 실제로는 일어나지 않은 일이다. 왜냐하면 예수의 재판은 교묘하게 로마 총독의 법정으로 떠넘겨졌는데, 그렇게 함으로써 산헤드린은 이 일에 관하여 아무런 책임을 지지 않고자 했던 것이다.
3. 산헤드린은 성전 단지 바깥에서 회합을 가지는 것이 허용되지 않았다. 하지만 이는 비공식적인 야간 회의 때만 발생했으며, 이른 아침에 있었던 공식 회의 때는 그렇지 않았다(16장 참조).

예수의 재판과 랍비적 규례는 위의 세 가지 측면에서 서로 분명한 조화를 보인다. 따라서 우리는 당시에 적어도 안식일이나 명절에 형벌을 집행할 수 없도록 금지한 이 랍비적 규정이 분명히 효력을 발휘하고 있었음을 확신할 수 있다. 산헤드린은 명절인 니산월 15일이 다가오자 이러한 규정을 고려했을 가능성이 크다.

하지만 빌버벡은 또 다른 해결책에 대해서도 논의하고 있는데, 이는 일부 학자들이 예수의 재판을 논의함에 있어 랍비적 규례들이 가지는 의미를 회피하기 위해 사용했던 방법이다. 이 랍비적 규례는 특별한 상황을 위한 특수 조항들을 가지고 있다는 사실이 발견되었다. 따라서 그 주장은 이렇다. 만약 글을 쓰는 행위가 없다면 안식일에 재판을 진행하는 것은 허용되었다. 하지만 빌버벡이 타당하게 지적하는 바와 같이, 이러한 예외는 실제로 '재판의 진행'이라고는 볼 수 없는 행위들에만 해당되었다. 예를 들면, 헤롯당과의 의논(막 3:6), 또는 날 때부터 소경 되었던 자에 대한 심문(요 9:13ff.) 등이 그것이다.

빌버벡은 토셉타(Tosefta)의 한 규정을 언급한다(Yom Tob 4.4). "만약 그럼에도 불구하고 어떤 사람이 이런 행위 중 하나를 안식일이나 명절에 행했다고 하면, 그것이 폭력에 의해서든 건망증에 의해서든, 고의든 아니든, 그가 이미 행한 일은 행해진 것으로 간주한다." 그리고 나서 빌버벡은 산헤드린이 극도로 중요한 예수 사건을 다루면서, 이 사건과 관련되어 행해진 (불법적) 행위가 법률적 효력을 가질 수 있었으며, 가장 중요한 요소는 사람들의 관심이었음을 고려하지 않았겠는지 궁금해 한다.

하지만 이 점에 관하여 빌버벡의 견해를 뒷받침할 만한 근거는 없다. 토셉타에서 인용한 구절의 바로 앞에는 안식일이나 명절 기간에는 형벌 집행과 같은 행위를 금지한다는 단호한 규정이 나온다. '그것'이 바로 규칙이었다. 그 마지막 조항은 이 규칙을 약화시키는 것이 아니라, 단지 예외적 경우만을 다룰 뿐이다. 그 조항은 사법적 행위가 (폭력에 의해서든 건망증에 의해서든) 안식일에 행해졌다면 소급해서 그 '효력과 구속력을 취소한다'는 식으로 해석될 수 없다. 그 조항이 규정하는 것은 이미 이루어신 사실은 그대로 인정되며, 안식일의 위반은 (아무리 심각한 경우라도) 이미 행해진 일을 취소하는 근거는 될 수 없다는 것이다. 하지만 이 규정은 형식상 부정확한 방법으로 도출된 사법적 결정의 정당성에 대한 '소급적' 판단에 적용되는 것이며, 결코 그것을 이용하여 안식일을 어기기 위해 '미리' 앞당겨 적용해서는 안 된다.

빌버벡은 예외적인 상황은 예외적인 법률을 요구한다는 법칙에 추가적으로 호소한다. 그는 요한복음 11장 49절 이후부터 이미 산헤드린은 예수 사건에 관련하여 일종의 비상 시국 법령을 적용할 것을 결정했다고 주장한다. 하지만 그의 가설은 복음서 기사들과 일치하지 않는다. 복음서를 보면 산헤드린이 심지어 이런 예외적인 경우에도 율법을 지키기 위해 애썼다는 것을 알 수 있다. 그들은 공소 유지를 위해 거짓 증인들을 내세우려고 지대한 노력을 기울였다. 법에 의하면 두 증인이 요구되었기 때문이다. 중요한 것은 그들이 이미 예수를 사형시키고자 하는 결론을 내린 상태에서 그렇게 하고 있었다는 것이다. 공식적인 아침 회의는 지난 밤에 있었던 비공식 회의의 결과를 비준하기 위한 것이었다. 하수인들을 고용하여 겟세마네에서 예수를 암살하도록 하는 것이 분명 더 쉬웠을 것이다. 하지만 지도자들은 모든 세부 사항에서 '정확한' 방식으로 행동해야만 했다. 왜냐하면 백성들은 예수를 동정하고 있었고, 지도자들의 행동을 예의 주시하고 있었기 때문이다. 비록 지도자들의 마음과 생각은 극도로 편견에 사로잡혀 있었지만, 그들은 어떻게든 재판 과정에서 법률적인 외형을 유지하기 위해 매우 조심스럽게 행동하고 있었다.

빌버벡은 예수의 재판이 니산월 15일에도 '행해질 수 있었다'는 것을 증명함으로써 처음 세 복음서의 역사성을 옹호하려고 한다. 하지만 복음서의 역사성을 지지하는 더욱 간단한 논거를 발견할 수 있는 방법은 예수를 흉계로 죽이기 위해 수요일 저녁에 꾸며낸 계획에 더 주의를 기울여야 한다는 것이다. 이 계획을 통해 지도자들은 랍비적 규례의 그물망을 빠져 나오면서도 예수를 제시간에 처형할 수 있었던 것이다.

빌버벡은 안식일이나 명절 기간 중에, 그리고 심지어 이러한 특별한 날의 하루 전날에도 범죄 행위에 대한 재판은 행해지지 않았다는 것을 설득력 있게 증명하였다. 하지만 그것은 산헤드린이 이러한 규정에 대해 일관되지 않았다는 것을 의미하지는 않는다. 반대로 산헤드린의 회원들로 하여금 명절과 안식일이 다가오는 상황에서 자신들의 행동 계획을 변경하도록 한 것은 바로 이러한 규정들 때문이었다. 그들은 법률과 충돌하지 않기 위해 새로운 술책을 마련해야 했다. 만약 그들이 예수의 범죄 행위를 목요일이나 금요일 혹은 안식일에 처리해야 했다면 충돌은 불가피했기 때문이다. 시간이 수요일 저녁이었으므로, '유대' 법정의 문은 당분간 닫힐 것이었다.

명절 기간에는 사형 집행을 할 수 없었는가?

위의 문제와 밀접하게 관련된 사항은 안식일이나 명절에 사형을 집행할 수 없다는 금지 규정이다. 빌버벡은 랍비적 규례에 의하면 사형 제도는 '안식일을 대체할 수 없다'고 한다. 안식일이 주는 휴식과 기쁨이 우선이라는 것이다. 안식일과 명절 사이에는 별 차이가 없었다(비록 명절에는 식사를 준비할 수 있었지만 말이다). 그래서 명절에도 사형을 집행할 수 없었던 것이다. 누가복음 4장 29절과 요한복음 10장 22절 이하를 보면 안식일이나 명절에 예수를 죽이려는 시도들에 대해 읽을 수 있는데, 이는 공식적인 사형 선고가 아니라 즉흥적인 행동들이었다.

물론 명절에 어떤 부류의 사람들을 처형하는 일련의 랍비적 판결들이 있다. 이는 특별한 사건, 예를 들면 패역한 아들, 거짓 선지자, 산헤드린의 판결에 반항하는 자 등에 해당한다. 이러한 경우에 사형 집행은 명절 기간 중 하루에 이뤄졌다. 사형을 명절에 집행함으로써, "온 백성이 듣고 두려워하여 다시는 무법하게 행하지 아니하리라"(신 17:13)고 한 말씀이 성취되는 것이었다. 예수를 '명절 기간 중에' 처형하는 것도 한 방법일 수 있었다. 하지만 이는 산헤드린이 무슨 수를 써서라도 피하고 싶은 선택이었다. 그들은 차라리 음모를 꾸미기 원했다(막 14:2).

이처럼 한편으로는 안식일이나 명절에 그 누구도 법원의 명령에 의해 처형될 수 없다는 규정이 있고, 또 다른 한편으로는 어떤 범죄의 경우 특별히 명절 날에 사형을 집행하도록 한 전통이 있다. 이 두 가지는 서로 상충되는가? 그렇게 보일 수도 있다.

그러나 겉으로 보이는 바에 속아서는 안 된다. 특별한 명절 '날'과 명절 '기간'을 분명히 구분해야 한다. 유월절이나 초막절 모두 일주일간 계속되었다. 첫날과 마지막 날은 성회로 모이는 특별한 날이었다. 명절 기간의 중간에 있는 날들에는 안식일이나 성회로 모이는 날과 같은 특별한 규칙이 없었다. 모든 사람들에게 본보기가 될 만한 사형 집행은 큰 명절에 온 백성이 모이는 때에 행해졌다. 중요한 것은 이러한 형 집행이 예루살렘 밖에서도 아니고, 임의적으로 선택된 날에도 아닌, 예루살렘 안에서, 그것도 명절을 지키러 온 많은 사람들이 보는 앞에서 행해졌다는 것이다. 그러한 사형 집행을 할 수 있는 정확한 '날짜'는 문제가 되지 않았다. 안식일이나 성회로 모이는 날에 관한 규정으로 설명이 되기 때문이다. 그 규정들에 근거한 자연스런 결론은 명절 주간에 행해져야 하는 사형 집행은 안식일이나 명질의 첫날이나 마지막 날에는 할 수 없었다는 것이다. 그 날은 거룩한 날이기 때문이다.

빌버벡은 이러한 해석을 피하기 위해 초막절은 짧았기 때문에 그렇게 사형 집행을 할 수 있는 '중간의 날들'이 없었다고 주장한다. 하지만 우리가 추론할 수 있는 바는 명절이 끝난 후 그 다음 날 이른 아침에, 즉 순례자들이 집으로 돌아가기 전에 사형 집행을 할 수 있었다는 것이다.

빌버벡은 사형 집행은 '명절 중에' 있었다는 표현에 근거하여, 특별한 사건의 경우 선고된 사형은 명백히 '안식일이나 성회로 모이는 날'에 집행되었다고 추론하는데, 이는 제공된 자료들의 한계를 넘어서는 주장이다. 그러한 예외는 예수의 경우에도 만들어질 수 있었다. 만약 그러한 예외가 실제로 존재했다 하더라도, 그것은 어디까지나 예외적인 경우에만 해당되었을 것이다. 그리고 예수 사건은 예외에 해당되지 않았는데, 그 이유는 그의 재판이 예루살렘 안에서 행해졌기 때문이다. 하지만 그 법칙에 예외가 있었다고 여겨야 할 아무런 이유가 없다. 안식일이나 성회로 모이는 날에 사형 집행이 있었던 경우는 없었다. 심지어 그 집행이 '명절 중'에(명절 기간 중에) 행해졌어야만 했어도 말이다.

이러한 근거로 우리는 요한복음 18장 31절의 유대인들의 말("우리에게는 사람을 죽이는 권한이 없나이다")은 그 날의 특수한 성격을 가리키는 것으로 이해할 수 있다. 니산월 15일은 유월절의 첫 날이었고, 따라서 거룩한 날이었다. 빌라도는 하고 싶은 일을 할 수 있는 자유가 있었지만, 유대인들에게는 이 날에 사람을 죽이는 것이 허용되지 않았다. 유대 지도자들이 자신들에게는 사람을 처형할 권한이 없다고 말한 것은 옳았다. 하지만 그것은 로마 당국이 권한을 박탈했기 때문이 아니라, 여호와께서 안식일이나 명절의 쉼과 기쁨을 그들이 사형을 집행함으로써 흐트리는 것을 금하셨기 때문이다. 이 명절의 날, 즉 유월절의 첫째 날에 그들은 온전한 진리를 말하고 있었다. 그들은 사람을 처형할 권한이 없었다.

예수의 재판은 니산월 15일에 있었나?

얼핏 보기에 산헤드린의 계책과 그 결과 사이에는 특이한 긴장이 있어 보인다. 지도자들은 모두 니산월 15일에 예수를 못 박아 죽이는 계획을 지지했다. 그리고 빌라도를 통해서 그들은 '자신들이' 원하는 것을 얻었다. 수요일 저녁에 그들은 말했다. "명절에는 하지 말자!" 하지만 니산월 15일은 명절의 일부였다. 빌라도가 관례상 죄수를 한 명 놓아주는 것도 바로 이 '명절' 기간 중이었다(마 27:15; 막 15:6). 그 지도자들이 한 일과 그들이 이틀 전에 계획했던 일 사이에는 어떤 관계가 있는 것일까?

이 문제를 분명히 이해하기 위해서 우리는 "명절에는 하지 말자"라는 표현이 산헤드린에 의한 재판의 맥락에서 한 말임을 주지해야 한다. 산헤드린은 당시 궁지에 몰려 있었다. 이제 산헤드린은 자신들의 행동을 명절 주간의 어느 시점으로 미루어야 할 상황이었다. 이는 곧 재판 과정과 사형 집행의 날에 그들이 순례자들과 얼굴을 마주 보고 서야 한다는 것을 의미했다. 순례자들이 누구인가? 그들은 성전이 있는 예루살렘에 와서 명절 기간 중에 그곳에서 일어나는 모든 일에 가장 예민한 관심을 가지고 참여하기 위해 온 사람들이 아닌가! 게다가 예루살렘으로 온 이 무리들은 상당한 정도로 예수에 대한 동경으로 차 있었다. 이는 산헤드린이 맞닥뜨리고 싶은 상황이 아니었다.

따라서 그들은 예수를 산헤드린의 사법적 절차를 따르지 않고 흉계를 써서 죽이기로 한 것이었다. 그 계책은 바로 빌라도에게로 그 사건을 이첩시키는 것이었다. 그러면 백성들의 동요를 산헤드린보다는 더 잘 흡수할 수 있을 것이다. 그리고 로마 총독이 개입한다면 예수는 간단하게 제거될 수 있을 것이며, 군중들은 무슨 일이 일어나는지 파악해서 반응할 시간이 없을 것이라는 판단이었다. 그러므로 사실 예수가 거룩한 날에 처형된 것은 산헤드린의 동의와 심지어는 종용을 통해서였다. 하지만 그렇게 함으로써 그들은 교묘하게 명절 주간에 유대식 재판을 하는 일은 피할 수 있었다. "명절에는 하지 말자!" 그렇게 해서 예수는 유월절 명절날에 '로마인'에 의해 십자가 처형을 당한 것이다. 모든 일은 명절 주간의 '중간에 있는' 날들이 되기 전에 처리되어야 했다. 그렇지 않으면 산헤드린이 그 중간의 날들에 예수 사건을 유대법에 따라 처리할 수 있는 상황이 되고 말 것이기 때문이었다.

16장

고난과 죽음의 성금요일

안나스 앞에 선 죄수
밤중에 열린 예비 재판
아랫사람들의 희롱
베드로가 예수를 부인함
예수가 유죄 선고를 받음
빌라도 앞에서
십자가와 무덤

고난과 죽음의
성금요일

 예수가 죽었던 날에 있었던 일련의 사건들, 특별히 그의 재판에 관해서는 많은 것들이 기록되었다. 모든 복음서 기자들은 그리스도의 지상 사역에서 가장 치욕적이었던 동시에 가장 중요했던 날에 관해 상세히 기록하고 있다. 하지만 그 모든 세부 사항들을 하나의 이야기로 연결시키는 것은 어려운 일이다. 어떤 날은 사건들이 차분하게 순서를 따라 진행되지만, 또 다른 날은 소용돌이 치며 격랑 속에 흘러가기 때문이다. 엄청난 긴장이 유발되었던 성금요일이 바로 그런 날 중의 하나이다. 많은 일들이 동시에 발생했고, 산헤드린은 흉계를 행하고 있었다.
 이는 우리가 두 가지 면을 다루고 있다는 의미가 된다. 실제로 일어난 일과, 그 행동 배후의 의도가 그것이다. 또한 거기에는 가룟 유다, 산헤드린, 빌라도, 백성들, 그리고 제자들의 이해 관계와 같은 다양한 이해 관계가 작용하고 있다. 어떤 때는 그것들이 일치하기도 하지만, 또 어떤 때는 서로 얽히게 된다. 따라서 구성상의 편의를 위해서 또한 앞의 세 장에서 세부 사항들을 다루었으므로, 본 장에서 성금요일을 다룬 다양한 저작물과 견해에 대해서는 다루지 않을 것이다. 그 대신 그날에 일어난 일련의 사건들을 재구성하는 데 초점을 맞출 것이다.

안나스 앞에 선 죄수

겟세마네에서 산헤드린의 무장 병력이 예수를 붙잡았을 때, 그들은 당연히 체포를 지시한 명령권자에게로 그를 데리고 갔다. 대부분의 복음서 기자들은 이어서 어떻게 주님이 가야바의 집에 있는 유대 지도자들 앞으로 끌려갔는지를 기록하고 있다. 하지만 사건들을 연결 짓는 다른 하나의 작은 연결 고리가 있는데, 이야기 진행에 필수적인 것은 아니지만 요한은 이를 포함시키고 있다. 바로 예수가 안나스 앞에서 짧게 심문을 받은 일이다(요 18:13~24). 이 심문은 나중에 산헤드린 앞에서 가야바가 예수를 심문할 그 건물 안에서 행해졌다(요 18:13, 15의 순서에 유의할 것). 대제사장의 관정에 예수와 함께 들어간 유일한 제자가 요한이었는데, 그는 대제사장과 아는 사이였기 때문에 그렇게 할 수 있었다(요 18:15). 따라서 그 건물 안에 들어간 직후에 무슨 일이 일어났는지에 대해 자세히 말해줄 수 있는 유일한 복음서 기자는 요한이다. 먼 발치에서나마 그는 어떻게 예수가 안나스에게로 곧장 끌려갔는지 보았다. 그리고 그러는 동안에 산헤드린의 회원들은 속속 도착하고 있었다(막 14:53).

대제사장과 아는 사람으로서 요한은 그 관정 안에 있는 사람들의 관계에 대해 다른 복음서 기자들보다 더 잘 알고 있었다. 당시 가야바는 공식적인 대제사장으로서 로마에 의해 선임되고 인정받은 사람이었다. 하지만 유대법에 따르면 그의 선임자인 안나스가 그보다 더 서열이 높다. 대제사장은 종신직이었기 때문이다. 유대인들은 비록 지배 세력 아래의 현실을 인정하고 그것에 적응해야 했지만, 그들은 여전히 안나스를 존중했던 것이다. 그는 대제사장들 중의 한 명이었고, 또한 전직 대제사장이었기 때문에 예수를 가장 먼저 그에게 데려가 짧은 심문을 받게 했던 것이다. 전임 대제사장으로부터 조언을 듣기 위해서 말이다.

안나스는 예수를 석방해야 할 이유를 발견하지 못했다. 따라서 그를 법정으로 보냈다. 그의 의견은 그가 재판을 받아야 한다는 것이었다. 사슬에 묶인 그대로 예수를 공의회로 보냄으로써 안나스는 예수 사건에 대한 자신의 의견을 분명히 표명한 것이다(요 18:24).

그러는 사이에 요한은 간신히 시몬 베드로를 건물 안으로 들어올 수 있게 해 주었다(요 18:16). 그렇게 해서 베드로는 그날 밤에 일어난 일들의 주된 목격자가 된 것이다. 예수는 조롱을 받았고 가야바에게 심문을 받았다. 베드로의 설교를 기록했던 마가도 이 사건들을 기록하고 있으며, 마태도 그렇게 했고, 누가는 그 일부를 기록했다. 하지만 요한은 그날 밤에 있었던 그 나머지 일들을 생략한다. 그 사건들은 다른 복음서 저자들(그들의 복음서들은 요한의 것보다 먼저 기록되었기 때문에)에 의해 이미 충분히 자세하게 다루어져 있었기 때문이다. 따라서 요한은 안나스에 대한 이 세부 사항을 기록한 후 곧바로 빌라도의 이야기로 옮겨간 것이다.

밤중에 열린 예비 재판

산헤드린 회원 전체(장로들, 대제사장들, 서기관들)가 대제사장 가야바의 주재 하에 밤에 회의를 개최했다(막 14:57, 59). 그들의 변론은 이전에 가야바가 했던 조언에 바탕을 두고 있었다. 예수는 반드시 처형해야 한다. 가야바는 그때 말하기를 온 나라가 망하는 것보다는 예수 한 사람이 죽는 것이 낫다고 했다(요 11:47~53). 예수가 나사로를 살린 사건 이후로, 그리고 또 부분적으로는 이 일을 보고 백성들이 깊은 인상을 받았기 때문에, 산헤드린은 예수를 체포하고자 많은 노력을 해 왔었다. 그들은 예수와 무리 사이를 갈라놓고자 했지만 실패했다. 또한 교묘한 질문들로 그를 책잡고자 했지만 실패했다. 드디어 수요일 저녁에 흉계를 통해 예수를 체포하고 처형하기로 행동 계획을 수정했다. 그 계획의 첫 단계가 이제 실행된 것이다. 배신자 유다의 도움으로 그들은 사람들의 눈을 피해 한밤중에 예수를 체포할 수 있었다. 이제 그들은 계획의 두 번째 단계를 위해 준비해야 했다. 따라서 산헤드린의 회원들은 야간 회의를 위해 모였던 것이다.

그것은 총회였지만 공식적이진 않았다. 모든 회원들이 참석하긴 했지만, 그런 회의에서는 어떤 법적 조치도 취해질 수 없었다. 유대법에 의하면 법정은 오직 주간에만 열릴 수 있기 때문이었다. 어쨌든 법의 집행에는 어두움이 없어야 한다. 더군다나 산헤드린 회의는 성전 단지 안에서 열려야 한다. 하지만 그 밤 그들은 공식적인 장소에서 모임을 갖지 않고, 의장의 집에 모였다. 이 야간 회합은 비정상적이며 비공식적이었다. 그것은 아침에 열릴 공식 회의 전에 열리는 일종의 예비 총회 같은 것이었다 (p.437 참조).

흉계로 진행되는 그 계획의 일부는 거짓 증인들을 결부시키는 것이었다. 하지만 이 단계는 아무런 성과가 없었다. 증인 진술의 법적 요건을 충족시키는 고소 내용을 꾸며낼 수 없었기 때문이다. 하는 수 없이 대제사장은 예수로 하여금 자신의 주장을 펴도록 했다. 예수에게 질문을 했지만 그것은 그에 대해 좀 더 알기 위함이 아니라, 사형 선고에 충분한 범죄 사실을 엮어내기 위함이었다.

그러자 예수는 자신의 백성들을 다스리는 최고의 권력 기관 앞에서 자신이 누구인지를 드러내었다. 그는 살아 계신 하나님의 아들, 그리스도였다. 그는 또한 그들에게 자신의 미래가 어떻게 될 것인지를 말했다. 그는 다니엘서 7장의 약속을 따라 하나님 우편에 앉을 것이었다. 이 진술은 대제사장으로서는 더 이상의 증인이 필요 없게 만드는 충분한 사유가 되었다. 신성 모독으로 정죄할 증거를 예수 자신이 충분히 제공한 것이다. 이스라엘에서 신성 모독에 대한 형벌은 사형이었다. 그것은 바로 그들이 진행했던 심문의 목적 그 자체였다. 사형의 근거를 찾는 일(막 14:55) 말이다.

비공식 야간 회의의 결론은 간단하고 명료했다. 예수를 사형시키는 것은 법적으로 하자가 없게 되었다. 산헤드린은 이제 홀가분한 마음으로 흉계로 예수를 죽일 계획을 추진하면 되는 것이었다.

아랫사람들의 희롱

산헤드린 총회가 법에 따라 예수를 사형에 처하기로 결정하고 난 다음에, 그들은 날이 새기를 기다려야 했다. 아침에 제일 먼저 할 일은 산헤드린 회의를 개최하는 것인데, 이번에는 성전에서 열릴 공식 회의이다. 그때까지 예수는 가야바의 관정에 감시 가운데 잡혀 있었다.

아랫사람들(the guards, 하속들)은 그를 조롱하며, 침을 뱉고, 때리며, 얼굴을 가리고, 그를 때리고 조롱하는 자가 누구인지 맞춰 보라고 했다. 이 일은 산헤드린의 (잠정적인) 판결 직후에 기록되어 있으므로, 마치 야간 회의 중에 발생한 것처럼 보인다. 하지만 자세히 살펴 보면 이는 아랫사람들이 안뜰에서 그를 조롱한 사건임을 알 수 있다. 이 사건을 꽤나 빈틈 없이 기록하고 있는 마가(막 14:65)도 그러한 인상을 준다. 마가복음 14장 54절에서 '아랫사람들'은 안뜰에서 불을 쬐며 둘러 앉아 있었다. 이들은 바로 겟세마네에서 예수를 체포한 자들이다. 마가복음 14장 65절에서 '어떤 사람'이 예수의 얼굴을 치는 장면에서 아랫사람들에 대한 이 언급은 우리의 관심의 초점을 회의실(막 14:55~64)에서 건물 밖의 안뜰로 다시 옮겨 준다(마 26:69). 앞으로 몇 시간 동안 예수를 감시하도록 명령을 받은 자들은 바로 지금 예수를 조롱하고 있는 자들이었다(눅 22:63~65). 그러므로 산헤드린이 비공식 회의 중에 그러한 비열한 행동을 했다는 생각은 정확하지 않다.

베드로가 예수를 부인함

그날 밤에 있었던 사건의 틀 속에 베드로가 예수를 세 번 부인한 일을 맞추어 넣는 것은 어려운 일이다. 부인의 시작은 안나스의 심문 뒤에 있었음이 틀림없다. 왜냐하면 베드로는 그 일 후에야 요한의 도움으로 관정 안에 들어갈 수 있었기 때문이다(요 18:15~16). 부인의 끝은 안뜰에서 아랫사람들이 예수를 조롱하기 시작한 것과 분명 같은 시점이었을 것이다. 실제로 안뜰에 있었던 예수는 돌이켜 문간에 서 있던 베드로를 볼 수 있었다. 베드로는 바로 그 전에 안뜰에서부터 나왔을 것이다. 왜냐하면 그가 거기에 있기에는 상황이 너무 심각해졌기 때문이다(눅 22:61). 이는 예수가 산헤드린 앞에 서 있을 때, 그리고 그 직후에 베드로의 연약함이 드러났다는 것을 의미한다.

대부분의 복음서 기자들은 예수가 이미 제자 베드로에게 그가 '닭 울기 전에'(아침이 되기 전에) 주님을 세 번 부인하게 될 것에 대해 일찍이 경고를 주었다는 것을 기록하고 있다. 마가의 기록은 더 정확하다. "닭이 두 번 울기 전에"(막 14:30). 다시 한 번 우리는 베드로 자신이 가지고 있었던 직접적이고 개인적인 기억을 마가복음 안에서 대하게 된다. 그날 밤 시몬은 구주의 말씀을 너무 늦게 기억했다. 닭이 두 번 울고 나서야 그 말씀을 기억했던 것이다. 그리고 나서 예수가 그를 바라보았고(눅 22:61), 베드로의 기억 속에 처음에 거부하고 억눌러 버렸던 예수의 예언이 되살아났다. 그리고 그는 예수를 처음 부인했을 때 이미 한 번 들었던 닭의 울음소리를 기억했다. 하지만 그때는 아직 구주의 말씀을 곰곰이 생각하고 마음속에 새길 준비가 되지 않았었다. 베드로가 몇 시간 전까지만 해도 그렇게 분개하며 거부했던 그 예언에 대한 저항을 거두는 데는 두 번째의 닭 울음소리와 또한 물끄러미 바라보는 주님의 눈동자가 필요했던 것이다.

복음서 기자들 중 세 명이 닭이 울었던 것에 대해 간략히 기록하고 있는 반면, 마가는 첫 번째와 두 번째 닭 울음에 대해 기록하고 있다. 이는 이상하게 보이지만 당시에 많은 사람들은 두 번째 닭 울음소리를 듣고 기상했다. 닭들이 첫 번째로 울 때는 아직 깊은 밤이지만, 두 번째로 울 때는 아침 서광이 그리 멀지 않은 때임을 알려 준다. 이것이 바로 사람들이 의지하고 주의를 기울였던 '정상적인' 닭 울음소리였다. 그것은 자명종 시계와 같은 역할을 했다(참조, 막 13:35). 세 번째 일상적인 닭 울음은 날이 밝았음을 알리는 것으로 사회적 중요성이 떨어졌다. 세 명의 복음서 기자들은 사람들이 아침에 일어나기 위해 의지했던 그 닭 울음소리를 간략히 언급했고, 오직 마가만 더 자세하게 기록하고 있다. 예수는 닭이 '두 번째' 울기 전에 세 번 부인할 것을 구체적으로 말씀하셨던 것이다. 마가는 심지어 우리에게 그 시간도 알려 주고 있으며, 그 첫 번째 닭 울음소리는 베드로의 기억을 일깨우는 데 실패했다는 것을 암시하고 있다.

무슨 일이 일어났는지 선명한 그림을 그리기 위해서는 다음과 같은 세 가지 사항에 유의해야 한다.

1. 베드로는 밤새도록 두려움과 공포에 시달리며 사람들의 끊이지 않는 질문 공세로 궁지에 몰리는 경험을 했다. 요한도 그 장면 속에 등장하긴 하지만, 그는 다소 방관자처럼 서서 사람들이 계속해서 그의 동료에게 말을 걸고, 그들을 떨쳐 버리려고 필사적으로 애쓰는 베드로의 모습을 지켜 보았다. 요한은 그 질문들 중 일부를 개인

적으로 알고 있었다(요 18:26). 요한에게 그곳은 익숙한 환경이었다 (요 18:15~16). 반면 베드로는 낯설고 위협적인 환경 가운데 아무도 알지 못했다. 그들의 경험과 주변 환경에 대한 개인적인 관계의 차이점들은 마가의(베드로의) 기록과 요한의 기록에 나타나는 일부 뉘앙스들을 이해하는 단서가 된다.

2. 시몬 베드로의 부인은 세 개의 날카로운 질문에 대한 세 개의 거침없는 부인이었다고 이해해서는 안 된다. 그는 구경꾼들에 둘러싸여 그들이 던지는 온갖 종류의 질문의 대상이 되고 있었다. 사람들이 동시에 그를 알아 보았고, 그들 중 여러 명이 합세하여 같은 질문을 던져댔다. 그것은 법정에서의 심문이 아니라 하인들 집단 사이에서 일어나는 격식 없는 대화였다. 따라서 어떤 복음서 기자는 어떤 것을 묻는 하녀에 대해 이야기하고, 또 다른 복음서 기자는 질문하는 한 남자에 대해서 이야기한다고 해서, 그것을 모순으로 간주할 필요가 없다. 오히려 그 두 기사는 서로를 보완한다. 여러 명의 사람들이 동시에 이야기할 때면, 다른 방향에서 동시에 비슷한 내용이 들릴 수 있다. 그것들은 서로 동의하고 지지하며 다른 사람들이 한 말들을 반영한다. 이러한 와자지껄한 소리들 가운데서 이 복음서 기자는 이 목소리를, 저 복음서 기자는 저 목소리를 선택하여 기록한 것이다.

3. 몇 번을 부인했는지 증명하는 것은 더욱 어렵다. 베드로가 매번 부인의 말을 했을 때마다 한 번으로 간주할 것인가, 아니면 그가 다양한 사람들과 논쟁하며 부인의 말을 했던 대화의 숫자를 기준으로 할 것인가? 한 가지 가능한 설명은 요한(베드로와 함께 들어갔던)은 베드로가 세 번 부인한 '말'들을 기억하고서 그것들로 충분하다고 여기고 기록했으며, 나머지 복음서 기자들은 베드로가 궁지에 몰려 힘든 시간을 보냈던 세 번의 짤막한 대화의 '시간'에 주목했다는 것

이다. 이는 요한과 다른 세 복음서 기자들이 보이는 세부 사항의 차이점에 대해 자연스럽게 이해할 수 있도록 해준다. 요한은 질문을 했던 세 명의 사람들(그는 그들을 모두 알고 있었다)을 기억한 반면에 베드로는 사람들의 그룹 속에서 세 번의 질문 공세를 받았던 것을 기억했다.

위의 내용을 정리하면 다음과 같은 결론을 내릴 수 있다.

1. 요한이 그의 동료 시몬 베드로를 수위실을 통해 안으로 데리고 들어갈 때, 문을 지키는 여종이 그들에게 물었다. "너도 이 사람의 제자 중 하나가 아니냐?" 베드로는 이 질문에 부정적으로 답했다. 그것은 지나가면서 거의 무심코 일어난 일이었다. 하지만 요한은 베드로가 그 말을 했다는 것을 기억했으며, 그 시점에 베드로의 부인이 이미 시작되었다는 것을 이해했다(요 18:16~17).

2. 안으로 들어간 후에 베드로는 안뜰에 불을 피워놓은 하인들에게 합류했다. 그들은 불 주위에 서서 몸을 녹이고 있었다(요 18:18, 25). 그리고 가끔가다가 그 주변에 둘러 앉기도 했다(마 26:58; 막 14:54; 눅 22:55). 만약 당신이 추운 날 밤 불에 몸을 녹이기 원한다면, 한 가지 자세로만 서 있지는 않을 것이다. 대제사장의 여종들 중 하나가 베드로에 관해 뭔가를 알아차렸다(마 26:69; 막 14:66~67; 눅 22:56). 그 그룹에 있던 다른 사람들도 합세했다(요 18:25). 하지만 베드로는 모든 사람들이 보는 앞에서 그 여종의 고발 내용을 부인했다(마 26:70). 그러고는 상황을 감당할 수 없게 되자, 앞문 쪽으로 후퇴했다(마 26:71; 막 14:68). 그때 첫 번째 닭 울음소리가 들렸다.
불행하게도 일부 현대 번역들은 마가복음 14장 68절에 나오는 닭 울음에 대한 언급을 생략해 버렸다. 이 닭 울음소리는 명백히 시기

상조로 보이므로 이를 부담스럽게 여기는 몇몇 사본들을 따르기로 한 것이다. 하지만 절대 다수의 사본들에 의하면 마가복음 14장 68절은 이렇다. "앞 뜰로 나갈 새 마침 닭이 울더라"(참조. NIV 각주). 그 순간에 첫 번째 닭 울음이 들려왔지만, 사람들은 알아차리지 못했다. 나중에서야 베드로가 이러한 세부 사항을 기억해 냈던 것이다.

3. 하지만 앞문 쪽에 가서도 예수의 제자는 곧 공격을 받게 된다. 그곳에서 근무 중이던 여종이 주변에 서 있던 사람들에게 "이 사람은 그 도당이라"고 했다. 이는 안뜰의 불 곁에서 베드로에게 질문을 했던 그 여종과는 다른 인물이었다(마 26:71; 막 14:69). 그리고 베드로가 처음에 들어올 때 그에게 질문했던 그 문 지키는 여종과는 동일 인물일 가능성도 있다(요 18:17). 그녀는 베드로에 대해서 여전히 의심을 품고 있었고, 베드로가 다시 다가오자 주변에 서 있던 사람들에게 그렇게 말한 것이다. 수위실에 있던 다른 사람들도 이제 그 이야기를 들었고, 흥미를 가지게 되었으므로, 우리는 왜 누가가 '조금 후에' 베드로에게 직접적으로 그와 예수의 관계를 물었던 한 '남자'에 대해 기록하고 있는지를 알 수 있다(눅 22:58). 안뜰에서 주고받았던 대화는 조금 전에 일어났다. 이제 잠시 후에 그 대화는 문 앞에서 반복되고 있는 것이다. 문을 지키는 그 여종은 거기에 있던 사람들과 함께 베드로에 대해 이야기했고, 그 남자들 중 한 명이 베드로에게 직접 물었다. 베드로는 이번에는 모든 관계를 부인했고, 맹세까지 했다(마 26:72; 막 14:70a; 눅 22:58).

4. 이제 잠시 동안의 휴식이 있었다. 두 명의 복음서 기자들(마태와 마가)은 그것을 '잠시 후'라고 표현한다. 누가는 좀 더 정확히 '한 시간쯤 있다가'(이는 첫 번째와 두 번째 닭 울음소리 사이의 시간이다)라고 말한다. 그러는 사이에 아마 새로운 사람들이 들어왔을 것이다. 그리고 이제 베드로는 눈에 덜 띄기 위해 더 활발하게 대화에 끼어들었

다. 하지만 그에게 있어서 대화는 어설픈 위장술에 불과했다. 그의 갈릴리 억양이 그를 배반했고, 주변에 서 있던 사람들의 의심을 키웠다. 이제 그들이 떼를 지어 그를 공격한다. "너도 진실로 그 도당이라. 네 말소리가 너를 표명한다"(마 26:73; 막 14:70; 눅 22:59). 요한복음에 의하면 그 공격은 말고(Malchus)의 친척에 의해 강화되었다. 그는 자신이 예수가 체포된 동산에서 베드로를 보았기 때문에 그를 알아본다고 말했다(요 18:26). 베드로는 궁지에 몰리고 있었다. 드디어 그는 맹세와 저주로 주님을 부인했다. 그 순간 닭이 울었고, 안뜰로 끌려나온 예수는 거기에서 베드로를 바라보았다. 베드로는 밖으로 나가서 심히 통곡했다(마 26:74~75; 막 14:71~72; 눅 22:60~62; 요 18:27).

예수가 유죄 선고를 받음

산헤드린은 낮 동안에 그리고 성전 단지 안에서만 법적 판단을 내릴 수 있었기 때문에, 이 최고의 사법 기관은 이른 아침에(마 27:1~2; 막 15:1), 즉 날이 새었을 때(눅 22:66), 성전 근처 방에서 회의를 열었다. 가룟 유다가 그의 핏값을 되돌려 주기 위해 산헤드린에 왔다가 그 돈을 '성전에' 던져 넣었다(마 27:5). 이는 바로 그곳이 유대인의 공의회가 그날 아침 회의를 가졌던 곳임을 나타낸다. 이제 전날 밤 예비 재판의 최종 결과를 간단히 비준하고 난 다음에, 예수를 사형시킬 공식적인 결정을 내렸다. '심불리온 람바네인'(*symboulion lambanein*; 마 27:1)이나 '심불리온 포이에인'(*symboulion poiein*; 막 15:1)이라는 표현은 '의논하다'보다는 '결정을 내리다'라는 의미가 맞다.

그 다음에 예수는 빌라도에게로 보내졌는데, 이는 그 흉계의 일부였다

(마 27:2; 막 15:1; 눅 23:1; 요 18:28). 이와 같은 명절 날(안식일이 다가오고 있는 상황에서)에 유대인들 자신은 공식적으로 법을 집행할 수 없었는데, 이는 글을 쓰는 노동 행위가 포함되기 때문이다. 또한 그들은 사형을 집행할 수도 없었다(P.413 참조). 따라서 산헤드린이 열었던 회의는 '유대' 법을 따라 예수를 재판하고 형을 선고하기 위한 절차상 첫 번째 단계였다고 할 수 없다. 그것은 예수를 총독에게 넘겨주기 위해 근거를 마련하려는 공식 회의였던 것이다.

산헤드린은 신성 모독자를 처형하는 것은 도덕적으로나 종교적으로 정당한 일임을 알고 있었다. 이 특정한 날에 그들 자신은 법을 집행할 수 없었기 때문에, 그 범죄 혐의자를 넘겨주기로 결정한 것인데, 그 주된 목적은 명절 주간 중에 이 사건에 대해 더 이상 관여하지 않기 위해서였다. 그를 넘겨주는 내부적인 근거는 그가 자신을 하나님의 아들이라고 했다는 사실이었다. 그날 아침 늦게 그들은 빌라도에게 그 사건을 넘기면서 예수를 정죄할 수 있는 근거를 제시하려고 애쓸 것이었다. 그리고 그 근거는 로마 총독으로서 그가 그 사건을 해결해야 한다는 확신을 줄 수 있도록 더욱 설득력 있는 것이어야 했다(p.442를 보라).

마태와 마가는 아침에 있었던 이 회의에 대해서 자세한 언급은 하지 않는다. 그들은 지난 밤에 있었던 비공식 회의(이를 통해 계획의 나머지 부분은 이미 결정되었다)에 대한 상세한 기사를 이미 제공했다. 하지만 누가복음은 상당히 다르다. 그는 단 한 차례의 산헤드린 회의에 대해서만 기록한다(눅 22:66~71). 이 기사는 어느 정도 자세한 편이므로 많은 사람들이 누가복음에 나온 회의를 나른 두 복음서에 기록된 야간 회의와 동일한 것으로 간주하는데, 그 기사들 간에 많은 공통점이 있기 때문에 디욱 그럴 듯하다. 하지만 이는 확실하지 않다.

공식적인 오전 회의에 대한 누가의 기록은 매우 자세한 편이지만, 다른 두 복음서에서는 상당히 간단하다. 누가의 기록이 야간 회의에 대한 기록과 유사성을 보이는 것은 당연한 일이다. 그 두 회의는 마치 최종 리허설과 공연의 관계와 같다. 오전 회의는 지난 밤에 있었던 비공식 회의 내용을 '공식적으로' 반복한 것이었다. 이렇게 반복한 이유는 예수를 빌라도에게 넘겨주는 행위에 대해 산헤드린의 공식적인 인준 절차를 밟으려는 것이었다.

이 회의의 핵심은 밤에 있었던 회의를 통해 이끌어낸 최종 판결을 비준하는 것이었다. '예수 자신의 말이 그가 신성 모독자임을 명백히 증명했다.' 그러했기 때문에 오전 회의에서 대제사장은 지난 밤에 물었던 최종 질문을 반복했던 것이다. "네가 그리스도냐?" 그리고 예수는 다시 한 번 그가 했던 말을 확증했다.

심지어 성전 안에서 열린 공식적인 회의에서도 그는 자신이 하나님의 아들이며, 장차 하늘에 계신 왕의 보좌 우편에 앉을 것이고, 또한 심판을 위해 다시 오실 분이심을 드러냈다. 이런 이유로 누가의 기사는 야간 회의에 대한 마태와 마가의 기사와 그토록 유사한 것이다. 많은 사람들이 누가의 기사를 야간 회의와 관련지으려 했던 이유를 이해할 만하다. 하지만 그 차이점을 주의해서 보면 누가가 오전 회의에 대한 상세한 기사를 제공하고 있음을 분명히 알 수 있다.

1. 야간 회의 중에는 가야바가 예수에 대한 심문을 진행했다(마 26:62~65; 막 14:60~63). 하지만 오전 회의 때 그는 재판관들이 예수를 심문하도록 재판을 주재했다(눅 22:66~67). 마태복음 26장 64절에서 예수는 대제사장(그의 관정에서 심문을 했다)의 질문에 즉시 대답한다. "네(단수)가 말하였느니라." 하지만 누가복음 22장 67절에서 예수는 '그들'에게 대답했다.

2. 심문 방식도 다르다. 오전 회의에서는 적어도 두 개의 질문이 있었다. "네가 그리스도냐?"와 "네가 하나님의 아들이냐?"가 그것이다

(눅 22:67, 70). 지난 밤 회의에서 나왔던 진술에도 불구하고, 산헤드린은 재차 반복해서 물었던 것이다. 이러한 사실에 주목하면 누가복음에 나온 예수의 반응을 이해할 수 있다. "내가 말할지라도 너희가 믿지 아니할 것이요, 내가 물어도 너희가 대답하지 아니할 것이니라"(눅 22:67~68). 어떻게 주님이 그것을 알 수 있었겠는가? 야간 회의 동안 그는 이미 그들에게 자신이 누구인지를 말했기 때문이다. 그들이 이제 다시 자신들의 질문을 반복하고 있다는 사실은 그들이 모인 이유가 그를 믿기 위해서나 혹은 그와 토론을 하기 위해서가 아니었음을 증명한다.

3. 누가의 기사에는 거짓 증인들이 등장하지 않는다. 회의 끝에 산헤드린은 이제 더 이상의 '증인'이 필요없다고(마 26:65; 막 14:63) 말하지 않고(야간 회의 때처럼), 더 이상의 '증거'가 필요없다고 말하고 있다(눅 22:71). 예수의 진술만으로도 공의회는 신속한 결정을 내리기에 충분했던 것이다. 따라서 누가복음에서는 산헤드린 회의가 끝나자마자 예수가 빌라도에게로 끌려간다.

4. 마태와 마가는 모두 베드로의 부인과 아랫사람들이 예수를 조롱한 사건을 공의회의 야간 회의에 관한 기사 다음에 기록하고 있다. 하지만 누가는 베드로의 부인과 예수가 조롱당한 사건에 대해 먼저 이야기하고, 그 다음에 산헤드린에 대해 이야기한다. 그가 이렇게 하는 것은 사건의 순서를 바꾸었기 때문이 아니다. 그는 야간 회의에 대해서 기록하지 않기로 결정한 것이다. 그리고 그는 예수가 대제사장의 집에 들어간 것만 언급했다(눅 22:54). 베드로의 부인과 예수가 조롱당한 이야기 뒤에 누가복음의 시간은 아침이 된다. 두 번째 닭 울음 후 얼마 안 되어 날이 샌 것이다. 누가가 묘사하고 있는 회의는 날이 새고 나서 열렸다(눅 22:66).

빌라도 앞에서

오직 마태만 어떻게 유다가 금요일 아침에 자책하며 산헤드린으로 돌아와 은 삼십을 성전에 던지고 나서 스스로 목매어 죽었는지를 기록하고 있다(마 27:3~10). 한 가지 가능한 시나리오는 유다가 산헤드린으로 돌아온 시점은 그들이 예수에 대한 논의를 종료하고 있을 때였으며, 그가 자신의 배신으로 인해 무죄한 피를 흘리게 되었음을 깨달았을 때 예수가 그 근처에 있었다는 것이다. 만약 유다가 그보다 더 늦게 왔다면, 그는 지도자들을 만나지 못했을 것이다. 그들은 이미 빌라도에게로 가고 있는 중이었을 것이기 때문이다.

복음서 기자들은 모두 예수가 총독에게 넘겨진 사건을 기록하고 있는데, 그 기사들은 서로 보완적이다. 오직 누가만 헤롯 안디바에 의한 심문을 기록하고 있는 반면(눅 23:6~12), 오직 마태만 빌라도의 아내가 꾼 꿈에 대해 이야기한다(마 27:19). 그리고 요한은 예수와 빌라도가 나누었던 대화에 대해 더 자세히 기록한다. 네 복음서 기자들이 제공하는 기사들을 토대로 총독 앞에서 일어난 일련의 사건들에 대한 개괄적인 그림을 그려보면 네 단계를 발견하게 된다.

1. 유대 지도자들은 먼저 예수를 팔레스타인의 모든 사람들을 선동하기 위해 온 대중 선동가로 소개하려고 시도했다(눅 23:5). 그들은 그가 세금 바치는 것을 반대하며, 자신을 가리켜 왕(그리스도)이라고 한다고 고소했다(눅 23:2). 예수는 자신의 왕국의 본질에 대한 총독의 질문에 대답했다(요 18:33~37). 하지만 그 후에 그는 입증되지 않은 모든 고소 내용에 대해 답변하기를 거부했다(마 27:12~14; 막 15:3~5).

빌라도는 예수가 갈릴리 출신인 것을 알고서 헤롯 안디바를 개입시켰다. 하지만 그것은 상황을 조금도 바꾸지 못했다(눅 23:6~12). 빌라도는 예수를 '석방'해야겠다고 잠정적인 결론을 내리는 것 같았다(눅 23:13~16; 요 18:38). 하지만 흥미롭게도 빌라도는 곧바로 그를 석방하지 않았다. 그는 이 특별한 명절 날에 연례적으로 죄수 한 명을 석방했던 형식으로 예수를 석방하고 싶었던 것이다. 그는 유대 지도자들의 압박을 받고 있었는지도 모른다. 그래서 백성들이 예수 석방을 요구하는 상황을 유발시킴으로써 그 지도자들을 무기력하게 만들고 싶었는지도 모른다. 빌라도는 유대 지도자들이 예수에 대한 시기심 때문에 그를 자기에게로 넘겨 주었다는 것을 알고 있었다. 그들은 예수가 백성들 가운데서 누리는 인기 때문에 그를 시기하고 있었던 것이다(마 27:18; 막 15:10). 총독은 단순히 그 유효성이 증명된 로마의 격언대로 하고 있을 뿐이었다. "정복하려거든 먼저 분열시켜라!"

따라서 니산월 15일, 즉 유대인 해방의 날에 온 백성이 연례적인 죄수 석방을 요구하기 위해 총독 관저 앞에 모였을 때(막 15:8; 마 27:17), 빌라도는 올해에는 예수를 석방할 것이라고 했다(때리고 난 후에; 눅 23:16). 긴장감이 도는 순간이었다. 빌라도는 지배 세력 앞에서 사람들이 가지게 되는 단결력을 과소 평가했다. 내부적으로는 지도자들과 군중이 예수에 대한 견해에서 분열되어 있었는지도 모른다. 하지만 막상 군중이 빌라도 앞에 섰을 때, 그들은 대제사장들과 장로들과 더불어 일치 단결했다. 그 순간 백성들은 바라바를 선택하라는 지도자들의 조언을 예수를 거부하는 국민 투표라고 생각하지 않았다. 그들은 예수에게 무슨 일이 일어날 것인지에는 관심이 없었다. 오직 문제는 누구를 석방할 것인가였기 때문이다. 석방 후보자를 추천할 때가 되었을 때 군중은 단순히 산헤드린의 권고를 따랐을 뿐이었다. 빌라도가 한 이름(예수)을 제안했고, 산헤드린은 강도

(바라바)를 요청함으로써 그에 맞섰다. 빌라도는 다시 한 번 예수를 천거하며, 군중들이 그 두 사람의 차이를 보고 예수를 선택하기를 바랐다. 하지만 그들은 완강하게 지도자들의 권고를 고수하며, 바라바를 요구했다(막 15:11; 눅 23:18; 마 27:20~21; 요 18:39~40). 유대 지도자들의 압박을 피해 보려던 빌라도의 시도는 막다른 골목에 이르게 되었다.

2. 하지만 빌라도는 다시 한 번 백성들 사이에서 예수의 인기를 이용해 보려는 시도를 감행한다. 지금까지의 선택은 바라바를 석방시키라는 것이었다. 하지만 예수는 어쩌라는 말인가? 이런 것은 법원 앞에서 공개적으로 물어야 할 그런 종류의 질문이 아니었다. 산헤드린이 총독에게 예수를 재판하도록 넘겨주었다. 사건이 빌라도에게 넘겨진 후, 그것은 로마 정부의 관원인 그의 책임이 되었다. 언제부터 로마가 군중들에게 법률적인 문제에 대해 자문을 구했던가? 그럼에도 빌라도가 예수를 어떻게 하기를 원하느냐고 백성들에게 물었을 때, 그것은 이 모든 상황이 빌라도를 어떤 종류의 곤경에 빠뜨렸는지를 보여주었다(눅 23:20; 요 19:1~11). 군중은 예수를 십자가에 못 박으라고 외쳤다. 그리하여 예수는 채찍질을 당하고, 가시 면류관을 썼으며 자색 옷을 입게 되었다. 그리고 군병들이 그의 얼굴을 치는 가운데 사람들 앞에 세워지게 되었다. 빌라도가 예수에게 이런 굴욕을 주었지만, 그는 예수에게서 아무런 죄도 찾지 못했다(요 19:1~5).

군중이 이제 와서 예수를 못 박으라고 우기는 것은 참 이상한 일이다. 그러한 반응은 대중적 의지의 변덕스러움을 보여준다. 또한 그것은 백성들이 예수가 모욕을 받는 것을 보고 숙연해지는 대신 오히려 혼란에 빠졌다는 것을 드러낸다. 빌라도는 예수를 왕으로서 심각하게 받아들였다. 그가 왕이라면 유대인들은 그를 돌려받을 수 있었다. 하지만 그러한 왕은 오히려 그들의 민족적인 자존심에 대한 모욕이었다. 적으로 하여금 자신을 그렇게 모욕하도록 허용한다면, 그가 그리스도라고 해도 백성들은 그에게서 등을 돌리고 마는 것이다. 그들은 예수가 그렇게 자신을 모욕하도록 허용하는 목적을 깨닫지 못했다. 그것은 곧 유대인과 로마인 모두를 위한 것이었음에도 불구하고 말이다. 백성들이 예수를 십자가에 못 박으라고 더욱 거세게 요구하자, 빌라도는 다시 한 번 자신이 궁지에 몰렸음을 보게 되었다.

이 시점에서 총독은 더 이상의 법률적 행위를 하지 않기로 결정한다. 그는 예수를 산헤드린에 돌려보내고, 로마 당국이 그 사건을 처리하지 않기로 결정했다. 예수의 문제에 관해서라면 유대인들이 스스로 십자가 처형으로 해결할 수 있을 것이었기 때문이다.

3. 사건의 추이는 유대 지도자들로 하여금 그들의 고소 내용에 대해 더욱 솔직해지도록 만들었다. 그들의 첫 번째 고소 내용(반란과 선동)에 대해 총독이 아무런 근거를 찾지 못했고, 그 때문에 예수를 석방하여 산헤드린으로 돌려보내는 것을 고려하고 있는 상황이었으므로, 그들은 기소 유지를 위해 새로운 근거를 마련해야 했다. 유대인들로서는 적에 대항해서 선동하고, 황제에 대한 세금 거부를 고무한 죄로 자신들의 동족 중 한 명을 처형한다는 것은 앞뒤가 맞지 않는 일이었다. 지배 세력 자체는 이 모든 고소 내용에 대해 그에게 무죄를 선고했음에도 불구하고 말이다. 이러한 이유로 지도자들은 예수에 대한 자신들의 내부적이고 종교적인 불만 사항을 드러낼 수밖에 없었다. "그가 자기를 하나님의 아들이라 함이니이다"(요 19:7). 이제 빌라도는 예수 사건이 유대인들에게 얼마나 예민한 사항인가를 알게 되었다. 지도자들은 만약 빌라도가 로마법에 근거하여 그를 십자가형에 처할 근거를 찾지 못한다면, 유대의 종교적 법률에 근거해서

라도 어떻게든 그를 처형해야 한다고 제안하고 있었던 것이다.

총독은 이 새로운 고소 내용에 강한 인상을 받았다. 그래서 그는 스스로 이 문제에 관해 예수와 논의했다(요 19:8~11). 그 대화를 통해 예수를 석방하고, 그 사건으로부터 완전히 손을 떼는 것이 나을 것이라는 빌라도의 확신은 강화되었다(요 19:12; 눅 23:20).

4. 예수를 석방하려는 빌라도의 마지막 시도는 백성들의 의견을 물으려는 새로운 노력으로 이루어졌다. 이번에 그는 군중들의 정의감에 호소했다. 무슨 '근거'로 그들은 예수의 십자가 처형을 요구하고 있는 것인가?(마 27:23; 막 15:14; 눅 23:22) 그는 이 질문에 대한 답을 얻지 못했다. 그 대신 백성들은 다시 한 번 예수를 못 박으라고 요구했다. 상황은 폭동으로 번질 위험성을 보였다. 빌라도는 하는 수 없이 예수에 대해 조치를 취할 수밖에 없다고 느꼈다. 법과 질서를 유지하기 위해서 말이다. 그 사건에 대한 자신의 개인적인 직감에도 불구하고 빌라도는 예수를 유대인들의 의지대로 내어주는 수밖에 다른 방법이 없다는 것을 깨달았다. 그것은 '그들의' 책임이었다. 빌라도는 판결을 내렸다. 하지만 그는 '그들이' 원하는 것을 했다. 이 사건에서 총독은 자신의 자리를 보전하기 위해 산헤드린의 꼭두각시 노릇을 할 준비가 되어 있었다.

사건의 전체적인 경로를 이해하기 위해서 기억해야 하는 것은 유대인들이 명절 주간에 '유대의' 재판 절차를 따라 예수를 처형하는 일은 없도록 하겠다는 결정을 내렸었다는 사실이다. 지도자들은 군중의 반응이 두려웠던 것이다. 대신 그들은 예수를 신속하고 은밀하게 총독에게로 넘겨줄 수 있는 계략을 짰다. 그리고 난 다음에 총독을 압박하여 같은 날에 사형을 집행하도록 할 계획이었던 것이다(15장 참조). 이러한 전략에 대한 분명한 이해가 쉽게 잊혀지는 이유는 당시 유대인들은 그 어떤 경우에도 사형을 선고하거나 집행할 권한이 없었으며, 따라서 '항상' 빌라도가 개입되어야 했었다는 전제 때문이다.

하지만 이러한 전제는 정확하지 않다. 예수 시대에 산헤드린은 실제로 자신들의 종교적인 사건들을 재판할 수 있었고, 율법에 규정된 형벌을 집행할 권한을 가지고 있었다(14장 참조). 따라서 빌라도가 "너희가 그를 데려다가 너희 법대로 재판하라"(요 18:31)고 말했을 때, 이는 비꼬는 말이 아니었다. 율법에 근거한 판결에는 율법이 요구하는 형벌(투석형 포함)이 가해져야 했다. 만약 그렇지 않았다면 유대 지도자들은 이렇게 말할 수도 있었을 것이다. "우리가 우리의 법을 따라 이 사람을 재판했는데, 그는 사형에 해당합니다." 하지만 그들은 이렇게 말했다. "우리에게는 사람을 죽이는 권한이 없나이다"(요 18:31). 이는 절대적인 의미로 그들에게 사형 집행 권한이 없었다는 것을 의미할 수는 없다. 만약 그것이 사실이었다면, 빌라도가 그들에게 유대법을 따라 예수를 재판하라고 제안할 수 없었을 것이다. 또한 어떤 경우든 빌라도 자신이 금지한 사항에 대해 유대인들이 그에게 가서 자신들은 그 일을 할 권한이 없다고 새삼 말해야 할 이유는 없지 않은가?

그들은 단순히 "우리가 여기 가지고 온 사건은 사형에 해당합니다"라고 말할 수 있었을 것이다. 그러면 빌라도는 자신이 해야 할 일은 단지 유대인들의 판결을 비준해 주고, '산헤드린'이 내린 선고를 집행해 주는 것임을 알았을 것이다. 그리고 그것은 '투석형'에 대한 허가였을 것이다. 하지만 지금 유대인들은 그들에게 '아무라도' 죽일 권한이 없다고 선언하고 있다. 즉 '그 누구도' 처형할 수 없다는 금지에 대한 강조가 시사하는 바는, 유대인들은 이미 자신들이 이 특정한 날에 사람을 처형할 수 없다는 것을 알고 있었다는 사실이다. 그랬기 때문에 그들은 그 어떤 법적 절차도 진행하지 않았고(빌라도는 그렇게 하라고 제의했지만), 예수를(예수는 반드시 '처형'되어야 한다) 빌라도에게로 데려왔던 것이다. 그러면 그들이 그 특정한 날에 절대로 해서는 안 되는 그 일을 할 수 있을 것이기 때문이다.

예수를 처형할 수 있는 가능한 방법은 실제로 두 가지(유대인들의 투석형과 로마의 십자가형)였다는 사실은 요한복음 18장 32절에서 이어지는 내용을 보면 명확해진다. 유대 지도자들의 대답은 예수가 자신은 '십자가'에 달려 죽게 될 것이라고 한 예언의 성취였다. 그 이상한 예언은 산헤드린이 인자를 이방인들에게 넘겨주고(눅 18:32), 그로 인해 그가 '로마식' 재판을 받게 될 것을 전제했던 것이다. 그러한 죽음은 만약 로마 당국이 유대인들의 '모든' 사형을 집행하는 상황이었다면 그다지 예외적이지 않았을 것이다. 하지만 이제 그것은 예외적인 상황이다. 왜냐하면 산헤드린의 판결로 인해 투석형 또한 하나의 선택사항이었기 때문이다.

성금요일 아침에 발생한 모든 왜곡과 방향 전환은 이런 배경 속에서 이루어졌다. 지금까지 묘사한 것들을 요약하면 다음과 같다. 처음에 유대 지도자들은 왜 자신들이 예수가 죽기를 원하는지 그 진짜 이유를 감추고, 그 사건을 로마 총독의 사법적 관할권 범주에 드는 사건으로 제출했다. 빌라도는 자신이 유대인들의 목적을 위해 이용당하고 있다는 것을 깨달았기에 고소 내용을 간단히 심문한 후에 그들에게 동조하기를 거부했다. 유대인들 자신의 종교법으로 그를 재판하라는 것이었다. 이 시점에서 지도자들은 자신들이 이 날에 아무도 죽일 권한이 없다는 것을 공개적으로 인정해야 했다. 하지만 여전히 그들은 예수가 처형되기를 원했다. 그것도 오늘 말이다. 이 날은 유대인들에게 안식의 날이니 빌라도가 그들의 일을 대신 해 달라는 것이었다. 그들은 또한 왜 예수가 죽기를 원하는지 그 진짜 이유를 공개적으로 시인해야 했다. 예수가 자신을 가리켜 하나님의 아들이라고 했기 때문이다. 결과적으로 빌라도는 예수가 '무죄'라고 선언했다. 하지만 그는 (순전히 필요에 의해) 유대인들이 원하지만 그 특정한 날에 스스로 행할 수는 없는 그 일을 수행해 줄 준비가 되어 있었다. 그는 백성들과 그들의 지도자들에게 '예수를 넘겨 주기로' 결정했다

(요 19:16; 막 15:15; 눅 23:25). 이렇게 해서 그 지도자들은 예수를 죽일 계략을 성공적으로 수행하면서도, 산헤드린 재판을 '명절 중에'(명절 주간에) 여는 일은 피할 수 있었다. 그리고 자신이 로마인들의 손에 의해 십자가에 달려 죽게 될 것이라고 한 예수의 예언은 그렇게 성취되었다.

십자가와 무덤

마태와 마가는 재판에 관한 기사에 이어 예수가 군병들에 의해 희롱당하는 장면을 간단히 요약한다. 군병들은 예수를 희롱한 후에 가시 면류관과 홍포를 벗기고, 그의 옷을 입혀 끌고 나갔다.

이 시점 후로는 사건의 순서가 잘 알려져 있으며, 별 특별한 문제가 없다. 그러므로 골고다로의 여정과 십자가 처형에 대한 개략적인 묘사는 생략하기로 한다(마 27:32~56; 막 15:21~41; 눅 23:26~49; 요 19:17~37).[214] 하지만 우리는 이 날의 시간에 관한 문제는 좀 더 상세히 살펴 보아야 한다.

마가에 의하면 십자가 처형은 '제3시'에 있었다고 한다(막 15:25). 따라서 요한복음에서 빌라도가 최종적인 결정을 내렸을 때 시간은 이미 '제6시'였다고 하는 것(요 19:14)은 이상하다. 마가의 시계가 빠른 것인가, 아니면 요한의 시계가 느린 것인가? 시간 차는 거의 네 시간이다. 그 날의 사건에 대한 사람들의 관심을 고려할 때, 이러한 차이가 단순히 흐릿한 시간 관념 때문이었다고는 말할 수 없다. 그런데 어떻게 두 문서 모두 역사

---

[214] 골고다로 가는 길과 십자가 위에서 하신 말씀의 순서에 관한 자세한 논의를 위해서는 다음의 주석을 보라. Commentaar op het Nieuwe Testament, 3d series: Jakob van Bruggen, *Matteüs: Het evangelie voor Israël*, 2d ed.(Kampen: Kok, 1994); idem, *Marcus: Het evangelie volgens Petrus*, 2d ed.(Kampen: Kok, 1992); idem, *Lucas: Het evangelie als voorgeschiedenis*,(Kampen: Kok, 1993); P. H. R. van Houwelingen, *Johannes: Het evangelie van het Woord*(Kampen: Kok, 1997).

적 신뢰성을 주장하면서도, 이야기의 절정 부분에서 이렇게 큰 시간적 차이를 보일 수 있다는 말인가?

이에 대한 해답은 마가와 요한이 시간 계산에서 다른 방법을 사용했다는 사실에 있다. 심지어 오늘날에도 시간을 표시하는 다른 방법들이 있다. 유럽 대륙에서는 '9시 정각'에 출발하는 기차는 시간표에 21:00시로 게재될 수 있다. 마가는 낮 시간 방식을 따르고 있는데, 이에 의하면 주간은 일출에서 시작하여 일몰까지이며, 열두 시간으로 나누어진다(참조, 마 20:1~12; 요 11:9). 제6시는 해가 최고 지점에 이르는 시간을 말한다. 마가복음에는 명백히 이 시간 체계를 따르는 시간 표시들이 몇 번 나온다. 따라서 그는 온 땅에 어두움이 임한 그 세 시간을 제6시와 제9시 사이에 둔다(막 15:33). 따라서 제9시부터 안식일 시작 사이에 예수를 십자가에서 내리고 장사를 지낼 수 있는 얼마간의 시간이 있었음은 분명하다. 제12시가 지날 때까지 금요일은 아직 끝이 아니며, 안식일은 시작되지 않기 때문이다. 따라서 마가복음에 의하면 십자가 처형은 일출과 성오의 중간에(즉 '제3시'에) 일어났다. 그리고 온 땅에 어두움이 임한 시간은 정오부터 시작해서 세 시간 동안, 즉 제6시로부터 제9시까지였다.

이러한 시간 표시법에 융통성이 있었다는 것은 당연한 일이다. 당시에는 낮 시간의 길고 짧음에 따라 한 시간의 실제 길이는 달랐다. 겨울 동안에는 낮 시간이 짧아질 뿐만 아니라 한 시간의 길이도 짧아졌다. 유월절은 춘분 이후에 있는데, 이는 당시에 이미 낮이 밤보다 길어졌다는 것을 의미한다. 따라서 우리 식으로 말하자면 그 당시에 일출 시간은 오전 6시 이전이었을 것이다. 하지만 오전 6시보다 얼마나 일찍 해가 떴는지는 말하기 어렵다. 이는 A.D. 33년에 유월절이 4월 초에 있었는지 아니면 5월 초에 있었는지에 따라 다르기 때문이다. 태양력에 의하면 유월절의 시기는 이를 수도 있고 늦을 수도 있었는데, 이는 윤년의 배치에 달려 있었다. 윤년에는 일 년에 한 달이 더해졌기 때문이다. 만약 유월절이 늦어졌다면 일출은 오전 6시 훨씬 이전이었을 것이다. 따라서 오차의 여지는 있지만, 마가의 '제3시'는 우리의 시간 방식으로 표시하면 오전 8시에서 10시 사이였다는 것은 확실하다고 말할 수 있다. 그러므로 십자가 처형은 다소 이른 시간에 행해졌던 것이다.

요한복음 19장 14절에 언급된 '제6시'는 빌라도가 판결을 내린 시간인데, 이에 대해 살펴보면 요한이 다른 종류의 시간 표시법을 사용했다는 것을 즉시 알 수 있다. 요한이 말하기를 빌라도의 관정에 도착한 때는 이른 아침이라고 했다(요 18:28). 총독의 심문이 여섯 시간이나 걸렸다는 것은 상상하기 어렵다. 우리는 요한이 시간 표시에서 '로마식'을 사용했다고 보아야 한다. 이 방식은 자정에서 시작하여 정오(낮 동안에 태양이 가장 높은 시간)까지 열두 시간을 세었고, 그 다음에 정오에서 시작해서 자정까지 다시 열두 시간을 세었다. 그러므로 이 방식의 토대는 '열두 시간 단위의 하루'가 아니라 '완전한 스물네 시간 단위의 하루'였다. 따라서 요한복음 19장 14절에 언급된 제6시는 우리 식으로 말하면 오전 6시부터 7시 사이의 시간이었다. 요한의 의도는 '매우 정확한' 시간을 말하고자 함이 아니었다. 그는 말하기를 '대략 제6시쯤' 되었다고 했다. 따라서 이는 그보다 더 이른 시간일 수도 있고, 늦은 시간일 수도 있다는 말이다. 이를 요한복음 4장 52절과 비교해 보면 우리는 '대략'이라는 단어가 하나의 수식어임을 알 수 있다. 거기에서는 왕의 신하가 '정확한' 시간을 물었고, '대략'이라는 말이 사용되지 않았다. 이 모든 것들이 말해 주는 것은 빌라도의 판결이 내려진 시간은 오전 5시 30분에서 7시 30분 사이였을 것이라는 사실이다.

만약 그 해에 유월절이 빨리졌다고 히더라도 일출은 어전히 오전 6시 이전이었을 것이다. 따라서 산헤드린은 그들의 비상 소집 회의를(주간에 성전에서 모이는 공식 회의라야만 했다) 오전 6시경이나 그 얼마 후에 종료했을 것이다. 그 회의실은 안토니아 요새(이는 성전 단지의 일부였다)로부터 아주 가까이 있었다. 헤롯의 궁전(안디바가 거기에서 짧게 예수를 심문했다)까지 걸어가는 것 역시 시간이 얼마 걸리지 않았을 것이다. 따라서 예수가 빌라도 앞에 선 시간은 오전 6시 직후부터 대략 7시 30분까지였을 것이다. 이 모든 추론은 그 때가 빠른 유월절이었다는 전제를 토대로 하고 있다. 하지만 만약 그 때가 '늦은' 유월절이었다면, 산헤드린은 대략 오전 5시나 5시 30분쯤에 준비가 되었을 것이다. 그럴 경우에 주님이 빌라도 앞에 선 것은 대략 오전 5시 30분에서 7시 30분 사이였을 것이다. 이러한 시간은 이른 아침에 행정적인 의무를 처리했던 로마식 습관과 일치한다.

복음서 기자 요한은 두 가지 특징을 결합하고 있다. 한편으로 그는 유대인의 생활과 예수의 역사에 대해 놀랄 만큼 세부적인 지식을 가지고 있었다(그는 팔레스타인 배경을 가진 목격자로서 대제사장 집단에 접근할 수 있는 사람이었다). 또 다른 한편으로 그가 사건들을 기술하는 방식을 보면 그는 정상적인 유대인 삶의 범주를 벗어난다(그의 복음서는 늦게 기록되었으며, 팔레스타인 지역 밖에 있는 기독교인들을 위해 쓰였다). 따라서 그가 예수의 재판에 관해 기록한 상당량의 자료는 그의 복음서에만 독특하게 사용되었다. 그리고 그는 시간 표시에 있어 팔레스타인 식이 아닌 다른 방식을 사용한다.

만약 요한복음 19장 14절을 읽을 때 이것을 전제한다면, 우리는 이를 그의 복음서 전체에 적용해야 한다. 그리고 실제로 그 전제가 옳다는 것이 증명된다. 요한복음 1장 39절에서 제10시는 오전 시간이다. 제자들은 예수와 함께 '그 날'을 함께 보냈다. 요한복음 4장 6절에서 '제6시'라고 할 때 우리는 이를 '저녁' 시간으로 이해해야 한다. 예수는 하루의 여행으로 지쳐 있었고, 때는 저녁 식사 시간이었으며, 또한 우물에서 물을 길을 시간이었다(요 4:6~8). 요한복음 4장 52절에서 가버나움에 있던 왕의 신하의 아들이 병에서 회복된 것은 제7시였다. 그의 아버지가 가버나움에서 가나까지 산지를 통해 약 18.5마일(약 29.6킬로미터—감수자)을 여행한 것과 그 다음 날 곧바로 집으로 돌아간 것을 고려할 때, 그 시점이 저녁 시간대인 제7시였음을 알 수 있다. 그 왕의 신하가 가나에 도착한 것은 저녁 때였던 것이다(그때는 겨울이었으므로 낮이 밤보다 짧았다). 그는 저녁 7시에서 8시 사이에 예수와 이야기할 수 있었다. 그리고 그 밤이 지나자마자 집으로 돌아갔고, 가는 길에 그의 종들로부터 그의 아들이 그 전날 저녁 바로 그 시간에 병이 나았다는 것을 듣게 되었다.

17장

장사됨, 부활 그리고 승천

이야기의 변형들
장사 지냄
무덤을 지킨 여인들
유대인 통제하의 로마 경비대
지진
여인들과 텅 빈 무덤
도망과 보고
텅 빈 세마포와 수건
예수의 나타나심
승천

장사됨,
부활 그리고 승천

이야기의 변형들

예수가 금요일에 십자가에 달려 죽고 장사되며, 그 주의 첫날에 무덤에서 부활하고, 부활 후 40일 뒤에 승천하는 일련의 사건들은 총 6주의 기간 동안 발생했다. 복음서에서 이 기간을 다루고 있는 대부분의 이야기 자료들은 위대한 전환점에 초점을 맞추고 있다. 예수가 죽음에서 부활한 사건, 즉 새로운 삶의 시작에 말이다. 이는 이 기간에 관한 이야기의 대부분이 단지 며칠 동안, 혹은 심지어 단 하루에 집중하고 있다는 것이다. 따라서 우리는 부활의 날에 대하여, 특별히 그날 아침 시간에 대해 상대적으로 상당한 양의 정보를 가지고 있다고 할 수 있다.

하지만 이 경우에 더 많은 정보를 가지고 있다고 해서 사건들에 대한 더 선명하고 상세한 그림을 보다 신속하게 얻을 수 있는 것은 아니다. 사실은 그 반대이다. 많은 사람들은 부활에 관한 이야기에서 드러난 많은 모순점 때문에 이를 전설의 범주로 격하시켜야 한다고 믿는다. 증명할 수 없는 신앙 경험에 관한 이야기를 재구성하려는 이러한 모순된 시도들은 기껏해야 우리에게 '빈 무덤'이라는 사실 하나만을 남겨줄 뿐이라는 것이다. 그러나 이 사실이 부활에 대한 믿음의 측면에서 정확하게 해석되어 왔는지는 20세기 신학자들에게 여전히 논의의 주제로 남아 있다.

복음서들 간의 모순들은 여기에서 엄청나게 중요한 의미를 가진다. 바울은 만약 예수가 다시 산 것이 아니라면 우리의 믿음도 헛것이라고 하지 않았던가? 하지만 바울과 마찬가지로 부활에 대한 우리의 확신도 그가 살아난 것을 본 증인들로부터 끌어온 것이다(고전 15:1~11). 그의 부활에 대한 '기대'는 그것을 예언했던 성경에 토대를 둘 수 있겠지만, 그 예언이 성취되었다는 사실은 부활을 목격한 사람들의 증언이 없다면 어떻게 알 수 있겠는가? 물론 우리의 믿음은 이러한 증인들의 진술의 조화에 달려 있는 것이 아니다. 하지만 그 믿음은 이 증언들이 정말 서로 모순되었는가에 대한 물음을 제기할 수는 있다.

따라서 복음서 이야기들을 비교하여 통합된 하나의 이야기에 도달하려는 시도들이 계속해서 있어 왔던 것은 이해할 만한 일이다. 흐레이다누스(Greijdanus)는 그리스도의 부활에 대해서만 책 한 권 전체를 할애했다.[215] 그리고 좀 더 최근에 나온 존 웬햄(John Wenham)의 책은 그 제목이 의미심장하다. 「부활절의 수수께끼: 부활절 기사들은 서로 모순되는가?」[216] 이와 유사한 연구들을 비교해 보면 곧 두 가지 사항이 분명해진다. 첫째, 복음서들 간에 존재한다고 주장되는 명백한 모순점들은 그 주장들만큼 그렇게 심각하지 않다. 둘째, 사건들의 정확한 진행 순서를 재구성하는 일은 간단한 문제가 아니다.

우리는 이 두 번째 문제에 대해 상세히 다루고자 한다. 여기에서 마주치게 되는 어려움들은 우리가 부활에 대한 이야기들을 나소 신중하게

---

215) S. Greijdanus, *De opwekking van Christus*(Kampen: Kok, 1947).
216) J. Wenham, *Easter Enigma: Do the Resurrecion Stories Contradict One Another?*(Exeter: Paternoster, 1984).

접근해야 한다는 의미인가? 혹은 여기에서 특별한 문제점들을 맞닥뜨리게 된다 해도 놀라지 말아야 한다는 것인가?

몇 가지 이유들을 염두에 둘 때, 부활 기사들의 차이점은 유달리 보기 드문 현상으로 여겨져서는 안 되며, 오히려 그 기사들의 진정성과 신뢰성을 지지하는 것으로 이해해야 한다. 얼핏 보면 우리는 그날 아침에 있었던 사건들에 대한 목격자들의 생생한 증언들을 통해 완벽한 그림을 만들어낼 수 있을 것이라고 생각하게 된다. 하지만 좀 더 깊이 생각해 보면 '이 특별한 사건의 경우'에 대한 완벽한 의견 일치는 오히려 의심의 근거가 된다는 것을 깨닫게 된다. 다수의 목격자들이 제시하는 증언들이 뒤섞이게 될 때, 거기에는 필연적으로 더욱 복잡한 그림을 만들어낼 수밖에 없는 일반적인, 그리고 개별적인 요인들이 있다. 이는 부활의 사실이 의심스럽기 때문이 아니라, 그 사건에 관계되었던 남녀들이 그날 극도로 혼란스런 상태에 있었기 때문이다.

이야기를 복잡하게 만드는 일반적 요인

복음서들 안에서 흔히 그 기능을 발휘하는 세 가지 요인을 부활 기사들 속에서도 찾아볼 수 있다.

1. 대질 심문의 기록을 읽는 것과 무의식적인 발언의 기록을 읽는 것에는 차이가 있다. 무의식적인 증인은 자신의 관심을 가장 두드러진 사실에 집중할 수 있다. 예를 들어 갑작스레 무언가를 경험한 여인이 와서 그것에 대해 이야기하는 경우 말이다. 대질 심문 상황에서는 추가적인 질문, 예를 들면, "당신은 거기에 혼자 있었나요, 아니면 다른 사람들도 함께 있었나요?"라는 질문이 주어질 수 있다. 이에 대한 대답은 서술자에게 있어서 핵심 인물인(그 여인이 대변인 격이었든지, 아니면 그가 그녀를 가장 잘 알고 있기 때문에) 이 여인 외에도 다른 사람들이 거기 함께 있었다는

것을 드러낼 수 있을 것이다. 하지만 우리에게는 복음서 기자들에게 그들의 자료에 관해서 직접적으로 물어볼 수 있는 기회가 없다. 이는 그 기사들을 읽을 때 그것들이 제공하는 것 이상의 것을 그것들로부터 요구해서는 안 된다는 것을 의미한다. 우리는 그 기사들을 마치 최종적인 심문의 결과인 것처럼 여겨야 한다.

요한복음 20장 1~2절은 우리에게 막달라 마리아가 아침 일찍 무덤으로 갔고, 그러고 나서 두려움에 싸여 베드로와 요한에게 갔다는 것을 말해준다. 하지만 이 구절로부터 결론 내리기를 오직 그녀만 언급되었으므로 거기에는 막달라 마리아 '혼자'만 있었다고 해서는 안 된다. 요한은 이 여인이 부활하신 예수를 만난 이야기를 포함시키고 싶었다(요 20:11~18). 요한이 처음부터 그녀에게 스포트라이트를 비추었던 것은 바로 그 때문이었을 것이다. 마가는 무덤에 있던 '두 명'의 천사를 언급하지 않고(반면 누가는 그렇게 하고 있다. 참조, 눅 24:4) 단 '한 명'만 언급한다(막 16:5). 이 문제를 연구해 보면 우리는 마가가 한 명의 천사만을 언급한 여인의 보고를 기록하고 있음을 알 수 있다. 그 여인은 자신에게 말했던 한 천사만을 언급했으며, 거기에 또 다른 빛나는 존재가 있었다는 사실을 언급하는 일에는 소홀했던 것이다.

복음서를 읽을 때, 특별히 부활 기사를 읽을 때는 '무의식적 이야기'의 특징을 항상 고려해야 한다. 왜냐하면 그 사건들에 직접적으로 관련된 사람들의 고조된 감정 상태가 그 이야기들을 더욱 생동감 넘치고 구체적으로 만들기 때문이다.

2. 복음서 기자들은 자신들의 기사를 위해 같은 자료들을 사용하지 않았다. 마가는 베드로의 이야기를 제공한다. 그리고 베드로는 그날 아침 막달라 마리아와 가장 먼저 맞닥뜨린 인물이다. 누가에게 증언해준 사람은 아마 헤롯 안디바의 관정에서 고위직 관원이었던 구사(Chuza)의 아내 요안나(Joanna)였을 것이다. 누가는 그녀를 언급한 유일한 복음서 기

자이다. 의사였던 누가는 상류 사회와 관계가 있었을 것이고, 또한 헤롯 안디바의 관정에도 접촉하고 있었을 가능성이 있다. 마태의 경우에는 상황이 다르다. 우리가 아는 한 그는 부활의 아침에 베드로나 요한과 함께 있지 않았다. 따라서 그의 첫인상은 그들이 아닌 다른 자료에서 나온 것이다. 게다가 마태의 경우 예루살렘의 산헤드린에 가까운 사람들로부터 더 많은 정보(무덤을 지켰던 일에 대해서)를 얻을 수 있었음이 분명하다.

이처럼 복음서 기자들이 일반적으로 자료에 접근할 때 서로 다른 관점을 견지한다는 것을 알 수 있는데, 부활 기사들의 경우에는 특별히 더 그러하다. 따라서 무덤에서 천사들이 나타난 이야기의 경우, 같은 이야기라 할지라도 방금 예수를 보고 돌아온 여인들이 들려줄 때와(마 28:1~10), 그보다 더 이른 아침에 큰 혼돈 가운데 무덤에서 바로 온 몇 증인들이 들려줄 때는 상당히 다를 수밖에 없다.

3. 각각의 복음서 기자는 자신만의 독특한 서사적 접근법을 가진다. 따라서 각자 자신의 접근법과 일치하는 선택 작업(어떤 세부 사항은 무시하고, 또 다른 사항들은 강조하는)을 한다. 마태는 무덤(무덤을 지키던 파수꾼들과 예수를 무덤에서 훔쳐갔다는 거짓말)과 갈릴리에 초점을 둔다. 반면 마가는 복음이 어떻게 제자들의 불신을 꿰뚫고, 그 다음에 온 세상의 불신을 꿰뚫었는지에 집중한다. 누가는 성경의 성취를 강조하는데, 그는 이 주제를 다루기 위해 한 부분 전체를 할애한다. 요한은 엠마오로 가던 제자들을 통해 예수 부활의 현실성을 보여 준다. 그리고 바울은 고린도전서 15장에서 부활의 실증 가능성에 초점을 맞춘다.

따라서 이야기 자료의 선택에서 그토록 차이가 많이 나는 것은 놀랄 일이 못 된다. 복음서 기자들이 심지어 같은 이야기를 할 때에도 많은 차이를 보이는 것 역시 당연하다. 이러한 현상은 복음서들에서 규칙적으로 발생하는데, 부활 기사에서는 더욱 선명하게 관찰된다. 여기에서는 네 명 혹은 다섯 명의 서술자들이 각자 다른 목적을 가지고, 매우 짧은 시간 동안에 발생한 사건들을 다루고 있다. 따라서 독자들은 긴 시간 동안 일어난 사건들을 다루는 이야기를 읽을 때보다 더 쉽게 그 기사들을 비교할 수 있다.

이야기를 복잡하게 만드는 특수한 요인

복음서를 읽을 때 언제나 작용하는 요인들 외에도, 특별히 부활 이야기에만 해당되는 몇 가지 요인이 있다.

1. 사건의 본질과 그 사건을 목격한 제자들의 감정적 상태는 서로 모순된다. 그 주의 첫날에 여자들과 제자들은 그들의 이해의 범주를 완전히 넘어서는 무엇인가를 보고, 듣고, 믿고, 전파해야만 했다. 그들의 생각과 감정 자체는 그들로 하여금 부활의 진실을 이해할 수 없도록 만들었다. 이 진리를 이해하기 위해서는, 그들 안에 매우 신속한 내적 변화의 과정이 일어나야만 했다. 하지만 그 변화의 과정이 아무리 빠르게 일어난다 해도, 여전히 그것은 충격적인 일이었고, 명백히 상반된 감정들이 그들 안에 일어났다.

따라서 우리는 공포와 기쁨의 감정이 충돌하는 것을 목격하게 된다(마 28:8). 그러한 분위기에서 마가는 그 여인의 '두려움'을 강조하고 있는(막 16:8) 반면, 누가는 그들이 받은 충격과 동시에 기꺼이 메신저들로 그들을 섬기려는 태도를 함께 묘사하고 있다는 것은 놀랄 일이 아니다(눅 24:5, 9).

우리는 흔히 당시에 제자들이 불신에서 믿음으로 순식간에 변했을 것이라고 상상한다. 하지만 그들의 감정이 얼마나 뒤섞이고 나누어졌는지 알려면 도마의 경우를 보아야 한다. 막달라 마리아의 경우 역시 또 다른 놀라운 사례이다. 그녀는 많은 기적적인 사건들을 경험했다(빈 무덤, 천사와의 대화). 그럼에도 그녀는 정작 예수가 나타났을 때 예수를 알아보지 못했으며, 그를 동산지기로 착각했다(요 20:11~15). 심지어 갈릴리에서 제자들도 의심을 가지기 시작했다(마 28:17).

이러한 특수 상황으로 인해 그들이 험한 사실에 대한 초기의 이해는 흔히 불완전했다. 따라서 초기의 보고들 또한 많은 경우에 불완전하다. 냉정한 기독교인 관찰자는 쉽사리 무덤이 비어 있었을 뿐만 아니라, 거기에는 상황을 설명해 주는 천사도 있었다는 것을 인식할 수 있을 것이다. 하지만 주님의 소중한 시신이 거기에 안치되는 것을 보았던, 열정과 슬픔에 휩싸인 그 여인들로서는 시신은 찾지 못하고 대신 텅 빈 무덤만 보았을 때, 그리고 그들이 경외심 가운데 준비해 온 것들이 아무 쓸모가 없게 된 그 순간에 모든 것이 정지하고 시간이 멈춘 것 같은 느낌을 받았을 것이다.

많은 세기가 지나간 지금, 이는 이상하게 보일 수도 있다. 하지만 막달라 마리아가 심지어 살아나신 주님이 실제로 그 동산에 있었어도 알아보지 못한 것은 결코 이상한 일이 아니다. 그녀는 '그들이 무덤에서 나의 주님을 가져갔다'는 생각에 정신이 팔려 있었기 때문이다. 바로 이 마리아가 이른 아침에 정신적 공황 상태로 베드로에게 가서, 빈 무덤이나 천사의 말에 대해서는 아무 말도 못하고, 단지 '그들이 무덤에서 주님을 가져갔다'는 말만 했다고 해서(요 20:2), 그것이 곧 천사가 아무 말도 하지 않았다든지, 혹은 그녀가 아예 천사를 보지 못했다는 결론을 내릴 수는 없다. 단지 그것은 그녀를 슬픔과 불신으로부터 끌어내어 부활의 진리를 보게 하기 위해서는 다른 무언가가 필요했다는 사실을 증명할 뿐이다. 오직 예수 자신의 목소리("마리아야!")만이 그녀로 하여금 그곳에서 처음부터 일어났던 일을 보고 들을 수 있게 할 수 있었던 것이다("랍오니!"; 요 20:16).

따라서 부활의 이야기들을 읽을 때 우리는 실제로 '발생'한 사건과, 그 사건에 대해서 전혀 준비가 되어 있지 않았던 사람들이 처음으로 말했던 감정적인 이야기들을 통해 '전달'된 내용 사이의 차이점에 유의해야 한다.

2. 게다가 그 부활의 아침에는 엄청난 숫자의 사람들이 그 사건에 직접적으로 관련되었으면서도, 그들은 서로 하나의 그룹으로서 일종의 결속력 같은 것을 전혀 느끼지 못했다. 그들은 마치 좁은 공간에 한꺼번에 던져진 것 같은 모습이었다. 그날 아침에 그들은 헤매고 다녔고, 혼란스러웠고, 당황했으며, 그냥 서로를 지나쳤다.

나머지 열한 명의 제자들은 서로 연락이 끊기고 말았다. 베드로와 요한은 함께 있었지만(요 18:16; 20:2), 나머지 제자들은 도망가고 없었다. 웬햄(Wenham)은 그들이 베다니로 갔을 것이라고 주장한다. 하지만 감람산이나 성내 아는 사람 집에 숨어 있었을 가능성도 있다. 부활의 날이 끝날 무렵에도 그들이 다 돌아온 것은 아니었다. 도마가 안 보였다. 따라서 그 여인들이 '제자들에게' 뭔가를 말하고자 했을 때, 그것은 쉬운 일이 아니었다. 이 여인들은 다 함께 성내를 오랜 시간 헤매고 다니며 제자들을 찾아야만 했다. 물론 그 중간에 그들의 메시지를 전하기 위해 이곳저곳 들르기도 했을 것이다. 또는 한두 사람이라도 찾기 위해 흩어져 다녔을 수도 있다.

더군다나 그 여인들의 그룹은 거의 동질성이 없다. 거기에는 예수의 가족도 있었고, 갈릴리에서 따라온 다른 이들도 있었으며, 베다니나 예루살렘에서부터 따라온 사람들도 있었을 것이다(눅 24:10). 그들은 같은 곳에 살지도 않았다. 어디에도 그들 모두가 같은 일을 했거나, 정확히 같은 시각에 무덤에 도착했다는 말은 없다.

또한 일부 여인들과 제자들의 가족 관계가 이 특성한 날에 그들의 행동에 영향을 끼쳤을 수도 있다. 누구든지 먼저 자신의 아들이니 남편을 찾아서 무슨 일이 일어났는지 말하려 하지 않겠는가? 또한 성내를 떠나서 아리마대 요셉의 동산에 가는 데는 다양한 길이 있었다. 어떤 사람은 무덤에서 오면서 이쪽 문을 통해 성내에 들어왔고, 동시에 다른 사람은 무덤으로 가면서 저쪽 문을 통해 성내에서 나갔을 수도 있는 것이다.

이 모든 사실들을 종합해 보면, 서로 다른 숙소, 걸어다니는 길, 가족 관계와 같은 요인들의 복잡성으로 인해 다양한 보고가 만들어졌음을 알 수 있다. 추가적인 정보 없이는 그 다양한 보고들을 통합하여 모든 세부 사항을 만족시키는 하나의 이야기로 만드는 일이 쉽지는 않다.

하지만 만약 네 개의 부활 기사가 다 같다면 어떨 것인가? 이번에는 모순 때문이 아니라 모순점이 없어서 그 신뢰성을 공격 받을 것이다. 비평가들은 그토록 감정적으로 격렬하며, 그토록 많은 사람들이 모두 동시에 행동했던 그런 아침에 있었던 사건들에 대해 네 개의 동일한 기사가 만들어지는 것은 단순히 불가능한 일이라고 치부할 것이다. 그 주 첫날의 독특한 성격을 곰곰이 생각해 보면, 우리는 부활 기사들이 빈틈없이 하나의 온전한 이야기로 통합되는 것이 쉽지 않다는 사실 자체가 오히려 진정성과 신뢰성을 느끼게 한다는 것을 이해하게 된다. 이것은 결코 사후에 짜맞춰진 이야기가 아니라, 무방비 상태로 감당할 수 없는 거대한 사건의 소용돌이에 휘말린 사람들의 일차적 증언이다.

장사 지냄

예수가 예상 밖에 빨리 숨을 거두자, 아리마대 요셉은 빌라도에게 시신을 요청했다. 공회 회원으로서 가졌던 행정적인 신분과 개인적인 부로 인해 그가 총독을 만나는 일은 쉬웠다. 그도 예수의 제자였기에 주님을 죽이고자 했던 유대 산헤드린의 계획에 동의하지 않았다(눅 23:51). 이제 공개적으로 십자가에서 예수의 시신을 취한 사람은 바로 그였다(요 19:38).

율법 선생이었던 니고데모 또한 이제 그의 노선을 정하고 장사를 위해서 많은 물품(몰약과 침향 섞은 것 백 근쯤; 약 34킬로그램.–역자 주)을 가지고 왔다(요 19:39). 이는 유대식으로 예수를 장사 지내는 데 사용되었다(요 19:40). 유대식 장례법은 시신을 훼손하지 않고 그대로 온전히 무덤에 안치하는 것이었다. 이에 반해 로마식은 화장을 하는 것이었고, 이집트의 관습은 미라로 만드는 것이었다(이를 위해서는 다수의 내장 기관을 제거했다).

예수의 시신은 세마포로 완전히 싸였다('신돈'[sindon]; 막 15:46; 눅 23:53; 마 27:59). 요한도 같은 내용의 묘사를 하고 있다. 시신을 향유 및 향품과 함께 세마포('오토니아'[othonia])로 쌌고, 머리는 수건으로 쌌다(요 19:40; 20:6~7). 향유의 엄청난 양을 생각할 때 시신 전체는 향유로 흠뻑 젖은 세마포와 수의에 싸여 있었고, 그것들은 시신을 보호하는 향기로운 제2의 피부처럼 되어 있었다고 상상할 수 있다.

웬햄(Wenham)은 지적하기를 나사로의 경우 그를 장사 지낼 때 단지 손과 발만 베로 동였으며, 그 얼굴은 수건으로 쌌다고 한다(요 11:44). 그러나 예수의 시신 또한 나사로와 같이 제한적인 방법으로 다루어졌을 것이라는 그의 견해는 다음과 같이 반박될 수 있다. 첫째, 시신을 싸는 것(요 19:40)은 단지 손과 발을 동이는 것(요 11:44)과는 정도가 다르다. 둘째, 나사로의 이야기에 사용된 단어('카이리아'[keiria])는 예수의 장사에 사용된 단어('오토니아'[othonia])와 같지 않다. 셋째, 백 근(약 34킬로그램) 정도의 향유를 소비하는 데는 천 몇 조각으로는 부족하다. 나사로의 장례는 간소했고, 예수의 장례는 풍성했다. 넷째, 처음 세 복음서 기자들은 시신을 '쌌다'는 것을 분명하게 묘사하고 있다. 나사로의 상례와 예수의 장례 사이의 차이점은 부활에 있어서 중요한 요소이다.

요셉은 십자가 처형이 있었던 장소에서 가까운 곳에 바위 속에 판 무덤을 소유하고 있었다(마 27:59~60). 그것은 사용된 적이 없는 새 무덤이었고, 주님의 시신은 그곳에 안치되었다. 안식일이 다가오고 있었기 때문이다(요 19:41~42). 필요에 의해 선택된 일시적인 무덤이었던 것이다. 아마도 요셉의 계획은 결국 예수를 기리기 위해 선지자의 무덤을 만들고, 다른 선지자들을 기리기 위해 예루살렘에 세워진 것들과 유사한 기념비 하나를 세우는 것이었는지도 모른다(마 23:29).

무덤을 지킨 여인들

요셉이 무덤의 가장 안쪽에 있는 내실을 그 앞에 있는 큰 돌을 굴려서 막은 후 요셉과 니고데모가 떠나고 나서도 몇몇 여인들은 무덤 맞은편에 앉아서 일종의 의장대처럼 지키고 있었다. 마태는 막달라 마리아와 다른 마리아를 언급하고 있다(마 27:61). 이 '다른 마리아'는 야고보와 요셉의 어머니였으며(참조, 마 27:56), 예수의 이모들 중 한 명이었다(p.208을 보라). 마태는 세베대의 아들들의 어머니인 살로메는 언급하지 않는다. 그녀는 십자가 처형장에는 있었다(마 27:56). 그녀는 아마도 이미 그녀의 아들 요한이 예수의 어머니를 모시고 예루살렘에 있는 자신의 처소로 갈 때에 그와 함께 갔던 것 같다(요 19:27). 이 여인들은 갈릴리에서부터 예수와 함께 왔으며, 이제 그들은 예수의 무덤을 지키고 있는 것이었다(막 15:47). 요안나 역시 그들 중의 한 명이었을 것이다.

누가복음 23장 55~56절에 의하면 갈릴리에서부터 예수와 함께 온 몇몇 이름이 명시되지 않은 여인들이 예수의 장례를 지켜 보았으며, 그 후에 향품과 향유를 예비하기 위해 돌아갔다. 그리고 나서 누가 24장 1절에서 그 주간의 첫날에 그들이 '몇몇 다른 사람들과 함께'(이 표현은 대부분의 사본에서 24장 1절 말미에 나온다) 이 모든 준비한 것들을 가지고 무덤으로 왔다고 말한다. 그리고 누가는 24장 10절에서 몇몇 이름을 제공한다. '막달라 마리아, 요안나, 야고보의 모친 마리아, 그리고 그들과 함께한 다른 여자들.' 여기서 '다른 여자들'은 24장 1절에 나오는 그 여자들을 가리킨다. 우리는 이름이 언급된 그 세 명의 여인은 부활의 아침뿐만 아니라, 장사 때에도 그 자리에 있었던 것으로 추정할 수 있다. 그럴 경우 요안나는 무덤에 있었던 제3의 여인이었을 가능성이 있는 것이다.

마가복음 16장 1절에 의하면 막달라 마리아와 야고보의 어머니 마리아, 그리고 살로메는 안식일이 지나기까지는 향품을 사러 가지 않았던 것으로 보인다. 반면에 누가복음이 주는 인상은 그 여인들이 '먼저' 향품과 향유를 준비하고, 그런 다음에 안식일을 지켰다는 것이다(눅 23:56). 이는 하나의 모순인가?

만약 그 여인들이 처한 환경의 유동성, 복음서 기자들이 그 사건들의 간단한 요약을 제공하고 있다는 사실을 고려한다면, 그것은 반드시 모순이라고 볼 수 없다. 마가는 분명한 표현으로 향품은 안식일이 지난 후에 '샀다'고 하고 있는 반면, 누가복음에는 단지 향품과 향유가 집에서 '준비'되었다는 것을 언급하고 있을 뿐이다. 막달라 마리아와 다른 마리아는 당시 예루살렘을 방문하고 있는 처지였으므로, 그들로서는 향품을 사기 위해 먼저 상점에 가야만 했다. 따라서 그녀들은 안식일이 지날 때까지 기다려야 했다. 반면에 요안나는 헤롯의 청지기인 구사의 아내였으므로 이러한 고급 물품들을 쉽게 접할 수 있었을 것이고, 따라서 집에 오자마자 필요한 준비를 시작할 수 있었을 것이다. 이러한 준비에 대한 누가의 세부 사항은 요안나의 상황에 기초했을 것이다. 그리고 마가의 세부 사항은 막달라 마리아의 상황에 맞추어졌던 것 같다.

따라서 각각의 이야기는 몇 개의 '술거리'들이 동시에 얽혀 있는 실제 상황의 서로 다른 면들을 보여 준다. 마가가 사용한 '샀다'는 표현은 결코 우연이 아닌 것이다. 이 부분에 대한 복음서 기자들의 기록은 그렇게 방대하지도 않고, 서로 그다지 구분되지도 않는다. 왜냐하면 결국 이 여인들은 무덤으로부터 함께 돌아왔고, 같은 목적을 가지고 있었으며, 또한 안식일이 지난 후에는 준비한 향품을 가지고 같이 무덤에 갔기 때문이다.

마가에 의하면 그녀들의 계획은 무덤에 있는 예수의 시신에 향품을 '바르는' 것이었다. 이는 세마포로 감싸진 시신에 향품과 향유를 바르고, 또한 죽음의 냄새를 오랫동안 방지하기 위해 수의 위에도 붓는 것을 암시한다. 두 명의 마리아와 요안나로 구성된 성금요일의 '의장대'는 안식일이 지나자 그 임무 수행을 재개했던 것이다. 그들은 이제 다른 여자들과 함께(그들 중 한 명은 살로메였다) 예수의 시신을 돌보기 위해 왔다.

유대인 통제하의 로마 경비대

마태는 그의 관심의 초점을 유대 지도자들과 무덤에 맞추고 있다. 무덤은 그들에게도 특별한 관심거리였다. 따라서 마태는 그들의 예방 조치에 대해서 기록한 유일한 복음서 기자이다. 안식일에 그들은 빌라도에게로 가서 무덤을 지켜야 한다고 요청한다. 예수는 제삼일에 부활할 것에 대해 이야기했었고, 그들은 그 말씀을 그의 제자들보다 더 잘 기억하고 있었다. 이제 그들은 그의 제자들이 와서 시신을 훔친 뒤에 예수의 말씀이 성취되었다고 꾸밀까 봐 두려웠던 것이다. 경비대(a guard; ESV는 이를 'a guard of soldiers'라고 번역하고 있다.-역자 주)를 제공하는 것에 대해 빌라도는 반대하지 않았다. 하지만 그 어떤 추가적인 조치를 취하는 것도 이제 유대 지도자들의 책임이었다. 따라서 유대 지도자들은 총독의 권한을 빌어 무덤을 인봉하고 거기에 경비대를 세웠다(마 27:62~66). 경비대는 일시적으로 그들의 통제하에 있었다(참조, 마 28:11~15).

무덤을 지키던 여인들은 대제사장들과 바리새인들의 규례를 따라 안식일을 지키고 있었던 반면, 그들 자신은 믿지 않는 유대인들을 대신하여 무덤을 지키도록 군인들을 배치하느라 바쁘게 움직이고 있었다. 여인들과 제자들은 이러한 조치에 대해 모르고 있었다. 따라서 그들은 안식일 후에 무덤으로 갈 때 거기에서 낯선 사람을 발견하게 될 것이라고는 전혀 기대하지 않았다. 우리는 여기서 왜 마태복음을 제외한 다른 세 복음서의 부활 기사에 이 유대/로마 경비대가 등장하지 않는지, 왜 오직 마태만 이 내용을 강조하여 부활은 단지 '무덤 도굴 사건'(마 28:11~15)에 지나지 않는다는 유대인들의 오래된 거짓말의 기원을 설명하고자 했는지 보게 된다.

지진

마태복음에 의하면 그 주간의 첫날 아주 이른 아침에 한 천사가 나타났을 때 지진이 있었다. 그 천사는 무덤을 열고, 그 돌 위에 앉았다. 그 천사의 형상은 번개와 같았고, 그의 옷은 눈처럼 희었다(마 28:2~3). 밤 사경에(새벽 3시부터 6시까지) 근무 중이던 파수꾼들은 공포에 휩싸여 죽은 사람과 같이 되었다(마 28:4). 우리는 그 파수꾼들이 얼마나 오랫동안 그런 상태에 있었는지 알지 못한다. 그 지진은 여인들이 무덤이 있는 동산으로 오는 중에 일어났으며(마 28:1~2), 그들이 도착하기 전에 끝났다. 그들이 무덤에 도착했을 때는 이미 돌이 굴러가 있었다.

그 파수꾼들은 천사의 등장과 그 여인들의 도착 사이의 짧은 시간 동안에 제정신을 차리고 도망을 갔던 것일까? 우리는 그 여인들이 제자들에게 서둘러 돌아간 바로 그 시각에 그 파수꾼들이 대제사장들에게 상황을 보고했다는 것을 알고 있다(마 28:8, 11). 파수꾼들은 아마 그 여인들보다는 조금 일찍 자신들의 목적지에 도달한 것 같다. 마태가 무덤을 지키던 파수꾼과 지진에 대한 정보를 얻어낸 것은 그날 아침에 대제사장들에게 어떤 내용의 보고가 올라갔는지에 대해 알고 있는 사람들로부터였을 것이다. 군인들로부터의 증거는 그렇게 거짓을 위해 은폐되었다. 하지만 그 모든 것에도 불구하고 여전히 진실 자체는 은폐될 수 없었다.

여인들과 텅 빈 무덤

위에서 언급한 바와 같이 막달라 마리아, 야고보의 어머니 마리아, 요안나, 그리고 몇몇 다른 여자들(그들 중 한 명은 살로메였다)은 이른 아침에 무덤으로 갔다. 그들은 동틀 무렵에 출발했고(마 28:1), 해 돋을 때에 동산에 도착했다(막 16:2). 누가 무덤을 막은 돌을 굴려 줄 것인가 하는 그들의 염려는 그들이 무덤에 온 목적 때문이었다. 그들은 예수의 시신을 돌보기 위해 향품을 가지고 왔던 것이다. 그들은 유대인 파수꾼이나 돌 위의 인봉에 대해서 아무것도 모르고 있었다. 그저 그곳에 어떤 사람이, 예를 들어 동산지기가 있을 수 있다고 기대했다(요 20:15). 하지만 그들은 무덤으로 오는 길에 아직 시간이 너무 이르고, 그렇게 이른 시간에 돌을 굴려 줄 사람은 없을 것 같다는 사실을 깨닫는다.

하지만 무덤으로 다가가면서 그들은 그 돌이 이미 굴려져 있다는 것을 발견했다. 누가 이런 일을, 그것도 이렇게 이른 새벽에 할 수 있었던 것일까? 그 여자들은 그날 아침 자신들이 일어나기도 전에 무덤이 열려 있었다는 사실을 깨닫고 오히려 불안을 느꼈다.

그 다음에 일어난 일들에 관해서 복음서 기자들은 서로 다른 보고를 제공하는 것처럼 보인다. 따라서 다음과 같은 질문들이 제기된다.

1. 그 여인들은 굴러간 돌 위에 앉은 천사를 즉시 보았는가(마태), 혹은 그들이 무덤에 들어가서야 오른편에 앉아 있는 한 천사를 본 것인

가(마가), 아니면 그들은 예수의 시신이 없어졌다는 것과, 거기에 두 사람이 서 있는 것을 보고 놀라서 어쩔 줄 몰라했는가?(누가)
2. 거기에 천사가 한 명 있었는가(마태/마가), 아니면 두 명이 있었는가?(누가)
3. 천사는 어디에 있었고, 어떤 자세로 있었는가? 앉아 있었는가(마태/마가), 돌 위에(마태) 혹은 오른편에 있었는가(마가), 아니면 여인들 근처에 서 있었는가(누가-두 천사들)?

사건의 진행에 관한 분명한 이해를 위해서 우리는 각 복음서 기자의 서사적 관점을 이해해야 한다. 사건의 순서를 재구성하는 작업에서 가장 좋은 출발점은 엠마오로 가던 두 사람이 제공한 요약이다.

"또한 우리 중에 어떤 여자들이 우리로 놀라게 하였으니, 이는 그들이 새벽에 무덤에 갔다가 그의 시체는 보지 못하고 와서, 그가 살아나셨다 하는 천사들의 나타남을 보았다 함이라"(눅 24:22~23).

여기서 우리는 다음과 같은 패턴을 보게 된다.
1. 무덤에 도착함.
2. 무덤에 들어감.
3. 예수의 시신을 찾음.
4. 천사(들)이 나타남.

각 복음서 기자가 제공하는 개별적인 보고들을 살펴보면, 우리는 그것들 모두가 이 패턴에 들어맞는다는 것을 발견한다.
마태복음의 기사는 그 초점을 하늘로서 내려와 행동하고 말하는 그 천사에 두고 있다(마 28:2~7). 우리는 그 천사가 어떻게 그 파수꾼을 처리하고, 그 여자들에게는 무슨 말을 하는지 읽게 된다. 마태는 역사적 관점을 제공하지 않는다. 현실적으로 그 천사가 여자들에게 말을 한 것은 그 파수꾼들이 '죽은 사람과 같이' 쓰러지고 난 다음이었을 것이다. 마태는 "무서워 말라"고 한 천사의 말은 기록하고 있지만, 그 여자들이 무서워했고, 왜 무서워했는지에 대해서는 언급하고 있지 않다. 마태는 사건의 진행 순서에 대한 정보를 거의 제공하지 않는다.

하지만 그럼에도 불구하고 마태의 기사가 위의 패턴에 들어맞는다는 것은 놀라운 일이다. 본문을 피상적으로 읽으면 그 여자들은 무덤으로 다가가면서 그 천사를 인지하게 된 것처럼 보인다. 하지만 우리는 사실이 그렇지 않았음을 행간에서 발견한다. 마태는 그들이 먼저 무덤 안으로 들어갔다고 말한다. 이는 마태복음 28장 8절을 읽어보면 명백해진다. "그 여자들이 무서움과 큰 기쁨으로 빨리 무덤을 떠나"(NRSV).[217]

마태는 그 여인들이 떠날 때 '므내메이온'(*mnemeion*; 우리말 성경에는 '무덤'으로 번역됨.-역자 주)이라는 단어를 사용하고 있다. 이는 아리마대 요셉의 동산에 예수를 장사 지낸 곳을 가리키는 일반적인 단어가 아니다. 마태는 그것을 가리키기 위해 따로 '타포스'(*taphos*; 우리말 성경에는 같은 '무덤'이란 단어로 번역됨.-역자 주)라는 단어를 사용하고 있다(마 27:61; 28:1). '므내메이온'이라는 단어는 굴려서 막았던 돌 뒤에 위치한, 실제 예수의 시신을 안치했던 '내실'(chamber)을 가리킨다. 아리마대 요셉은 시신을 이 내실 '안에' 안치했고, 그러고 난 다음에 돌을 굴려 '무덤('므내메이

---

217) 다수의 사본(majority text)에는 '엑셀투사이'(*exelthousai*), 즉 '(무덤)에서 나와서'(going out of [the tomb])라고 되어 있다. 대부분의 영어 번역들은 비평 본문(critical text)을 따른다: '아펠투사이'(*apelthousai*), 즉 '(무덤)을 떠나서'(going away from [the tomb]). '엑셀투사이'에서 '아펠투사이'로 문체상 변화를 준 것은, 마태는 그 여자들이 무덤에 '들어갔다고' 말하지 않는다는 전제로 설명된다. '아펠투사이'라고 읽는 법(reading)은 그다지 지지를 받지 못한다. 또한 아래에 계속 논의되는 것처럼 그 여자들이 무덤에 들어갔다는 사실을 뒷받침하는 또 다른 증거들이 본문에서 발견된다. 따라서 '엑셀투사이'라고 읽는 법은 심각하게 고려해 볼 만한 가치가 있다.

우'[*mnemeiou*]; 내실을 가리킨다.–역자 주) 문'에 놓았다(마 27:60). 예수의 무덤에 갔던 그 여인들은(마 28:1) 또한 그 안에 들어가서 굴려진 돌 뒤에 있는, 실제 예수의 시신이 안치되었던 내실 안까지 들어갔던 것이다.

무덤 안에 들어갔을 때 그들은 예수의 시신을 찾았다. 마태는 이것을 기록하고 있지만, 그의 기사에 이 내용이 암시되어 있다. 왜냐하면 천사가 "예수를 너희가 찾는 줄을 내가 아노라"라고 했기 때문이다. 그 여인들이 처음부터 예수의 시신을 찾기 시작했던 것은 아니었다. 그들은 그의 시신이 어디 있는지 정확히 알고 있었다. 그래서 그들은 무덤과 그 안에 있는 예수의 시신을 돌보기 위해 왔던 것이다. 그 천사가 말하기를 그들이 예수를 '찾고' 있다고 했을 때, 그 여인들은 이미 확신을 잃은 상태였다. 시신이 있어야 할 자리에 없다는 것을 발견하고, 어둑어둑한 무덤의 내실을 두리번거리며 혹은 더듬어 가면서 찾고 있었기 때문이다.

따라서 마태가 우리에게 제공하는 부활 기사(천사의 활동에 초점을 맞추기 위해 단축된 원근법[foreshortened perspective]을 사용한)도 여전히 그 일반적인 패턴에 들어맞는다. 여인들이 도착하고, 무덤에 들어간다. 그들은 무덤을 이리저리 둘러본다. 그러다가 천사와 마주치고 그의 목소리를 듣는다.

마가는 명시적으로 무덤에 '들어간' 것에 대해 언급한다(막 16:5). 우리는 그 여인들이 무덤에 들어가자마자 오른편에 앉아 있는 한 청년을 본 것 같은 인상을 받는다. 하지만 마가 역시 그 여인들이 먼저 시신을 찾아 두리번거렸다는 것을 암시하고 있다. 실제로 그 청년이 말하기를, "너희가 십자가에 못 박히신 나사렛 예수를 찾는구나"라고 했다(막 16:6). 마가복음의 관점은 마태복음에서보다는 단축되지 않았다. 그리고 미기의 다소 요약된 부활 기사 역시 위에서 언급된 패턴에 기초한 것으로 보인다.

마태복음에서 돌 위에 앉아 있던 천사는 마가복음에서 오른편에 앉아 있는 청년과 동일 인물일 수 있다. 다소 모호한 이 표현은 시신이 안치되었던 '내실의 오른편에'라는 의미로 이해되어야 한다. 오늘날 예루살렘에는 신약 시대에 사용된 둥근 무덤 돌을 볼 수 있는 곳이 두 군데 있다. 두 경우 모두 둥근 돌들은 '대기실 끝'에 놓여 있는데, 이는 시신을 안치하는 내실 혹은 내실들로의 접근을 막기 위해 사용된 것이었다. 따라서 이 돌은 무덤 바깥쪽, 즉 무덤으로 들어가는 첫 번째 입구 앞에 놓인 것이 아니라 무덤 내부에, 시신을 안치하는 내실의 문 앞에 놓여 있었다. 이 돌은 '벽의 움푹 들어간 곳으로' 굴려 넣을 수 있었다. 만약 그 돌이 오른쪽으로 굴려져 있었다면, 그 청년은 내실 입구의 오른쪽으로 움푹 파인 곳에 굴려 넣어진 그 돌 위에 앉아 있었을 것이다. 그곳은 사람들이 무덤 속의 어둑한 대기실에 들어온 다음 시신이 안치된 내실까지 들어가기 위해 지나가는 곳이다.

누가는 우리에게 단축된 원근법(forshortened perspective)을 제공하지 않는다. 그는 명시적으로 도착(눅 24:2), 무덤에 들어감, 시신을 찾음(눅 24:3), 그리고 천사의 출현(눅 24:4~5; 그는 그들에게 산 자를 무덤에서 찾는 것은 무의미하다고 말했다)에 대해 기록하고 있다.

하지만 누가가 (찬란한 옷을 입은) '두 사람'에 대해 이야기하고 있다는 것은 놀라운 일이다. 더군다나 그는 그들이 앉아 있었다고 말하지 않는다. 그들은 '서' 있었다. 여기서 누가는 자신의 이야기를 서술하는 데 있어 마태나 마가보다 더 포괄적이다. 서 있든 앉아 있든 그것은 핵심적인 논쟁의 요소는 아니다. 그 천사가 자신을 나타낼 때 처음에는 번갯불같이 빛을 내며 돌 위에 앉아 있다가(내실 앞 오른편 벽으로 움푹 파인 곳에), 그 여인들에게 말하기 위해 일어섰을 가능성은 없을까? 그래서 한 천사가 그 여인들에게로 '와서 서서'(came to stand) 그들에게 말한 것으로 볼 수도 있지 않을까? 누가는 이 동사('에피스테미' [epistemi]; 앞 문장에서 저자는 이를 'came to stand'라고 번역했다.-역자 주)를 자주 사용하는데, 항상 어떤 사람이 다른 사람에게로 다가가서 그 옆에 서는 동작을 가리킨다(눅

2:9, 38; 4:39; 10:40; 20:1). 명백히 앉아 있던 그 천사는 그 여인들에게로 다가와서 선 채로 그들에게 이야기한 것 같다.

누가는 '두 명'의 사람들에 대해 이야기하고 있다. 그리고 다른 복음서 기자들도 그곳에 오직 한 사람만 있었으며 다른 사람은 없었다고 이야기하지 않는다. 단지 그들은 말하고 있었던 한 사람에게만 집중했을 뿐이다. 하지만 그곳에 두 명의 천사들이 있었다는 것은 명백하다. 문제는 그 여인들이 당시에 무슨 일이 있었는지 정확히 기억하고 있었는가 하는 것이다. 그들은 자신들이 듣고 본 바는 알고 있었다. 하지만 그들 모두가 그 놀라운 순간에 일어난 '모든 일'을 보고 분별했었을까?

당시 거기에는 적어도 여섯 혹은 일곱 명의 여인들이 그 제한된 공간에 다소 복잡하게 들어가 있었다. 그들은 시신이 안치되었던 내실의 문이 그 이른 시각에 이미 열려 있고, 그 자리에 있어야 할 시신은 사라진 것을 보고 충격을 받아 기진맥진했다. 그 자리에 수의가 놓여 있었는데 그것은 소름끼치는 발견이었음에 틀림없다. 그 장소를 더듬으며 시신을 찾는 모든 행위는 어둑어둑한 가운데 행해졌다. 왜냐하면 무덤 입구에서 들어오는 약간의 빛만이 내실에 도달했기 때문이다. 그런데 갑자기 그 지하 동굴 속에 눈을 멀게 할 만한 섬광이 번쩍였다. 누군가가 움직이고 말을 한다. 그는 내실 앞 오른편 돌이 굴러가 있던 쪽에서부터 다가온다. 그 밝은 빛이 무덤 안에 있던 모든 것을 꿰뚫을 듯이 비추었다. 그 여인들은 이 광경을 차분하게 목격하지 않았다. 좁은 공간에 복잡하게 서 있던 그들은 놀라서 자빠지며 서로 부딪혔을 것이다. 그들은 심지어 그 섬광으로부터 자신들의 눈을 보호해야 했고, 땅으로 얼굴을 낮에 내고 몸을 움츠렸다(눅 24:5).

이러한 순간에 누가 그 자리에 사람이 몇 명이 있었는지 자세하게 관찰을 한다는 말인가? 내실 바닥에 엎드린 상태로 그들은 거기에 두 사람이 있었는지 볼 수 없었을 것이다. 다만 요안나의 경우 앞쪽에 가까이 있어서 거기에 최소한 두 사람은 있었다고 식별할 수 있었던 것 같다. 그 여인들이 모두 자세한 사항을 다 보았다는 것을 누가 장담하겠는가? 아마 거기에 아무도 보지 못한 제 삼의 인물이 있었는지도 모른다. 문제가 되는 것은 기억의 '정확성'이지 완전함이 아니다. 바위를 깎아 만든 몇 제곱 미터밖에 안 되는 공간에서 일어난 이 경이적인 사건 가운데서 완벽한 관찰을 요구할 수는 없는 일이다. 또한 그것은 필요하지도 않다. 부활 기사들은 그 여인들이 처음으로 접했던 일들을 실제적으로 반영하고 있다.

도망과 보고

그 천사들은 나타났다가 사라졌다. 그 여인들은 여전히 바닥에 엎드려 있었다. 갑자기 그들 주변이 다시 어두워졌다. 그토록 강력한 섬광이 비쳤던 직후라 이제 더 어둡게 느껴졌다. 무덤의 열려진 문, 그 밝은 빛, 그리고 뜻밖의 말들, 이 모든 것들이 그 여인들의 마음속에 뒤죽박죽이 되어 있었다. 그들이 성내로 돌아오는 모습이 차분하고 초연한 어투로 묘사되지 않은 것은 당연한 일이다.

마가는 그 여인들이 무덤에서 '도망'갔다고 말하고 있다. 완전한 혼돈 상태로 전신을 떨면서 말이다(막 16:8). 마가는 계속해서 이렇게 묘사한다. "무서워하여 아무에게 아무 말도 하지 못하더라." 어떤 주석은 이 구절을 해석하기를 그 여인들이 심지어 사도들에게조차 아무 말도 못했다고 하는데, 그것은 정확한 해석이 아니다. 왜 그들이 자신들의 가족이나 친구들에게 말하기를 두려워했겠는가? 그들은 다른 사람들이 두려웠던 것이다. 예수를 죽인 사람들 말이다.

부활의 날이 끝나 갈 무렵 제자들은 '유대인들을 두려워하여' 밀실에 모였다(요 20:19). 바로 이 두려움이 그 여인들을 사로잡았던 것이다. 그래서 그들은 허겁지겁 돌아가면서 아무에게도 인사를 하지 않았고, 그 엄청난 소식에 대해서 한마디도 하지 못했던 것이다. 그들은 소식을 전하는 사자들로서가 아니라, 공포에 젖은 도망자들로서 성내를 통과했다. 마가복음 16장 8절은 먼저 그 여인들이 경험하고 있던 감정들(그들은 두려워 떨며 제정신이 아니었다)을 언급한 뒤 그들이 외부 세계에 대해서 느꼈던 공포를 묘사한다(그들은 거리에서 다른 유대인들에게 심지어 천사들이 나타난 것에 대해서도 감히 이야기할 수 없었다). 그 여인들이 처음에 두려움으로 인해 그들의 경험을 이야기하기를 거부했기 때문에, 적의에 찬 유대인들은 복음이 공개적으로 퍼지기 전에 예루살렘 전역에 무덤 도굴에 관한 그들의 거짓말을 먼저 퍼뜨릴 수 있는 기회를 얻은 것이다(마 28:11~15).

마가는 그 여인들이 사도들과 자신의 가족들이 있는 곳에 도착한 것에 대해서는 아무런 말도 하지 않는다. 그의 초점은 복음의 돌파력에 있었다. 어떻게 복음이 세상에 들어갈 수 있었는가? 그것은 그 여인들을 통해서도 아니었고(막 16:8), 심지어 제자들을 통해서도 아니었다(막 16:11, 13~14). 오직 주님 자신을 통해서였다. 예수는 그들을 격려하여 행동하도록 힘을 주었고, 계속해서 그들과 함께 일하셨다(막 16:15~20).[218] 마가복음 16장의 특수한 목적은 왜 마가가 여인들이 사람들 앞에서 침묵한 것은 언급하면서도 그들이 다른 제자들에게로 돌아갔던 것에 대해서는 기록하지 않았는지를 설명해 준다.

마태는 어떻게 여인들이 공포와 큰 기쁨이라는 상반되는 감정 상태로 무덤을 떠나 제자들에게 보고하기 위해 갔는지를 기록하고 있다(마 28:8). 누가도 또한 어떻게 그들이 열한 사도와 또 다른 제자들에게 가서 말했는지를 묘사하고 있다(눅 24:9). 요한은 그러한 만남들 중 한 가시의 예반

---

218) 마가복음 16장 9~20절이 원래 마가복음의 일부였는지에 대해서는 저자의 주석을 참조하라. Marcus: Het evagelie volgens Petrus, 2d ed., Commentaar op het Nieuwe Testament, 3d series(Kampen: Kok, 1992).

기록한다(요 20:2). 막달라 마리아는 공포에 휩싸인 채 메시지를 가지고 왔다. "사람들이 주님을 무덤에서 가져다가 어디 두었는지 우리가 알지 못하겠다!" 비록 요한이 막달라 마리아만 언급하고 있지만, 시몬과 요한에게 와서 말한 것은 그녀만이 아니었다. 그녀는 다른 여자들과 함께 말하고 있었다("우리가 알지 못하겠다").

막달라 마리아의 반응(요한의 다소 단편적인 기사를 읽을 때)에는 그들이 주님을 '찾고 있었다'는 사실과 관련하여 일어난 감정이 지배적이다. 천사의 격려의 말들은 그들에게 분명하게 이해되지도 않았고, 또한 선명하게 들리지도 않았다. 하지만 그 말들 중 일부는 막달라 마리아에 의해, 혹은 다른 여자들에 의해(그들의 이야기는 막달라 마리아의 것을 보충했다) 보고되었음에 틀림없다. 그날 아침 늦게 그 천사들의 출현과 말들도 마리아의 근심과 두려움을 완화해주지 못했다(요 20:11~13). 그들이 주님을 가져갔다는 그녀의 확신은 천사들의 출현이나 심지어 주님 자신의 출현에 의해서도 제거되지 않았던 것이다.

하지만 그녀나 다른 여인들이 천사들의 출현에 대해 얘기했을 때, 심지어 사도들조차도 처음에는 그들의 보고를 건성으로 들었다. 그들은 상황을 거의 파악하지 못하고 있었다. 그들의 말은 그냥 허튼소리 정도로만 들렸다(눅 24:11). 그날 아침 처음 몇 시간 동안 그 여인들의 보고는 제자들의 불신으로 인해 거의 아무런 영향력을 끼치지 못했다.

텅 빈 세마포와 수건

막달라 마리아가 처음으로 그 놀라운 사실을 보고했을 때, 베드로는 곧장 무덤으로 가서 그곳에 세마포만 있는 것을 보고 그 된 일을 놀랍게 여기며 집으로 돌아갔다(눅 24:12). 요한의 묘사는 좀 더 상세하다. 그는 베드로와 함께 갔으며, 심지어 그보다 먼저 무덤에 도착했다. 그는 몸을 구부려 시신을 안치하는 내실의 입구를 통해 어슴푸레한 빛 가운데 놓여 있는 세마포를 보았다. 그것은 그를 확신시키기에 충분했다. 더 이상 뭔가를 할 필요가 없었다. 죽은 자에 대한 예의상 요한은 내실 문 앞에 가만히 서 있었다. 하지만 베드로는 도착하자마자 요한을 지나쳐 곧장 내실로 들어갔다. 그 역시 세마포가 놓인 것을 보았지만, 놀랍게도 머리를 쌌던 수건은 딴 곳에 있는 것을 발견했다. 그제야 요한도 이 놀라운 광경을 가까이 다가가서 본 후에 믿었다. 그럼에도 불구하고 베드로와 요한은 아직 예수가 성경대로 죽은 자 가운데서 살아났다는 깨달음에는 이르지 못했다. 그들은 함께 집으로 돌아갔다. 다른 이들을 위한 기쁨의 소식도 없이 말이다(요 20:3~10).

이 두 제자가 본 것은 무엇인가? 분명 매우 특별한 일임에는 틀림없다. 그들은 시신이 더 이상 거기에 없다는 결론을 내렸다. 그 점에 있어서 그 여자들의 말이 맞았다(눅 24:24). 하지만 그들은 있었을지도 모르는 무덤 도굴의 가능성에 대해서는 놀라지 않았다. 요한은 심지어 믿음에까지 이르렀고, 베드로는 무슨 일이 일어났을까 하는 놀라움에 사로잡혀 있었다. 그들이 본 것은 무엇인가? 개켜져 있던 수건이 그들에게 주님의 깔끔한 습관을 상기시켜 주었을까? 기록된 바가 말해주는 것은 그러한 내용이 아니다.

누가는 베드로가 세마포(오토니아; *othonia*)만 '따로' 놓여 있는 것을 보았다고 한다. 신기한 일이다. 요한은 좀 더 상세히 기록하고 있다. 처음으로 무덤에 도착하여 내실 안쪽을 신속히 둘러보았을 때, 요한은 세마포(오토니아)가 거기 놓여 있는 것을 보았다. 그 시섬에서 그는 안심했고, 더 이상 들어가시 않았나. 실제로 그가 더 이상 들어가야 할 이유는 또 무엇인가? 시신이 안치되었던 내실에서 그 시신을 쌌던 '오토니아' 말고 또 봐야 할 것이 무엇이 있겠는가? 시신을 쌌던 천이 거기에 있다면 시신도 거기에 있어야 한다. 그러고 나서 베드로가 와서 추가적인 조사를 통해

장사됨, 부활 그리고 승천 475

새로운 발견을 하게 된다. 세마포는 있을 자리에 놓여 있는 반면, 머리를 쌌던 수건은 '딴 곳에' 있었다.

두 가지 천은 한 곳에서 발견되어야 했다. 시신을 쌌던 세마포와 머리를 쌌던 수건은 한 쌍을 이루기 때문이다. 하지만 지금 그 수건이 딴 곳에, 그것도 '둥글게 말려져'(엔테튀리그메논; *entetyligmenon*; 요 20:7; NRSV) 있었다. 이는 NIV 성경이 암시하듯 납작하게 접혀져 있었다는 의미가 아니다. 실제로 그토록 많은 양의 향품으로 처리된 수건이 어떻게 그런 식으로 접혀 있을 수 있었겠는가? 여기서 의미하는 바는 그 수건이 성금요일에 예수의 머리를 쌌던 그 형태 그대로 여전히 놓여 있었다는 말이다. 우리는 이와 똑같은 동사를 누가복음 23장 53절에서 볼 수 있다. 요셉이 그를 세마포로 쌌다(에네튀릭센; *enetulixen*). 이제 우리는 이것이 얼마나 당황스럽게 하는 장면이었는지를 알아야 한다. 그것은 마치 아무 일도 없었던 것 같은 그런 장면이었다. 세마포는 그대로 놓여 있었다. 머리를 쌌던 수건도 여전히 원래의 형태 그대로 있었다. 하지만 그 모든 것이 서로 떨어져 있었다. 시신을 쌌던 천이 텅 비어 있었다. 알맹이가 빠진 누에고치 말고는 아무것도 없었다.

이제 누가가 베드로를 묘사하기를, 그가 '오토니아'(세마포)만 '따로'(by themselves) 놓여 있는 것을 보고(즉 텅 빈 채로, 머리를 쌌던 수건과 떨어진 곳에 있는 것을 보고) 깊은 생각에 빠졌다고 한 말의 의미를 깨닫게 된다. 무덤 도굴은 문제가 안 되는 상황이었다. 그 누구도 세마포와 수건을 찢거나 손상시키지 않고는 그 안에 있는 시신을 가져갈 수 없기 때문이다. 이제 그 다음에 일어난 일은 무엇인가? 요한의 마음에 믿음의 서광이 비치기 시작했다. 베드로는 그 상황을 곰곰이 생각했다. 하지만 두 사람 모두 부활을 언급하기에는 자신이 없었다. 그가 죽은 자 가운데서 살아나야 한다고 가르치는 성경에 대해 아직 깨닫지 못했기 때문이다. 바로 그런 이유로 인해 그날 아침에 있었던 무덤에 대한 조사는 즉각적인 결과를 만들어내지 못했던 것이다.

하지만 이 두 제자가 회고하면서 제시한 증언은 예수의 실제적이고 육체적인 부활에 대한 강력한 증거가 된다. 텅 빈 무덤만 있었던 것이 아니었다. 거기에는 텅 빈 수의(세마포, 수건)도 있었다.

예수의 나타나심

일반적인 사항들

부활의 날은 예수의 나타나심으로 시작되지 않았다. 나타나심은 실제로 정말 필요한 것이 아니었다. 그는 이미 제자들에게 성경으로부터 그리스도가 죽은 후에 삼일 만에 살아나야 할 것임을 보여 주었다. 그리고 체포 직전에 그는 개인적으로 제자들에게 부활 후에 그들이 어디서 그를 만나게 될지를 말해 주었다. "그러나 내가 살아난 후에 너희보다 먼저 갈릴리로 가리라"(마 26:32). 그 말을 믿었더라면, 안식일 후 혹은 명절 주간이 끝난 후에 제자들은 자신들의 집으로 돌아갔을 것이다. 거기에서, 즉 갈릴리에서 살아나신 주님을 만나게 될 것이라는 확신을 가지고 말이다.

하지만 예수의 죽음 후에 제자들 중 한 명도 이러한 말씀들을 기억하지 못했다. 그들은 오직 십자가에만 집중했으며, 그들이 생각할 수 있는 전부는 죽은 예수였다. 따라서 그 여인들은 마치 그것이 예수의 지상 생애의 끝이었던 것처럼 여기며 그의 무덤으로 갔던 것이다. 그리고 사도들이 빈 무덤과 천사들의 출현에 대한 보고를 들었을 때, 그들은 희망을 품지도 않았고, 말씀을 기억하지도 않았다. 심지어 텅 비어 있던 세마포와 수건의 징표를 보고도 그들은 갈릴리를 향해 길을 떠나지 않았다. 그 사실이 그토록 베드로와 요한의 머리에 많은 생각을 불러일으켰음에도 불구하고 말이다.

불신으로 인해 닫힌 마음의 문을 부수기 위해서는 더 강력한 조치가 필요했다. 바로 그러한 이유로 예수는 제자들이 갈릴리로의 합의된 여행을 떠나게 하기 위해 마침내 그들 앞에 직접 나타나야만 했다. 부활 이야기가 분명히 보여 주는 것은 제자들에게 준비된 마음을 회복시키기 위해서는 예수가 한 번 나타나는 것만으로는 부족했다는 것이다. 그들의 리더인 시몬 베드로가 먼저 움직여야 했는데, '다른 사람들'이 살아나신 주님을 보았다는 증거만으로는 그에게 부족했다. 마침내 예수는 베드로가 리더십을 발휘하도록 하기 위해 그에게 개인적으로 나타나셔야만 했다. 다른 제자들에게도 마찬가지였다. 그들 역시 구주가 그들 각자를 개인적으로 만나주기 전까지는 완전한 확신을 가지지 못했다. 마지막 한 사람(도마)까지 말이다. 그제서야 그들은 움직이기 시작했고, 드디어 예수가 죽었던 그 도시를 떠나 갈릴리의 약속된 장소로 살아나신 주님을 만나기 위해 갔다.

마태는 갈릴리에서의 체류에 대해 분명하게 말하고 있고, 산에서 한 번 나타나신 것에 대해 묘사하고 있다(마 28:16~20). 마가복음에서는 마치 부활의 날 저녁에 예루살렘에서 모든 것이 결말이 난 것 같은 인상을 준다. 하지만 이것은 단축된 원근법(forshortened perspective)의 한 사례이다. 마가가 우리에게 더 이상의 내용을 말해주지 않는 것은 부활 후에 갈릴리에서 만나기로 한 약속에 대해 그가 몰랐기 때문이 아니다. 그는 그 약속에 대해 14장 28절에서 구체적으로 언급한다. 그는 또한 어떻게 무덤의 그 청년이 그 여인들로 하여금 제자들에게 가서 그 약속을 상기시키게 했는지도 기록하고 있다(막 16:7). 마가는 그것에 대해 알고 있었지만, 더 논의하지 않은 것뿐이다.

누가복음의 경우도 마찬가지이다. 우리는 사도행전으로부터 예수가 더 오랜 시간 동안 나타나셨다는 사실을 누가가 알고 있었음을 보게 된다. 그는 심지어 구체적으로 얼마 동안 예수의 출현이 지속되었는지 말하고 있다. 40일(행 1:3; 13:31)이다. 하지만 누가복음 24장에는 이야기가 너무 많이 단축된 나머지 승천이 마치 부활의 날 끝에 있었던 것처럼 보인다. 하지만 누가복음 24장은 사실이 그렇지 않았음을 분명히 나타내고 있다. 승천은 낮 동안에 일어났다. 따라서 이는 결코 그날 저녁에 있었던 만남의 피날레가 될 수는 없다(눅 24:50~53과 24:29, 33, 36를 비교해 볼 것).

요한복음은 마태복음과 마찬가지로, 부활 후에 갈릴리에서 있었던 사건들에 대해 선명한 묘사를 하고 있다(요 21장). 갈릴리에서 일어난 일에 대해 마가와 누가가 침묵하고 있는 것은 결코 놀랄 일이 못된다. 예수는 그의 제자들에게 예루살렘으로 돌아가라고 명하셨다. 그리고 그들은 성령의 능력으로 그 도시에서부터 시작하여 전 세계로 나아가야 했다(행 1:4~5). 마가와 누가의 지배적인 강조점은 전 세계의 모든 민족들에게 복음이 전파되는 것이었다. 따라서 그들이 복음서의 끝 부분을 예수의 나타나심에 관한 단축된 기사와 예루살렘에서 주신 대위임령으로 장식하고 있는 것은 이해할 만한 일이다.

하지만 마태는 예수가 그 산에서 펼쳤던 가르침에 큰 관심을 보였었다(마 5~7장). 그는 부활하신 그리스도가 그의 제자들을 온 세상을 향해 보내기 전에 그 산으로 다시 한 번 데리고 가셨음을 보여 준다. 이스라엘의 새 헌법(산상설교-역자 주)은 살아 계신 구주가 이제 제자들의 사역을 통해 계속해 나가실 사역의 근거가 된다(마 28:16~20).

요한에게 있어서 갈릴리에서의 마지막 큰 표적에 대해 상세히 기록하는 것은 중요했다. 요한은 예수의 공적 사역 이전의 역사에 관해 다른 어떤 복음서 기자들보다 더 뒤로 거슬러 올라갔다. 그리고 그는 또한 갈릴리 가나에서의 '처음' 표적인 물을 포도주로 변화시킨 사건(요 2:11)에 대한 기사도 포함시켰다. 그는 이제 갈릴리에서의 '마지막' 표적인 이른 아침에 기적적으로 고기를 잡은 사건(요 21:1~14)을 묘사하고 있다. 이는 예수가 부활한 후에 세 번째로 사도들에게 나타나신 경우였으며(요 21:14),

그것은 또한 예수가 진정으로 자신을 그리스도요 하나님의 아들로 나타내셨다는 것을 최대한 강조한다. 마태와 요한은 그리스도에 더 많은 강조를 두고, 복음 전파 자체(이는 마가복음과 누가복음에서 공통적으로 강조되고 있는 주제이다)는 덜 강조하고 있으므로, 우리는 왜 그들이 갈릴리에서의 결정적인 대화들은 기록하면서, 예루살렘에서의 작별과 승천과 같은 알려진 사실들을 보고하는 일에는 필요성을 느끼지 못했는지 이해할 수 있다.

사도 바울은 부활을 목격한 사람들의 목록에서 '남자'들에게 나타나신 경우만 기록하고 있다(고전 15:5~8). 하지만 그가 그렇게 한 이유가 여인들의 증언은 증거로 채택될 수 없기 때문이었다는 것은 의심스러운 가설이다. 오히려 그는 자신의 목록에 '고린도' 시에서 증인의 자격을 충족시키는 사람들의 이름만 포함시키기를 원했다고 보는 것이 더 타당하다. 그의 목록에 포함된 인물들은 모두 복음을 들고 세계를 여행하고 다녔거나(사도들), 혹은 팔레스타인 외부 지역에서도 가르침의 권위로 존경받는 사람들이었다(야고보의 리더십 하에 있는 장로들). 게바나 야고보 같은 사람들은 고린도에도 알려져 있었다. 바울의 목록은 완전한 목록이 아니다. 오히려 그것은 고린도 사람들을 확신시키고자 하는 그의 목적을 위해 제한된 목록이었다. 부활하신 예수의 출현을 보았던 오백 명의 형제들 중 대부분이 아직 살아 있다고 하는 그의 언급 역시 이러한 목적을 충족시킨다. 바울은 검증 가능한 증인들, 즉 고린도를 방문했었거나, 고린도인들에게 알려져 있거나, 혹은 그들이 쉽게 찾아 질문할 수 있는 그런 증인들에게 호소하고 있는 것이다.

불신에 대한 반응으로 나타나심

예수가 가장 '먼저' 나타나신 것은 '막달라 마리아'에게다(막 16:9). 그녀는 예수의 이모들 중 한 명인 야고보의 어머니 마리아와 함께 있었다(마

28:8~10). 마태의 기사가 주는 인상은 이 나타나심은 아직 다른 제자들 중 아무도 빈 무덤이나 천사의 출현에 대해 듣지 못했을 때였다는 것이다. 대다수의 사본들에 의하면 마태복음 28장 9절은 이렇게 시작한다. "그리고 그들이 그의 제자들에게 고하려고 가고 있을 때, 보라(behold), 예수가 저희를 만나서"(KJV). 이 구절이 시사하는 바는 아직도 그들이 제자들을 찾기에 바빴다는 사실이다. 우리는 당시 제자들이 몇 군데로 흩어져 있었으며, 여인들은 그들을 찾아다녀야 했다는 사실을 기억해야 한다.

예수가 그 여인들을 만난 것은 바로 그들이 제자들을 찾아다니고 있을 때였다. 마태복음에는 그때 그들이 제자들을 찾는 일에 어느 정도 진척이 있었는지 아무런 암시가 없다. 다른 복음서들은 막달라 마리아가 예수를 만나기 전에 적어도 베드로(와 요한)는 만났다는 것을 말해주고 있다(요 20:1~2). 처음에 막달라 마리아는 베드로와 요한을 따라 다시 동산으로 갔고, 그들이 떠난 후에 그곳에 더 남아 있었다. 그리고 그녀가 시신의 흔적을 찾아 무덤 안을 다시 살펴보고 있을 때, 그녀는 자신에게 말을 하는 두 천사를 보았다. 그녀가 무덤에서 돌이켰을 때, 구주가 그녀를 만났다(요 20:11~18). 그 후에 그녀는 함께 있었던 야고보의 어머니 마리아와 함께 즉시 제자들에게로 갔는데, 그녀가 가지고 간 소식은 그녀가 방금 경험한 내용들을 포함하는 것이었다. 구주는 특별한 방법으로 제자들을 직접 언급한다. "내 형제들에게 가서 이르되"(마 28:10; 요 20:17). 그러는 동안에 베드로와 요한은 무덤으로부터 돌아와 있었고, 엠마오로 가는 제자들은 성내를 이미 떠나고 없었다(눅 24:22~24).

'두 번째' 나타나심은 '시골로 걸어가던 두 사람'에게였다(막 16:12~13). 그들은 탁 트인 지역을 통과하여 사신들의 밭으로(저자는 여기시 '에이스 아그론'[eis agron]이라는 표현을 '시골로'가 아니라 '밭으로'라고 번역하고 있다.–역자 주) 가고 있었다. 예수는 그들에게 '다른 모양'으로 나타나셨다. 하지만 그들의 보고 역시 그 여인들의 보고와 마찬가지로 제자들의 불신에 부딪혔다.

이 알려지지 않은 두 제자는 확실하지 않음에도 불구하고 흔히 엠마오로 가던 두 제자와 동일시된다. 후자의 경우 그들은 목적을 가지고 한 마을로 가고 있었다. 그들은 밭으로 간 것이 아니었다. 따라서 '시골로' 가고 있었다고 묘사될 수 없다. 게다가 엠마오로 가던 제자들은 예루살렘으로 돌아왔을 때 상당히 다른 상황을 보게 된다. 즉 주님이 이미 시몬에게 나타나셨던 것이다(눅 24:34). 반면 이 알려지지 않은 두 제자는 이른 낮 시간에 돌아와 보고했고, 제자들은 그들을 믿지 않았다(막 16:13).

'세 번째' 나타나심은 열한 사도의 리더인 '시몬 베드로'와 관련된다. 그는 이 경험을 동료 사도들에게 말했다(눅 24:34). 그 결과 그들은 부활에 관한 보고들에 대해 한층 더 긍정적인 태도를 가지게 되었다. 바울 또한 베드로에게 나타나신 사건을 언급한다(고전 15:5). 아마 이 나타나심으로 인해 열한 사도들은 다시 하나의 그룹으로 단결할 수 있는 용기를 얻었을 것이다(유다는 제외하고, 그리고 처음에는 도마도 잠시 제외하고). 부활의 날이 끝날 무렵 우리는 처음으로 그들이 다시 돌아와 모여 있는 모습을 보게 된다. 비록 유대인들을 두려워하여 모인 곳의 문들이 잠겨 있기는 했지만 말이다(요 20:19).

'엠마오로 가던 제자들'이 경험했던 '네 번째'의 나타나심에 대한 이야기를 통해 모든 사도들은 성경에 기초한 부활에 관한 상세한 설명을 듣게 된다. 예수는 낮 시간 어느 때쯤에 엠마오로 가던 이 두 제자에게 나타나셨는데, 아마 이는 베드로에게 나타나기 전이었을 것이다. 그들의 보고는 저녁 때까지는 예루살렘에 영향력을 끼칠 수 없었다. 왜냐하면 먼저 그들은 예루살렘으로 돌아가야 했기 때문이다(눅 24:13~35). 이것은 제자들이 보고 받았던 네 번째 나타나심이었다. 이제 그들은 부활의 증인들을 신뢰하게 되었는데, 이는 시몬도 그 증인들 중 한 명이었기 때문이다. 엠마오로 가던 제자들은 설명하기를 믿음에 대한 더 굳건한 기초가 있다고 했다. 성경이 부활의 당위성을 증명한다는 것이었다(눅 24:35a;

참조, 25~27절).

엠마오로 가던 두 제자 중 한 명의 이름은 글로바였다(Cleopas; 눅 24:18). 그는 아마도 야고보의 어머니 마리아의 남편이었던 것 같다(글로바[Clopas]는 요한복음 19장 25절에 언급되어 있다). 결국 그는 예수의 삼촌들 중 한 명이 되는 셈이다(p.208 참조).

이 주간의 첫날에 믿지 않는 제자들을 위하여 예수가 '다섯 번째', 즉 마지막으로 나타난 것은 열한 제자들에게였다(막 16:14~18; 눅 24:36~49; 요 20:19~23). 그들의 믿음은 아직 약하고 불안정했다. 심지어 예수가 그들 앞에 서 있는 상황에서도 여전히 그의 육체적인 부활에 대한 의심이 있었다. 명백히 그들 중 일부는 부활한 예수를 유령이나 죽음 후의 어떤 현상으로 생각했다. 따라서 예수는 그들에게 확신을 주기 위해 음식을 먹고 자신의 상처를 보여 주었다(눅 24:37~43; 요 20:20). 이 나타나심에 관해서는 또한 고린도전서 15장 5절을 보라.

'여섯 번째' 추가로 나타나신 것은 예루살렘에서 일주일 뒤에 '도마'에게였다. 부활의 사실에 대한 도마의 불신은 일주일 동안 지속되었다. 그는 부활의 날 저녁에 그 자리에 없었기 때문이다. 그는 다른 제자들의 증언을 받아들이기를 거부했다. 주님의 상처를 직접 보고 만져서 느끼기 전에는 믿을 수 없다는 것이었다. 그리하여 예루살렘에서 열한 제자들에게 두 번째로 나타나심으로 예수는 그들 가운데 마지막으로 남은 저항의 뿌리를 뽑으셨다. 열두 제자 중 남은 열한 명이 이제 믿음의 길을 출발하도록 하기 위함이었다. 그리하여 부활 후 초기에 예수의 출현(사실 그것들은 원론적으로 볼 때 전혀 필요가 없는 것이었다)의 목적은 그렇게 성취되었다.

갈릴리에서 나타나심

예수가 자신의 죽음 전에 공표했던 그 만남은 갈릴리의 '그 산에서' 이루어졌다. 그곳은 그가 제자들과 함께 자주 가던 곳이었다. 바로 그곳에서 그는 산상설교를 통해 하나님의 백성들을 위한 새로운 헌법을 선포하였다. 그리고 몇 개의 떡과 몇 마리의 고기로 수천 명을 먹이신 곳도 바로 그곳이었다. 그가 이루신 큰일은 이제 전 세계로 퍼져나갈 것이었다. 많은 제자들이 그곳에 참석했다. 바울은 그들의 숫자가 500명이 넘었다고 말한다(고전 15:6).

요한은 '디베랴 바닷가'에서 있었던 또 한 번의 나타나심에 대해 기록하고 있다(요 21:1~23). 그때 동반해서 일어났던 일은 기적적으로 고기를 잡는 사건과, 베드로가 세 번이나 예수를 정말 사랑한다고 말했던 삼중 고백이었다. 이 나타나심은 그 산에서 500명 이상의 제자들 앞에 나타나신 그날 아침에 일어났을 가능성이 있다. 그럴 경우 이는 산에서의 만남에 대한 서론적인 역할을 했을 것이다. 이러한 추론은 그들이 예수가 그곳에 나타나리라고 전혀 기대하지 않았다는 사실에 의해 뒷받침된다. 제자들은 바닷가에 서 계신 분이 예수라는 사실을 깨닫고 놀랐다(요 21:7, 12).

예수의 형제인 '야고보'에게 나타나신 것은 예루살렘에서였는지 아니면 갈릴리에서였는지 확실치 않다. 성금요일까지 이 야고보는 예수의 사역과 관련하여 적극적인 역할을 하지 않았다. 심지어 예수의 동생들도 그를 믿지 않았었다(요 7:5). 십자가에 달려 있을 때 예수는 자신의 어머니를 야고보에게 맡길 수 없었다. 그는 요한에게 그녀를 영적으로 부양하도록 부탁해야 했다. 하지만 승천 시에 예수의 동생들이 제자들의 그룹 속에 들어와 있는 것을 본다(행 1:14). 부활과 승천 사이의 시간 동안 예수는 가장 나이 많은 동생으로 하여금 자신의 공동체 안에서 보금자리를 틀도록 한 것이다. 야고보에게 개인적으로 나타나신 특별한 은혜에 관해서는 자세한 기록이 없다. 바울은 단지 이에 관해 간략히 언급하고 넘어간다(고전 15:7). 아마 예수가 갈릴리 나사렛에서 그의 형제를 만났을 수도 있다. 하지만 이에 관해서는 단정적으로 말할 수 없다. 야고보는 또한 부활 후 초기에 예루살렘에서 주님을 만났을 수도 있다.

예루살렘에서의 작별

바울은 말하기를 예수가 다메섹 도상에서 자신에게 개인적으로 나타나기 전에 마지막으로 나타나신 것은 '모든 사도들에게'였다고 한다(고전 15:7b). 그 나타나심은 아마 예수가 자신의 제자들을(그의 요청으로 예루살렘으로 돌아와 있었던) 데리고 도성 밖으로 나가(눅 24:50~53) 그들이 보는 앞에서 승천(막 16:19; 행 1:4~14)했던 때를 가리키는 것 같다. 그 외에도 아마 더 많은 출현들이 있었을 것이다. 각각의 자료(네 복음서와 고린도전서 15장)는 서로 다른 자료들에 나타나지 않는 출현들을 언급한다. 따라서 우리는 이 자료들에 나타나지 않은 다른 출현들도 있었을 것이라고 추정할 수 있다(비록 그것들에 대해서는 아무런 기록도 남아 있지 않지만 말이다).

승천

부활 후에 예수는 더 이상 제자들과 함께 다니시지 않는다. 그는 이따금 그들에게 나타나시고, 그들과 이야기하신다. 따라서 승천은 더 이상 급격한 변화를 초래하지 않는다. 단지 차이점은 예수는 이제 영구적으로 다른 장소에 거할 것이라는 사실이다. 그리고 더 이상 규칙적으로 그들에게 나타나실 일은 없을 것이다(사울에게 나타난 일을 제외하고). 모든 복음서 기자가 명시적으로 승천을 언급하는 것은 아니다. 하지만 각 복음서의 전체적인 이야기의 흐름에는 승천이 암시되어 있다(특별히 마

28:16~20; 요 21:22~23, 25).

마가는 간략하게 승천을 언급한다(막 16:19~20). 오직 누가만 다소 상세한 기록을 제공하는데, 그것은 그의 복음서에서가 아니라(눅 24:50~51) 사도행전에서이다(행 1:4~14). 사도행전에는 부활 40일 후(행 1:3)라는 승천의 정확한 시기가 언급되어 있다. 누가는 또한 이 사건을 둘러싼 다른 상황들을 묘사하고 있다(행 1:9~11).

승천의 장소는 안식일에 가기 알맞은 감람 산이었다(행 1:12). 감람 산은 벳바게(Bethphage)[219] 와 가까운 곳이었고, 벳바게는 베다니로 가는 길이 갈라지는 곳이었다(눅 24:50). 이곳은 바로 정확하게 예수가 겸손한 왕으로서 나귀 새끼를 타고 예루살렘(거기에서 자신의 백성을 위해 죽기 위해)으로 승리의 입성을 시작했던 곳이다. 고난과 죽음 후에, 그곳은 또한 왕이신 예수가 '천상의' 예루살렘을 향한 입성을 시작하는 곳이 되었던 것이다.

---

[219] 마가복음 11장 1절에 대한 저자의 주석을 보라(*Marcus: Het evangelie volgens Petrus*).

부록

도표

〈도표 1〉 복음서에 사용된 이야기 자료 분포(3장)
〈도표 2〉 요셉 가(家)에서의 탄생과 유년기(4장)
〈도표 3〉 세례 요한과 예수(6장)
〈도표 4〉 갈릴리(I)_열두 제자를 세우기까지(8장)
〈도표 5〉 갈릴리(II)_산상설교에서 열두 사도 파송까지(9장)
〈도표 6〉 갈릴리(III)_고난 주간을 위한 준비(10장)
〈도표 7〉 베레아와 유대를 통하여(11장)
〈도표 8〉 예루살렘으로 올라가심(12, 13장)
〈도표 9〉 성금요일(16장)
〈도표 10〉 장사, 부활 그리고 승천(17장)
〈도표 11〉 공관 복음서 이야기의 시간적 역행의 예들(7장)

참고문헌

〈도표 1〉 복음서에 사용된 이야기 자료 분포(3장)

시기	마태복음	마가복음	누가복음	요한복음
탄생과 유년기	탄생 1~2장		준비 1장 탄생 2:1~39 유년기 2:40~52	프롤로그 1:1~18
세례 요한의 사역	세례 요한 3:1~4:11	세례 요한 1:1~13	세례 요한 3:1~4:13	세례 요한 1:19~36 세례 요한의 체포 전에 있었던 예수의 사역 1:37~3:36
갈릴리 시기	갈릴리 시기 4:12~18:35	갈릴리 시기 1:14~9:50	갈릴리 시기 4:14~9:50	갈릴리로 4장 예루살렘에서 5장 '생명의 떡' 6장 예루살렘에서 7:1~10:21
예루살렘으로의 여행			갈릴리에서 유대 지방으로 9:51~14:35	베레아에서 10:22~11:16
고난, 죽음 그리고 부활	유대 19:1~20:34 예루살렘 (그리고 갈릴리) 21~28장	유대 10:1~52 예루살렘 11~16장	유대 15:1~19:27 예루살렘 19:28~24:53	유대 11:17~57 예루살렘(그리고 갈릴리) 12:1~21:23

〈도표 2〉 요셉 가(家)에서의 탄생과 유년기(4장)

시기	마태복음	마가복음	누가복음	요한복음
사가랴에게 가브리엘이 나타남			1:5~25	
마리아에게 가브리엘이 나타남			1:26~38	
마리아와 엘리사벳			1:39~56	
세례 요한의 탄생			1:57~80	
요셉의 소명	1:18~24			
예수의 탄생	1:25		2:1~20	(cf. 1:1~18)
할례			2:21	
동방박사들의 방문	2:1~12			
성전에서 아기 예수 봉헌			2:22~38	
이집트로 피난	2:13~18			
돌아와서 나사렛에 정착	2:19~23		2:39	
성전에 나타난 12살 소년 예수			2:40~52	

〈도표 3〉 세례 요한과 예수(6장)

시기	마태복음	마가복음	누가복음	요한복음
사가랴의 아들 요한의 설교와 세례	3:1~12	1:1~18	3:1~17	
예수의 세례	3:13~17	1:9~11	3:21~38	
광야에서의 시험	4:1~11	1:12~13	4:1~13	
세례 요한이 자신과 예수에 대해 증거함				1:19~36
예수를 따라간 요한의 제자들				1:37~53
가나의 기적 : 가버나움을 짧게 방문함				2:1~12
예루살렘에서 유월절 기간 중 성전 정화				2:13~25
니고데모와 예수				3:1~21
세례를 베푼 두 장소 : 애논(요한), 유대(예수의 제자들)				3:22~36
세례 요한의 체포	4:12	1:14	3:18~20	4:1~3
예수가 갈릴리로 가심			4:14	
사마리아를 통한 여행				4:4~42

〈도표 4〉 갈릴리(I) 열두 제자를 세우기까지(8장)

시기	마태복음	마가복음	누가복음	요한복음
갈릴리에 도착			4:14	4:43~45
도시들에서 전파하심	4:12~17	1:14~15	4:15	
가버나움 왕의 신하의 아들을 고치심				4:46~54
나사렛이 예수를 내쫓음			4:16~30	
네 명의 제자를 부르심	4:18~22	1:16~20		
회당에서 귀신 들린 자를 고침		1:21~28	4:31~37	
시몬의 장모	8:14~15	1:29~31	4:38~39	
각색 병든 많은 자들을 고침	8:16~17	1:32~34	4:40~41	
한적한 곳에서 기도 : 새로운 여행의 시작		1:35~39	4:42~44	
허다한 무리가 좇음	4:23~25			
물고기를 잡은 기적			5:1~11	
세례 요한의 질문, 안식일의 주인 예수	11:2~12:7		7:18~35	
안식일에 이삭을 잘라 먹음	12:1~8	2:23~28	6:1~5	
안식일에 병을 고침	12:9~14	3:1~6	6:6~11	
무리들과 산으로 물러가심	5:1	3:7~12		5:1~47
열두 제자를 세움		3:13~19	6:12~16	

〈도표 5〉 갈릴리(II) 산상설교에서 열두 사도 파송까지(9장)

시기	마태복음	마가복음	누가복음	요한복음
산상설교	5:2~7:29		6:17~49	
기적들				
-나병환자를 고침	8:1~4	1:40~45	5:12~16	
-백부장의 종을 고침	8:5~13		7:1~10	
-나인 성 과부의 아들을 살리심			7:11~17	
죄 많은 여인			7:36~8:3	
신성 모독(바알세불)	12:15~45	3:20~30		
예수의 가족이 찾아옴	12:46~50	3:31~35	8:19~21	
비유로 말씀하신 날	13:1~52	4:1~34	8:4~18	
예수를 따른다는 것	8:18~22		(9:57~60)	
풍랑 이는 바다	8:23~27	4:35~41	8:22~25	
데가볼리의 귀신 들린 자	8:28~34	5:1~20	8:26~39	
죄를 사하심				
-가버나움의 중풍병자	9:1~8	2:1~12	5:17~26	
-레위의 집에 모인 세리들과 죄인들	9:9~13	2:13~17	5:27~32	
-금식				
믿기만 하라!	9:14~17	2:18~22	5:33~39	
-야이로의 딸과 혈루병 걸린 여인	9:18~26	5:21~43	8:40~56	
-두 명의 맹인	9:27~31			
-귀신 들려 벙어리 된 자	9:32~34			
-나사렛의 불신	13:53~58	6:1~6		
열두 제자 파송	9:35~11:1	6:7~13	9:1~6	

〈도표 6〉 갈릴리(III) 고난 주간을 위한 준비(10장)

시기	마태복음	마가복음	누가복음	요한복음
세례 요한이 죽은 후 헤롯의 의심	14:1~13	6:14~31	9:7~10	
-예수의 물러나심				
오천 명을 먹이심	14:14~21	6:32~44	9:11~17	6:1~15
-물 위를 걸으심	14:22~33	6:45~52		6:16~21
-가버나움에서 '생명의 떡' 설교				6:22~71
게네사렛에서 병 고침	14:34~36	6:53~56		
예루살렘에서 공격받음 : 정결에 관한 법	15:1~20	7:1~23		
두로와 시돈에서				
-가나안 여인	15:21~28	7:24~30		
데가볼리를 경유하여 돌아옴				
-귀 먹고 어눌한 자		7:31~37		
-사천 명을 먹이심	15:29~38	8:1~9		
-표적을 구함	15:39~16:12	8:10~21		
-벳새다의 맹인을 고치심		8:22~26		
가이사랴 빌립보 근처에서				
-제자들의 고백	16:13~20	8:27~30	9:18~21	
-1차 고난 선언	16:21~28	8:31~9:1	9:22~27	
변화되심	17:1~13	9:2~13	9:28~36	
-악한 영에 사로잡힌 소년을 고치심	17:14~21	9:14~29	9:37~43a	
2차 고난 선언 : 예수가 넘겨질 것이다!	17:22~23	9:30~32	9:43b~45	
초막절/ 간음하다 잡힌 여인/ 나면서 맹인된 자/ 죽음을 앞둔 선한 목자				7:1~10:21
가버나움				
-성전세	17:24~27			
-섬김에 대한 가르침	18:1~35	9:33~50	9:46~50	
갈릴리로부터의 출발	19:1	10:1	9:51	

〈도표 7〉 베레아와 유대를 통하여(11장)

시기	마태복음	마가복음	누가복음	요한복음
갈릴리로부터의 여행				
-사마리아 마을의 저항			9:52~56	
-제자도의 대가			9:57~62	
-70인 파송, 돌아옴			10:1~24	
-선한 사마리아인의 비유			10:25~37	
명절을 지키기 위해 예루살렘으로 여행				
-마리아와 마르다와 함께			10:38~42	
-수전절				10:22~39
-요단 강 건너편 베다니로 돌아옴				10:40~42
요단 강 건너편 베다니				
-기도에 대해 가르치심			11:1~13	
-무리를 힐책하심			11:14~36	
-한 바리새인과의 식사			11:37~52	
베레아를 통한 여행				
-바리새인들과 서기관들의 적개심			11:53~54	
-무리 가운데서 제자들을 가르치심			12:1~13:9	
-안식일에 한 여인을 고치심			13:10~21	
-이 길은 구원에 이르는 길인가?			13:22~30	
-헤롯의 협박			13:31~35	11:1~16
예수가 예루살렘으로 가기로 결심함				
-안식일에 수종병 든 사람을 고치심			14:1~24	
-제자가 되는 길			14:25~35	
유대 지방에서				
-나사로를 살리심				11:17~44
-나사로를 살리기 전·후의 가르침				
· 많은 비유			15:1~18:14	
· 이혼에 관한 질문	19:2~12	10:2~12		
· 아이들을 축복하심	19:13~15	10:13~16	18:15~17	
· 부자 청년	19:16~26	10:17~27	18:18~27	
· 제자의 상급	19:27~30	10:28~31	18:28~30	
· 품꾼들의 비유	20:1~16			
-산헤드린이 예수를 죽이기로 결정함				11:45~53
-에브라임에 은거하심				11:54~57

⟨도표 8⟩ 예루살렘으로 올라가심(12, 13장)

시기	마태복음	마가복음	누가복음	요한복음
예루살렘으로 올라가심				
−3차 고난 선언	20:17~19	10:35~45	18:31~34	
−세베대의 아들들의 위치	20:20~28	10:35~45		
안식일 무렵				
−여리고 외곽의 맹인			18:35~43	
−삭개오의 집에 유하심			19:1~10	
−므나 비유			19:11~27	
−여리고 외곽의 두 맹인(바디매오를 포함해서)	20:29~34	10:46~52		
베다니에서의 일요일				
−베다니에 도착	21:1	11:1	19:28~29	12:1
−마리아의 기름 부음	26:6~13	14:3~9		12:2~11
−유다의 배신	26:14~16	14:10~11		
월요일 : 승리의 입성				
−예루살렘이 예수를 맞이함				12:12~13
−예수가 나귀를 타심	21:2~7	11:2~8	19:30~35	12:14~16
−무리가 환호하며 예수를 따라감	21:8~9	11:9~10	19:36	12:17
−무리의 합류 : 입성	21:10~11		19:37~44	12:18~19
−성전을 둘러보심		11:11a		
−베다니에서 밤을 보내심		11:11b		
화요일				
−무화과 나무를 저주함		11:12~14		
−성전 정화	21:12~16	11:15~18	19:45~48	
−베다니에서 밤을 보내심	21:17	11:19		
수요일				
−무화과 나무가 마름	21:18~22	11:20~26		
−예수의 권세에 대한 의문	21:23~27	11:27~33	20:1~8	
· 비유들	21:28~44	12:1~11	20:9~18	
· 체포에 실패함	21:45~46	12:12	20:19	
−혼인 잔치의 비유	22:1~14			
· 예수를 책잡기 위한 질문들				
(a) 황제에게 바치는 세금	22:15~22	12:13~17	20:20~26	
(b) 부활	22:23~33	12:18~27	20:27~40	
(c) 큰 계명	22:34~40	12:28~34		
· 반문: 다윗의 주님?	22:41~46	12:35~37a	20:41~44	
−설교들				
· 서기관들과 바리새인들에 관한 경고	23:1~39	12:37b~40	20:45~47	
· 과부의 헌금		12:41~44	21:1~4	
· 미래에 관하여	24:1~51	13:1~37	21:5~38	
· 미래에 관한 비유들	25:1~46			
−헬라인 방문객 요청에 대한 예수의 반응				12:20~50
−죽음의 준비				
· 예수의 입장에서	26:1~2			
· 지도자들의 입장에서	26:3~5	14:1~2	22:1~2	
목요일				
−유월절 식사를 위한 준비	26:17~19	14:12~16	22:7~13	
−세족식				13:1~20
−유월절 : 성만찬의 제정	26:20~35	14:17~31	22:14~38	13:21~38
−예수님의 말씀들				14:1~17:26
−겟세마네	26:36~46	14:32~42	22:39~46	
−체포	26:47~56	14:43~52	22:47~53	18:1~11

〈도표 9〉 성금요일(16장)

시기	마태복음	마가복음	누가복음	요한복음
밤				
안나스에 의한 심문				18:12~14, 19~24
산헤드린에 의한 심문	26:57~66	14:53~64		
아랫사람들의 희롱	26:67~68	14:65	22:63~65	
베드로의 부인	26:69~75	14:66~72	22:54~62	18:15~18, 25~27
이른 아침				
산헤드린 회의	27:1~2	15:1	22:66~23:1	
유다의 후회	27:3~10			
정치적 고소에 대한 빌라도의 조사	27:11~14	15:2~5	23:2~7	18:28~38
－헤롯 안디바의 개입			23:8~12	
예수를 놓아 주려는 시도	27:15~22	15:6~13	23:13~21	18:39~40
십자가 처형을 위한 유대인들의 근거에 대한 빌라도의 조사	27:23	15:14	23:22~23	19:3~12a
군병들의 희롱	27:27~31	15:16~20		19:1~2
예수가 십자가 처형을 위해 넘기워짐	27:24~26	15:15	23:24~25	19:12b~16
아침				
골고다를 향해 : 구레네 사람 시몬	27:32	15:21	23:26~32	
십자가 처형 : 쓸개 탄 포도주	27:33~44	15:22~32		19:17~24
"아버지여, 용서하소서."			23:33~38	
마리아와 요한에게 하신 말씀				19:25~27
두 명의 강도 : "오늘 네가 나와 함께 있으리라."			23:39~43	
정오				
세 시간 동안의 어두움	27:45	15:33	23:44~45	
－"엘리, 엘리"	27:46~49	15:34~36		19:28~30
－"내가 목 마르다", "다 이루었다"				
－"아버지의 손에"	27:50	15:37	23:46	
예수의 죽음이 확인됨				19:31~37
동반된 사건들	27:51~56	15:38~41	23:47~49	
오후/저녁				
기름을 바르고 장사 지냄	27:57~61	15:42~47	23:50~56	19:38~42

〈도표 10〉 장사, 부활 그리고 승천(17장)

시기	마태복음	마가복음	누가복음	요한복음
안식일				
−무덤을 봉인하고 지킴	27:62~66			
첫째 날 시작				
−천사, 지진	28:2~4			
−무덤에 온 여인들	28:1, 5~8	16:1~8	24:1~11	20:1~2
−군사들이 도망감	28:11~15			
−베드로와 요한이 무덤으로			24:12	20:3~10
나타나심 : 첫째 날				
−막달라 마리아와 다른 마리아	28:9~10	16:9~11		20:11~18
−두 명의 알려지지 않은 제자들		16:12~13		
−엠마오로 가는 길			24:13~35	
−시몬 베드로(고전 15:5)			(24:34)	
−열 명의 사도들(고전 15:5)		16:14~20	24:36~45	20:19~23
나타나심 : 제8일				
−열한 사도와 다른 사람들에게 (도마 포함) 나타나심				20:24~29
나타나심 : 갈릴리에서				
−고기 잡는 제자들에게				21:1~23
−산에서의 만남(500명. 고전 15:6)	28:16~20			
−야고보(고전 15:7)				
나타나심 : 예루살렘				
승천(행 1:2~11; 고전 15:7)			24:46~53	

〈도표 11〉 공관 복음서 이야기의 시간적 역행의 예들(7장)

시기	마태복음	마가복음	누가복음
가버나움에 처음으로 나타나심	4:18~8:17	1:21~2:22	4:14~5:39
세례 요한의 질문	11:2ff.		7:18ff.
안식일 논쟁		2:23ff.	6:1~7:17
산상 수훈			
비유로 가르치심			
가버나움의 중풍 병자	8:18~9:34		
레위 : 금식 토론			
열두 제자 파송	9:35~11:1		
고난의 선언			

참고문헌

Aland, K. *Synopsis Quattuor Evangeliorum: Locis parallelis evangeliorum apocryphorum et patrum adhibitis edidit Kurt Aland*. 14th rev. ed. Stuttgart: Deutsche Bibelgesellschaft, 1985.
Barnett, P. W. *Jesus and the Logic of History*. New Studies in Biblical Theology 3. Grand Rapids: Eerdmans, 1997.
Bauer, B. *Christus und die Cäsaren: Die Ursprung des Christentums aus dem römischen Griechentum*. 2d ed. Berlin: Grosser, 1879.
Bauer, J. B. *Die neutestamentlichen Apokryphen*. Düsseldorf: Patmos, 1968.
Becker, J. *Jesus von Nazareth*. De Gruyter Lehrbuch. Berlin: De Gruyter, 1996.
ellinzoni, A. J., ed. *The Two-Source Hypothesis: A Critical Appraisal*. Macon, Ga.: Mercer University Press, 1985.
Ben-Chorin, S. *Broeder Jezus: De Nazarener door een Jood gezien*. Baarn: Ten Have, 1971.
Benko, S. *Pagan Rome and the Early Christians*. Bloomington: Indiana University Press, 1984.
Berger, K. *Formgeschichte des Neuen Testaments*. Heidelberg: Quelle & Meyer, 1984.
―――. *Wer war Jesus wirklich?* Stuttgart: Quell Verlag, 1995.
Best, E., and R. McL. Wilson. *Text and Interpretation: Studies in the New Testament Presented to Matthew Black*. Cambridge: Cambridge University Press, 1979.
Billerbeck, P. "Die Angaben der vier Evangelien über den Todestag Jesu unter Berücksichtigung ihres Verhältnis zur Halakha." In *Kommentar zum Neuen Testament aus Talmud und Midrasch*, by H. L. Strack and P. Billerbeck, vol. 2, *Das Evangelium nach Markus, Lukas und Johannes und die Apostelgeschichte*. Munich: Beck, 1924.
Blinzler, J. *Der Prozess Jesu: Das jüdische und das römische Gerichtsverfahren gegen Jesus Christus auf Grund der ältesten Zeugnisse dargestellt und beurteilt*. 3d ed Regensburg. Pustet, 1960 (English translation: *The Trial of Jesus: The Jewish and Roman Proceed-ings against Jesus Christ Described and Assessed from the Oldest Accounts*. Translated by Isabel and Florence McHugh. Westminster, Md.: Newman; Cork: Mercier, 1959.)
―――. *Die Brüder und Schwestern Jesu*. Stuttgart: Verlag Katholisches Bibelwerk, 1967.

Blomberg, C. L. *The Historical Reliability of the Gospels*. Leicester, England: Inter-Varsity, 1987.

_____. *Jesus and the Gospels: An Introduction and Survey*. Nashville: Broadman & Holman, 1997.

Boer, H. R. *Above the Battle? The Bible and Its Critics*. Grand Rapids: Eerdmans, 1975.

Bovon, F. *Luke the Theologian: Thirty-Three Years of Research*(1950~1983). Translated by K. McKinney. Allison Park, Pa.: Pickwick, 1987.

Brandon, S. G. F. *Jesus and the Zealots: A Study of the Political Factor in Primitive Christianity*. Manchester: Manchester University Press, 1967.

Braun, H. Jesus: *Der Mann aus Nazareth und seine Zeit*. Um 12 Kapitel erweiterte Studienausgabe. Stuttgart: Kreuz, 1984.

Bruce, F. F. *Jesus and Christian Origins outside the New Testament*. London: Hodder & Stoughton, 1974.

Buchanan, G. W. *The Consequences of the Covenant*. Leiden: Brill, 1970.

_____. *Jesus: The King and His Kingdom*. Macon, Ga.: Mercer University Press, 1984.

Bultmann, R. *History of the Synoptic Tradition*. Translated by J. Marsh. Rev. ed. Peabody, Mass.: Hendrickson, 1994.

Cadbury, H. J. "Commentary on the Preface of Luke." In *The Beginnings of Christianity*, edited by F. J. Foakes Jackson and K. Lake, vol. 2, part 1, pp. 489~510. London: Macmillan, 1922.

Carmignac, J. *La naissance des Évangiles Synoptiques*. 3d ed. avec réponse aux critiques. Paris: O.E.I.L, 1984.

Catchpole, D. R. *The Trial of Jesus: A Study in the Gospels and Jewish Historiography from 1770 to the Present Day*. Studia Post-biblica 17. Leiden: Brill, 1971.

Cohn, H. *The Trial and Death of Jesus*. New York: Harper & Row, 1971.

Cullmann, O. *Jesus and the Revolutionaries*. Translated by G. Putnam. New York: Harper & Row, 1970.

De Jonge, M., ed. *L' Évangile de Jean: Sources, rèdaction, thèologie*. Gembloux: Duculot,1977.

Delobel, J., ed. Logia. Leuven: Peeters, 1982.

Derrett, J. D. M. *Law in the New Testament*. London: Darton, Longman & Todd, 1970.

Drews, A. *Die Leugnung der Geschichtlichkeit Jesu in Vergangenheit und Gegenwart*. Wissen und Wirken 33. Karlsruhe: Braun, 1926.

Eisler, R. *Iésous Basileus ou basileuas: Die messianische Unabhängigkeitsbewegung vom Auftreten Johannes des Täufers bis zum Untergang Jakobs des Gerechten usw*. Heidel-berg: Winter, 1929~1930.

Falk, H. *Jesus the Pharisee: A New Look at the Jewishness of Jesus.* New York: Paulist Press, 1985.

Farmer, W. R., ed. *New Synoptic Studies: The Cambridge Gospel Conference and Beyond.* Macon, Ga.: Mercer University Press, 1983.

Feldman, L. H. *Josephus: A Supplementary Bibliography.* New York: Garland, 1986.

Fitzmyer, J. A., and D. J. Harrington. *A Manual of Palestinian Aramaic Texts.* Biblica et Orientalia 34. Rome: Biblical Institute Press, 1978.

Flusser, D. *De Joodse oorsprong van het Christendom: Twee essays.* Amsterdam: Moussault, 1964.

———. *Jesus.* Translated by R. Walls. New York: Herder & Herder, 1969.

———. *Tussen oorsprong en schisma: Artikelen over Jezus, het Jodendom en het vroege Christendom.* 2d ed. Hilversum: Folkertsma Stichting voor Talmudica, 1984.

Funk, R. W., and R. W. Hoover, eds. *The Five Gospels: The Search for the Authentic Words of Jesus.* New York: Macmillan, 1993.

Gasque, W. W., and R. P. Martin, eds. *Apostolic History and the Gospel: Biblical and Historical Essays Presented to F. F. Bruce.* Exeter: Paternoster, 1970.

Greijdanus, S. *Hoofddoel en Gedachtengang van Lucas' Evangelieverhaal.* Kampen: Kok, 1922.

———. *De opwekkling van Christus.* Kampen: Kok, 1947.

———. *Heilige geschiedenis volgens de vier evangelieverhalen: Geboorte van Jezus Christus en aanvang van Zijn publieke optreden.* Goes: Oosterbaan & Le Cointre, 1951.

———. *De toestand der eerste christelijke gemeente in zijn betekenis voor de synoptische kwestie.* Kampen: Kok, 1973.

Guevara, H. *La resistencia judia contra Roma en la epoca de Jesus.* Meitingen: Meitingen, 1981.

Helms, R. *Gospel Fictions.* New York: Prometheus, 1988.

Hock, R. F., and E. N. O'Neil. *The Chreia in Ancient Rhetoric.* Vol. 1, The Progymnasmata. Atlanta: Scholars Press, 1986.

Hoehner, H. W. *Herod Antipas.* Cambridge: Cambridge University Press, 1972.

———. *Chronological Aspects of the Life of Christ.* Grand Rapids: Zondervan, 1977.

Hoffmann, R. J. *Jesus outside the Gospels.* Buffalo: Prometheus, 1984.

Jeremias, J. *Unknown Sayings of Jesus.* 2d English ed. London: S.P.C.K, 1964.

Juster, J. *Les Juifs dans l' Empire Romain.* Paris: Geuther, 1914.

Kalthoff, A. *Das Christus-Problem: Grundlinien zu einer Sozialtheologie.* Leipzig: Diederichs, 1902.

Klijn, A. F. J., and G. J. Reinink. *Patristic Evidence for Jewish-Christian Sects.* Leiden:

Brill, 1973.
Körtner, U. H. J. *Papias von Hierapolis: Ein Beitrag zur Geschichte des frühen Christentums.* Göttingen: Vandenhoeck & Ruprecht, 1983.
Kossen, H. B. *Op zoek naar de historische Jezus: Een studie over Albert Schweitzers visie op Jezus' leven.* Assen: Van Gorcum, 1960.
Kümmel, W. G. *Vierzig Jahre Jesusforschung(1950-1990).* 2d ed. Edited by H. Merklein. Bonner Biblische Beiträge 91. Weinheim: Beltz Athenäum, 1994.
Kürzinger, J. *Papias von Hierapolis und die Evangelien des Neuen Testaments: Gesammelte Aufsätze, Neuausgabe und Übersetzung der Fragmente, kommentierte Bibliographie.* Regensburg: Pustet, 1983.
Lapide, P. *Israelis, Jews and Jesus.* Translated by P. Heinegg. Garden City, N.Y.: Doubleday, 1979.
Lategan, B. C. *Die aardse Jesus in die prediking van Paulus volgens sy briewe.* Rotterdam: Bronder, 1967.
Lawler, E. G. *David Friedrich Strauss and His Critics: The Life of Jesus Debate in Early Nineteenth-Century German Journals.* New York: Lang, 1986.
Lehmann, M. *Synoptische Quellenanalyse und die Frage nach dem historischen Jesus: Kriterien der Jesusforschung untersucht in Auseinandersetzung mit Emanuel Hirschs Frühgeschichte des Evangeliums.* Berlin: De Gruyter, 1970.
Levin, T. *Fasti Sacri or a Key to the Chronology of the New Testament.* London: Longmans, Green, & Co., 1865.
Lichtenstein, H. "Die Fastenrolle: Eine Untersuchung zur Jüisch-Hellenistischen Geschichte." *Hebrew Union College Annual* 8-9(1931~1932): 257~351.
Lindeskog, G. *Die Jesusfrage im neuzeitlichen Judentum: Ein Beitrag zur Geschichte der Leben-Jesu-Forschung.* Mit einem Nachwort. Darmstadt: Wissenschaftliche Buchgesellschaft, 1973.(Original edition: Uppsala, 1938.)
Maier, J. *Jesus von Nazareth in der talmudischen Übrlieferung.* Darmstadt: Wissenschaftliche Buchgesellschaft, 1978.
Marsh, C."Quests of the Historical Jesus in New Historicist Perspective." *Biblical Interpretation* 5(1997): 403~437.
McGrath, A. E. *The Making of Modern German Christology: From the Enlightenment to Pannenberg.* Oxford: Blackwell, 1986.
McHugh, J. *The Mother of Jesus in the New Testament.* London: Darton, Longman & Todd, 1975.
Meier, J. P. *A Marginal Jew: Rethinking the Historical Jesus.* Vol. 1, *The Roots of the Problem and the Person.* New York: Doubleday, 1991.
_____. *A Marginal Jew: Rethinking the Historical Jesus.* Vol. 2, Mentor, Message, and

Miracles. New York: Doubleday, 1994.
Merkel, H. *Die Widersprüche zwischen den Evangelien: Ihre polemische und apologetische Behandlung in der Alten Kirche bis zu Augustin*. Tübingen: Mohr, 1971.
⎯⎯⎯⎯. *Die Pluralität der Evangelien als theologisches und exegetisches Problem in der Alten Kirche*. Bern: Lang, 1978.
Mokofeng, T. A. *The Crucified among the Crossbearers: Towards a Black Christology*. Kampen: Kok, 1983.
Ogg, G. *The Chronology of the Public Ministry of Jesus*. Cambridge: Cambridge University Press, 1940.
Pelikan, J. *Jesus through the Centuries: His Place in the History of Culture*. New Haven: Yale University Press, 1985.
Pines, S. *An Arabic Version of the Testimonium Flavianum and Its Implications*. Jerusalem: Israel Academy of Sciences and Humanities, 1971.
Reimarus, H. S. *The Goal of Jesus and His Disciples*. Translated by G. W. Buchanan. Leiden: Brill, 1970.
Riesner, R. *Jesus als Lehrer: Eine Untersuchung zum Ursprung der Evangelien-Überlieferung*. Tübingen: Mohr, 1981.
Rist, J. M. *On the Independence of Matthew and Mark*. Cambridge: Cambridge University Press, 1978.
Ristow, H., and K. Matthiae, eds. *Der historische Jesus und der kerygmatische Christus: Beiträge zum Christusversändnis in Forschung und Verkündigung*. 3d ed. Berlin: Evangelische Verlagsanstalt, 1964.
Sabbe, M., ed. *L' Évangile selon Marc: Tradition et rèdaction*. Gembloux: Duculot, 1974.
Sanders, E. P. *The Tendencies of the Synoptic Tradition*. Cambridge: Cambridge University Press, 1969.
Schalit, A. "Zu AG 25,9 [On Acts 25:9]." *Annual of the Swedish Theological Institute* 6(1968): 106~113.
Schillebeeckx, E. *Jesus: An Experiment in Christology*. Translated by H. Hoskins. London: Collins, 1979.
⎯⎯⎯⎯. *Christ: The Experience of Jesus as Lord*. Translated by J. Bowden. New York: Seabury, 1980.
⎯⎯⎯⎯. *Interim Report on the Books Jesus and Christ*. Translated by J. Bowden. New York: Crossroad, 1981.
Schmithals, W. *Einleitung in die drei ersten Evangelien*. Berlin: De Gruyter, 1985.
Schneemelcher, W. *New Testament Apocrypha*. Rev. ed. Translated by A. J. B. Higgins et al. English translation edited by R. McL. Wilson. Cambridge: Clarke, 1991~1992.

Schreckenberg, H. *Bibliographie zu Flavius Josephus*. Leiden: Brill, 1968. (Supplementband mit Gesamtregister. Leiden, 1979.)

Schweitzer, A. *The Quest of the Historical Jesus: A Critical Study of Its Progress from Reimarus to Wrede*. Translated by W. Montgomery. London: Black, 1948.

Schürer, E. The *History of the Jewish People in the Age of Jesus Christ*: 175 B.C.- A.D. 135. New English ed. Revised and edited by G. Vermes, F. Millar, M. Black, and M. Goodman. 3 vols. Edinburgh: Clark, 1973~1987.

Sevenster, J. N. *Bultmanniana: Een vraag naar criteria*. Wageningen: Veenman, 1969.

Sherwin-White, A. N. *Roman Society and Roman Law in the New Testament*. Oxford: Clarendon, 1963.

Smith, M. *Jesus the Magician*. 2d ed. Wellingborough: Aquarian Press, 1985.(1st ed., New York: Harper & Row, 1978.)

_____. *The Secret Gospel: The Discovery and Interpretation of the Secret Gospel according to Mark*. New York: Harper & Row, 1973.

Sobrino, J. *Christology at the Crossroads: A Latin American Approach*. Maryknoll, N.Y.: Orbis, 1978.

Stein, R. H. *Jesus the Messiah: A Survey of the Life of Christ*. Downers Grove, Ill.: InterVarsity, 1996.

Stoldt, H. H. *History and Criticism of the Marcan Hypothesis*. Translated by D. L. Niewyk. Macon, Ga.: Mercer University Press, 1980.

Strauss, D. F. *The Life of Jesus Critically Examined*. Edited and with an introduction by P. C. Hodgson. Translated from the 4th German ed. by G. Eliot. Philadelphia: Fortress, 1973.

Strecker, G. *Der Weg der Gerechtigkeit: Untersuchung zur Theologie des Matthäus*. 2d ed. Göttingen: Vandenhoeck & Ruprecht, 1966.

Strecker, G., ed. *Jesus Christus in Historie und Theologie: Festschrift für H. Conzelmann*. Tübingen: Mohr, 1975.

Streeter, B. H. *The Four Gospels: A Study of Origins*. London, 1924.

Theissen, G., and A. Merz. *Der historische Jesus: Ein Lehrbuch*. Göttingen: Vandenhoeck & Ruprecht, 1996.

Tuckett, C. M. "Arguments from Order: Definition and Evaluation." In *Synoptic Studies: The Ampleforth Conferences of 1982 and 1983*, edited by C. M. Tuckett, 197~219. Sheffield: JSOT Press, 1984.

Van Bruggen, J. *De oorsprong van de kerk te Rome*. Groningen: De Vuurbaak, 1967.

_____. *"Na veertien jaren": De datering van het in Galaten 2 genoemde overleg te Jeruzalem*. Kampen: Kok, 1973.

_____. "The Year of the Death of Herod the Great." In *Miscellanea Neotestamentica*,

vol. 2, edited by T. Baarda et al., 1~15. Leiden: Brill, 1978.
_____. *Ambten in de apostolische kerk: Een exegetisch mozaïek*. Kampen: Kolt, 1984.
_____. *Wie maakte de bijbel? Over afsluiting en gezag van het Oude en Nieuwe Testament*. Kampen: Kok, 1986.
Verdam, P. J. *Sanhedrin èn Gabbatha*. Kampen: Kok, 1959.
Versteeg, J. P. *Evangelie in viervoud: Een karakteristiek van de vier evangeliën*. Kampen: Kok, 1980.
Vielhauer, P. *Geschichte der urchristlichen Literatur: Einleitung in das Neue Testament, die Apokryphen und die Apostolischen Väter*. Berlin: De Gruyter, 1975.
Vogels, H. J. *St. Augustins Schrift De consensu Evangelistarum unter vornehmlicher Berücksichtigung ihrer harmonistischen Anschauungen*. Freiburg: Herder, 1908.
Wenham, D., and C. L. Blomberg, eds. *The Jesus Tradition outside the Gospels*. Gospel Perspectives 5. Sheffield: JSOT Press, 1985.
Wenham, J. *Easter Enigma: Do the Resurrection Stories Contradict One Another?* Exeter: Paternoster, 1984.
Wieseler, K. *Chronologische Synopse der vier Evangelien: Ein Beitrag zur Apologie der Evangelien und der evangelischen Geschichte vom Standpuncte der Voraussetzungslosigkeit*. Hamburg: Perthes, 1843.(English translation: *A Chronological Synopsis of the Four Gospels*. Translated by E. Venables. 2d ed., rev. and corrected. Bohn's Theological Library. London: Bell, 1877.)
_____. *Beiträge zur richtigen Würdigung der Evangelien und der evangelischen Geschichte: Ein Zugabe zu des Verfassers "Chronologische Synopse der vier Evangelien."* Gotha: Perthes, 1869.
Wilken, R. L. *The Christians as the Romans Saw Them*. New Haven and London: Yale Uni-versity Press, 1984.
Wilkins, M. J., and J. P. Moreland. *Jesus under Fire: Modern Scholarship Reinvents the Historical Jesus*. Grand Rapids: Zondervan, 1995.
Winter, P. *On the Trial of Jesus*. 2d ed. Revised and edited by T. A. Burkill and G. Vermes. Studia Judaica 1. Berlin: De Gruyter, 1974.
Witherington III, B. *The Jesus Quest: The Third Search for the Jew of Nazareth*. Downers Grove, Ill.: InterVarsity, 1995.
Wrede, W. *The Messianic Secret*. Translated by J. C. G. Greig. Cambridge: Clarke, 1971.
Wünsch, D. *Evangelienharmonien im Reformationszeitalter.: Ein Beitrag zur Geschichte der Leben-Jesu-Darstellungen*. Berlin: De Gruyter, 1983.
Zahn, T. *Das Evangelium des Lucas*. Leipzig: Deichert, 1913.

역사로 보는
예수 그리스도의 지상생애

초 판 1쇄 발행 · 2011년 2월 25일
개정판 1쇄 발행 · 2017년 7월 5일

지은이 야콥 판 브럭헌
옮긴이 박호석
감 수 김병국
발행인 김창수
발 행 익투스

기획 정건수 **편집** 김귀분 **교정** 노영주
제작 서우석 **경영지원** 임정은 **마케팅** 김경환
마케팅지원 주정중, 박찬영 **인터넷** 현지혜

주소 서울 강남구 영동대로 330
전화 (02)559-5655~6 **팩스** (02)564-0782
홈페이지 www.holyonebook.com
출판등록 제2005-000296호

Christ on Earth : The Gospel Narratives as History
by Jakob Van Bruggen

Copyright ⓒ 1987 by Kok ten Have Publishers, Kampen, Netherlands Originally published as
Christus op aarde: Zijn Levensbeschrijving door leerlingen en tijdgenoten
English translation copyright ⓒ 1998 by Baker Book House Company Published by Baker Books
Korean translation ⓒ 2011 by IKTUS Publishing Co., Seoul, Korea All rights reserved.
through the arrangement of rMaeng2, Seoul, Korea.

이 책의 한국어판 저작권은 '알맹2'를 통하여 Kok ten Have Publishers와 계약한 익투스가 소유합니다.
저작권법에 의하여 한국 내에서 보호를 받는 저작물이므로 무단 전재와 복제를 금합니다.

ISBN 979-11-86783-05-4 03230

ⓒ 익투스
※ 잘못된 책은 바꾸어 드립니다.